本项目研究得到2020年度教育部哲学社会科学研究重大课题攻关项目《中华优秀传统文化在语文教材中的传承研究与数据库建设》（项目编号：20JZD049）的资助。

中华经典教育三十年

祝安顺 著

The Chinese Classic Education During the Thirty Years (From 1991 to 2021)

清华大学出版社
北京

本书封面贴有清华大学出版社防伪标签，无标签者不得销售。

版权所有，侵权必究。举报：010-62782989，beiqinquan@tup.tsinghua.edu.cn。

图书在版编目（CIP）数据

中华经典教育三十年/祝安顺著.—北京：清华大学出版社，2023.2
ISBN 978-7-302-62524-7

Ⅰ.①中⋯ Ⅱ.①祝⋯ Ⅲ.①中华文化－教学研究－中小学 Ⅳ.① G633.302

中国国家版本馆 CIP 数据核字 (2023) 第 005364 号

责任编辑：张立红
封面设计：梁 洁 钟 达
版式设计：方加青
责任校对：赵伟玉 葛珍彤
责任印制：丛怀宇

出版发行：清华大学出版社
网　　址：http://www.tup.com.cn，http://www.wqbook.com
地　　址：北京清华大学学研大厦 A 座　　　邮　　编：100084
社 总 机：010-83470000　　　邮　　购：010-62786544
投稿与读者服务：010-62776969，c-service@tup.tsinghua.edu.cn
质 量 反 馈：010-62772015，zhiliang@tup.tsinghua.edu.cn

印 装 者：三河市天利华印刷装订有限公司
经　　销：全国新华书店
开　　本：170mm×240mm　　　印　　张：21.25　　　字　　数：348 千字
版　　次：2023 年 3 月第 1 版　　　印　　次：2023 年 3 月第 1 次印刷
定　　价：65.00 元

产品编号：099275-01

序：切己之学，何以有为？

李 山

（北京师范大学教授）

与安顺先生认识多年，早些年他以中华书局为依托，做中小学经典教育出版和推广，足迹遍布全国绝大多数地方，经典诵读之声也随着他的努力，在不少地方风生水起，有声有色。笔者曾参与过安顺先生和他年轻同事们举办的经典教育活动，深受感动。

安顺先生不单是行动者，也是经典教育理论的思考者。他出身于清华大学思想史专业，有这方面思考的能力和才学。有句笑话说：理论总是不实践的人制定的。安顺先生思考经典教育的理论，却是由自身实践而来。

经典教育的兴起，其前导是发乎民间的"国学热"。相伴而来的各种关于"国学"的教育价值的说法也是五花八门，其中"歪理"也不少。安顺先生的书，不取"国学"这个叫法，而取"经典教育"，很好。

有人说，经典中那些传之久远的义理，是人生的常道。经典教育培育的是人品。任何文化民族都有自己的经典，都有自己的经典教育。因而在"人品"格调上，也有"文化"的差异。没有经典教育，即意味着传统断裂，更意味着人品缺失。"不是老人变坏了，而是坏人变老了。"这句很讽刺的话，其实即是一种验证，验证在没有人品教育的年代，那些像草木鸟兽一样生长起来的人，做人会做成个什么样子。

古老的中国，称得上是经典的有很多，如《老子》《庄子》《论语》《孟子》等。以《论语》为例，教大家努力做个"君子"，这有什么不好呢？《论语》开篇第一章："学而时习之，不亦说乎？有朋友自远方来，不亦乐乎？人不知而不愠，不亦君子乎？"这段话告诉大家要好学，学点东西多练习，这没什么不对。一个人，就算是博士毕业，当上教授，不好学，即意味着知识不得更新，活水变死水。生活中，好学的人，可以免除一点，很重要的一点，即俗气。广交朋友，就更有必要。《论语》这段话中的"朋友"，偏重的是"以道义合",即"益者三友",亦即"道义上"的朋友,而不是"道上的"。《论语》这段话的最后一句,正是现代中国人最稀缺的品质。"人不知(了解)而不愠(恼怒)"是"君子",那么"愠"了呢?是什么?孔夫子没有说,我们可以自己想,反正"愠"了,就不是"君子"。不想则已,想就吓一跳。因为生活中,我们太爱"愠"了。"愠"就是闹脾气,就是情绪做主,就是戾气太重。戾气太重,不是老少都难免的毛病吗?一念之间为君子,一念之间为小人,这事可不小。

这就是我理解的经典教育。它不是关乎外在的知识技能,而是深化内在自我管控和自我平衡。能管控、可平衡,与他人打交道就轻松自如。闹戾气,跟谁也处不好,就别说干点事业了。很大程度上来说,事业的大小与人品的高低有直接关系。经典教育要"切己",要讲究受用。读经典,不是要学点文言文,顺便学点作文技巧。经典教育,是从传统中汲取一些做人的智慧,提升自己的生活境界与生命的情调。

安顺先生的这本书,在这方面做了全面深入的思考。全书共九章,内容涉及经典教育的内涵,经典教育的历史,经典教育的诵读及其课程体系、教学方案等多方面的思考论述。特别值得一提的是,本书还谈到新加坡等华人社会经典教育的做法及其成功案例。经典教育弄不好,容易变成道德说教,缺乏情感的共鸣,变成流于"大道理"的唱高调。要避免这样,应该怎么做,此书都有具体的讨论。前文说过,安顺先生从事经典教育方面多年,具体生动的例子是不缺的。这是本书好看的地方之一。

总之,有关经典教育的实践,需要理论的总结与思考,安顺先生的书就是这方面所做的努力成果。不能说他的书是"孤明先发",但说他的思考处在经典教育方阵的靠前位置,是不会有什么问题的。

目 录

引言　经典蕴藏思维，经典教育训练思维方式 …………………………… 1

第一章　中华、经典与教育 …………………………………………………… 8
第一节　中华、中国与中庸 …………………………………………… 8
第二节　经典、经学与经世 …………………………………………… 14
第三节　教育、教化与教改 …………………………………………… 21

第二章　中华经典教育概述 …………………………………………………… 29
第一节　问题的提出 …………………………………………………… 29
第二节　对象与范围 …………………………………………………… 35
第三节　重点与难点 …………………………………………………… 43
第四节　内涵与外延 …………………………………………………… 51
第五节　研究方法与研究意义 ………………………………………… 56

第三章　中华经典教育的时代思潮 …………………………………………… 64
第一节　人文教育与通识教育 ………………………………………… 64
第二节　全人教育与古典教育 ………………………………………… 68
第三节　传统文化教育与国学教育 …………………………………… 72
第四节　儒学教育与读经教育 ………………………………………… 79
第五节　"人"的教育比较分析 ……………………………………… 86

第四章　中华传统文化教育的百年历程 ……………………………………… 93
第一节　1900—1925 年：从"变革"到"废止" …………………… 94
第二节　1926—1945 年：从"替换"到"提倡" …………………… 99
第三节　1946—1979 年：传统文化教育的深度发展 ………………… 111
第四节　1980—2012 年：从"文化热"到"国学热" ………………… 114

第五章　中华传统文化教育实践总结与案例分析 ……………………………… 118
第一节　新加坡儒家伦理课程和教材实践总结与案例分析 …………… 118

第二节　中国台湾地区经典课程和教材实践总结与案例分析 …………… 124
　　第三节　贯穿国民教育体系始终的传统文化教育实践总结与案例分析 …… 132

第六章　从经典诵读到经典教育 …………………………………………… 150
　　第一节　从古典学校到经典诵读 ……………………………………… 150
　　第二节　经典诵读政策引领与规范 …………………………………… 157
　　第三节　从经典诵读活动到经典教育教学 …………………………… 161
　　第四节　1991—2021年：经典教育发展的特征与趋势 ……………… 173

第七章　中华经典课程体系初探 …………………………………………… 177
　　第一节　中华经典课程体系概说 ……………………………………… 177
　　第二节　经典课程实施主体 …………………………………………… 184
　　第三节　经典课程实施目标 …………………………………………… 198
　　第四节　课程评价与教研服务 ………………………………………… 207

第八章　中华经典课程教学方案 …………………………………………… 216
　　第一节　教师与学生、教学与教法 …………………………………… 216
　　第二节　文字、文章、文学与文化 …………………………………… 221
　　第三节　经典教学与象思维 …………………………………………… 227
　　第四节　经典教学与价值取向 ………………………………………… 238
　　第五节　经典教学与人格养成 ………………………………………… 246
　　第六节　经典教学模型初探 …………………………………………… 256

第九章　中华经典教材体系构建 …………………………………………… 266
　　第一节　经典教材与中国教育 ………………………………………… 266
　　第二节　传承发展期三类教材 ………………………………………… 272
　　第三节　体验型经典教材的外部因素 ………………………………… 284
　　第四节　体验型经典教材的内部因素 ………………………………… 289
　　第五节　体验型经典教材的内容选择 ………………………………… 300
　　第六节　体验型经典课程与教材体系表 ……………………………… 323

参考文献 ……………………………………………………………………… 325

跋：行者无疆 ………………………………………………………………… 328

后记 …………………………………………………………………………… 331

引言
经典蕴藏思维，经典教育训练思维方式

经典是人类文化和思维成果的高度浓缩、集中体现和一以贯之。"从一般意义上来讲，文化就是人类创造性的实践和理论的结晶，它包含着一个民族的价值观念、思维方式、生活样式和信仰习俗等，跟一个国家的历史和传统密切相关。"① "从广义的视域看，经典可以理解为人类文明发展的沉淀和前人思维成果的凝结。"② 文化不离人的精神和物质生活。"文化就是同一个历史时代、同一个地理环境中大家共同的生活方式与生活状态。"③ 所以，它既是物质性的也是精神性的，既有工具性的也有价值性的，既是外显的也是内藏的。一个民族的文化传统，既在特定空间展开，也在长时段演变，而生成中的文化更多地体现为非物质性的思维性成果。所以，在一个民族精神文明成果的有序传承中，经典文本就起到了无可取代的固化作用，尽管其物质载体不断变换。这种经典文本的固化不是封闭的，而是文明成果和民族智慧的高度凝聚。经典文本历经代代诠释而成为民族的智慧宝藏和思维典范，能成功经受时间长河的筛选而得以流传，在民族的过去、现在和未来之间架设起一座桥梁。

从民族的文化属性来说，民族核心经典蕴藏着民族的思维本源、价值取向和意义世界。中华民族经典，尤其是儒家经典，更是深刻地影响着中华民族的思维方式、价值取向和生命建构。编撰"六艺"的孔子，犹如照亮中华民族前行道路的一盏明灯。宋人说："天不生仲尼，万古如长夜。"民国学人柳诒徵说："孔子者，中国文化之中心也。无孔子则无中国文化。自孔子以前数千年之文化，赖孔子而传；自孔子以后数千年之文化，赖孔子而开。"④ 这些话不无夸张，却部分地肯定了文化开创者的创造之功，彰显了仁爱、正义等文明基本价值的重要性，失去这些，我们就如同生活在黑暗之中。不是

---

① 楼宇烈.中国的品格[M].成都：四川人民出版社，2015：13.
② 杨国荣.经典、经学与经典之学[J].华东师范大学学报（哲学社会科学版），2021（5）：1-8，237.
③ 王宁.汉字与中华文化十讲[M].北京：生活•读书•新知三联书店，2018：90.
④ 柳诒徵.中国文化史[M].上海：上海古籍出版社，2001：263.

孔子有多伟大，而是孔子以及历代有识之士用他们的思考点亮了面向未来的那盏明灯，照亮了中华民族两三千年来前行的方向。"日月有明，容光必照焉。流水之为物也，不盈科不行；君子之志于道也，不成章不达。"（《孟子·尽心上》）民族文化中积累下来的精神之光具有引领族群达成共识、共同前行的伟大力量。"经典是我们和传统之间的一座桥梁，是我们和自己悠远历史之间的一根纽带，缺乏经典教育，我们就无法找到回到自己精神家园的路，只能成为文化上无家可归的流浪者。"①这也是当下教育工作者对经典文化之光的直观感受和内在精神寻找。

如果我们一定要追问中华文化为什么不能没有孔子，当下答案就是"孔子的学术不但给了我们基本的价值观，还给了我们科学的思维方式"。②那么，思维方式对于民族传统文化何以如此重要？当下我们为何还要追问、研究中华民族的思维方式？蒙培元认为，思维方式在民族历史中一经正式形成并被普遍接受之后，就会具有相对的稳定性，成为不变的思维结构模式、思维程式和思维定式，也就是成为思维习惯，决定人们看待问题的方式和方法，决定人们的社会实践和一切文化活动。"思维方式不仅是传统文化的组成部分，而且是它的最高的凝聚或内核。换句话说，思维方式是一切文化的主体设计者和承担者……从这个意义上说，传统思维决定了传统文化。"③萧延中指出，西方思想对中国近现代影响巨大，但"它们始终未能在普通中国人的思维深处真正扎根"，我们不得不反思中国古人提出问题的角度和方式，古代天人关系总是被放在一起考虑，"在一个大传统中，数千年来这些问题被反反复复以同样的方式提出，这本身就暗示着在其背后可能存在着某种力量'使之然也'"，追问这种超越时空而实际参与制度建设的因素是什么，就成为急切而必要的工作。就这个角度而言，在历史和问题的"史问论域"之外，"中国古代思想者论证具体问题时所持有的一般认知规则、推理形式和思维路径"的"认知论域"就规定了"问题意识"的性质，所以"中国思维的'第二域（认知论域）'，是规定'中国之所以为中国'的关键要素"。④

中华民族曾经笃守经典大义，研读经典文本，民族思维方式就这样代代传承而形成思维惯性。但近代以来，因受到西方思想的强势冲击，救亡图存成为首要问题，传统文化逐渐边缘化，所以有学者说"经学已死"，"经学史

---

① 徐梓. 中华优秀传统文化教育十五讲 [M]. 北京：北京师范大学出版社，2018：66-67.
② 朱杰人. 经学与中国的学术思维方式 [N]. 文汇报，2005-11-27（6）.
③ 蒙培元. 中国哲学主体思维 [M]. 北京：人民出版社，2005：182.
④ 萧延中. 中国思维的根系：研究笔记 [M]. 北京：中央编译出版社，2020：2，3，5，6，7.

研究才刚刚开始"①，历史果真如此吗？"中国传统经学的消亡，并不是一种学术自身运动的必然，而是外力强加的结果"，经学研究或者经典教育还有其存在的必要性。经学造就了中国人独特的思维方式——一种整体的、追求事物各种关联的思维方式，注重对不同质的事物之间的联系、影响、渗透和整合。"思维方式是无所谓优劣之分的。""经学是训练思维的学问，它培育了中国人特有的独立的思维模式。"②从哲学研究成果来看，王树人二十多年来关于中国思维方式是"象思维"，而西方思维方式是"概念思维"的对比研究，成果丰硕，已经成为学术界一个不可忽视的基本认知。王南湜在此基础上又提出本源性思维和实用性思维的划分，本源性的"象思维"就蕴藏在《周易》《诗经》等古老的经典之中。刘长林提出"中国象科学观"。刘家和提出了中西思维的差异在于思维结构不同，中国注重历史思维，西方注重逻辑思维，历史思维关注在变动的历史长河中寻找不变的常道，这些常道就蕴藏在《尚书》《春秋》《周礼》等经典之中。

如此重视历史思维、象思维，会不会阻碍科学思想和科学思维的学习？其实大可不必有这种担忧。理工科研究者和科普学者廖玮告诉我们，典型的科学方法"告诉我们如何提出问题、如何设定问题以及如何思考问题和解决问题"，关注具体的现象与现象之间的关联，既可以使用数学的方法抽象地研究问题，又可以直观地在头脑中想象问题，还可以使用实验和观测来检验对问题的思考，使实验和观测成为我们思考的助手。"这是一种非常高明的思想方法，使用这种思想方法，我们可以建立起关于现象的牢固可靠的知识。"物理学在广义上是研究"现象与现象的关联"，即以研究现象层面的"现象运作的模式"为途径，以实现发现"现象背后的原因"的目的。"近代科学之所以取得成功，最根本的一条是放弃臆测的玄想，踏踏实实地去研究现象与现象的关联。"③如果我们不拘泥于传统就是落后的执念，那么，强调现象，重视经验，提倡直觉，这些都与中华民族重视历史经验、重视"象"、开发直觉等无直接矛盾，在此基础上，可以学习西方自然科学的逻辑推理、概念运用、数学呈现以及实验工具，这有助于训练我们的科学思维，提升我们的科学素养。

当然，重视经学的特别作用，不是个别学者而是一批学者的觉醒，新经

---

① 周予同．"经"、"经学"、经学史——中国经学史论之一 [A]．朱维铮编．周予同经学史论著选集（增订本）[Z]．上海：上海人民出版社，1996：661.
② 朱杰人．经学与中国的学术思维方式 [N]．文汇报，2005-11-27（6）．
③ 廖玮．科学思维的价值：物理学的兴起、科学方法与现代社会 [M]．北京：科学出版社，2021：27，272，276.

学就是学术界的集体共识。2001年饶宗颐倡导之，朱杰人、彭林等学者大声疾呼之，姜广辉附和之，新经学建设已经成为当代中华文化发展的一股新潮流。

新经学其实就是对新时代经典教育的学术探索，为经典教育重新拓展一条大路。不过，仅有新经学研究还不够，还必须首先追问经典教育生成的必要性。一是探讨"中华经典教育"是否确有必要与可能存在，这是一个真命题还是假问题，对这个问题要做多方面讨论与论证。这是中华经典教育存在与发展必须回答的前提性问题。二是加强"中华经典教育"整体意义上对于中国教育发展独特性及其价值的研究。这是"中华经典教育"是否有存在价值的核心问题。1840年以来，我们的人文社会科学研究一直受"古今""中外""新旧"学的困扰，时"古"时"今"，时"中"时"外"，时"新"时"旧"，确实到了需要深度融合再出发的时候了。因为不认真解决上述问题，我们就不能跳出百年读经论争的循环。

关于百年读经论争的次数，有主张三次的，也有主张四次、五次、六次的，但不管怎么分，其实就是读经论争贯穿了中国近现代的百年历史。尤其是20世纪90年代以来的儿童读经运动，席卷了海内外华人学术界、教育界、文化界，争论异常激烈，提倡推动和反对批评的两方，阵营齐整，火药味十足。提倡推动的一方以王财贵、南怀瑾、郭齐家、蒋庆为主，他们被称为"倡导儿童读经的四君子"，此外还有赵朴初等人的极力提议；反对批评的一方以方克立、薛涌、刘晓东、柯小刚等为主；而中间派更多，比如徐勇、胡晓明、于述胜、刘铁芳、沈立。当然，提倡推动、反对批评、中间派的代表人物，只能笼统而言，他们每个人的学术立场、持论依据相去甚远，尤其是同为反对批评方的批评立场、目的和理由，其差异之大，更为明显。虽然此次争论并没有像20世纪30年代那次争议那样危及学者的个人生命（1935年中山大学古直等公开建议逮捕起诉来广州讲学的胡适），但是其涉及的层面涵盖了中西文化交流与冲突、政治意识、社会思想、教育原理、教学方式方法、教学内容、教学机构等宏观、中观、微观的讨论，并且此次读经运动有相当可观的实践，如深圳梧桐山的"读经村"、上海的"孟母堂"、温州的文礼书院等。蒋庆对外宣称教育部支持其编写教材，方克立据此给教育部最高主管官员去信，导致教育部官方出来辟谣，这当为此次激烈冲突的高点之一。当代私塾、学堂、书院等民间机构的读经实践结果也很惨烈，除了上海市教委查封"孟母堂"，还有《南方周末》《新京报》记者持续报道乃至"揭秘"①，更有《甘肃教育》2019年第9期王金梅的质疑——《家长为何对违规的读经班"趋之若鹜"？》，以及曲征提倡的用"法"打击——《面对违规"读经班"，法律应该出手》。

就目前来说，从民间兴起的此次读经论争，争论双方不仅难以说服对方，而且还深刻地分裂了，这实实在在是极大的遗憾。如何超越这种争论导致的分裂，让双方在争论和实践中走向合作，可能是解决这一百多年读经论争问题的急迫任务之一，然而，要综合争论双方的论点、论据和实践案例，就必须努力寻找新的经典教育理论和实践路径，这是本书希望解决的任务之一。

另外，经学研究或经典教育，在高等教育阶段的问题是重视不够或深度不够，从中国迈入近代教育以来这个问题就没有被很好地处理。对此，本书虽有涉及，但不作为主要研究对象。在中小学基础教育阶段要不要开展经典教育，才是近现代中国社会乃至教育界争论最多的问题。"台湾学者王尔敏先生说，近代中国传统文化的'花果飘零'，不在于圣人不出、硕学鸿儒之稀见，而在于塾师没有了。塾师作为一个社会阶层，在近代中国社会中整体消失了，这意味着传统文化播种机的失去。正如'去中国化'是从小学阶段废止读经开始的，'中国化'的强固，也有必要从小学阶段就开始进行传统文化教育。"②也就是说，中小学阶段有无必要以及能否开展以思维训练为主的经典教育呢？这个问题是本书关注的重点视域，也是本书的全部研究范围。答案不能不从传统教化与近现代教育的不同源头做些梳理。

四百多年前的捷克著名教育家夸美纽斯在《大教学论》中说："我们敢于应许一种'大教学论'，就是一种把一切事物教给一切人类的全部艺术，这是一种教起来准有把握，因而准有结果的艺术；并且它又是一种教起来使人感到愉快的艺术，就是说，它不会使教员感到烦恼，或使学生感到厌恶，它能使教员和学生全都得到最大的快乐，此外，它又是一种教得彻底、不肤浅、不铺张，却能使人获得真实的知识、高尚的行为和最深刻的虔信的艺术。"③夸美纽斯对普及学校以及现代教学制度的乐观、自信，跃然纸上，然而，如

---

① 《南方周末》一直关注"读经"，连续刊发了以下文章：薛涌.走向蒙昧的文化保守主义[N].南方周末，2004-07-09（5）；薛涌.中国需要一场"童年革命"[N].南方周末，2009-07-22；戴志勇.好的国学教育是唤醒与激发[N].南方周末，2014-06-19；翁洹，张瑞.读私塾的孩子[N].南方周末，2014-09-04；张瑞.十字路口的读经村[N].南方周末，2014-09-05；贺希荣.孩子受得了吗——反思"读经运动"[N].南方周末，2016-07-14；戴志勇.古典教育要与现代社会相融通[N].南方周末，2016-09-01；戴志勇.对在家上学不能放任自流[N].南方周末，2017-03-02。《新京报》则以罗婷撰写的"特别报道"——《读经少年：背了十年书，识字却成了问题》《读经教主"王财贵背后的产业链条》（2016年08月29日），亮出"读经少年圣贤梦碎：反体制教育的残酷试验"的结论。
② 徐梓.中华优秀传统文化教育十五讲[M].北京：北京师范大学出版社，2018：8.
③ [捷克]夸美纽斯.大教学论[M].2版.傅任敢，译.北京：人民教育出版社，1984：3.

今教育在快速发展的同时的确出现了一些夸美纽斯不愿意看到的现象：教师厌教，学生厌学，学科割裂，整体的"人"不见了。夸美纽斯在书中还提到教育是为人的终极价值做准备的，准备的三个阶段分别是熟悉万物，具有管束万物与自己的能力，使自己皈依上帝。其中，"熟悉万物"主要是指"博学包括一切事物、艺术和语文的知识"；"具有管束万物与自己的能力"，主要是指"德行不仅包括外表的礼仪，它还是我们的内外动作的整个倾向"[1]，就这两点而言，我们当下的教育可能更多地继承和发展了第一点，而淡化甚至忘记了第二点。关于第三点，"使自己皈依上帝"，在中国，我们没有浓厚的一神论信仰传统，普通的中华民族分子只能在自己的传统文化基础上寻找自己的精神家园。从这个角度来说，源自欧美的教育学和中华传统的人文教化正在逐步地融合，但在民族文化的土壤上的确还存在着巨大的差异。所以，当下的教育必须扎根中国大地办教育，必须有自己的教学理论和思路，如华东师大教授叶澜提出的"教天地人事，育生命自觉"，同济大学柯小刚阐释的《周易》"孕育—化生"的教育思想，这些理念接近中华文化源头，是中国大地上结出的教育学理论之硕果。这些富有中华文化特色的教育硕果，吸收中华民族优秀传统文化中的经典智慧而成，"天地人"三才思想是《周易》的核心文化模型，对生命的自觉是儒家经典的核心议题，所有这些都需要我们亲近经典、阅读经典，开展符合新形势发展需求的经典教育，才能将经典教育真正落实到人才培养中。

"20世纪以来，国学的每一次沉浮实质上都是中国社会发展的关键时期，体现着不同时代的发展要求。"[2] 中华民族正迈入伟大复兴的历史征程，传统经典的传承与发展自然是复兴进程的应有议题之一。中华民族传统经典文化中蕴藏着爱好和平的历史传统、勤劳节俭的生活方式、修己安民的天下情怀，其气观念、阴阳观念、五行观念，其汉字思维，其文言美文，其二十四节气，其中医文化，其礼文化，尤其是核心经典里面凝练蕴藏着的中华民族特有的象数思维方式、整体思维方式和变易思维方式等，都是中华民族乃至全人类有益的宝贵精神财富。当今，全球气候变暖，生态环境严重失衡，能源短缺乃至枯竭，信息网络虚拟无序，基因生物技术泛化，人工智能快速发展，再加上民粹主义、霸权主义、恐怖主义等，多元的文化是走向冲突，还是走向融合？科技是服务人类，还是奴役人类？人类能享受和平，还是遭遇战争？

---

[1] [捷克] 夸美纽斯. 大教学论 [M]. 2版. 傅任敢，译. 北京：人民教育出版社，1984：24-25.
[2] 杜霞，魏思雨. 国学经典教育为生命奠基之路径 [J]. 中国德育，2018（10）：28-31.

这一切重大问题都需要教育的深度介入，只有正确而笃定地开展完整的"人"的教育，才有可能为这些人类发展史上遇到的重大时代命题提供解决的基础。

此处做以下两点说明。第一，本书在使用中华传统文化教育、中华优秀传统文化教育与中华经典教育等三个概念时，从广义来说，因其都是指中华民族历史中积累的物质文明和精神文明成果，相互之间存在着紧密的关联，三者是一致的，可以通用；从狭义来说，前两者的所指范围广，知识性、技艺性更强，而经典教育则专指依托广泛认可的民族经典开展的"成人"教育。在论述经典教育的历史发展和当下现状时，本书使用包含纯粹经典教育的中华传统文化教育；但在论述中国传统文化课程和教材体系构建时，则限定在狭义概念。第二，本书整个框架实际分为三大部分，即第一、第二、第三章的解读编，第四、第五、第六章的实践编，第七、第八、第九章的建构编，希望通过对中华经典教育的范畴解读、历史实践总结和反思，以及经典课程教材体系的探索构建，试图对中小学如何有效开展中华经典教育这一伟大的时代课题给出探索性的解答。

现代教育的问题很多，经典教育也概莫能外。对于经典教育，从学校落实层面来说，"第一个问题是缺少合格的师资"，"第二个问题是课程和教材的问题"；从教育理论来说，经典教育定位到底是什么；从教育实践来说，经典教育的运行机制是什么。但对于中国教育的未来，我们充满信心。假以时日，经过多方面的共同努力，"我们完全有理由相信，传统文化教育会有一个明朗的未来"。① 有学者如此说，我也如此看：中华经典教育的明天一定会比较美好！

---

① 孙昕.让"传统文化教育"成为教育——北京师范大学徐梓教授谈传统文化教育热点问题[J].中国教师，2016（21）：19-23.

第一章
中华、经典与教育

第一节　中华、中国与中庸

在汉语词汇中，"中华""中国""华夏"三个词，异中有同，同中有异，总体而言，同大于异。"中华"一词，广义而言，因古代华夏族多建都于黄河南北，其统治中心区域在东、南、西、北四方之中①，故称为"中华"，虽然后来历朝历代疆土渐广，凡所统辖之区域，皆泛称"中华"；狭义而言，仅指中原地区；古时也作为族别的称呼，即华夏族、汉族也称为"中华"。关于"中国"一词，上古时代，华夏族建国于黄河流域一带，同样以方位为基准，以为居天下之"中"，故自称"中"国，而把周围其他地区称为四方，乃至后来有东夷、西狄、南蛮、北戎的贬称，直至发展出以文明与野蛮为区分的华夷之辩的思想；后泛指中原地区，也指生长、居住在中原地区的人，还可以指称朝廷，狭义则仅指京师地区，后来逐步演变为我国的专称。"华夏"一词，原指我国中原地区，后囊括我国的全部领土，也成为我国的古称。"中华""中国""华夏"紧密联系，三者之间的历史演变极其漫长、复杂，但要真正认识"中华"，还必须了解"中""华""国""夏"等字的字源演变和字义流变。如果要真正对"中华"和"中国"有一个较为直观的概念把握，那么"中庸"就是一个较为合适的选项。

一、"中""华""国""夏"

根据牛汝辰的研究，于省吾考证"中"字本是指带有飘带的旗帜，是个

---

① 天地中心处于黄河中游的河南省登封市，北纬34度穿境而过。中国古代堪舆学把这条东西走向的纬线称为天脐线。洛河汇入黄河的地方叫洛汭，连接洛汭与阳城的是一条南北走向的天轴线，阳城治所就在今天的登封市告成镇。天脐线与天轴线的交叉点就在登封市，因此登封市享有"天中地心"之美誉。根据古史传说，中国夏、商、周三代的都城都建立在嵩山周围、河洛之间。从远古时代起，嵩山一带就被称为"中原"，它是中国当时的政治、经济和文化中心，掌握了先进的天文观测方法和技术。此地也是中华民族二十四节气的发源地，就在今天的河南省登封市告成镇，最重要的历史遗迹就是周公测景台和元朝观星台。参见：张苏.二十四节气起源地的遗产保护现状与思考[J].古今农业，2016（2）：101-109.

象形字，后又引申出地理概念的四方中间的"中"、文化概念的合适的"中"等。关于"华"，可靠记载出现于西周，"华"即"花"，从光华、鲜美之义引申到文化上，"华"又指服章之美与文化之高，与"夏"的引申义相近。"夏"是鲧、禹、启所在部族名称，至于它为何得名，解释多样。一说夏人所建的国家叫夏，因此整个部族就称作夏部族。一说因为夏部族活动于夏地，而夏地所在，其说又不一，有夏水说、夏县说、古阳翟说。古阳翟说比较可靠，因此地多翟鸟。翟鸟因其羽毛光泽鲜艳而称为夏翟，单称为夏。夏王朝实因建都于夏地（即后世的阳翟）而得名。为什么又要衍出华、诸华、华夏呢？"其一盖为加重语气。""其二盖为加强语义。"现在的"国"字，古代有40多种写法，繁体字通常写作"國"，甲骨文中写作"或"，是以1975年被识别出来的国宝何尊内底所铸铭文作为依据，"國""或"是一个人扛着武器，保卫城池、守护土地的意思。1956年确定第二批简化字时，郭沫若选定了"国"字，"国"字从"玉"，"玉"为美好的象征，这表达了"国"为"玉"，也就是"宝贝"的意思。在我国历史上，上述四个字就组合成"中国""华夏""中华"等称呼。"华夏"指的是中原诸族，也是汉族前身的称谓，至今仍为中国的别称。"中华"最初指黄河流域一带。随着历朝版图的扩张，凡属中原王朝管辖的地方都称为"中华"，于是，"中华"便泛指全国。"中国"之意则有多种。一有地理的中国之意，指"中央""京师""国中""中原"。二有民族的"中国"和"华夏"之意。三有文化的"中国"和"华夏"之意，即核心、权威、正统之意，具有睿智、高贵之意，又具有中庸、适宜之意，还具有光华、礼仪、文化、文明之意。四有国号的"中国"之意，即1912年元旦，"中华民国"成立，简称"中国"；1949年中华人民共和国成立，"中国"便成为人民当家做主新国家的名称。①

冯天谕认为，"中国"是一个历史范畴，随着时代的演进，其内涵不断拓展。在先秦，"中国"或指京师，与"四方"对称；或指黄河中下游这一文明地段，与落后的"四夷"对称。隋唐以降，"中国"指定都中原的王朝；元代自称其统治区域为"中国"，称邻国（如日本、高丽、安南等）为"外夷"；明清沿袭此说。"中国"虽不断演化，但其主旨始终是"中国者，天下之中也"。地理学的中心意识与文化学的中心意识还表现在"中华"一词上，"华"指文化繁盛，"中华"意为居于中心的富有文化的民族。②

---

① 牛汝辰."中国""中华""华夏"的由来及其文化内涵[J].测绘科学，2019（6）：256–262.
② 冯天瑜.中国文化：生态与特质[J].中国文化研究，1994（3）：16–22，4.

"中华"一词与族别、地域都有关系,但其中的文化含义更为鲜明,那就是居住在中原及周边地区的民族因有较高的文化修养而被称为中华,其早期与服饰文明、礼乐文明有着紧密联系。"中国、夏、华三个名称,最基本的含义还是在于文化。"随着华夏族与周边各族的文化大交流和大融合,"中华文明在结构上不仅包括作为其主脉的中原华夏文明,也包括中原地区周边曾被称为'夷狄'的各文化群体……在几千年混杂共存和交往交流交融进程中最终形成了一个'多元一体'的中华文化。"①春秋以来,"中华"与"中庸"则联系更为紧密。

二、中华、中国与中庸

"在中国历史上,与欧洲相比,延续性大于断裂性,虽然空间边缘比较模糊和移动,但中心区域相对清晰和稳定,政治王朝虽变更起伏,但始终有清晰延续的脉络,文化虽也经受各种挑战,但始终有相当稳定的传统。"②这里所说的"脉络"是指中原地区,那么这里所说的"传统"的精神实质是什么呢?

如果给中华文明和中国文化找一个精神实质,那么,"中庸"是一个相对理想的选项。中庸是儒学的根本,为中国文化的核心、中华民族的灵魂。然而,"中庸之道,被'打翻在地再踏上一只脚'已有几十年甚至近百年历史"。③中庸之道被冠上了"折中骑墙"的帽子,不断遭受误读和歪曲,变成一个贬义词,成为被批判、检讨、嘲笑的对象。④即使在今天的传统文化热中,中庸之道也没有受到应有的肯定和普遍的认同。中庸之道是否要提倡,中庸之道的积极意义何在,中庸之道是否与现代意识相冲突,仍然是大学生辩论的经典辩题和政府公务员考试中的经典考题。⑤

关于"中庸"以及中国人何以重视"中",笔者曾经在一篇文章中说:中华文化最重视"中",中国、中原、中华、中正、中和、中医、中药、中餐……据《字源》,该字甲骨文是个象形字,像旗旒的形状,也就是带着彩带的旗子,古人用旗旒测试风向;又有"内、里"的意思。引申为"中央、一半、中介"等,做动词又有"正""均""适合""适中"的意思。庸,据《字源》,甲骨文是

---

① 马戎.中华文明的基本特质[J].学术月刊,2018(1):151-161.
② 葛兆光.宅兹中国:重建有关"中国"的历史叙述[M].北京:中华书局,2011:26.
③ 葛楚英.还中庸之道以本来面目[J].理论探讨,1998(2):82-84.
④ 王岳川.中西思想史上的中庸之道——《中庸》思想的发生与本体构成[J].湖南社会科学,2007(6):36-43.
⑤ 张祥浩,孙婧.儒家的中庸之道及其在现代的意义[J].江苏社会科学,2008(3):28-32.

个会意兼形声字。从庚，用亦声。形旁"庚"像某种乐器，可以演奏，可以使用。声旁兼形旁的"用"，像木桶状，也是可以使用的，上古，"庸"和"用"可以通用，后来分化为两个字，其本义是为他人做事，引申为使用。从两个字的字义来说，"中庸"就是"用中"。"中庸"最早见于《论语·雍也》，《中庸》里"中庸"出现多达十次，可以说是集中论述何为中庸的专业论文了。然而"中庸"的含义实在很复杂，古今说法甚多，下列说法较有代表性：（1）运用中和之道。东汉郑玄《礼记正义·三礼目录》说："名曰中庸者，以其记中和之为用也。庸，用也。"（2）没有偏差、不可改变的道理。宋程颐认为："不偏之谓中，不易之谓庸。中者，天下之正道；庸者，天下之定理。"（见朱熹《中庸章句》引）（3）无所偏倚的平常日用之道。朱熹在《中庸章句》中说："中者，不偏不倚、无过不及之名；庸，平常也。"综合三人的诠释，可以初步简单地认为：中庸就是在事物动态发展过程中，坚守不偏不倚、无过无不及的态度、立场和方法，尽力维护事物平衡尤其是身心内外平衡、人与人之间合作共生、人与自然和谐共存的理想状态。① 近来，有学者借助出土文献，结合历代文献，指出"中庸"的本义就是"用心"②，其实更加形象地指出了中华传统思想文化的特质，那就是要尽可能地发挥内心对身体的主宰功能，也就是人的主体性、反思性、能动性、整体性和创新性，这有利于当下更好地理解传统文化的内蕴。

如果说"中华"因"华"有"美""雅"之义，那么，"中"以及"中庸"才给了"中华"以深沉的、持久的、强烈的影响，从某个角度来说，"中庸之道"奠定了"中华"的文化内涵和精神实质。

中庸之道之所以重要，受到中华民族的崇尚，首先在于它是中国传统的核心价值观念，是中国传统的基本思维方式。《易传》可以说是中华文化的价值理念和思维方式的渊薮。冯友兰③认为，《中庸》与《易传》有许多相同之处。《中庸》说中，《易传》亦说中。《中庸》注重时中，《易传》亦注重时（中）。字句亦有相同者，如《周易·乾卦·文言》："不易乎世，不成乎名，遁世无闷，不见是而无闷。"《中庸》："君子依乎中庸，遁世不见知而不悔。"

其次，它是受地理环境、政治结构和生产方式影响的综合产物，是中华民族文化的内生文化。崇尚中庸安居稳定为旨趣的农业自然经济和宗法社会

---

① 祝安顺.中华文化何以最重视"中"[N].中华读书报，2020-10-28（15）.
② 参见：梁立勇."中庸"朔义刍议[J].中国史研究，2022（1）：21-32；程平源."中庸"原义辨说[J].中国孔子网 http：//chinakongzi.org/guoxue/lzxd/200705/t20070519_17416.htm[2007-05-19]；龚希平，汪乾."中庸"确诂[J].衡水学院学报，2019，21（3）：85-90.
③ 冯友兰.新原道[A].贞元六书（下）[Z].上海：华东师范大学出版社，1996：779-780.

培育的人群心态高度相关。"极高明而道中庸","执其两端,用其中于民",施之于政治,就是裁抑豪强,均平田产、权利;施之于文化,则是异中求同,万流共包;施之于风俗,便是不偏颇,不怨尤,内外兼顾;奉行中庸的理想人格,则是执两用中,温良谦和的君子风。"尚调和、主平衡的中庸之道是一种顺从自然节律的精神,它肯定变易,又认同'圜道',这显然是农耕民族从农业生产由播种、生长到收获这一周而复始现象中得到的启示。五行相生相克学说描述的封闭式循环序列,便是这种思维方式的概括。"①

最后,站在今天的文化研究角度而言,中庸之道与中国文化的基本精神也是相符合的,具有活力。张岱年曾撰文说,中国文化中有一些思想观念在历史上起到了推动社会发展的作用,成为历史发展的内在思想源泉,这就是文化的基本精神。它具有广泛的影响,为大多数人所接受领会,对于广大人民具有熏陶作用,也具有激励进步、促进发展的积极作用。他认为中国文化传统基本精神的主要内涵有四项基本观念,即天人合一、以人为本、刚健自强、以和为贵。其中,天人合一即肯定人与自然的统一,亦即认为人与自然界之间不是敌对的关系,而是具有不可割裂的关系。所谓"合一"是指对立的统一,即两方面是相互依存的关系;多元的统一正是中国古代哲学所谓"和"的体现,所谓"和",不是不承认矛盾对立,而是认为应该解决矛盾而达到更高的统一,这正是"中庸之道"的体现。以人为本是相对于宗教以神为本而言的。在中国古代哲学中,儒家宣扬"刚健自强",道家则崇尚"以柔克刚",这构成中国文化思想的两个方面,从宗教思想的求同存异处体现了"中庸之道"。②

中庸之道不仅是中华民族活的思想财富,对中国人来说,也是富有实践性的人生指南。林语堂在《中国人》中说:"中庸之道在中国人心中居极重要之位置,盖他们自名其国号曰'中国',可以见之。中国两字所包含之意义,不止于地文上的印象,也显示出一种生活的轨范。"③又在《机器与精神》中指出:"孟子那种比较积极的观念和老子那种比较圆滑的和平观念,调和起来而成为中庸的哲学,这种中庸的哲学可说是一般中国人的宗教。"④夏丏尊在《误用的并存与折中》中说:"从小读过《中庸》的中国人,有一种传统的思想与习惯。凡遇正反对的东西,都把它并存起来,或折中起来。已经用白话文了,有的学校,同时还教着古文。已经改了阳历了,阴历还在那里被

---

① 冯天瑜.中国文化:生态与特质[J].中国文化研究,1994(3):16–22,4.
② 张岱年.中国文化的基本精神[J].齐鲁学刊,2003(5):5–8.
③ 林语堂.中国人[M].北京:群言出版社,2009:90.
④ 林语堂.机器与精神[A].沙莲香.中国民族性(一)[Z].北京:中国人民大学出版社,1989:145.

人沿用。讨价一千，还价五百。再不成的时候，就再用七百五十的中数来折中。中国真不愧为'中'国哩。"①胡阿祥禁不住说："好精彩的一句'中国真不愧为"中"国哩'！这样的'中国'，似乎可以称为'行为中国'吧，它使得中国人的行为，整体而言，不同于英国人的绅士风度、德国人的严肃高效、美国人的自由开放、日本人的实用主义，中国传统文化的精华与中国人的典型行为，是'中'，是中庸，是折中，是并存，是和平而不激烈、调和而不偏颇，是不过激、不及。这样的'中国人'，与意蕴丰富、内涵深刻的'中国'的名称，协调合一。"②

社会学者认为，多数中国人可能既不是以"自我"为中心，也不是以"大我"为中心，更不是简单地以诸多的两者"关系"为取向的，而是在与众人的直接交往与间接相处的具体情境中，倾向于采取中庸之道的人际实践，以建立、维持、发展或改善自身在某群体或社会圈中的"人缘"状况。个体在某群体或社会圈中的良好"人缘"，是个体在该群体或社会圈中长期获取更多资源的重要资本。这种以自身良好"人缘"为指向的中庸之道的人际实践可称为"人缘取向"③。如果这一点是现实，那么，中庸之道就还活在中国的当代，需要我们继承和发展，应该成为教育的应有内容之一，"中庸之道的主题思想是教育人们自觉地进行自我修养、自我监督、自我教育、自我完善，把自己培养成具有理想人格，达到至善、至仁、至诚、至道、至德、至圣、合外内之道的理想人物；理论基础是天人合一；具体内容是五达道、三达德、九经等；主要原则是慎独自修、忠恕宽容、至诚至性；检验标准是抽象标准和具体标准；知行方法是知行合一；主要途径是礼教；中庸之道的现代意义主要体现在促进家庭美德、职业道德、社会公德的建设等方面。"④

简言之，中华民族是多民族长期融合而成为一体的，东南西北中皆为中国不可或缺的一部分，多元一体，源远流长，历久弥新。长期的发展促使中华民族形成"天下一家、中国一人"的"四海之内皆兄弟"的同胞深情，铸就了其自强不息、厚德载物的民族心性，赋予了其适时应变、生生不息的民族精神，特别是追求中庸之道的行为准则。

---

① 夏丏尊. 误用的并存与折中 [J]. 月读，2013（11）：31-34.
② 胡阿祥."中国"从何而来 [J]. 唯实，2016（5）：78-82.
③ 沈毅. 人缘取向：中庸之道的人际实践——对中国人社会行为取向模式的再探讨 [J]. 南京大学学报（哲学·人文科学·社会科学版），2005（5）：130-137.
④ 邓球柏. 论中庸之道 [J]. 首都师范大学学报（社会科学版），2000（6）：40-46.

第二节 经典、经学与经世

在汉语词汇中,"经典"旧指作为典范的儒家典籍,又指宗教典籍,也指具有权威性的著作。东汉许慎《说文解字》曰:"经,织也。"经字与丝织品有关,用丝织品把竹片连接起来就是典、册,也就是后来的书。后来,儒家、佛家、道家的早期重要文本名都带有"经"。汉代中后期,"经"主要指儒家的东西。一开始叫作"六经":《诗》《书》《礼》《乐》《易》《春秋》,但是到汉代以后,《乐》佚失了,只剩下"五经"。之后又有"七经""九经""十二经""十三经"等说法,其中,"九经"指《周易》《尚书》《诗经》《礼记》《周礼》《仪礼》《左传》《公羊传》《谷梁传》,"十三经"在"九经"的基础上再加《孝经》《论语》《孟子》《尔雅》。自春秋到晚清,经典尤其是儒家经典的经学化、制度化和权威化,渗透到中国社会的方方面面,上至国家制度、法令,下至节日民俗和百姓生活,一切都离不开儒家经典的学术诠释、教育传承和思想转化。这种影响至今仍在,虽然已不再居于主导地位,但仍潜藏在我们的思维和生活中。

一、经典概说

2001年12月16日,由哈佛—燕京学社资助、中山大学哲学系主办的"什么是经典"学术研讨会上,从对经典的定义、经典的形成、经典的诠释以及阅读共同体等方面,对"什么是经典"做了广泛讨论。对于经典的定义,与会学者大多没有进行正面界定,但就其特性进行了论述,如"经典是能够引起持续性震撼力的那一类伟大的著作,最能体现人类'原创性'";"经典普遍存在于人类几种伟大的文明中,它是一种'特殊'的贵优'珍品',而且是不朽的";"经典是解释者与解释文本之间互动的结果,经典为解释者所塑造和定位,经典本身是问题与回答的集合,经典是解释者与文本对话之网中的纽结";"迄今为止,考古学家发现最古老的经典都与人类的宗教活动有关";"在中国文化传统中,'经典'就是政典"。就经典的成因来说,"认同的结果"是经典生成的内在条件,经典自身的思想力量使人们对它产生"一种敬畏感",对于特定文化系统及其外部系统"产生广泛的影响"。还有学者认为,可以引进西方诠释学理论来激活传统经典的活力,经典诠释要善于借鉴宗教经典诠释,"什么不是经典"的"负的方法"可以帮助我们更好地认识"什么是经典",经典文本与诠释文本要适当分离。会议达成的重要共识之一就是经典形成中的阅读共同体必须依赖文化共同体。①

最初的"经典"如何得以生成？第一，它与初民最初的问题意识有关；第二，与先贤们的思考结果具有超越性有关；第三，与问题意识和问题反省的典型、深刻、持久有关。正如尤西林认为，"经典"往往与其作者及其作者的思考内容紧密相关，一是创作者特定的生活时代和问题意识，二是创作者对时代困境的超越性构思，三是创作者回应时代和人类基本问题的原创性、典范性、普适性、超越性和恒常性。经典文本具有时尚的对抗性和超越性。"'经典'与'古典'相邻，表明经典之首创性的'先在'性，同时，对应于变动不居的现代性，古典性支持了经典的持存永恒性一面。经典的终极意义、题旨及其提问表述的典范方式超时代地吸引着后人与之对话。"②徐梓认为，经典是经过时代选择而传承至今的书，是历史严苛选择后依然被人们公认为有价值的书。③

儒家典籍如何成为中华民族的经典之作？按照雅斯贝尔斯的"轴心时代"理论，世界主要文明都在公元前6世纪到公元前1世纪形成，其中，儒家学说和儒家经典就是这个时期中华文明的典型代表，儒家经典作为中华民族文化的象征与代表，具有其不可或缺性和独特性，是具有内在根据的。第一，观念的合当性，以最基本的人性为根据。第二，文本的开放性与包容性，和而不同，也完全可以与市场经济、民主政治和法治社会兼容。第三，文本的超越性与普世性，"对文本的理解可能会因当时环境的改变而有一个时间的距离。这恰恰使我们对文本进行创造性解释与利用成为可能。"④中华文明轴心时期积累汇聚而成的中华民族经典传统形成后，尽管后来有着明显的消长变化，但历久弥新，如此旺盛的生命力原因何在？这与中国文化原始初创就扎根于农业文明，政治制度坚持大一统，地理环境相对封闭，古代经典相对早熟与丰富，遵循、继承传统的历史机制相对完善等密切相关。⑤

二、经学概说

经是中国古代经史子集四类知识分类之首，经学是主要以儒家经典为研

---

① 余树苹.“什么是经典？”——对一次主题讨论的述评 [J]. 现代哲学，2002（1）：121-125.
② 尤西林. 经典文本导读在大学人文学科教学中的地位 [J]. 高等教育研究，2003（3）：71-75.
③ 徐梓. 中华优秀传统文化教育十五讲 [M]. 北京：北京师范大学出版社，2018：65，66.
④ 姚海涛. 关于读经的反思 [J]. 管子学刊，2006（2）：65-68.
⑤ 叶澜. 溯源开来：寻回现代教育丢失的自然之维——《回归突破:"生命·实践"教育学论纲》续研究之二（上编·其二）[J]. 教育发展研究，2018（3）：26-37.

究对象的学问。《汉书·儿宽传》中有"见上,语经学。上说之"的记载,《汉书·儒林传序》也有"于是诸儒始得修其经学,讲习大射乡饮之礼"的说法。

1. 近代以来,经学死亡了吗?

对于中华传统经典文化而言,这不仅是答案,而且是对当下和未来的追问。对于这个问题的不同回答,构成了近代以来中华传统经典文化的不同流派,彰显了对中华传统经典文化的不同立场。时代不同,答案也不同。

周予同等对于"经学已死""经学史研究刚刚开始"的判断一度成为不证自明的学术思潮主流,但历史的发展和现实的需求未必如此,越来越多的学者开始反思,至少是不完全认可这一结论。"范文澜'山穷水尽的经学'的断言可能在一定的层面上反映了部分事实,但在另一层面上,我们亦可以说'不绝如缕的经学',此亦反映着另一部分的事实。我以为,经学还有强大的生命力。"[1] 朱杰人提出经学应是文献学专业的一门基础课。[2] 彭林指出,经学兼综文史哲,是修齐治平的学术,关注社会现实,是经世的学术。[3]

1949年之后,在中国台湾地区,以林庆彰为首的一批台湾学者就集中精力开展了丰富的经学研究,如陈立夫力主以朱熹《四书章句集注》为内容来源,重新根据主题汇编"四书"内容,推出了适应时代需要的《四书道贯》,台湾地区的高中必修教材《中国文化基本教材》的编撰和教学开展也是另一个历史例证。其成因虽然与政治时事有紧密的关系,但中国经学并没有消亡,经学研究也并没有中断,中华经典教育也没有消失。

2. 何谓当代"新经学"?

进入21世纪以来,发展"新经学"的呼声不断。2001年11月2日,饶宗颐在北京大学百年纪念论坛做了题为《预期的文艺复兴工作》的演讲,对21世纪的中华文化予以展望:由于出土简册的丰富,21世纪应该是重新整理古籍的时代,我们国家踏上一个"文艺复兴"的时代,我们可以考虑重新塑造我们的新经学。[4] 饶宗颐并不止于传统经学,而是在新的时代背景下建立一套更为全面的、更能反映中华文化全貌的"新经学",表现在重新整理与研究文本,注意出土文献的新材料;重新界定经典范围,强调各家并重,重视文本的思想性;重新树立中国人传统的、正确的文化和道德价值观。[5] 饶宗颐强调:"'经'的重要性,由于讲的是常道,树立起真理标准,去衡量

---

[1] 郭齐勇.出土简帛与经学诠释的范式问题[J].福建论坛(人文社会科学版),2001(5):22-30.
[2] 朱杰人.经学应是文献学专业的一门基础课[J].河南师范大学学报(哲学社会科学版),2005(2):120-121.
[3] 彭林.论经学的性质、学科地位与学术特点[J].河南社会科学,2007(1):10-14.
[4] 饶宗颐.预期的文艺复兴工作[A].21世纪:人文与社会——首届"北大论坛"论文集[Z].北京:北京大学出版社,2002:25-30.
[5] 郑炜明,陈民镇.饶宗颐关于复兴中华民族文化的思想研究[J].当代中国史研究,2019(2):124-136.

行事的正确与否，取古典的精华，用笃实的科学理解，使人的文化生活与自然相协调,使人与人间的联系取得和谐的境界。"①"新经学"具体该如何构建呢？饶宗颐提出五点设想：一是《尔雅》之类的训诂书不必列为经书；二是与《尚书》具有同等时代和历史价值的文献，可视作《尚书》之羽翼；三是记言之书如《国语》等，亦可入经；四是思想性重要的出土文献，可选一些像马王堆的"经法""五行"等；五是《老子》《庄子》等也需要纳入经书。②

饶宗颐的北大演讲在学术界产生了很大的影响，清华大学彭林在刘桂生与历史系主任李伯重的积极支持下，于 2005 年清华国学研究院成立八十周年之际，举办"首届中国经学国际学术研讨会"；2005 年，彭林在广西师范大学出版社支持下出版了《中国经学》研究辑刊第 1 辑，至 2018 年共出版了 23 辑；2018 年在清华大学成立全国首家中国经学研究院。2003 年，姜广辉出版《中国经学思想史》第一卷，至 2010 年出版了四卷，共六册；2018 年，姜广辉提出将经学与哲学融为一体，开创一种有"根"有"魂"的"新经学"研究；2020 年出版《新经学讲演录》，在序言中提出"新经学"的五个"新"：一是理论视域新，二是时代意识新，三是破译思路新，四是研究取舍新，五是治学工具新。姜广辉说："我辈出于一百年后的今日，所要做的工作就是接'根'续'魂'。我们不要再做斩'根'断'魂'的人，而要做接'根'续'魂'的人，开创'新经学'。"③ 2012 年，干春松、陈壁生主编出版了"经学研究丛书"的第一本《经学的新开展》，同年朱维铮主编的八卷本《中国经学史》出版，2017 年邓秉元主编了《新经学（第一辑）》，2018 年美国汉学家韩大伟的《中国经学史·周代卷》出版，等等。从图书和辑刊的集中出版可以看出，新经学的研究已经成为一股不容忽视的潮流。

3. 经学与经典的厘正

"从广义的视域看，经典可以理解为人类文明发展的沉淀和前人思维成果的凝结。"正如杨国荣所言，"作为思想的载体，经典关乎宇宙人生的普遍原理。就中国文化的演进而言，经典首先与经学相关联：从普遍的价值观念到日常的行为方式，经学对中国文化都具有十分重要的塑造作用。"从现代学术思想的发展来看，经学区分为"与文献的研究相关，属广义的文献之学"和"与价值取向相联系，表现为具有某种意识形态功能的观念形态"。"从研

---

① 饶宗颐.新经学的提出——预期的文艺复兴工作[A].陈韩曦主编.梨俱预流果：解读饶宗颐[Z].广州：广东高等教育出版社，2006：10.
② 饶宗颐.新经学的提出——预期的文艺复兴工作[A].陈韩曦主编.梨俱预流果：解读饶宗颐[Z].广州：广东高等教育出版社，2006：10-11.
③ 姜广辉.新经学讲演录[M].北京：中国社会科学出版社，2020：自序2-6.

究方式的角度来说，后一意义上的经学更多地趋向于以义理的认同压倒批判性的反思"。"经典还关乎广义的经典之学，后者在对象上，不限于经学之域的经典，在研究方式上，以情感认同与理性分析的统一为进路，注重对话与比较，并由经典的诠释进一步引向现代思想的建构"。杨氏提出："从现实的层面看，考察经典，不能仅仅限于经学，而应当指向更广意义上的经典之学。"①对经典、经学、经典之学等做了明确的关联和区分。

本书中的经典主要指以儒家经典为主要研究对象的中华民族多元核心经典，既与传统的经学之儒家经典有关联，又有扩充，实际是指多元一体的中华民族文化中的核心经典，但从经典的丰富性、延续性、实践性来说，儒家经典仍然是民族文化核心经典的重点，如"四书"。"要凝聚人心，解决中国问题，少不了儒家文化的调剂。我们要让更多的人正确地理解儒学。目前，民间对蒙学读物与'四书'的一定程度的需要是一个契机。'四书'的基本内涵是忠孝、仁爱、诚信、道义、礼敬等价值，是启发式的，是反求诸己的，是德性论的。我认为，应当自觉地更多地让'四书'内容进入国民教育体系之中——当然要渗透进现代意识，予以创造性地转化。这对青少年正确人生观、价值观的形成，对世道人心的整饬与提升都有积极意义。""我们要把中华人文精神活化到当下的社会与人生之中，积极参与现代化的建设，凝结成中国人的主体性的价值系统，并贡献给全人类。我们有深厚的历史感与强烈的现实感，批判当下社会生活的负面，反思现代性，面对实际问题，力求把根源意识与全球意识、传统文化精神与现代化建设相结合，为建设健康合理的物质文明、制度文明、精神文明而贡献自己的智慧与力量。这也是马克思主义中国化的题中应有之义。"②

不过，一旦把经典定位为儒家经典为主的中华民族核心经典，就摆脱不了近代以来的"废止读经""废除读经""反对读经"的一系列攻讦，而且这种反对乃至遏制读经的思潮得到社会主流思潮和教育制度的支持。虽然近代仍然有一批人在提倡读经，如生命后期的严复和章太炎、兴办无锡国学专科学校的唐文治、民国湖南军阀何键、民国广东军阀陈炯明、中山大学的古直、浙江大学的马一浮、当代的王财贵和蒋庆等，然而其都是大河里的一朵朵浪花，成不了历史主流。因为晚清民初反对读经与反对专制几乎等同。事实上，两者还需要做出恰当区分，虽然这种区分很难做到令各方满意。"反对读经据

---

① 杨国荣. 经典、经学与经典之学 [J]. 华东师范大学学报（哲学社会科学版）. 2021（5）：1-8+237
② 郭齐勇. 儒学与马克思主义中国化及中国现代化 [J]. 马克思主义与现实，2009（6）：56-62.

说是为了抵制专制，但经学灭后，却并未阻止专制的加深。以专制的手段否定经学，与用专制的手段提倡经学，其相去并不甚远。经学的仁义礼智信、天理良知本来作为传统各阶层心理诉求的共同基础，不仅责己，也可以责人，并以此维系政教的基础。当这个基础被摧毁之后，不同群体间的公共认同消失，加上外来各种学说的催动，判断真理的尺度只能是惟力是视的丛林法则。"①

三、经世概说

在汉语词汇中，"经世"指治理国事，也指阅历世事。在中国传统文化中，"经世"总是与"致用"相关联，正如宋代儒者所说："圣人之道，有体、有用、有文。君臣父子，仁义礼乐，历世不可变者，其体也。诗书史传子集，垂法后世者，其文也；举而措之天下，能润泽斯民，归于皇极者，其用也。"②传统文化的主流儒学要内修"成德""成学"，其终极理想是要"措之天下，润泽斯民"，就是"经世致用"。近代中国受到西方"西学""西政"乃至"西教"的冲击，整个社会都在向西方尤其是欧美看齐，乃至学术思想、社会话语也被深深西化，儒家核心经典的社会影响力和解决时代问题的应用效果都大为消退乃至接近消失，所以在今天，如何恢复民族文化经典的经世致用精神，应该是创造性传承和创新性发展中华优秀传统文化中的重中之重，而经典教育普及则显得更为基础和深远。

然而，当下中国人对于经典的经世致用传统很是无感，因为经典已经远离家庭教育、学校教育、社会教育，为什么要阅读经典就成为经典在当下"经世"入门券的社会话题，这个问题当属广义的教育学问题，其实后面还是个哲学思想问题：旧时形成的经典如何有益于当下的事，就是经典依靠什么具有历时性与共时性，从而有超时空的魅力，也就是"一本书的内容怎么可能既是古代的，又永远是当代的"。对此，王汎森认为"读者的角色与经典一样重要"。因为"阅读古往今来的经典，除了应当虔敬地学习它的道理、它的论题、它的词彩，还要进行一种密切的对话。对话的对象可以是永恒的真理，也可能是其他的东西。无论如何，在与经典密切对话的过程中，读者不断地'生发'出对自己所关怀的问题具有新意义的东西来。经典之所以经久不衰，往往是提供了对话与创造的丰富资源。阅读经典一方面是要'照着讲'，另一方面是要'接着讲'。不管'照着讲'还是'接着讲'，最后'是要敲开门，

---

① 邓秉元. 唐文治与经学在近代的回潮 [A]，唐文治四书大义 [Z]. 上海：上海人民出版社，2018：前言 P19.
② 黄宗羲，全祖望补修. 宋元学案（第一册）[M]. 北京：中华书局，1986：25.

唤出其中的人来，此人即是你自己'（编者注：日本山本玄绛禅师语）。"①

　　王汎森的解答，作为刊登在《南方周末》的报刊文，作为人文学者的非专业论文，此说固然有启发性和引领性，然而，笔者更关注的是如何"敲开门，唤出其中的人"，而且保证"此人即是你自己"，这才是经典阅读作为教育事件的本质要求。作为日本的禅师，当然可以通过禅修来实现，但世俗中的大众教育如何实现，王汎森并未展开讲述，而这点恰是本书要解决的核心问题。这个问题是极难解决的，正如詹福瑞所说："大众阅读，是大众文化重要的接受形态之一，是指在大众社会的背景下，以大众传媒为载体，以大众文化为消费对象的新的阅读现象。大众阅读的对象一般具有消遣娱乐性、普通性和模仿性三个特点。大众阅读心理呈现快乐主义和享乐主义倾向。大众阅读取向也表现出盲目性和趋同性。因此，从阅读对象到阅读心理，大众阅读都具有疏离经典的倾向，其盛行，使经典正在走向边缘化。缺少经典的阅读，对于个人及社会而言，都是极为危险的。"②而从"主义"的角度对大众文化与经典传承之间的紧张关系作出分析和结论的，则有尤西林的呐喊："当代中国文化界所发生的经典与大众文化之争，表明中国现代性的发展已经深入'五四'以来不曾达到的反思阶段。作为现代意识形态的历史进步主义与大众主义，在面临现代性虚无主义这一更深刻危机时受到反思批评。古代经典对于重建现代精神价值的重要意义开始显现。""古今之争的积极前景需要依靠现代交往文明的建设。"③

　　要从近代中国教育中切入经典，尤其是儒家经典，从近代以来就很难践行。梁启超认为，当时的学校多变成整套的机械作用，功利性太强，不能培养有理想情怀的有志青年，于是进入清华学校当教授，就是要"改造教育"："我要想把中国儒家道术的修养来做底子，而在学校功课上把它体现出来。……一面求知识的推求，一面求道术的修养，两者打成一片。……我最希望的是在求知识的时候，不要忘记了我这种做学问的方法，可以为修养的工具；而一面在修养的时候，也不是参禅打坐的空修养，要如王阳明所谓在事上磨炼。……我很痴心想把清华做这种理想的试验场所。"④然而，事实上收效并不理想。

---

① 王汎森.为什么要阅读经典 [N].南方周末，2012-12-20（F30）.
② 詹福瑞.大众阅读与经典的边缘化 [J].复旦学报（社会科学版），2014（6）：121-135.
③ 尤西林.古今之争：经典与大众文化 [J].西安交通大学学报（社会科学版），2008（2）：54-57.
④ 丁文江，赵丰田.梁启超年谱长编·北海谈话记 [M].上海：上海人民出版社，1983：1138.

第三节 教育、教化与教改

要理解中国当下的教育，就必须对中国的传统教育以及深刻影响中国近现代教育的欧美教育有所了解。三者之间虽然存在巨大的差异，但在中国近现代教育实践中现实地纠缠在一起，中国近现代教育在不放弃中国传统教化的理想追求之下，又在大量移植或复制欧美的教育思想、教育制度和教育实践，对中国传统教育进行改造，而中国传统教化也在这种改造中潜在地改造着从欧美移植或复制而来的教育，所以，近现代中国教育就是传统教化和欧美教育在中国近现代教育舞台上进行的一次伟大的教育改革。其影响之大，时间之久，至今未退。中华经典教育的重新建构，就是中国传统教化思想在当代中国教育实践中再改造的重大教育改革事件之一。在当代读经热潮兴起的当下，其教育性的欠缺，则成了决定经典教育能否继续发展的关键一环。徐梓说："当前的传统文化教育中，存在着庸俗化、功利化、碎片化、仪式化、复古化等问题，但最普遍、最严重也最值得关注的，莫过于非教育化的问题。"①

一、教育概说

在汉语词汇中，教育具有教诲培育、教导之意，也指培养新生一代准备从事社会生活的整个过程，主要是指学校对儿童、少年、青年进行培养的过程。从一般意义上理解，教育是把未成年人带向成年人的内容传授、生活准备、人格养成乃至价值定型的带有社会制度化的过程，这在近代尤其是现代义务教育实施以来表现得更为明显。

1. 教育是什么？

由于教育概念的难以言说，教育哲学学者很喜欢运用隐喻的手法。如夸美纽斯的"种子"、洛克的"白板"、杜威的"生长"等，教育的隐喻重在语言背后的理解，其"话外之音"或"言外之意"蕴含着丰富的教育意蕴。②正所谓"立象以尽意""得意而忘象"。虽然如此，但中外文化对教育必要性的认可高度一致。从苏格拉底开始，为了实现城邦的美好生活，就必须用教育来培养管理者和守卫者，孔子的"庶之""富之""教之"的治国策略都高度认可和强调教育在建设美好政治、落实哲学思想中的关键实践功能。从这

---

① 徐梓. 中华优秀传统文化教育十五讲[M]. 北京：北京师范大学出版社，2018：9.
② 黎琼锋. 教育是什么：源自教育隐喻的理解[J]. 教育研究与实验，2006（3）：37-40.

个角度来说，是人就需要受教育，特别是儿童的养育、管束、训导和道德陶冶更不能缺失。在中国传统教育理念中，人在幼儿时期要接受保育，儿童时期需要管束，青少年求学时期须加以训导。正如《荀子·修身篇》有言："以善先人者谓之教。"《礼记·学记》有言："教也者，长善而救其失者也。"《说文解字》中记载："教，上所施，下所效也；育，养子使作善也。"可以说，在传统以儒家思想为主的教育中，教育就是确保儿童或每个人成为善良的人。这种影响一直保留到民国以来的对教育的理解，《中国教育辞典》（1928）中阐释："教育之定义，有广狭两种，从广义而言，凡是影响人类身心之种种活动，俱称为教育；就狭义而言，则唯用一定方法以实现一定改善目的者，始可称为教育。"

1949年以来，在一个相当长的时期内，教育在广义上概括为"凡是有目的地增进人的知识技能，影响人的思想品德、增强人的体质的活动，不论是有组织的或是无组织的，系统的或是零碎的，都是教育"，而狭义上的教育则专指学校教育，是"教育者根据一定社会（或一定阶级）的要求和年青一代身心发展的规律，对受教育者所进行的一种有目的、有计划、有组织地传授知识技能、培养思想品德，发展智力和体力，以便把受教育者培养成为一定社会（或一定阶级）服务的人的活动"①。教育是教育者对受教育者的一种外在干预和影响："教育者按照一定的社会要求，向受教育者的身心施加有目的、有计划、有组织的影响，以使受教育者发生预期变化的活动。"②

1978年改革开放以来，教育的主流诠释多样化了，丰富了，但真要将"教育是什么"和"什么是教育"诠释清楚，却是复杂、难以说清楚的问题。李吉芳、陈新宇认为，"教育是什么"与"什么是教育"是"两个不同的命题"，前者"探讨的是教育概念的内涵，揭示的是教育的本质"，而后者"讨论的是教育概念的外延，即概念的适用范围"；"从教育理想与教育现实的角度来讲，'教育是什么'蕴含着人们对理想教育的追寻，而'什么是教育'则是对教育现实的反思"。③

2. 什么是教育？

如果就"什么是教育"这个问题来说，当下对此问题影响深远的无过于德国的雅斯贝尔斯的《什么是教育》一书。据任增元、安泽会研究，"1998年至2011年，《什么是教育》被引总量（CSSCI数据）高达713篇，较高的

---

① 华中师范大学教育系，等.教育学[M].北京：人民出版社，1982：37.
② 南京师范大学教育系编.教育学[M].北京：人民教育出版社，1984：18，19.
③ 李吉芳，陈新宇.论"教育是什么"与"什么是教育"[J].现代教育科学，2011（2）：5-7.

引用率足以证明此书受到中国教育研究界的广泛认同。""这表明《什么是教育》作为一部经典之作,在中国教育领域的影响力和辐射力呈现不断上升的态势。""作为一种'追根究底'的哲学式的追问,《什么是教育》所表达的其实是'什么是好的教育'或'什么是理想的教育'。"①雅斯贝尔斯书中所言:"所谓教育,不过是人对人的主体间灵肉交流活动,包括知识内容的传授、生命内涵的领悟、意志行为的规范,并通过文化传递功能,将文化遗产教给年青一代,使他们自由地生成,并启迪其自由天性。""教育活动关注的是,人的潜力如何最大限度地调动起来并加以实现,以及人的内部灵性与可能性如何充分生成,质言之,教育是人的灵魂的教育,而非理智知识的堆集。""教育过程首先是一个精神成长过程,然后才成为科学获知过程的一部分。""创建学校的目的,是将历史上人类的精神内涵转化为当下生气勃勃的精神,并通过这一精神引导所有学生掌握知识和技术。"②这些话语已经反复被国内学者所引用,也成为大中小学教育工作者的常用语。"雅斯贝尔斯的教育哲学观充满了理想主义色彩,也正是这种'乌托邦'精神使其充满魅力、令人神往。"因为"理想引领现实,当现实与理想不一致时需要我们更多地考虑如何改变现实、实现理想,而不是放逐梦想、降低追求"③。刘铁芳将教育与唤起对美好事物的欲求关联起来,教育以育人为中心,核心在于激活个体对美好事物的欲求,美好事物包蕴在日常生活世界之中又超越于日常生活之上的以真、善、美为核心的价值事物,美好事物的欲求奠定在个体生命初期,儿童教育的中心就是给予一个人生命初期以美好事物的经历,激活个体人生之中对美好事物的爱。今日教育无疑越来越多地远离了教育的本源,需要不断地回返教育本源。④

3. 中国当代学者的探索性回答

"教育是什么"探讨的是教育的本质问题,对此,学界争论强烈,由于立场和研究方法不同,因此得出的意见也不一致。有些学者偏重于教育的历史和社会功能,将教育的本质规定为"传递经验,培养人的活动"⑤;有学者否定概念建构的理解,提出理解"教育性是什么"更重要,教育性是历史性概念,具有干预性、关怀性、策略性和系统性,因此把教育界定为"一种关

---

① 任增元,安泽会.雅斯贝尔斯《什么是教育》的学术影响研究——以CSSCI(1998—2011)的文献计量为基础[J].现代大学教育,2013(6):46-53,112.
② [德] 雅斯贝尔斯.什么是教育[M].邹进,译.北京:生活·读书·新知三联书店,1991:3,30,33.
③ 同①.
④ 刘铁芳.教育:唤起美好事物的欲求[J].大学教育科学,2016(3):23-29.
⑤ 李吉芳,陈新宇.论"教育是什么"与"什么是教育"[J].现代教育科学,2011(2):5-7.

怀性的、策略性的和系统性的干预"①；有学者强调了教育的社会性，认为"纯而又纯的教育并不存在"，教育的职责履行需要相应的保障条件，教育的地位取决于外部社会和教育自身状态，教育角色扮演是教育对社会发展进程的态度及其实际社会地位共同作用的产物②；有学者提出跳出教育体系的狭小圈子，而将教育视为一种社会建构的实体。"教育并不是社会的'真空地带'，也不是所谓的'真理守护者'，而只是一个特定社会历史背景中所建构的一个实体"③；有学者从事实判断和价值认识对教育作出了新的解答，"教育是什么"并不是一种事实判断，而是一种价值认识，需要用实践理性取代理论理性去展开多元探讨④；有学者从传播学诠释教育，"教育是一种人类的社会传播活动，是一种专业的组织传播，它体现为一种人际交往互动的过程，有特定的传播内容与目标"⑤。在中国传统文化中，"《中庸》完整地回答了'什么是教育'这一问题"。"正因为'天命之谓性'，所以，教育才有可能。教育的目的在于'明诚'（认识自我）和'至诚'（实现自我），而教育的本质是'修道'，包括天道和人道。'修道'的途径是尊德性和道问学两者的有机统一。"⑥ 从教育哲学的角度，"教育是什么"应还原为"人是什么"的人学问题。站在人学的角度，教育必须是人的教育，而且是为了人的教育，需要直面人的天性，而不能只关注教育与社会的关系。教育本质上是一种精神性而非专业性的活动，教育的生命在于人的灵魂对于卓越的不懈追求，就是要唤醒人的自然，弱化人性中残留的动物性，使其成为一个有德性的人或好人，但在实践中又很少有人不违反。根本原因在于知识的传播和社会的力量触手可及，而人性的培养或塑造则虚无缥缈且充满不确定性。在学校里知识的传播和人的社会化受到高度重视，真正的关于人的自然的教育则被忽视。⑦

随着"教育是什么""什么是教育"研究的深入，学者们开始对"真正的教育"进行深入讨论、反思和阐述，将这一根本理论问题不断推向深入。真教育面对的最基本问题体现为两对关系："一是教育与人的关系，二是教育与社会生活的关系。"⑧ 前者是根本和前提，后者是解决这个前提问题的根本点。当代中国，"'教育是什么'关乎的不仅是一个学术问题，更指向的是生命成长与健康发展的重大命题。"由华东师范大学叶澜领衔的"生命·实践"

---

① 刘庆昌. 论教育性——关于"教育是什么"新探索 [J]. 当代教育科学, 2006 (15)：3-6.
② 吴康宁. 教育究竟是什么——教育与社会的关系再审思 [J]. 教育研究, 2016, 37 (8)：4-12.
③ 李润晖. 教育是什么：一种教育社会学的观点 [J]. 当代教育论坛, 2003 (10)：31-33.
④ 李润洲. "教育是什么"的哲学追问 [J]. 现代大学教育, 2012 (1)：1-5, 111.
⑤ 阮志孝. 教育是什么？——从传播学看教育 [J]. 现代远程教育研究, 2006 (1)：67.
⑥ 樊华强. 什么是教育——《中庸》教育思想探究 [J]. 河北师大学报（教科版）, 2010, 12 (5)：40-42.
⑦ 王建华. 论人类的教育 [J]. 清华大学教育研究, 2014, 35 (2)：27-34.
⑧ 徐莉. 教育是什么——在工业文明即将远去时重读杜威 [J]. 国家教育行政学院学报, 2015 (1)：51-55.

教育学派,二十多年来,总结了基层学校长期探索与研究的实践经验,明确提出了"教天地人事,育生命自觉"的基本宗旨,正是对"教育是什么"的中国式应答:以成"人"与成"事"为着眼点,去培育学生生命的自觉。①

二、教化概说

在汉语词汇中,教化指政教风化,也指教育感化,也喻环境影响。中国传统教学,从某个角度来说,称为教化更合适。按照朱熹在《大学章句序》里的教育构建,第一,中国的教育本于天赋于人之仁义礼智之性;第二,能"知其性之所有而全之"的人就会得到上天的赋命,成为民众的"君师"。从完美的教育出发,中国的教育就是教化,就是君师合一的政教。②

中国的传统学问,可称为教化的学问。朱小蔓指出,在古代,知识与道德、智慧与道德不分,有机结合,只是到了近代,知识与道德、智慧与道德才开始分离,特别是后来教育制度化了,"德育在追求形式化的教育中被抽离出来、单列起来,情感在追求知性的德育中被排斥出去或被看成一个单一的心理因素"。教育逐渐失去德性光彩,德育也日渐丧失其生命的激情和情感的魅力。造成当代德育实效性低迷,是知德分离、智德分离,缺乏情感性。要深化德育改革,需要通过师—生、生—生之间丰富多彩的活动和交往转化为精神沟通、交往和理解的"我—你"关系,增强德育的情境性、情感性和生命活力。③教育理论界一直存在"造人"与"成人"两种性质截然不同的教育观。"造人"就是按照确定的、具体的社会标准和目标塑造、制造、雕琢受教育者,把学生看作有待加工的客体和材料。所谓"成人"指教育是一种促使人的个性自由生成的活动,即通过主体与主体之间的交往活动,引导人性走向完满,生成为"完整的人"。④"成人"是传统教育追求教化的结果。王晴则认为,近代以来,以"教化"为突出特征的传统教育逐渐向注重个体主动性、个性、自主理性等以"培育"为突出特征的现代教育转型。源于传统的思想羁绊、现实的各种教育难题、时代的道德迷失、文化的认同危机,转型难免陷入困境,如何破解困境以实现转型就成为当代教育改革的重要任务。从"教化"到"培育"不是代替式,而是重心转移式。"培育"也要注重底线式的教化要求:"一种普适的、共通的、基本的伦理规范和处世方式","每一位具有健全理性能

---

① 吴遵民. "教育是什么"的中国式应答 [J]. 中国教育学刊, 2017(6): 3.
② [宋] 朱熹. 四书章句集注·大学章句序 [M]. 北京: 中华书局, 2011: 3.
③ 朱小蔓. 育德是教育的灵魂动情是德育的关键 [J]. 教育研究, 2000(4): 7-8.
④ 任增元, 安泽会. 雅斯贝尔斯《什么是教育》的学术影响研究——以CSSCI(1998—2011)的文献计量为基础 [J]. 现代大学教育, 2013(6): 46-53, 112.

力和自主判断意识的现代公民所必须达到的统一要求"。就中西文化中"教化"的不同,王晴也指出,在西方文化历史上,"教化"(Bildung)就是养成(foster)形塑(culture)或培育(cultivate)人的德性、情操及品格,与"教育"(education)有着天然的、密切的联系。在中国思想发展史上,"教化"一词最早见于《战国策·卫策》;《荀子·议兵》中提到"礼义教化,是齐人也";许慎《说文解字》释"教,上所施,下所效也",释"化,教行也"。"教化"的概念最初是作为一种政治工具而存在的,是实现国家治理、"化民成俗"的重要方式,并且带有明显的价值取向,以某种特定的统治思想体系为指导而改造人们的思想、德性和品行,形成某种理想的社会风尚。在中国传统中,教化是政治治理的重要方式,是一个潜移默化地影响人们的道德意识和思想观念的过程,是形成个体德性和社会风尚的重要方式。从东西方文化的共通之处来看,教化首先意味着个体德性的形塑和改造。教化是个体自主理性的发展与完善。教化就是"教民以善,化民成俗"。从教育学的意义上来看,教化则是一种促进个人生命成长、成就人们生命意义的主要途径和方式。①

三、教改概说

当代教育,无论是在中国还是在西方,都处在不断发展变化之中,一种是教育内部的有机变化,另一种是外在因素导致的教育变革,或者内外共同因素导致的变革,总之,教育无所不在人的需求之中,也无时无刻不在变革之中。"教改"指教育改革,也就是指教育现状所发生的任何有意义的转变。教育改革是一个系统工程,包括各级各类教育。各级教育有其自身的特点,即使是"以人为本",在不同阶段也有不同要求。婴幼儿与少儿、基础教育与职业教育、中等教育与高等教育各有不同的规律。教育改革关涉政府、家庭、学校以及社会的方方面面,一直是全社会关注的热点话题之一。

1. "教育改革"的内涵与现状

教育改革是一种人们有意识、有目的地改造旧教育,使之成为新教育的实践活动,其意在应对未来,但教育改革不同于教育发展。根据石中英和张夏青的研究,改革开放以来,我国的教育改革取得了历史性成就,经历了教育改革酝酿与教育事业恢复发展时期(1978—1984年)、教育改革起步与教育事业稳步发展时期(1985—1992年)、教育改革全面展开与教育事业快

---

① 王晴. 从"教化"到"培育"——中国重教传统的演变及当代困境 [D]. 上海:华东师范大学,2011.

速发展时期（1993—1998 年）、教育改革持续深入与教育质量全面提升时期（1999—2008 年）四个时期。石中英从教育改革的性质定位、背景认知、路径选择、价值诉求四个方面发现 30 年来我国教育改革从根本上说还是具有社会性和政治性的，是对不同历史时期社会发展需求的政策表达；教育改革的根本动因不在于教育自身，而在于社会经济和科技进步提出的客观需要；教育改革采取的是自上而下的路径；教育改革的价值诉求明显侧重于国家主义和经济主义等。2018 年到 2023 年中国教育改革的社会性质会更加突出，教育改革的背景认知会更加全面，教育改革的路径选择会更加多样，教育改革的价值诉求会更加体现以人为本的思想。①

教育改革如何才能成功进行？不同的教育学者提出了不同的条件，但都指出教育改革是社会整体性活动。吴康宁提出，教育改革获得成功应具备的基本条件有三点：一是促进所有学生的发展是教育改革道德正当性的来源，二是对积极支持并参与教育改革者予以合理的利益回报是教育改革社会合法性的前提，三是采取民主的推进方式是教育改革过程有效性的保证。② 郝德永提出，教育改革具有明显的社会依赖性特征，其成功不仅取决于自身的合理性、恰切性、可行性品质，还取决于社会支撑的程度。加强教育改革社会基础建设，改变仅仅局限于教育侧的教育改革思维与行为，是教育改革摆脱困局的重要路径与方法。加强教育改革社会基础建设，关键在于明确教育改革的社会侧责任，强化教育改革的社会侧行动。③

2. 教育改革的难点和展望

教育改革与社会发展之间存在着复杂的互动关系，是制约教育改革的重要力量之一。正如吴康宁指出，考试竞争、区域差异、关系网络、社会基础等因素是制约中国教育改革的场域的主要构成，体现在中国教育改革的复杂性、曲折性、长期性上。理念与利益、文件与文化、前台与后台、官方与民间、中央与地方、城市与农村之间的差异与矛盾是导致中国教育改革步履艰难的重要原因。④ 当然，教育改革中坚持教育正义也是确保教育改革不偏离方向的重要原则之一。金生鈜指出，我国教育改革取得成果的同时存在多方面的教育问题，其中教育制度改革中的指导原则定位存在偏差是最主要的：教育改革追求社会效率和功利，忽视乃至回避了教育公正的问题，没有把公正或

---

① 石中英, 张夏青. 30 年教育改革的中国经验 [J]. 北京师范大学学报（社会科学版），2008（5）：22-32.
② 吴康宁. 教育改革成功的基础 [J]. 教育研究，2012, 33（1）：24-31.
③ 郝德永. 教育问题的社会之因与教育改革的社会支撑 [J]. 高等教育研究，2020, 41（6）：1-6.
④ 吴康宁. 中国教育改革为什么会这么难 [J]. 华东师范大学学报（教育科学版），2010, 28（4）：10-19, 36.

正义原则作为教育制度改革的根本性原则，从而在全社会范围内造成了较普遍性的教育不平等、教育权利不受保护等现象。当前时期教育改革要努力追求和实现教育正义，教育正义能提供教育制度分配权利和义务的合理方法。①

时代的发展在推动着教育理念的深化，也在推动着教育改革的发展。一是学生全面发展理念的要求加速并推动着教育改革的发展。蔡克勇认为，进入知识经济时代，以学生全面发展为本的教育理念日益为人们所重视，若要实现它，就必须树立高品质、多规格、小批量的质量观，尊重个性、多种形式、各展所长的教育观，深化教育体制改革，使之形成具备多样性的"核心特征"。② 二是知识性质的变化也在推动着教育改革的发展。石中英指出，20世纪60年代以来，人们开始对现代知识的基本性质以及所造成的思想和社会后果从各个角度进行了深刻的批判。从客观性到文化性，从普遍性到境域性，从中立性到价值性，并由此开展教育目的的反思、课程知识的选择、教学过程的重新组织。③ 三是循证教育改革思潮推动教育改革的发展。陈唤春、蒋贵友研究指出，循证教育改革肇始于西方医学，业已成为全球前沿的改革思潮。作为一种新型的教育改革范式，它是指在教育改革中围绕教育问题，基于最佳的研究证据，实现教育决策和实践的科学化，促进教育质量的提升。在循证教育改革中，过分注重证据至上与实证测量而忽视教育的特殊性与复杂性，会致使教育改革陷入统计主义的窠臼中，割裂教师的专业知识与经验。为此，加强教育改革问题与方法的适切性，构建共融共生的研究方法体系以及促进教师专业知识和经验紧密结合成为推动循证教育改革有效性的主要路径。④

总体而言，当今全球各国的教育都处在不断深化改革之中，而经典教育进入各级各类教育，尤其是进入中小学课程与教材，更是中国教育现代化进程中的一项重要变革。

---

① 金生鈜. 什么是正义而又正派的教育：我国教育改革的症结 [J]. 教育研究与实验, 2006（3）：1-7.
② 蔡克勇. 以学生全面发展为本：一个重要的教育理念及教育改革 [J]. 高等教育研究, 2000（5）：11-15.
③ 石中英. 知识性质的转变与教育改革 [J]. 清华大学教育研究, 2001（2）：29-36.
④ 陈唤春, 蒋贵友. 循证教育改革历史演变与实践反思 [J]. 比较教育研究, 2021（3）：64-71.

第二章
中华经典教育概述

中华经典教育是"人"的教育，对内来说是注重民族思维方式训练和生命价值意义构建，对外是言语和行为的向善实践，也就是人应该如何恰当地认识自己并如何合适地开展人生实践。为善的认知和实践会出现行善而不知善，知善行善合一，知善而不行善，不知善且不行善四种情况。行善而不知善，知善行善合一，都是值得肯定的美德，无须再教化。知善而不行善的人，当面一套，背后一套，一般得不到社会认可，严重时会受到法律的制裁。最重要的是如何面对不知善且不行善的人，这类人绝大多数存在于青少年中：从法律角度来讲，他们不是完全的民事行为能力人，还需要父母等长辈监护；从经济角度来讲，他们没有独立的职业和经济来源，还需要家庭和社会的养育；从教育角度来讲，他们尚无法分清真假、善恶和是非，需要教育者给予引导，将人类的优秀文明成果传授给他们，免除其探索和尝试何谓善行的时间成本。其中，将中华经典传授给他们，是保证其能迅速地、成功地走向社会的有效途径之一。从这个角度来说，作为教师或家长，我们既有义务也有责任让我们的青少年接触、了解、熟悉、认可经典之中蕴藏的中华美德、价值取向和思维方式，并能将其付诸人生实践。

第一节　问题的提出

一、传统经典的近代退却与"新文化"兴起

自南宋朱熹呕心沥血编著出《四书章句集注》（以下简称《四书》）以来，《四书》逐步成为学子们的必读书，尽管作为元明清科举制的依附或"帮凶"，今人提到《四书》，总不免有一种违和感，但《四书》对中华民族文化心理结构和思维方式的养成，经过七八百年的历史积淀，其典型性和代表性是其

他重要经典无法比拟的,正因为如此,《四书》从教育中的退出也最具标志性,由此中华经典教育的有效传承与有机发展就成为中国教育挥之不去的内生问题之一。

笔者曾撰文指出,清末民初近代教育急剧转型,学制中如何处置"中学"尤以使用了六百多年的科举指定教材《四书》成为时代难题。近现代教育史上,在学制中明确设置或涉及《四书》课程,主要集中在清末民初的1900—1916年。清末民初《四书》课程化并不照搬国外的教育制度,经历了"全存"("中学为体,西学为用")、"点存"(存古学堂)、"珍存"(保存国粹)、"废止"(废止读经、讲经)、"尊存"(尊孔读经)、"删除"(删除读经)六个主要阶段。晚清新政在"壬寅癸卯学制"中以课程形式对《四书》做出了较为完整的大众化教育制度设计:目标化、分科化、课时化、序列化、数量化、适切化,并配以相对规范的教学方法和评估体系,初步完成了传统教育内容的近代课程化。清末民初国内外形势逼仄,"新旧""中西""古今"之学短期内无法调适,在阻止民间对《四书》进行新解读之后,晚清政府也不得不对此种制度设计加以修订、调整,终在1911—1912年政体变更之际,晚清和民国却接续将废止中小学读经坐实,即使尊孔读经在1914—1915年得以短暂恢复,不久即从学制中再次被删除。此后,《四书》课程化以经传选读的形式在近现代中小学教材中持续呈现。晚清民初《四书》课程化结局是近代社会历史发展的诸多因素造成的,然而其在教育变革中的课时竞夺失利是核心因素,评价虚置和课程创新不足又加重了这一结果,虽然《四书》在近现代教材中的演变还在持续调适中。①

1917年1月,胡适在《新青年》上发表了《文学改良刍议》,宣布了"旧文学"的"死亡","新文学"即"白话文"的"复活"。1920年,小学语文课全面改用白话文,甚至激进者有"废灭汉文"(钱玄同)、"打倒孔家店"(吴虞)等偏激之论。1925年,鲁迅在《华盖集·青年必读书》中说:"中国书虽有劝人入世的话,也多是僵尸的乐观,外国书即使是颓唐和厌世的,但却是活人的颓唐和厌世。我以为要少——或者竟不——看中国书,多看外国书。"② 当代有学者无不激愤地说:"回顾近百年的历史烟云,再来看看当年的这场'废经'运动","是"改造国民性、救生民于水火的凛然大义","剥夺了孩子们学习经典的权利","也割断了经典教育的千年学统与文化命

---

① 祝安顺."西学未兴,吾学先亡"的进程、成因及演变——以清末民初中小学《四书》课程化为例[J]. 全球教育展望,2021, 50(9):15-31.
② 鲁迅. 青年必读书[A]. 鲁迅全集·第三卷·华盖集[Z]. 北京:人民文学出版社,2005:12.

脉","'简化''俗化''矮化'乃至'恶化'整个民族的文化生态的作用"。"到头来，胡适们所提倡的'平民教育'成了最广泛的'愚民教育'。"①

中国的近代化是一部文化激进史，传统与现代的对峙比比皆是，从"打倒孔家店"到批林批孔，从"吃人"的礼教到黄色文明必将被蓝色文明取代，得出了结论——当下的国难家仇根源在于传统文化。于是，必须打倒传统文化尤其是儒家经典，民族才可以重生，国家才可以富强，道德才可以重建，科学艺术才可以繁荣，形成了"反传统的传统"②，传统经典的权威性不复存在。所以，当下精神文化建设的一个基础性的工作就是要找到古代的中国、传统的中国与当下的中国、现代的中国乃至未来的中国的一致性，梳理出推动其发展的内生性资源。

二、20世纪30年代历史转折和古诗文不绝如缕

20世纪30年代，由于西方第一次世界大战的残酷现实，加上日本帝国主义侵犯中国，一批向西方求解放的知识分子和开明知识分子开始反思西方文化的不足，从东方文化中寻求解决问题的思想资源，于是，一直被打压的中华传统文化尤其是儒家文化，开始逐步得到相对公正的对待和正面的解说，知名大学开设国学院，聘请导师讲习儒家经典和其他重要典籍，各地的传统风俗得到一定的恢复，这些都为中华民族经典的传承和发展提供了历史机遇。这种状况在中小学语文教材中也有所体现，特别是20世纪30年代以后，语文教材中的古诗文篇数急剧增加，据顾之川研究，"1949年以前的课本中，古代作品的编选有两个特点：一是数量多，最多时有700多篇，一般也在400篇左右；二是文章选得也比较深，如《国文教本评注》选了《周易》《尚书》，《复兴高中国文》选了《离骚》《大学》《中庸》的全文"。"1949年以后，古代作品总的来看是逐渐减少，所幸虽几经反复，但从未间断。"就中华人民共和国成立前后的变化来看，"我国中小学语文教材中，古代诗文作品的选文是由多到少"，但进入21世纪以后，我国语文教材中的古诗文篇目又有了极大的增加，见表2-1（引自顾之川论文）。③

---

① 刘强.文教当继，经典可传——再论经典教育[J].书屋，2015（3）：12-17.
② 黄荣华.穿行在汉字中[M].上海：上海教育出版社，2017：再版前言.
③ 顾之川.中小学经典教育的现状与思考[J].新疆教育学院学报，2010（1）：49-54.

表 2-1 我国中学语文教科书中古代诗文编选情况统计

时期	书名	总册数	总课数	古诗文篇数	百分比
清末	1908 年版中学国文教科书（吴曾祺编）	5	701	701	100%
北洋政府时期	1915 年版新制国文教本评注（谢无量编）	4	321	321	100%
北洋政府时期	1924 年版初中国语教科书（叶绍钧等编）	6	260	165	63.5%
国民政府时期	1933 年版复兴初、高中国文（傅东华编）	12	469	332	70.8%
国民政府时期	1936 年版新编初、高中国文（宋文翰编）	12	508	369	72.7%
1949 年以后	1952 年版	12	239	32	13.4%
1949 年以后	1958 年版	12	156	16	10.2%
1949 年以后	1960 年版	12	300	85	28.3%
1949 年以后	1963 年版	12	360	152	42.2%
1949 年以后	1978 年版	10	248	54	21.7%
1949 年以后	1980 年版	10	274	77	28.1%
1949 年以后	1986 年版	12	192	59	30.7%
1949 年以后	1990 年版	12	170	51	30%
1949 年以后	2000 年版	12	333	124	37.2%

三、中国当代经典教育思潮涌起

从近代 100 多年的历史来看，中华教育思潮不断兴起，如"科玄论战"、中国文化本位主义宣言、"文白之争"等，但从持续性、影响性和大众影响力来说，都以 20 世纪 90 年代以来的读经思潮为高潮。

经典教育最初由南怀瑾等人发起，南怀瑾将儿童经典教育的目标定位在"为天地立心，为生民立命，为往圣继绝学，为万世开太平"，将儿童经典教育看作民族延续、国家强盛的必要手段，强调"没有文化根基的民族是没有希望的"：如果没有自己的文化，一个民族就不会有凝聚力，不会有创造力，不会有自信心。"经典教育可将中华文化的根须深深扎入儿童纯净的心灵，并让华夏子孙借此找回五千年文化宝库的钥匙。"从实用角度来讲，诵读经典是儿童开发潜能的有效方式，既可以快速地增加儿童的识字量，又可以显著提高儿童的记忆能力和理解能力，还有助于提高儿童的注意力。南怀瑾认为，经典阅读必须配合做人做事的教育，做人做事的教育是要教师、家长乃至全社会共同努力的，身教胜于言传，熏陶胜过说教，只有这样才可以潜移默化地影响儿童做事做人、道德修养、人格养成等各个方面，为儿童美好成功的未来奠定扎实的基础。①

在新的历史时期，人们对经典以及经典教育的认识发生了转变。在最新的部编版语文教材中，中华传统文化经典大量回归语文教材，既说明了经典教育的必然性，又显现了经典教育的迫切性。经典拥有简洁且严谨的语言、穿透时空的思想、启迪人生的智慧和独一无二的审美，是构成中华传统文化经典的内在品质和永恒魅力。开展经典教育的意义在于提升学生的思维，进行道德熏陶，培养良好的审美鉴赏能力。②对于2005年钱学森发出"为什么我们的学校总是培养不出杰出人才"的追问，有学者认为重要原因之一是"教育生态严重板结、固化，经典教育被从学校教育中连根拔起，民族文化之源头活水无法灌溉下游"，并列举出不读经典的"十大流弊"。流弊一：只知有我，不知有人。流弊二：只知有己，不知有群。流弊三：只知有人，不知有天。流弊四：只知有物，不知有心。流弊五：只知有术，不知有道。流弊六：只知有贤，不知有圣。流弊七：只知有利，不知有义。流弊八：只知有用，不知有益。流弊九：只知有家，不知有天下。流弊十：只知有生命，不知有慧命。当然，该学者也认为，"面对浩如烟海的传统文化经典"，"我只能赞同'有限读经'论"："一、鼓励有限的人群读经，而不必搞成'全民运动'，至少，正在学校受教育的中小学生应该读经。二、即使对于在校学生而言，由于课业负担已够繁重，故只能读有限的经典，即择善、择优、择要而读，比如《四书》须读全本，《五经》《老庄》及诸子百家、史部、集部等精选泛读。三、有限度地读经，即有计划、有层次、有区别地读，注意因材施教，量力而行，可提出一个适中的标准，一般孩子'浅尝辄止'亦无妨。""最为关键的是，广大从事中小学语文教育的一线教师，要补补经典这一课，作为中华文化的传承者，语文教师应该成为读经、诵经、讲经、传经的生力军。"③

四、全球化与经典教育思潮的影响

当下世界已经连为一体，全球化正深刻地影响着各个民族国家和地区的教育发展，反过来，民族国家和地区的教育也必然对全球化做出正面和反面

---

① 丁淑文. 南怀瑾谈儿童经典教育[N]. 中华读书报，2012-02-29（12）.
② 梁和正. 浅析经典教育回归的表现、原因及意义[J]. 文学教育（下），2021（2）：21-23.
③ 刘强. 文教当继，经典可传——再论经典教育[J]. 书屋，2015（3）：12-17.

的反应。潘庆玉指出，全球化对教育的冲击是多方面的，集中体现在西方价值霸权、文化帝国主义与英语霸权，而经典教育是应对全球化挑战所必需的选择之一。在全球化语境中，"经典教育是主体文化精神从自在走向自觉，从潜在走向现实，从感悟转化为创造的过程，是培育、生成、壮大具有世界文化竞争力的中国民族精神的过程"。经典教育的哲学辩护是开放的语言哲学、文化哲学与哲学解释学的辩护。经典课程可以以地方课程和校本课程的方式单独开设，其目的不在于应试，而在于文化陶冶。经典教育实施的主要途径是阅读、体验、对话、阐释、评价和表现①。美国不允许学校进行宗教教育，受世俗生活影响，美国学生的行为方式已经越来越脱离礼仪的标准，日常生活关系陷入混乱。作为非宗教的儒家经典引起学生强烈的反应，通过学习儒家经典，美国学生可以用一种非宗教的文化处理日常生活中遇到的种种问题。在西方，由于学校、家庭无法通过禁忌、约束等手段来消除学生的好奇和冲动，传统社会价值和道德控制也收效甚微。儒家以克己、谦让为核心的礼仪造就了谦谦君子，适应了美国主流社会对恢复传统道德价值观念的渴望②。中国教育界对来自全球化的冲击也自有吸收和应对，中国学者对经典教育的必要性和急切性也有自己的鲜明主张，陈高华提出"经典就是教育本身"。"教育究其实质乃是一种文化的传承与创造的活动，经典教育无疑是文化传承与创造的典型教育范式。""无论叫作素质教育、人文教育，还是叫作自由教育、通识教育、博雅教育，又或者是在高校实施的国学班，在民间推行的读经运动，都有一个共同之处，那就是，通过经典来进行教育。"③

改革开放以来，传统文化热在大陆不断升温。蒙学热、国学热、读经热、经典诵读热，民间先热，政府持续介入，政策不断出台，成为中国教育界、文化界的独特风景。经典教育在行动，2006 年《光明日报》刊发《两岸学者呼吁：经典教育重在践行》："开展经典教育是传承和弘扬中国优秀传统文化的重要任务"④，2009 年又刊发《中国经典教育师资培训班举办》。⑤ 有学者说，近代的国学经典乃为"防御"而生，当今的"国学"则是为了自主。⑥ 那么，今天我们研究经典教育，就是为了"全人"的教育，努力造就身心健康的人，潜能能够获得挖掘并能自由呈现，有了全面自由而自觉的人，方能实现社会和谐，国家和平相处，人与自然共生共存。

---

① 潘庆玉. 全球化语境中的经典教育 [J]. 当代教育科学，2003（12）：3-8.
② 张济洲，孙天华. 美国大学校园里的"读经热" [J]. 世界教育信息，2006（2）：54.
③ 陈高华. 经典就是教育本身 [J]. 湖南师范大学教育科学学报，2014，13（2）：5-7.
④ 宋晓梦. 两岸学者呼吁：经典教育重在践行 [N]. 光明日报，2006-05-24（008）.
⑤ 林艺斌，任维东. 中国经典教育师资培训班举办 [N]. 光明日报，2009-02-27（002）.
⑥ 李宗桂. 国学与时代精神 [J]. 学术研究，2008（3）：21-32.

第二节　对象与范围

　　1905 年以前，中华经典教育主要是围绕科举考试内容的"四书五经"等儒家经典为主；1905 年以后，随着科举制废除新学制的实施，近代教育逐步令儒家经典从中小学课程和大学专科学校中消失，于是经典的选择和划定成为一个众说纷纭的话题。20 世纪二三十年代，梁启超、胡适、钱穆乃至鲁迅都列过关于国学经典的青年必读书目，其中梁启超说："惟青年学生校课既繁，所治专门别有在，恐仍不能人人按表而读。今再为拟一真正之最低限度如下：《四书》《易经》《书经》《诗经》《礼记》《左传》《老子》《墨子》《庄子》《荀子》《韩非子》《战国策》《史记》《汉书》《后汉书》《三国志》《资治通鉴》（或《通鉴纪事本末》）《宋元明史纪事本末》《楚辞》《文选》《李太白集》《杜工部集》《韩昌黎集》《柳河东集》《白香山集》，其他词曲集，随所好选读数种。以上各书，无论学矿，学工程……皆须一读，若并此未读，真不能认为中国学人矣。"① 又说："《论语》为二千年来国人思想之总源头，《孟子》自宋以后势力亦与相埒。此二书可谓国人内的外的生活之支配者。故吾希望学者熟读成诵，即不能，亦须翻阅多次，务略举其辞，或摘记其身心践履之言以资修养。"② 随着 20 世纪 90 年代国学热的兴起，经典的遴选和范围又迎来了一次全新而具体的讨论。

一、范围扩大，对象增多

　　"经典"在《辞海》里解释为"一定时期、一定阶级认为最重要的著作"，根据《现代汉语词典》的解释，"经典"包含三个义项，一是指传统的具有权威性的著作，二是泛指各宗教宣传教义的根本性著作，三是指著作具有权威性。所以，当代很多教育学者则侧重于具有时代影响力并具有一定权威的优秀著作。王丽荣、刘晓明指出："中国的经典著作主要有三个方面：一是儒家的经典著作，如《诗经》《孝经》《论语》《孟子》《大学》等篇章；二是优秀的古诗文，如唐诗宋词等；三是广泛流传的古代蒙学读本，如《三字经》《千字文》《弟子规》《增广贤文》《千家诗》等适应中小学生的中华传统经典著作"③，逐渐摆脱"常常被看作圣人的所言所著"的经典，如《大学》《中庸》《老子》

---
① 梁启超. 饮冰室书话 [M]. 北京：时代文艺出版社，1998：207.
② 梁启超. 饮冰室书话 [M]. 北京：时代文艺出版社，1998：253.
③ 张永妮. 当前推广少儿经典教育存在的问题及应对策略 [J]. 教育现代化，2019，6（51）：246-248，251.

《论语》等。经典教育实践者将其进一步扩展到《三字经》《弟子规》《史记》、唐诗宋词、四大名著，甚至推展到中国武术、茶道、书法、汉字和民俗等范畴。①

先看主张读经教育者的经典范围。王财贵在广泛的意义上主张："今日我们提倡的读经教育，所说的'经'，定义可较为宽松些，亦即'最有价值的书'。范围是举凡经、史、子、集皆可，而且其价值性亦可以由个人的认定去选取。"② 但更多时候，王财贵认为经指"永垂不朽的著作"，经典分为四个层次，第一个层次是《论语》《孟子》《大学》《中庸》；第二个层次是《周易》《诗经》《老子》《庄子》；第三个层次是文艺作品，古文、唐诗、宋词、元曲；第四个层次是蒙学读物，《三字经》《百家姓》《千字文》《弟子规》《幼学琼林》等。王财贵认为，只有第一、第二个层次才是真正的经典。蒋庆认为："所谓'经'，就是最初由孔子整理编定的、继而由诸大儒阐发撰述的、在中国历史文化中逐渐形成的、体现'常理''常道'的、被历代中国人公认享有神圣性与权威性、具有人生理想教育功能并在中国历史上长期作为课本教材的儒家诸经典。"其主编的《中华文化经典基础教育诵本》包含《孝经》《诗经》《书经》《礼记》《易经》《春秋》《论语》《孟子》《大学》《中庸》《荀子》《春秋繁露》《中说》《通书》《近思录》《二程遗书》《陆象山全集》《朱子语类》《朱子全书》《传习录》《阳明全集》，除了《孝经》外，均为节选本，共约10万字。蒋庆对经的范围界定明显比晚清学制扩大了，内容几乎贯穿了整个儒家思想史，但又比王财贵认为的经典范围小。③

20世纪90年代中期，由中国青少年发展基金会主导的"中华古诗文经典诵读工程"出版了《中华古诗文读本》，根据"直面经典、有取有舍、版本从众"的原则，经专家推荐，选编了300篇古诗文经典之作，分12册出版。方法上提倡熟记，每天通读20分钟，平均三五天即可背诵一篇古文，诵读数年，终身受益。背诵是儿童的天性，在记忆力最好的时候，多背点经典，不求甚解，但求熟背，是做一种终生可以去消化、理解、接受滋养的文化准备。这很难由儿童自己的选择来实现，主要是家长的选择。这套读本以"读千古美文，做少年君子"为号召，根据其目录，内容偏重古诗文，尤其是儒家经典选文。2007年以来，由教育部、国家语言文字工作委员会（以下简称"国家语委"）和中央文明办主办的"中华诵·经典诵读行动"以及后来的"中华经典诵读工程"基本都延续了这一思路。

---

① 王丽荣，刘晓明. 传承中国智慧，创新经典教育[J]. 教育科学研究，2018（12）：30-33.
② 王财贵. 全民读经刻不容缓[J]. 教师博览：上旬刊，2010，（12）：10-11.
③ 颜峻. 当代读经风潮的反思[J]. 全球教育展望，2016（9）：85-91.

传统文化研究学者也大多跳出了传统经学所限定的经典范围。牟钟鉴提出"要打破传统的经学框架","经典"指的是"文化要典","是指那些在历史上发生过重大影响的最基本、最重要的典籍,包括儒、释、道和诸子百家,不必受经、史、子、集的限制,当然应该以早期的典籍为主"。"学校中的经典教育可以根据青少年的年龄和文化程度分阶段由浅入深地实施,《四书》《五经》《老》《庄》《荀》《韩》逐步列入,或设立国学课,或由道德文学、历史、哲学课分别承担,要组织专家编写课本,但应以解说原典为主"。①

当代教育学者也提出各自的经典选本。郭齐家指出,经典是对于某个文化传统而言最具权威性的著作,一个民族的历史和体现民族精神的优秀传统文化与传统道德需要通过经典的传承来延续,民族历史、民族精神与经典的传承直接关系到天下兴亡与民族的存灭。所谓"文化经典",则是对于某个文化传统而言的最具权威性的著作,这在我们中国文化中就是指儒家的"四书五经"(或"十三经"),道家的《老子》(《道德经》)、《庄子》(《南华经》),墨家的《墨子》,兵家的《孙子》,法家的《韩非子》,医家的《黄帝内经》,佛家的《心经》《金刚经》《坛经》,史家的《史记》,等等。它们在伟大的文化史上起到了至关重要的奠基与引导的作用,是灵感的来源,思想运动的来源,话语的来源,甚至是习俗民风的来源。文化经典在极深刻意义上参与塑成了民族的历史和生活世界。②刘良华认为,倘若读经,宜以"四书五经"为主,因为"四书五经"长期代表中国文化的主流,已经成为中国传统文化的灵魂,也需要辅之以《老子》《庄子》《黄帝内经》《金刚经》《心经》《坛经》《管子》《商君书》《韩非子》《史记》《资治通鉴》《近思录》《传习录》、唐诗、宋词、元曲以及欧美文化经典。若时间和精力有限,还需考虑主课和副课的关系,需以"四书五经"为其主课或核心课程。③徐梓提出,具体来说,在小学学段,应该以传统蒙书和古典诗词作为主要学习内容。在小学低年级,可以以《弟子规》《小儿语》《朱子治家格言》等为主,以养成儿童良好的行为习惯为目标;在小学高年级,则以《三字经》《声律启蒙》《幼学琼林》等为主,以掌握一定的传统文化知识、感受祖国语言的优雅和精致、培养学习传统文化的兴趣为目标。在初中学段,可以选读"四书"和诸子,让学生体味经典所具有的跨越时代的生命力,从而热爱经典,热爱经典诵读。在高中学段,可以选读"五经"与历代文学作品中的名篇,让学生感受传统文化丰富的思想内涵和艺术

---

① 牟钟鉴.经典教育是振兴传统文化的基础工程[J].中华文化论坛,1994(1):14-15.
② 郭齐家.少儿读经与文化传承[J].湖南科技学院学报,2005(1):49-52.
③ 刘良华.关于读经教育的建议[J].上海教育科研,2016(10):1.

魅力，感悟并了解传统的审美精神、审美理想、审美情趣等，从而认识传统文化的博大精深，增进热爱传统文化的感情。①

人类文明成果得来不易，东西方文化的古今发展各有成果，吸收和继承这些优秀文明成果尤其是经典成果并将其融入当代经典教育中，是一个多世纪的历史发展证明了的，这一点，不仅研究中国经典的专家、学者认可，钻研西方经典的学者也如是说，于是学者提出了超越西方经典和超越传统经典的口号。

刘铁芳说："对于我们而言，学习西方经典，或者说跟着西方回到古希腊经典，从人类精神的高度去接近它们，无疑是不可或缺的部分；但仅有这点是不够的，我们还需要切实地激活民族经典于当下，重新激活《山海经》《诗经》诸子百家、唐诗宋词、《红楼梦》，以至现代五四新文化精神代表的鲁迅作品等的精神联系。"要"超越儒家经典，从前诸子百家时代的经典，到诸子百家，到礼教之外的杰出文学艺术经典的重温，乃是重新触摸民族内在精神结构、在现代化的背景中孕育新的民族精神的重要基础"。②

贾俐俐、王利平从职业教育的角度建议把经典提升为"古今中外重大知识领域的原创性著作，是世界各族文化的根本，是全人类文明智慧的结晶，是被历史证明最有价值、最重要的文化精髓"。"经典教育就是引导学生阅读人类历史上人文、社会、自然科学的各类经典著作，继承人类优秀文化成果，不断加以转化和创新，以此提高学生思想境界和综合素养的教育方式。""20世纪50年代以来，芝加哥大学和耶鲁大学开展了'名著工程'经典教育，是对技术主义教育理念和狭隘专业教育的纠正，与专业教育同等重要。试图把'全人类的文明经典'介绍给学生，培养学生博雅、自由、丰富、开阔与通融的文化素养，回归高等教育'育人'的基本功能。"③

关于经典的选定，在经典诵读实践中，民间探索与地方教育行政主管部门也进行了各自的探索。在甘肃某所伏羲学校里，杨东平见到了学生们所读的经典文本。"在大量识字之后，通过广泛的课外阅读，可以补充科学、社会等知识，而且伏羲学校没有课外的书面作业，没有考试。每天两节语文课学习传统经典，统编教材作为课外读物。我们在一所伏羲学校看到的教学内容，一年级为《三字经》《千字文》《弟子规》《声律启蒙》，唐诗、宋词、元曲；二年级为《幼学琼林》《孝经》《诗经》节选；三年级为《论语》；四年级为《大

---

① 徐梓.中华优秀传统文化教育十五讲 [M].北京：北京师范大学出版社，2018：74.
② 刘铁芳.经典教育与生命滋养 [J].上海教育科研，2011（8）：1.
③ 贾俐俐，王利平.论经典教育的几个关键问题 [J].中国职业技术教育，2016（4）：93-96.

学》《中庸》《礼记》（节选）、《尚书》（节选）、《周易·系辞上》《左传》（节选）、《孟子》（节选）；五年级为《道德经》《庄子·内篇》《列子·汤问》《管子·弟子职》《孙子兵法》（节选）、《墨子》（节选）、《荀子》（节选）、《韩非子》（节选）等；六年级为《中华美文》先秦到隋37篇，唐到清39篇。"①

另外，对传统经典进行删减，也是经典选定的方式之一。2010年12月29日，山东省教育厅向全省的中小学发出通知，该通知指出：中小学在开展经典诵读活动中，由于分析不透，甄别不够，致使一些带有糟粕性的内容流入校园，扭曲了学生的价值观，腐蚀了学生的心灵，造成了很坏的影响。该通知要求全省中小学在开展经典诵读活动时，要"取其精华，去其糟粕"。2011年年初，湖北省教育厅提出在全省中小学教材中删除"昔孟母，择邻处""书中自有黄金屋，书中自有颜如玉"等内容的要求。"近年来，我国的读经热引起了社会的广泛关注，山东教育厅对经典的删节也引起了激烈的争论。传统文化经典是中华文化的根基所在，若轻易删节经典，则会破坏文本的完整性，不利于文化的传承，也不利于学生思考能力、创新思维和批判精神的培养。对其中过时的内容，人们应以'了解之同情'的心态对待，同时尊重学生的主体性，以探讨的方式读经，从而跳出'读与不读''删与不删'的怪圈。"②徐梓则明确提出反对删节古典文本。因为糟粕和精华是不可能截然分开的，传统是一个拥有自身合理性的、复杂的、时代的产物，具有自身的逻辑性，那种因害怕糟粕影响而隔断历史的做法是不可取的，"真正的危险不是我们的孩子接触到了所谓的糟粕，而是人为虚构的'精华'环境中，无可救药地沉沦陷溺，丧失了基本的辨别能力"。③

严仲连认为，通常所说的"经"，如"四书五经""十三经"是一个历史概念，是指经过汉、宋等历代经师阐发意义的先秦儒家经典，这显然是不妥当的。另一种说法是把诸子百家甚至一切古代诗文都称为"经"，这不符合学术上一贯运用的"经"这个术语的内涵，如提倡读经者把经的含义扩大为中华传统文化经典，就是历经数千年的发展而积淀下来的中华民族传统文化的精华，包含儒家、道家等学派的经典，优秀古诗文，古代蒙学读本，如《三字经》《千字文》《弟子规》等。严仲连认为，中国古代的"经典"都是"经"，不仅指儒家的经典，还包括墨、道、法、兵、释等各家流传下来的经典。

也有人提出"经"的范围还包括现当代经典和国外经典名著。由此对经

---

① 杨东平. 现代教育的目标并不是复制古人，而是培养现代中国人——也谈少儿读经和国学热 [J]. 上海教育科研, 2016（12）：5-8.
② 邱少旭. 读经热与删经潮的教育解读 [J]. 西南农业大学学报（社会科学版）, 2012（2）：156-159.
③ 徐梓. 中华优秀传统文化教育十五讲 [M]. 北京：北京师范大学出版社, 2018：179.

的理解扩大为人类文明公认的、最重要的东西，不单是《论语》《三字经》，也可以是《圣经》、荷马史诗、唐诗三百首。人们对待"经"的心态越来越开放，从而逐渐消弭了支持与反对双方对于"经"的认识的沟壑。①李世宏更是认为，经典不仅仅等同于"四书五经"，古代的、现代的、将来的，无论是中国的还是外国的，只要对中华民族的发展有益，都可以本着"古为今用，洋为中用"的态度来学习。所要读的"经"不仅包括《三字经》《弟子规》等古代蒙学读物、《论语》《大学》等孔孟学说，以及唐诗宋词等历代佳作，也应包括近代和现代的国内外文化名篇，"读经"并不排斥现代社会的观念和思想。②

由此可见，当代人对"经典"的理解跳出了"旧经学"的范围，扩大了对象，增加了新的内容，成为一种共识，不过，就上述各类专家学者或者教育实践者认可的经典范围来说，"四书五经"又是普遍认可的、最基本的经典文本，所以当代经典教育既要跳出过去旧经典教育的范围，增加经典教育的内容，又要精心维持共识中的核心经典的地位不动摇。

二、当代经典教育的对象和范围

关于如何选定教育视野中的经典，其实是当代学者共同关注的话题，1999年4月3日《人民日报》教科文部与中国青少年发展基金会在上海召开"中华古诗文经典诵读工程"座谈会，出席的专家人员之多、规格之高，可谓罕见，如王元化、金庸、汤一介、庞朴、乐黛云、陈平原、葛剑雄、陈尚君、季羡林、杨振宁、南怀瑾、饶宗颐、叶嘉莹、杨义、余秋雨、蔡志忠等③。陈平原在谈话中指出的四点，代表了当时政界、学界、文化界、教育界的共同期望："第一，古诗文选本要充分考虑幼儿心理和启蒙教育的特点，多以情感、境界而不是立场、观点来选材，尤其注重审美趣味。选本与教科书的区别在于教科书希望用这一代人的知识水平把事情讲清楚，好处是让孩子们少走弯路，但也可能限制了他们的眼界；而选本则是让你自己去读、自己去体会，不懂的以后再说。我欣赏'中华古诗文经典诵读工程'倡导的'直面经典'原则，防止由于我们这一代人的思想及知识局限而限制了孩子们日后的发展。第二，所谓'诵读'，不仅仅是记忆，更包含理解，在抑扬顿挫中理解古诗文。

---

① 严仲连. 理性对待"对儿童读经的批判"[J]. 教育理论与实践，2007（5）：12-15.
② 李世宏. 关于"读经"的几点思考[J]. 当代教育科学，2006（3）：57-58.
③ 《人民日报》科技文部中国青少年发展基金会. 让民族文化血脉相传——海内外学者畅谈"中华古诗文经典诵读工程"[J]. 科技文萃，1999（6）.

一句'燕赵古称多慷慨悲歌之士',据说姚鼐每回诵读此句,'必数易其气而始成声',也就是说,换几口气,变几个调,念得惊心动魄。近年,文怀沙、叶嘉莹、陈贻焮等学者为公众吟诵古诗文,腔调不一,各具特色。当然,考虑到大面积推广的需要,大概只能采用播音员字正腔圆的办法,但传统的诵读毕竟是值得怀念的。第三,借鉴《千家诗》《唐诗三百首》等选本的思路,尊重少儿教育规律,选目应以文体为标准,而不是以文学史为线索,这样更符合儿童记忆、诵读的特点。第四,重'诗教',而不是强调'文以载道'。儿童背诵古诗文,主要目的是陶冶性情,不要过分重视对诗文的'正确解释'。不见得都能讲出个道道来,更何况讲得太清楚太明确,反而可能损伤诗文本身的丰富性,而且容易过时。"①

开展经典教育不是复古,除了纠正当下,其实更重要的是面向未来。李山说:"对于古典的遗产,没有任何人敢说自己就全知其利弊。吸收经典的文化遗产,看似是一个如何对待过去的问题,实际上关乎对未来的把握;看似是一个学习、学术问题,其实是一个生活问题、一个社会群体的生活方向问题。"②潘涌从全球化时代和学生接受文本的角度提出遴选经典的两大原则:"全球化时代的国人需要尊重作为民族文化根基的'经典',但衡量典范性、权威性和原创性皆备的文化'经典'无疑应该依据共识度很高并经得起时间考验的普遍标准。这种标准的核心内涵不外乎'尽善尽美''文质彬彬'。第一,其内容应该蕴含着先贤们贯通千古的、普适的人性人情和敦厚笃实、精湛深挚的思想观念,由此给后人以情操的陶冶、智慧的启迪和道德的洗礼;第二,其形式应该洋溢着语用主体的心脉律动和沛然生气,释放出鲜活明丽、历久弥新的审美感染力,从而对学子的表达力乃至表现力产生直接的示范和借鉴价值。"所以提出"比诵读'伪经典'更重要的是诵读'真经典',而比诵读'真经典'更重要的当然是并且永远只能是创造'新经典'。"③

汪凤炎则细化了经典选择的原则,"从时间、内容、方法和效果等四个维度认真剖析儿童读经现象,假若选择读经的时间适宜,经文思想性合乎当代中国的时代精神,经文难度系数得当,学生阅读方法科学,那么,适度让儿童读一些中国经典文章是一种妥当的教育方式,这样做既有利于中国优秀经典文化和中华传统美德在新时代的传承与发展,也有利于让儿童逐渐生成文化自觉意识和文化认同感,进而生成既与时代精神相对接又有中国文化根

---

① 陈平原.教育·经典·大众文化[J].邯郸学院学报,2006(2):52-55.
② 李山.关于读经,都需要理性精神[J].群言,2016(12):28-30.
③ 潘涌.祛蔽当前"读经热":表达为本——由"读经热"引发的对古今母语教育的建设性反思[J].教育研究,2015(1):136-142.

基的健全人格,还有利于儿童身心的'可持续性发展'",提出对经书的内容做选择的两个标准,完全可以选择出适宜 2 岁以后各年龄阶段儿童心理发展规律的经书内容的,其一是思想性标准,其二是难度系数标准。为此,汪凤炎还对几种常见经典文献的思想性做了统计(见表 2-2)。①

表 2-2　几种常见经典文献相关信息统计

书籍名称	合宜言论	易引起争议的言论	不合宜言论	总计
《论语》	20 518 字(95%)	805 字(4%)	104 字(1%)	21 477 字
《孟子》	43 365 字(97%)	1 090 字(2%)	418 字(1%)	44 873 字
《大学》	2 146 字(93%)	114 字(5%)	40 字(2%)	2 300 字
《中庸》	3 773 字(85%)	589 字(13%)	100 字(2%)	4 462 字
《老子》	6 384 字(94%)	394 字(6%)	0 字(0)	6 778 字
《朱子治家格言》	532 字(85%)	68 字(11%)	25 字(4%)	625 字
《增广贤文》	3 123 字(63%)	1 529 字(30%)	342 字(7%)	4 994 字
总计	79 841 字(93%)	4 614 字(6%)	1 004 字(1%)	85 509 字

表格说明:(1)表中的字数均是运用 Word 软件中"工具栏"里的"字数统计"工具算出来的,该字数包含标点符号在内;(2)若某部经书里有篇名或卷名,只有"合宜言论"中的字数包含篇名和卷名的字数,其余的均未包含篇名和卷名的字数,而仅是正文的字数;(3)表中小括号内的数字为百分比。

当代经典教育对象的选定,视野要开阔,以中西经典为范围,除了少数固守传统经学的学者,固然是当代经典教育工作者,其理想、理论、理由很美好、很完备、很充足,但是,由于当下的教育承载了过多的希望,课时的有限性和学习实践的有限性让一切美好的理论设计陷入了现代教育的课程设计之外。既不可固守过去的儒家经典,又不能无限地扩大对象的范围,那么遴选的对象、界定的范围理据何在?

第一,经典教育的对象和范围要与有限的课时、学时相匹配。当代国民教育的课时、学时的有限性是由人的生命有限性和教学内容的丰富性所造成的客观矛盾决定的,所以,经典教育的对象是大多数学生,其范围是在可能安排的课时、学时内提供相应的内容。

第二,经典教育要满足大众对民族经典的基本需求,给予其最少但最必要的经典训练。经典教育必须突破过去的精英小众教育,转而成为面向大众的国民教育,这就决定了经典教育的服务人群是最广泛的,但是其自身的对

---

① 汪凤炎.科学看待儿童读经 [J].南京师大学报(社会科学版),2007(4):73-79.

象是有限制的，可选的范围极其有限。

第三，经典教育对象和范围必须与教学可操作性相匹配。经典教育由于是对过往的人类精神成果的权威继承，其内容丰富，形式多样，内涵深厚，但现代教育是学科分化的课堂教学或者专业分科的专业教学，基础教育阶段的教师不是也无须成为经典研究专家，所以经典教育的对象符合课堂教学定位，重新遴选的经典必须可以在课堂尤其是中小学课堂上开展。

在有相应的知识支撑体系之后，中华经典教育就必须以中华民族的经典为范围，遴选少数作为可以在学校尤其是中小学学校课堂上进行教学的民族核心元典为研究对象。

笔者认为，为数不多的、对当下文化还有影响的、独有的中华传统文化知识和技能是中华经典教育的深厚土壤和发展基础，如汉字与文言、礼乐文化、节气文化、中医文化等。若不能重新激活这些独有的中华文化传统，就犹如鲜花失去土壤，大厦没有地基，中华优秀传统就没有办法在当下和未来实现创造性传承和创新性发展；而在有了这些基础知识技能的滋养之后，经典教育就是以训练思维方式的《周易》和指导人生实践的《四书》为核心文本，将其恰当地重新改编到经典教育的课程和教材中去，这也是中华经典教育的核心对象和范围。

第三节　重点与难点

中西之争，在明清时就已经是一个大问题，其中以康熙与罗马教皇的"礼仪之争"以及乾隆时期的"马戛尔尼使团"访华为标志性事件，当时，中西之间还处于主权平等的地位，但在要不要拜孔子、供祖宗牌位以及要不要对中国皇帝下跪等方面爆发了具体的冲突，可以说当时的清王朝和罗马教廷以及欧洲国家并没有很好地处理这些具体的文化冲突。

王晨指出，"在西方经典著作及其教育中看到的是现代性创生及其危机下的古今之争，看到的是西方文化思想的断裂、重解和重续"，其实，"在中国不仅仅是自身传统文化和经典著作的断裂和重续，我们还有近现代国运背景下，启蒙和救亡过程中现代性介入和嫁接及其背后的西学因素"，所以，"中国的经典教育中体现的不仅仅是自身的古今之争，也是中西之争，以及西学背后的现代道路之争和西方古今之争"。"中国传统文化和经典名著在全球化、现代化、西方化背景下如何与其他文化和文明相处并体现在教育中？这是一个新问题，但也是一个重要而核心的老问题"。① 其实，从洋务运动以来就有不同的思想主张，但是，在一百二十多年以来的近现代中国历史上，尤其是在教育发展历程中，这个问题始终没有得到妥善解决。"在 21 世纪的今天，国学经典教育的发展既要发扬传统，又要发展创新，要充分借鉴现代教育学、心理学、信息技术的研究成果，无论是在教育内容的厘定上，还是教育方法的选择上，都应遵循儿童青少年身心发展规律，杜绝形式主义与灌输教育，从而有效推动国学经典教育的持续健康发展。"② 这既是学者的要求，也是实际开展经典教育中需要认真落实的原则，而前提就是不要将中西文化、古今历史对立起来。然而，如果在一定程度上承认"西方文明的本质可以概括为一个'争'字；中华文明的本质可以概括为一个'和'字"③，那么，更为棘手的问题就是一个"食肉动物"的族群与一个"食草动物"的族群如何和平共处，这一直是摆在中华民族面前的生存极限挑战问题，处理得好，是中华民族的智慧取得胜利；处理得不好，则会沦为历史的罪人。另一个棘手问题就是中西文化在明清以来尤其是近代以来的相互交流中，存在着文化交流的误区，最典型的就是中国"龙"翻译成西方的"dragon"，其造成的错误感知可能在短期内无法抹平，所以中西文化在交流融合的过程中，还必须不断纠错。其原因有二点：一是"中国文化的英译存在隐患。晚近以来，西方人翻译中国经典时建立起来的语汇体系，背后是基督教文化的框架，故在儒学的诸多关键词汇翻译时，被强加上了它原本没有的基督教的价值观"；二是"近现代以来，中国人对西方文化的关键词汇多有美化性翻译误读"。④

一百多年前，梁启超在《欧游心影录》中表达了中西文明互补，甚至以中补西的希望："我希望我们可爱的青年，第一步，要人人存一个尊重、爱护本国文化的诚意；第二步，要用那西洋人研究学问的方法去研究他，得他的真相；第三步，把自己的文化综合起来，还拿别人的补助他，叫他起一种化合作用，成一个新文化系统；第四步，把这个系统往外扩充，叫人类全体都得着他好处。"⑤ 一百多年过去了，尽管我们有"赶英超美"的生产运动，也有"中体西用"的文化再辩论，但今天我们仍然需要在中西文化的深入交流和文化冲突中再努力。今天重新思考梁启超的建议，其实，我们第一步可

---

① 王晨. 西方经典教育的历史、模式与经验——以美国为中心的考察 [J]. 教育学报, 2012, 8 (1): 19-27.
② 杜霞, 魏思雨. 国学经典教育为生命奠基之路径 [J]. 中国德育, 2018 (10): 28-31.
③ 汪国风. 中华文明的起源与特质——创生与融合的文明 [J]. 天津师范大学学报 (社会科学版), 2005 (1): 34-40.
④ 彭林. 中华本位文化的重建与认同 [J]. 人民论坛, 2019 (36): 134-135.
⑤ 梁启超. 欧游心影录 [A]. 饮冰室合集·专集23 [Z]. 北京: 中华书局, 1989: 9.

能就没有走好，基础工作没有做扎实，所以本书的基本立场是站在中国文化本位的，也就是以中西之分为指导，不关注争论点和融合点，而是力求解决如何将中国独有的经典在当下教育中有效开展的问题。这是本书展开论述的基本立场，若非如此，则无法确立中华传统文化的主体，也就无法真正参与世界各民族文化的交流与交融，正如近代考察日本学制的吴汝纶所感叹的那样，西学还没有开展起来，中学倒是提前消亡，最后造成中学没有中学、西学也没有学到精髓的"不中不西"的局面。

一、重点：探索构建中华经典课程和教材的新体系

中华经典教育在其形成和发展的过程中，尽管时间长，内容繁复，特征鲜明，但也不可避免地存在不足。潘庆玉以全球化的视野反思中国历史上的经典教育，认为其存在四大误区：（1）述而不作、我注六经；（2）作为正统教育的经典教育；（3）读经只为稻粱谋，经典教育只是举子仕进的敲门砖；（4）以古典语言学习取代经典教育。如"述而不作、我注六经"，强调对经典无条件的尊重与崇拜，压抑了学生的个性，束缚了其创造性；正统的经典教育把经典教育看作政治教育的工具，使受教育者接受并认同主流意识形态和主导价值观念，这种教育往往是"关于经典"的教育，极易使受教育者失去批判力和鉴别力，经典自身在教育中是缺席的；读经只为稻粱谋，死记硬背，在现代教育制度中，经典教育也常常因应试教育价值取向的挟制而变成教条主义、保守主义、文化古董的代名词；在教育实践中往往因解决语言学习障碍的需要而把语言的学习同思想的训练和文化的积淀割裂开来，执着于训诂考据，而忽视了义理与文化上的观照与省察。在中国当代基础教育阶段主要通过语文教育来实施经典教育，简便易行，既学习了语言，又接触了经典，但也存在十分突出的问题：重视语言学习，轻视文学与文化积累；重视训练，轻视情感陶冶；重视智力发展，轻视精神建设；重视标准理解，轻视创造性阐释；扭曲了经典教育的性质和作用。经典教育的课程设置是一个值得深思的问题。[①] 如何跳出传统经典教育的误区，让当代经典教育不再成为考试的附庸、意识形态的工具，也不要养成纯粹知识考据的取向、过分功利的追求，应该是中华经典课程和教材体系构建中重点关注的内容之一，既要对中华传统文化在近现代的百年历史发展进行全面的梳理，又要对中华经典课程的实

---
① 潘庆玉. 全球化语境中的经典教育 [J]. 当代教育科学，2003（12）：3-8.

施主体、内容选择、课程目标、教学方式、课程评估等方方面面重新进行构建。如果处理不好，就会招致嘲讽，"经典的下面掩饰着宰制关系，经典意味着阅读的强制"，"在这个时代，如果说传统意义上的经典还有什么价值，那就是用来制造笑料，博人一乐"，"这是一个不需要经典的时代"。① 对此我们固然可以不以为意，但是传统经典教育与政治严重纠缠在一起，乃至经典教育的独立性丧失，这是在以大众文化和大众教育为主流的时代必须弱化的一个问题。

二、研究难点之一：经典教育的可操作性

教育是人的需要，成人是教育的最本质目标，现代社会教育高度发达，但人的问题也层出不穷，这其中，教育是重要原因之一，而经典教育可以说是克服现代教育不足和完善成人教育的有力部分，那么，经典教育在成人方面的有效的操作方式就成为经典教育作为教育重要内容需要重点研究的难点之一。

"教育能否'成人'，依赖于在社会成员那里是否发生了'为人'的自觉及其觉悟程度，'自觉'和'觉悟'都是无法教的，而经典恰恰蕴含着这种无形的力量，同时具备发人深省的客观作用。"这种客观作用如何发生呢？需要具备什么条件呢？董云川、周宏指出，在经典阅读中，读者作为主体存在，在自主选择和自愿认同中接受文本所承载的人类思想的结晶和文化的精髓。形式上是读者自我教育，其实质是一场来自杰出心灵的教化演讲。"'觉悟'这个东西跟'潇洒'一样，越故作越远离。"被形式绑架的经典教育的效果会大打折扣，经典教育需要在潜移默化中达成，大张旗鼓并不妥当，教育者与教育对象在恰当氛围中的融合就显得极为重要。"在一所学校中创设恰当的气场，校长、教师、学生具有自觉追求觉悟的价值共识，那么就容易形成经典教育共同体，学生对追随经典文本中的'大道'乐此不疲；反之，经典文本非常容易沦为灌输'大道理'的工具和幌子，学生由于排斥这种'被伪装'了的说教，反而与经典所揭示的真理和正义的内容擦肩而过或从此心生罅隙。"经典教育的开展与孟子所说的养浩然之气何其相似！"其为气也，至大至刚，以直养而无害，则塞于天地之间。其为气也，配义与道；无是，馁也。是集义所生者，非义袭而取之也。行有不慊于心，则馁矣。""必有事

---

① 季广茂.经典的黄昏与庶民的戏谑[J].山东师范大学学报（人文社会科学版），2005（6）：8-13.

焉而勿正，心勿忘，勿助长也。""天下之不助苗长者寡矣。以为无益而舍之者，不耘苗者也；助之长者，揠苗者也。非徒无益，而又害之。"(《孟子·公孙丑上》)经典教育可操作性的难题自古有之。在董云川、周宏看来，当代经典教育的开展至少在方式和形式、内容和师资方面存在难题。

难题一：方式和形式。对自我的意识、对自我的认知以及自我一致性的保持可以在不同境界、不同水准下实现，而经典教育期许的"自在"是以"自觉"为基础的，"自觉"又显然以觉悟为指向。为实现使命，经典教育无法绕过的一个重要课题是，如何以恰当的方式引导教育对象对生命和生活的自觉，激发他们追问和反思的热情，促成自觉觉悟的主动。不恰当的方式则很容易使"引导""激发"和"促成"转向自身的对立面。是采取自上而下的教育行政决策作为推动，还是在恰当氛围下教育组织各主体平等自主地参与和开展？是以考试考核的方式加以检测和督促，还是在兴趣和自主意愿的原则下将阅读经典内化为主体的学习和生活方式选择？

难题二：内容的甄别。经典教育一旦以正式的形式出现在教育中，其操作必然涉及经典书目厘定的问题。即使对"何谓经典""古、今、中、外是否都应有作品在经典书目之内占有一席之地"的问题存而不论，仅就中国古代经典而言，梁启超先生和胡适之先生两位国学大儒之间就发生过《国学入门书要目及其读法》《最低限度之必读书目》之于《一个最低限度的国学书目》《实在的最低限度书目》的笔墨官司。对于广大学者和普通读者而言，经典的评定和遴选更是莫衷一是的难题。

难题三：师资的遴选。经典教育虽与单纯的"说教""讲授"不可同日而语，但执行中始终离不开具有一定视野和高度的师者加以点拨。俗话说"经师易得，人师难求"，经典教育不是读经教学，它要求教师既要有"经师"的技艺，又要有"人师"的资格，所以经典教育教师的遴选又成为实施经典教育的又一难题。当下"经师"的介入，完全有可能诱发不同的价值取向，将"本经"念成"歪经"，把"庄子新解"变成"庄子曲解"，一番"戏说"之后，真经难免"悲剧"了。①

三、研究难点之二：儿童读经与儿童兴趣

中华民族经典有整体性的内容学习方式，加上历史上形成的经典教学熟

---

① 董云川，周宏.经典教育三题[J].湖南师范大学教育科学学报，2014（2）：9-11.

读成诵的成功模式,有学者大力提倡儿童读经,用牛吃草反刍来比拟这种教育,而且认为3—13岁是儿童记忆的黄金时期。但是,经典内容超越了儿童的生活感知,与儿童的心理发育不相适应,并且语言文字认知的难度较大,1900年晚清政府新政教育变革以来,儿童读经一直饱受争议,也不被政府提倡,更难以获得广泛的社会认同。所以有学者建议:"儿童经典教育也应当立足于共通性展开,选择那些贴近儿童自然感受、激发儿童生命认同,并由此引导他们主动寻求生命意义的作品,以自由为前提,从善和爱等主题开始,关注儿童生命的基本问题,尊重儿童私密的阅读空间,从而让经典为儿童的美好人生奠定根基。"[1] 作为学者的理论研究,其建议固然值得尊重,但在经典教育实践中难以贯彻。1990年兴起的民间读经运动,在初始阶段即广受认可并得到社会各界的积极响应,但自2008年以来,随着民间读经教育成效的呈现,越来越受到体制内学校尤其是大学教育工作者的强烈批判,同济大学柯小刚对王财贵读经理念下的读经教学的批判就是例证,但是难点就是如何处理儿童读经与儿童兴趣的问题。

儿童读经到底该怎样合理评判,一直是一个难题。严仲连指出,现实生活中,儿童读经与儿童学英语在方法上都可能具有违反儿童身心的一面,对读经的批判与对儿童学英语的放纵不能不让人心生困惑。对儿童读经的教育应该采取宽容开放的态度,把它作为文化领域和教育领域内客观存在的一种文化教育形式,让儿童和家长多一种选择。人为地把儿童读经推向极端,无论是全面推广还是全盘否定,都是武断的、专制主义的表现。不过,读经活动更重要的价值则体现在让古老的东方文明在与西方文明的碰撞中获得新生。读经活动如果结合科学原理进行改造是可以得到更多人的认同的:要按照儿童的兴趣选择经典;要进行创意性的早期阅读,创意性阅读扩大了传统文化的价值,它不在于文化传承与接受,而是对文化经典的批判性继承,以及对于阅读过程的体验。传统的文化经典与现行文明的"嫁接"并非不可行。[2] 严仲连的研究,在理论上很好理解,但在教育实践中如何做到,一直是一个难题。

四、研究难点之三:经典传承如何有助于文化认同

传统积淀成文化,文化凝缩在经典中,中华民族的经典是古人学习文化、再现文化、认同文化的文教基础。正如学者所说:"中国传统的学习资源,

---

[1] 樊杰. 生命共通性与儿童经典教育[J]. 中国教育学刊, 2013(10):55-58.
[2] 严仲连. 理性对待"对儿童读经的批判"[J]. 教育理论与实践, 2007(3):12-15.

是以'经'为统领的，在各行各业的文献中均有'经'作为最重要、最基础的教材或读本，如行医要读'医经''药经'，计算的要读'算经'，研究天文的要读'天文经'，研究地理的要读'山海经'，关注畜牧业的要读'相马经'，务农的要读'农经'，种茶的要学'茶经'，等等。所谓的'经'是在该领域最专业、最标准的经典，包括最基本的内容与方法。其次，是各行业中有关'术''技''艺'的具体表达，相应的文献数不胜数，其中不少是具体经验的记录，对于各行业的发展有许多可借鉴的成功经验和失败教训，给行业从业者的帮助和启发是很有益的。"① 这是从广义角度来理解"经"或者"经典"，有泛化为所有的经验积累并传承的意义。就文化传承来说，这样的理解是必要的。

然而，随着现代性的到来，现代人要让经验的、精神的和心理思维的文化传承整个阻断，以凸显现代性的要素。然而，历史的吊诡之处就是，中国传统思想和伟大人物却在批判之中得以新生，反而在批判者的心中扎下了根。许多以往很少接触儒家思想的人接触大量系统的"批判材料"，从而补上了传统文化，尤其是孔子与儒家思想的课，后来不少人还成了研究孔子和儒家思想的知名专家。因为，一旦深入孔子思想和儒家典籍之中，人们独立的思考被激活，就会生成自己的判断，尽管在当时并不敢说孰对孰错，但在内心皆有定见，起码对当时的批判已产生质疑和困惑。②

虽然伟大著作因为其永恒的力量而不被批倒，但是文化认同确实是现代社会很难突破的一个障碍。2006—2009年火爆的"于丹《论语》心得"现象明显加深了大众的文化认同感，尤其是对孔子和《论语》的亲近感，但其文化认同的方式、深度却引发了众多学者的批判。石勇认为，文化认同已成为全球性的话题，中国的现代性焦虑有所消退，文化认同的焦虑则日渐强烈。国学热和传统文化热，民间和官方的祭孔，似乎有利于儒学的传播，却遭遇消费社会里已被"现代性"所编码的中国人的心理结构的挑战。这一挑战来自人们的存在方式——"无我化生存"。这里的"我"是人的"自我"的各种社会属性，以及进入人的人格结构的各种价值观、关系对象等，实际上是"假自我"，在心理上它表征的是一种占有和消费的逻辑。"无我化生存"的人是高度社会化和物质化的人，倾向于把一切都化为消费与时尚的狂欢，这使儒学的传播陷入了困境。于丹彻底颠覆了解读经典文本的两种模式——对古典世界的知识性解读和以现时需要为目的的学术性阐述，使《论语》从古典世

---

① 程方平. 中国教育史话[M]. 北京：北京人民出版社，2020：61.
② 程方平. 程方平谈孔子[M]. 福州：福建教育出版社，2021：114.

界走出来而转变为现代风行的"心灵鸡汤",消除了《论语》指向过去的维度。大众对她的支持也就变成一种无恐惧感的消费狂欢。于丹并没有破解现代人的心理结构对儒学传播的挑战这一难题。在传统文化的普及必须通过广泛消费才能做到的今天,它会继续考验那些有志于重建中国人的文化认同及生命意义系统的人们。① 更有学者认为:"阅读经典也要自己做主,从经典开始,和经典直接对话,这样,你才能真正体会经典的好处,从经典中直接受益,而不必担心被一些'假古董商'忽悠了。他们是商人,考虑的是拿经典卖钱,而我们,是想发现真理。"② 不过,这里肯定过高地要求大众读者了,事实上是文人的一种自恋。不过,也有学者对这种现象表达了另一种的去政治化和与商业文化相融的欣慰,"儒学的去功能化,不仅不会导致其衰落,反而还成全了它,即如在日本,在韩国,儒学和治国的关系不那么紧密,反倒是香火绵绵不断。那里的人们也就没有在歪歪斜斜的字里行间看出'吃人'两个字来,糊糊涂涂就马虎过去了,进入现代社会,公民的人格也没因此残损破缺。""俱往矣,近一个世纪的阻隔,尘埃落定,总算使儒学脱离了统治意识形态,回归自身。……也许孔子就是孔子,无人比肩。只要不当大成至圣文宣王,只要不进入必修课,不靠它拿学分,他只是在校园的绿草坪上优雅地站站、目眺远方,再或者上互联网常常露脸,即便左子怡、右于丹,也是一片和谐图景啊!"③

如果我们把"于丹现象"作为文化认同分歧的案例,那么,语文教材的去经典化、Q版教材的热销则是另一种纷争。教育界最终没有接受这种轻便化、娱乐化的教材,因为"对一个社会、一个民族而言,缺乏某些一致的价值观念与某种共同的精神,就失去了维系这个社会或民族的精神支柱。缺乏向心力的社会与民族是一盘散沙,无法凝聚民心与民力"④。即使面对大众阅读需求的转变,经典越来越边缘化,其实"对经典造成真正挑战与威胁的则是来自新时期的大众文化……大众文化,本质上是一种去经典的文化,受其影响所形成的大众阅读,对经典形成了严重挑战……从文化生产的角度来分析,大众文化其实乃是一种特殊的商品"⑤,所以,经典教育必须有效化解商品化、娱乐化,这是经典教育在市场经济下遇到的现实挑战。

---

① 石勇. 儒学遭遇的当代挑战 [J]. 读书, 2007 (12):59-62.
② 解玺璋. 于丹现象:歧路亡羊与理性阅读 [J]. 中国图书评论, 2007 (6):10-13.
③ 蒋原伦. 去势的儒学与信仰 [J]. 读书, 2008 (11):137-145.
④ 杨启华. 不能承受之重与不能承受之轻:从Q版语文的热销与禁售说起 [J]. 当代青年研究, 2007 (6):22-25.
⑤ 詹福瑞. 大众阅读与经典的边缘化 [J]. 复旦学报(社会科学版), 2014, 56 (6):121-135.

第四节 内涵与外延

关于经典教育的内涵和外延,历来有不同的关注点。第一种认为,经典教育就是道德修养,是人格典范的养成。郭齐家指出,今天倡导儿童读中国文化经典,主要是为了"回溯源头,传承命脉"的需要。让少年儿童诵读中华文化经典,在于为他们提供做人的思想和行为的指导。① 他指出,文化经典如同古典"百科全书",其中蕴含着宇宙哲理、人生理想、政治智慧、历史教训、审美情趣等,是人生教育学典籍,或者说是人生的课本和教材。

中国文化经典本身就是中国历史上培养、教育、塑造学生的最权威的课本和教材,靠一代代人传承、诵读、解释,并在传承解释中发展、创新②。赞成者有之,如杨东平说:"民间力量复兴文化传统的自发努力,产生于丧失了道德感和文化意义的社会生活,来自社会深层民族性的觉醒和现实焦虑。"③ 激烈批判者也有之,如史建国说"读经是一个不散的阴魂"④,张远山说"欺世盗名的'读经'运动"⑤。刘晓东更是直截了当地说:"儿童读经在中国可谓源远流长,其本身就是中国的一种文化传统和教育传统,但它不是好文化、好教育、好传统,它是需要摒弃的糟粕。试图依靠儿童读经来建设一个道德中国和文化中国是行不通的,历史对此已经给出结论。"刘晓东还逐条提出:"填牛"理论和记忆的"黄金时期"理论在教育学心理学上是错误的;盲目崇拜、盲目背诵,只能培养精神上的盲人、盲从的奴隶;构造未来生命比死记硬背古代经典更重要;儿童读经运动弘扬的不是优秀传统文化,而是中国传统文化中的糟粕;要从教育学批判的视角看待儿童读经问题;教师没有资格也没有权利改变人的天性。⑥

对此,比较平和的评断者有之。徐梓认为,20世纪90年代中期发端并持续至今的当代儿童读经主要是一种民间自发的活动。对于读经有助于道德建设、有益于儿童的为人处世这一点,则是众口一词。很多人认为读经不仅能增强道德信念,升华道德情操,优化道德行为,还能从整体上改良社会风气,阻止社会道德滑坡。然而,我们也要客观看待、审慎评估古代经典在当代道德建设中的作用。经典不关注具体的问题,而是关乎人的根本问题,蕴

---

① "儿童经典教育和文化传承"报告会在闽举行 [J]. 教育评论, 2005(2): 88.
② 郭齐家. 少儿读经与文化传承 [J]. 湖南科技学院学报, 2005(1): 49-52.
③ 杨东平. 读经之辨: 回到常识和现实 [J]. 内蒙古教育, 2009(3): 13-14.
④ 史建国. 读经是一个不散的阴魂 [J]. 粤海风, 2005(1): 20-22.
⑤ 张远山. 欺世盗名的"读经"运动——兼及"文化保守主义" [J]. 书屋, 2005(7): 4-6.
⑥ 刘晓东. 儿童读经能否读出道德中国 [J]. 中国教师, 2005(6): 12-15.

藏在经典中的常理常道具有普遍的、永恒的意义。不同的人在不同的时期阅读，能获得不同的体会和感悟。它是一个民族文化立足的基础和根本，对经典的敬畏和研读成为使文化历久弥新的源头活水。在民族文化遭遇重大挑战、发生转型的关键时期，回到传统中获取资源，回归经典领受启示，是中外历史上常见的做法。经典具有普适性，也具有民族性和时代性，是连接我们和历史传统之间的一座桥梁，若缺乏经典教育，我们就无法踏上回到自己精神家园的道路，只能成为文化上无家可归的流浪者。我们倡导经典教育，是出于对自己传统的温情和敬意，是基于经典对我们民族历史和社会生活具有深远影响这样的认识，是我们对自己不能不想也不能割断这种亲缘关系的承认。只有接受国学经典教育，才能使我们的后代掌握优雅、精致的祖国语言，成为既有知识又有文化的现代中国人；只有接受国学经典教育，才能使我们的后代走进中华民族共有的精神家园，亲近、认同这个家园，并有能力参与到这个家园的建设之中；只有接受国学经典教育，才能让我们的后代将自己生命的根须扎植于传统文化的丰厚土壤，把自己从一个自然的生物学意义上的中国人变成一个自觉的文化意义上的中国人。仅仅把读经与道德建设关联，将读经的意义和价值落在道德建设这一点上，不仅过于狭隘，而且流于表浅。①

第二种认为，经典教育是传承和领悟中国智慧。斯滕伯格认为："智慧是经过'获得共同利益'价值观的中介，应用智力和创造力，通过平衡个人利益、人际利益和个人以外的利益，考虑短时利益和长远利益，以达到适应现存环境、塑造现存环境及选择新环境之间的平衡。"② 王丽荣、刘晓明认为，"智"代表着智慧的认知特征，相当于"聪明"，需要运用智力、创造力去理解和认识世界，需要通过思考和明辨去探究事物的本质；"慧"则代表着智慧的价值特征，需要运用直觉思维去洞悉事物背后的道，需要通过洞察和领悟去感受事物间的内在关系。"从中华传统文化的视角来看，经典是中华文明的重要载体，是中国文化的传承手段，凝聚着中华民族的民族精神，承载着中华民族的文化基因。"经史子集抑或语言文字、风俗习惯等均是文化的载体与传承的手段，其核心更应当是其背后所承载的中华民族的人文精神、人格特质和思维方式等。"中国智慧是中国人思维方式与价值观念的结合，采用教育的形式对智慧进行训练，可以帮助青少年学生从小强化其中国人的思维方式，根植中国人的价值观，进而达到传承中国文化的目的。"他们提

---

① 徐梓．儿童读经与道德建设[J]．中国德育，2013（1）：38-41.
② Stern berg, R.J.Why schools should teach for wisdom：The balance theory of wisdom in educational settings[J].Educational Psychologist, 2001（4）：227.

出智慧是可以教育的。他们还提出："借助成语故事，以师生伴读的方式对中国智慧进行培养与训练。通过实证研究获得四大类 12 个维度共计 60 种智慧，为其中的每一种智慧选择 5 个最能代表其智慧内涵的成语，并根据不同年龄阶段的特点编写出相应的智慧故事。对每一个智慧故事给出具体伴读指导建议，通过六大步骤（文以载道、智慧领悟、观念探寻、价值澄清、利益综合和积极行动）的教师引导过程，提升儿童青少年智慧的成熟度。"①

第三种认为，经典教育就是新儒家思想指导下的儿童读经教育。"经典教育就是儿童读经"，张永妮认为，"经典教育就是让儿童在大脑发育最迅速的年龄阶段（0—13 岁），通过接触代表人类最高智慧的经典文化，开发孩子的高度智力，培养其健全人格，为孩子的成人成才奠定坚实基础的一种教育方法。"② 王财贵说，这八十多年来，老中青三代的中国人已经不读经了，而中国人是不是因此更理性了？中国社会的文化教养是不是因此更提高了？是不是因为充分西化而更受外国人敬重呢？知识分子也越来越强烈地感受到：没有自我文化的民族，托钵乞怜的结果是，纵有再大的本事，终究不能参与世界文明的创建，而永为其他民族所轻贱，所以提出积极的"全盘化西"。"要达到这个理想，必先要健全自我的文化体质和胃肠，自己健全了，才足以言消化；而要健全自我的文化体质，'读经'正是一条便捷有效之路。提倡全民读经，正是恢复民族文化活力的契机。"③ 蒋庆认为自己编撰的 12 册《中华文化经典基础教育诵本》，从《孝经》《诗经》到王阳明的《传习录》，涉及 19 部儒家经典，共 15 万字，分为 832 课，每课 100 字，是"宝中探宝，金中拣金"，即经典中最能体现常理所蕴含的思想精髓。蒙学教育就是背诵教育。《中华文化经典基础教育诵本》的特色是系统性与全面性，是"寻往圣之至道，应今世之时变"，培养有中华文化意义上的中国人。④ 蒋庆的思想遭到学术界的痛批，先是海外的薛涌说"一句话，他所提倡的读经，就是要强迫孩子在 3—12 岁背 15 万字自己并不懂的东西"。"在海外养过孩子的中国人大多理解我们真正的文化困境是什么……中文里没有孩子可读的东西。看蒋先生的工程，笔者觉得难以达到振兴中华文化的目的。相反，以笔者看来，以蒋先生代表的文化保守主义如果得势，我们就会有回到蒙昧之虞。"⑤ 后是刘晓东、江净帆等众多的批判。刘晓东说："民国废止读经后曾有过三次儿童读经运动，

---

① 王丽荣，刘晓明. 传承中国智慧，创新经典教育 [J]. 教育科学研究，2018（12）：30-33.
② 张永妮. 当前推广少儿经典教育存在的问题及应对策略 [J]. 教育现代化，2019，6（51）：246-248，251.
③ 王财贵. 全民读经刻不容缓 [J]. 教师博览，2010（12）：10-11.
④ 蒋庆，卢跃刚. 没有经典教育，谁是有文化意义的中国人 [N]. 中国青年报，2004-06-12.
⑤ 薛涌. 走向蒙昧的文化保守主义——斥当代"大儒"蒋庆 [J]. 理论参考，2007（7）：51.

目前出现了第四次儿童读经运动。王财贵是第四次儿童读经运动的核心人物，他试图颠覆儿童教育的现代观念，提出'填牛'理论和记忆的'黄金时期'理论，主张让儿童死记硬背'经典'。他的这些主张在理论方面是极为错误的，在实践方面是极其有害的。"① 方克立指出："大陆新儒家代表人物把中华文化经典的诵读等同于'儿童读经'，并把'儿童读经'作为在中国复兴儒学（教）的基础性工作，企图以'复兴儒学（教）'来替代中国近现代革命文化和社会主义文化，这与弘扬中华民族优秀文化，提高青少年的民族文化素养和思想道德素养，培养有理想、有道德、有文化、有纪律的社会主义新人的教育目标是相背离的。"②

第四种认为，经典教育应该恢复到审美教化。夏泉源、扈中平认为，经典是历史流传下来的伟大作品，体现了一个民族的世界观与价值观。教化意识是经典存在的根本依据，问题是怎样把经典作品所蕴含的"生命的客观化物返回到它们由之产生的富有生气的生命性中"，使历史的教化意识鲜活起来，而这需要通过经典教育来达成。经典教育展现出两种不同的教化形态：一种是诠释教化，即教化者通过解释经典文本的典范价值和伦理意蕴，被教化者通过理解文本意义来提升人的教化意识；另一种是审美教化，即通过阅读经典作品来获得审美体验，进而提升人的审美情感以实现自我教化。纯粹的诠释教化与审美教化并不是对立的，前者强调教化的历时性与普遍性，后者强调教化的共时性与具身性，理想的经典教育是二者的结合。从历史的境域考察来看，审美教化本是经典教育的原初形态，但是，随着非艺术因素介入经典作品的体系建构与标准设定，诠释教化占据了经典教育的主流，并造成诸多弊病。经典教育复归审美教化就是要重审经典作品的审美价值，重视经典审美阅读的教化力量，将经典教育作为审美教育的重要内容，这对我国当下的经典教育具有重要的启示。诠释教化具有道德说教、历史灌输与知识考据的流弊。经典审美教化具有现实批判性、文化反思性与道德自主性的当代价值。可以通过视角转换把经典作品视为文艺作品，通过方式转变把经典教育作为审美教育，通过重心转移即通过审美阅读促进人的自我理解与自我教化③。

第五种认为，经典教育是对当前教育的合理且有益的补充。刘良华指出，

---

① 刘晓东. "儿童读经运动"：违背科学的主张，复古倒退的教育——对王财贵先生答《光明日报》记者问的质疑 [J]. 学前教育研究，2004（5）：19-21.
② 方克立. 关于当前大陆新儒学问题的三封信 [J]. 学术探索，2006（2）：4-10.
③ 夏泉源，扈中平. 从诠释教化复归审美教化：当代经典教育的教化之路 [J]. 现代大学教育，2021（1）：78-85，111-112.

倘若出于家长的自由选择或学校选修课程，将读经作为现代教育体制的一种补充，由此让学生了解和熟悉中国传统文化，并没有什么不好。① 李新认为："经是肯定要读的，问题是读什么经，怎么读经。我的意见是不能跪着读经。"② 王世伟认为："当今中国的学生很有必要学习国学经典，但读经教育应该遵循现代教育规律。""国学教育应该遵循学生的身心发展规律，重视学生的主体地位，尊重现代教育规律。从人的全面发展理念出发，坚持中华经典与西方经典并重、传统与现代并重、人文知识与科学知识并重、知识学习与人的全面发展相结合的原则。"③

综上所述，对于经典教育是什么和什么是经典教育，研究者站在不同的角度，得出了不同的结论。最普遍的理解，经典教育就是道德教育，其实这是一个认识误区，因为道德教育是人类社会教育的一种普遍现象，在家庭、社区、社会生活中随时随地都在进行，学校也有相应的德育课程，它是一种动态而又日常的教育，经典教育有助于道德素养的提升和德行的养成，这几乎是人类进入现代社会以前的所有民族经典教育的共同特征，然而在当今，将经典教育等同于道德教育，是没有认清经典教育的核心功能的一种弱化认知。经典因为年代久远，文字、语音都会变得难以理解，所以经典教育需要通过诵读，乃至通过有组织的诵读，才可以开展，这是毫无疑问的，但是怎么诵读，诵读什么，诵读的目的是什么，这些都不是读经教育可以轻松解决的。经典教育的确具有不同于知识教育尤其是自然科学、社会科学知识教育的特性，自然科学和社会科学可以通过课堂教学实现大规模、高效的传承和训练，可以大幅地提升学习者的知识水平和技能等级，而经典教育的确需要学习者的内在接受，而且这种接受方式应该是审美化的，但这只是经典教育在当代教育中的一些特殊方面，经典教育可以提倡体验式的审美活动，调动人的内心成长，但经典教育不等同于审美教化。中华经典教育是要学习者领悟中华民族的智慧，任何知识和技能的教育都不是最终目的，必须让知识和技能为人的生命、生活和生产服务，从这个角度来说，中华经典中所蕴含的人文精神、人格特征和思维方式就是教育中不可或缺的。所以，中华经典教育是以民族核心经典为基础文本、以思维方式训练为核心目标、以价值取向达成和人生意义构建为主要目标的一门生命教育课程，其内涵就是一种成"人"的教育、一种以人为首位的教学追求、一种以生命的

---

① 刘良华.关于读经教育的建议[J].上海教育科研，2016（10）：1.
② 李新.不能跪着读经[J].基础教育，2005（2）：12-14.
③ 王世伟.试析当前读经教育的四个误区——一位国学爱好者基于现代教育规律的反思[J].教育与教学研究，2017（9）：107-114.

安顿和完美呈现为目的的教化行为。

　　一种能将中华民族核心元典融入课堂，在教学的展开中训练学习者的思维方式、确立其人生价值取向、充实其人生意义的教育就是中华经典教育的外延。它是通识教育的主要载体，是人文教育的实践路径，是传统文化教育的核心内容，是古典教育的当代有限度的激活，是读经教育的理想状态，是儒学教育扩展后的当代发展。中华经典教育，从社会功能上来说，是对当代教育的一种功能完善和方向纠正；从民族国家的立场来说，是对中华民族文化的创造性传承和创新性发展；就人类的未来而言，是对全人类未来发展的思想智慧贡献。总而言之，中华经典教育有泛指、特指、专指之分。泛指性中华经典教育是指对中华民族的生命、生产、生活产生影响的一切权威、典范的经典文本教育。特指性中华经典教育是指在大中小各级各类学校中开展的以中华民族核心元典为文本的教育教学活动。专指性中华经典教育是指面向中小学阶段的青少年学生、通过经典课程和教材构建而开展的属于国民教育的学校教育。本书所指的中华经典教育主要是专指性中华经典教育。

第五节　研究方法与研究意义

一、研究方法

1. 历史研究法

　　一切学科都是历史的，在历史中形成、发展和转变。中华经典作为文化精华的固化，通过教育的方式得以代际传承，其教育制度、教育内容、教育目标、教育课程尤其是教育思想的演变都有历史轨迹可查。本研究旨在历史地考察近代以来一百二十多年的中华经典教育变迁，尤其是其教育思想的起伏变化，为中华经典教育的未来发展梳理出历史脉络，提出其演变的规律，站在中华民族与全人类的未来持续发展立场，审视其发展中的恒久问题，剔除短期困扰。

2. 交叉学科综合研究法

　　中华经典涉及整个古代的知识体系，甚至可以说全科，所以在现代分科细化的教育制度中，要开展这样一门综合性极强的古典教育，就必须吸收和借鉴现代教育学、心理学、伦理学、文学、哲学、史学、社会学等跨学科的研究方法和研究成果，并将其融入经典教育的构建中去。

3. 文献研究法

第一类研究文献是传统经典的典范文本，如阮元主持校刻的《十三经注疏》、朱熹编著的《四书章句集注》、段玉裁创作的《说文解字注》等，作为中华经典教育的内容核心载体，我们必须给予其足够的关注，对其文本流传、注释体例、学术思想要有所了解，更重要的是其内含的教育内容需要特别加以研究，如此才可以理解和确立经典教育的内容选取原则、版本依据和文本内容。

第二类研究文献是有关经典教育制度的历史文献，如古代教育制度史料、教育学理论资料以及近现代教育政策、教育制度、学科标准等教育资料。

第三类研究文献是中华经典教育有关的课程建构和教材编撰资料。

第四类研究文献是教学实践案例资料。

第五类研究文献是有关经典教育的学术成果。

4. 实践案例研究法

1900年以来，传统经典在教育体制内或家庭教育乃至社会教育中呈节节败退、逐步缩小的态势，但这并不意味着经典教育没有在个别地区、个别学校、个别家庭中开展。除了"中华民国"初期随着复辟帝制、军阀个人主观意志开展外，20世纪20年代到40年代无锡国学专修学校，北大、清华等高等教育阶段的国学教研机构，1968年以后的台湾地区的《中国文化基本教材》，香港新亚书院，特别是1991年以来，在大陆各级各类学校开始的经典教育典型案例，这些虽不是历史宏大事件，却为经典教育的再出发提供了丰富、生动的实践案例，值得认真总结和借鉴。

5. 立足中国的本土文化研究

中国的近现代教育是移植日本、欧美和苏联的教育模式，教育任务、教育内容、教育制度、教育方式方法无不受到外来教育理论和实践的影响，中国教育的成就离不开这些方面，但面临的问题也与此有关。西方教育的现代性问题，我们会有，西方教育不会出现的问题，我们也有，所以，在开展经典教育研究的过程中，既要继续关注西方的经典教育模式、经验以及理论，更要关注中国本土文化的需求，解决中国本土的问题，采取中国本土的文化研究方法。

二、研究意义

关于开展中华优秀传统文化教育或者国学经典教育的重要意义，徐梓的三个论点，即"弥补百年来激烈反传统造成的文化断裂""增强和焕发民族文化在全球化时代的信心和活力""寻求社会转型时期各种社会阶层团结奋斗的最大公约数"①，从历史发展、全球视野和社会发展的宏观角度做出了恰当的论述，本文从中微观角度做一些补充。

1. 有利于思想文化和精神气质的传承，增强民族凝聚力，增强文化认同感

中华经典教育，首先是文化传承，而且是深层次的思想文化和精神气质的传承。20世纪早期的学者如是说，20世纪后期的学者也如此强调。牟钟鉴说："朱自清先生早在（20世纪）40年代就明确建议在中等以上的教育里，经典训练应该是一个必要的项目，并指出'经典训练的价值不在实用，而在文化'（见《经典常谈》序），这是深谋远虑的见解。"②

当下的世界是以民族国家为基本单元的结构组成的；每个民族都有其发展的历史、语言、文化，在全球化的浪潮下，民族凝聚力是社群合作开展和秩序维护的前提，民族认同和国家认同也是有效维护社会运转的基本要求。陈高华指出，国家认同是人生在世的基本处境，也是人最普遍的需要。全球化推进使国家认同成了棘手问题，公民的国家认同，既需要国家进行制度化建设，又需要公民个体的自觉。在国家认同的形成上，语言、文化和价值观是最基本的要素。面对全球化进程所带来的文化竞争和文化冲突，国家认同需要加强而不是削弱，公民教育中更应该加强文化教育。在学校教育中设置核心课程，阐释和发扬中华优秀传统经典、马克思主义经典，使之融合为当代中国文化的传统；面对西方的文化传统和当代思潮，要积极主动地展现自身的文化自信，汲取人类文化的优秀因素，激发自身文化传统的蓬勃生机；在传承文化的方式上，要因应时代的变化，学会叙事和修辞，使自身的文化传统逐渐渗透到公民的观念之中。"文化是国家认同的基础，它在塑造一国公民的国家认同上至为关键，我们的公民教育要在传承和创新文化传统上有所作为。"③

---

① 徐梓. 中华优秀传统文化教育十五讲 [M]. 北京：北京师范大学出版社，2018：36-41.
② 牟钟鉴. 经典教育是振兴传统文化的基础工程 [J]. 中华文化论坛，1994（1）：14-15.
③ 陈高华. 公民教育与国家认同的自觉 [J]. 湖南师范大学教育科学学报，2017（3）：20-25.

2. 转识成智，成就全人，弥补知识教育的不足

传承文化是为了解决当下和未来的问题而参照经典，参照经典不是照搬经典，而是转化经典，将经典知识转化为生活智慧，让当下的学习者过上一种有意义的生活，也就是如何转识成智。这首先要养成"四识"——知识、学识、见识、胆识。现代教育主要注重培养知识和学识，学科化教学追求分数，学科课程所需时间越来越多，应试的方式方法受到重视，人们对生活和学习习惯的关注度不够，不能输在起跑线上的理论大行其道。向着标准答案靠近就是学习的最重要目的，学习者的主体性体验，如因好奇而导致沉浸式探究的快感、敢于挑战权威的勇气、敢于说出自己的真实看法或对事情有自己的判断等，都得不到应有的鼓励，家长更不鼓励训练胆识，总想让孩子少受苦，不吃苦，得大成就，上知名大学，进名企业，却不知道一个没有勇气和胆量的人又如何挑起重担，坚毅勇敢地走创业、创新之路，享受大快乐呢？其次要勇挑"四选"——优先选择责任、义务、群体与和谐。当责任和自由、义务和权利、群体和个人、斗争与和谐发生冲突、二者只能选其一时，我们选什么就是文化价值直接作用于我们生活中的必要智慧呈现。不同的文化塑造下的民族则会做出不同的选择。欧美民族国家一直在提倡个人自由、平等、民主，主张为自由而战、为民主而战、为科学而战，个人自由主义是其思想价值核心；以儒家文化为主体的东亚文化圈，则提倡关系中的责任、义务、群体与和谐，虽然不是不要自由、权利、个人和斗争，但偏重于前者，是一个基本的历史事实判断。[①]每一种文化形态作出的符合其价值理念的价值判断都有利有弊，关键是生活在一种源远流长、生生不息的中华文化圈内的人要深刻理解这种价值选择的内在合理性以及如何避免不利情况的发生，胸有"成己、成物"的生命情怀。"成己"意味着自我更新、自我完善，完成自身天性的展现。只有先成己，才能成就他人、完善他人，从而协助万物。《论语》中说"君子不器"，意味着人活于世，各种合理的可能性都应尽可能去实现，实现人的全面发展。个人发展之后，《论语》中又说"成人之美,不成人之恶"，每个人在完成自身的修炼后，功夫做扎实了，就要去帮助亲人、朋友、陌生人等一起实现自身的一切可能性，各得其所，"万物并育而不相害，道并行而不相悖"。

3. 滋养个体生命，培育价值观

从个体生命来说，其出生、成长就已经是在接受一个先在的文化体系，

---

① 陈来.中华文明的核心价值观：国学流变与传统价值观[M].北京：生活·读书·新知三联书店，2015：49-56.

顺利、有效地接受经典的训练是个体生命健康成长的成就之一。当前对经典教育的价值认知，一是语言文学方面的知识教育，二是心理教育，三是习惯与品德教育，四是民族文化认同教育，简言之，就是有利于语言表达、身心健康、品德提升和民族认同，符合家长和教师的朴素愿望，但这远非经典教育的核心价值。"尽管传统文化内涵的丰富性决定其功能的多样性，但从'体'与'用'的关系来看，其核心功能一定是价值功能，传统文化教育一定是价值教育，其理由起码有两个方面。一方面，传统文化核心就是一套价值系统……另一方面，现代价值教育需要传统文化的滋养。石中英教授认为，'价值教育'是有关人们如何行为才是'正当的''对的''好的'或'高尚的'教育，是有关人们行为正当性原则的教育。它包含人类基本价值、民族优秀传统价值、社会主流价值三大方面，缺乏这种优秀传统价值的教育，我们的教育就没有中国特色、中国精神和中国气派，就不能培养出真正的'中国人'。"①

如果不能认识和确保经典教育的育人功能，就会招致误解乃至排斥。"国学经典需要诵读、记忆，这是无可争议的。但仅仅将其作为一门知识记问之学，忽视其涵养道德蕴化心灵的本质意义，不免会陷入舍本逐末的误区。""以个体的道德人伦为起点，不断追寻人的价值与生命本质，从而扩充到人与人、人与世界乃至整个宇宙的关系，正是国学经典、传统文化所遵循的育人逻辑，而这一逻辑在当今时代依旧有着强健的生命力。""国学经典教育唯有切中导引价值生成、注重精神指引与道德培育、促进个体的人格完善与生命觉醒这一核心价值，才能够满足育人的本质要求，才能够在现代化的教育体系中成为无可替代、举足轻重的组成部分。"②

4. 夯实民族文化心理，引领民族精神成长，激发青少年的主体能动性

在现实中，个别现象在考验着中华民族的文明素养，比如中国人出国旅游的不文明行为、扶助跌倒老人反被讹等。怎么解决上述问题，理论讨论可以充分展开，但谁是积极解决不良问题的第一责任人更为关键。要有一批"有恒心"的人，是解决这个问题的一把利剑，或者是一把钥匙。这些人是民心的代表，是希望所在，是移风易俗的践行者。从某种意义上来说，民心向背对中国社会发展的影响力更大。民生和民心发展不平衡，社会就要出问题。改革开放四十多年以后，民生与民心失衡问题是一种现实，

---

① 洪明. 价值教育：传统文化教育功用的基本定位 [J]. 中国教师，2010（19）：4-5，17.
② 杜霞，魏思雨. 国学经典教育为生命奠基之路径 [J]. 中国德育，2018（10）：28-31.

出现了笑贫不笑娼、一切向钱看等时代病,问题不可怕,关键要找到解决问题的路径。这条路径除了向外借鉴,更要关注内生性演化,要根据中国自己的国情,根据自己的文化特点来解决,不能完全靠拿来主义。

当前的家庭教育、学校教育、社会教育,在告诉孩子如何获取成功方面,应该是尽其所能,却忘记告诉孩子该如何去面对失败。一个人无论如何都会遇到失败、挫折、伤感、无助等负能量的事情,但我们的教育没有很好地告诉他们该怎么处理。中华经典里有大量的内容,道家无为,佛家看空,儒家进取,即便是儒家,也会在达、穷时应付自如,在庙堂和江湖之间自由行走。然而当下的教育界,学生心理脆弱已经成为一种普遍现象,学生们赢不起、输不得,这都是文化心理素质干涸的表现。与三四十年前相比,无论是家庭学习条件,还是学校教学条件,都已经发生了翻天覆地的变化,从无学可上到义务教育,但是很多学生没有生发出学习的积极性,很多孩子下意识地会说:"我已经尽力了,为什么还要努力?我已经很好了,我不觉得不好。"当一个人自己不想"好",别人想他"好"时,学习是很难有成效的。

传统文化教育最擅长的就是激发人的主体性,构建人的价值取向,把自己的价值取向清晰化。楼宇烈教授提出了"三不堂训":不苟为,唯贵当;不刻意,顺自然;不执着,且随缘。① 将儒释道三家的思想精髓高度凝练地表达了出来,可以用来指导我们的人生。

5. 训练民族思维方式,有利于人类走出现代性的窠臼

西方的科学理性、实用主义的人生态度大大提升了人类利用大自然、改造大自然的能力,优化了人类社会生产生活方式,提高了人类的生活品质,但现代西方科学理性的唯一性追求、对竞争的无限放大、对人的欲望的无限调动,也给人类社会发展和大自然的生态系统带来了巨大的损害和隐患。为了走出人类思维的误区,可以从中华民族传统文化中的象思维、整体思维、变易思维中汲取营养成分,正如在引言中的学者所言,不否认西方科学理性思维的巨大价值,但也不能无视或取消中华民族思维方式的巨大价值和应用前景。这种将天地人纳入时间维度的动态发展观以及在动态发展中追求与大自然、人类社会和人身心的平衡发展或许可以纠正人类当下的思维误区,带领人类走出迷茫,迎接新的发展。

6. 作为构建富有中华文化内涵的中国课程体系的有效方式之一

现当代中国教育的思想理念、制度建设和知识建构大多从西方欧美复制

---

① 楼宇烈.有感于"三不":不苟为、不刻意、不执着[J].中国教师,2017(5):5-8.

而来，当代中国教育发展一直存在本土化与外来化的融合问题。于述胜、刘继青认为，新读经运动与新课程改革的同步崛起，使"本土知识的传承发育与外来知识的引进吸纳如何取得有效的平衡"这个潜藏于中国教育现代化过程中的深层问题再次浮出水面。移植现代西方的知识分类和课程范式，对于中国的学习者而言，难以与西方的历史和文化经验相关联，同时，中国传统的文化学术知识被分门别类地拆分或组合到这一范式中时，中国文化本身具有的内在一致性的知识、价值和思维方式将蜕化为归拢于单一的西学范式的抽象知识，基本上丧失了自己的思维训练、意义传递和生成功能。中国现代课程在教材中都表现为形式逻辑化了的、貌似"现代""客观"的抽象知识，既隔膜于完整的西方文化，也隔膜于完整的中国文化。

经典之所以成为经典，就在于它们是一定历史发展阶段中的特定文化的价值理想、思维方式和文化体验的结晶，并不会随着时光的流逝而过时或丧失其文化陶冶价值。以西学范式为基础的中国现代课程体系所造成的文化迷失，既拙于养成具有文化底蕴的现代人格，也难以造就具有创造精神的现代人才。因而，中国现代史上一次又一次地出现以"新"为追求的现代教育和课程改革，在某种意义上，都是在不断用"新"的外衣去掩盖内在精神和文化价值的日益贫瘠。如今，让课程知识拥有深厚的文化内涵并保持一定的文化张力，就应成为调整课程结构的一个重要原则，而把中国文化经典以完整的文化表象、具有连续性和系统性地纳入现代课程，使之成为中国文化综合课程，则是结构调整的可能选择。① 杨东平认为，传统文化在当代的复兴和传承，可以归纳为这样的追求和教育目标：如何连接古今中外，如何培养"全人教育"视野中的合格公民。这个对中国教育的终极挑战在现代教育肇始即已出现。"五四"时期的教育家陈鹤琴主张的"活教育"的培养目标是一个同心圆：人，中国人，现代中国人。教育的本质首先是以儿童为中心，培养活活泼泼的人，这是教育学的前提和人的发展的基础。另外，中国的教育当然要培养中国人，而不是美国人，这却是当前被普遍忽视的观念。陈鹤琴对"做现代中国人"的具体阐释是：具有健全的身体、建设和创造的能力、服务的精神、合作的态度、世界的眼光。一个现代中国人当然同时是一个世界公民。在全球化、互联网时代，为未来培养人才，教育必须连接儿童、连接当下、连接生活。②

---

① 于述胜，刘继青.中国现代课程改革的文化问题论纲[J].当代教育科学，2005（19）：15-19.
② 杨东平.现代教育的目标并不是复制古人，而是培养现代中国人——也谈少儿读经和国学热[J].上海教育科研，2016（12）：5-8.

总之，中华经典教育无论是针对当下的教育，还是未来的教育发展，都是一种十足的、理想的教育，可能我们无法完全地实现，只能无限地接近，但是理想的教育不能因其无法实现而被放弃，因为"理想的教育不是要以各种现实的规定性去束缚人、限制人，而是要使人从现实性看到各种发展的可能性，并善于将可能性转化为现实性；它要使人树立起发展与超越现实的理想，并善于将理想付之于现实。"①

---

① 鲁洁，夏剑，侯彩颖. 德育论著精要[M]. 福州：福建教育出版社，2016：76.

第三章

中华经典教育的时代思潮

中华民族拥有丰富的典籍、绵长的历史、浓郁的风俗，这些可以成为文化自信的基石，但也可以成为前行的累赘，如何进行转换与发展是当下亟待解决的首要问题。改革开放以来，中国社会大转型，有形的经济变化清晰可见，但无形的思潮变迁却若隐若现。这种变化在教育领域更是明显。1991 年国学在北大燕园悄然兴起，1995 年赵朴初等"九老"发出建立幼年古典学校的倡议，30 多年来，传统经典文化以各种形式掀起一波又一波的热潮，以正面的居多，但反面的也不少。为了更好地甄别其他教育与经典教育的联系和区别，也为了更好地理解中华经典教育的特性，本章现通过分析 1979 年以来各类"成人"教育思潮研究论文来发现人文教育思潮演变的时代痕迹，观照传统文化教育的发展由来和面临的困境，吸收其他人文教育思潮成果，以加速经典教育课程建设。

第一节 人文教育与通识教育

一、人文教育概说

20 世纪 90 年代以来，人文教育是我国教育改革中一个备受关注的热点问题，也是难点问题。安顿人心、传承文明、养成共同感，需要人文教育。陈思和认为，人文教育的本质就是做人教育，人文素养的本质就是做人的素养。一个人能不能成人、成才，一方面取决于外在教育，如家庭教育、学校教育、社会教育；另一方面取决于内在教育，即自我教育、自我修炼，主要应从立志、勤奋、实践、惜时四个方面努力。[①] 杨德广认为，做人的人文教育可以唤醒个人自觉，为科技发展指明方向，为经济发展进行人文设计，推

[①] 陈思和. 人文教育的位置[J]. 社会科学，2001（10）：67-70.

动社会全面进步，抵御物质主义的影响，为社会提供人文导向，凝聚民族精神，提高民族素质，克服唯智教育的偏失，促进人的总体生成。① 文辅相提出，人文教育含有"人文主义教育""人文学科教育""'成人'的教育"三义。所谓人文教育，是指对受教育者所进行的旨在促进其人性境界提升、理想人格塑造以及个人与社会价值实现的教育，其实质是人性教育，其核心是涵养人文精神。人文精神养成途径包括广博的文化知识滋养、高雅的文化氛围陶冶、优秀的文化传统熏染和深刻的人生实践体验等。人文教育既重视由外而内的文化化成，更强调自我体悟与心灵觉解，归根结底，在根本上体现教育的本质与理想。从学科上讲，人文教育的核心学科就是哲学、文学、历史、艺术等人文类学科，但人文教育并不等同于人文学科教育，人文教育最重要的承担者是教师，人文教育是可以渗透在各个学科教育中的。②

石中英提出了"人文世界""人文知识"与"人文教育"的系列概念，认为"人文世界"与"自然世界""社会世界"不同，人文世界由价值和意义所构成。人文知识是非客观性或主观性的知识，目的是反思性的，进化是螺旋性的，具有个体性，诉诸个人和社会总体历史效果的证实，依赖建立在总体实践和知识背景上的反思。在当前的教育改革中，我们应当彰显教育的人文性，同时对人文教育的价值目的和方法进行重新定位和思考。教育的人文性是与教育的职业性相对而言的，它们一起构成教育的两种基本属性。教育的人文性是指教育为人的个性、完整性、历史性而努力，致力于人性的生成、扩展和人性境界的提升，致力于引导学生通过多种途径讨论与反思人生的意义。③

人文教育具有何种特征呢？张祥云认为，人文教育的实质不是知识性、技术性、实用性、时尚性的，而是精神性、智慧性的。它试图解决的不是"头脑"问题，而是"心灵"问题。我们须以人文教育的"精神性"为突破点，在此基础上再来认识人文理论、人文理解、人文表达与科学理论、科学理解、科学表达的不同，凸显人文教育的特点：人文精神的不可替代性，人文精神财富的不可转让性，人文精神养育的不可停歇性，人文理论的隐喻性，人文道理的体认性，人文教育的言语性。④

吴刚提出了"新人文教育"的概念，认为自文艺复兴以来，人文主义的主题是人的潜在能力和创造力，今天的新人文精神并不排斥科学，它包含人文关切和科学理性。新人文教育要注意学校生活中的人文性和师生人文精神

---

① 杨德广. 人文教育就是做人的教育 [J]. 江苏高教，2003（3）：1-4.
② 文辅相. 我对人文教育的理解 [J]. 中国大学教学，2004（9）：21-23.
③ 石中英. 人文世界、人文知识与人文教育 [J]. 教育理论与实践，2001（6）：12-14，24.
④ 张祥云. 人文教育特点新探 [J]. 高等教育研究，1999（6）：17-20.

的建构。新人文教育不是"全人"教育,新人文教育除了重视扎实的基础,更强调个性化发展,这里的"个性"不是心理学意义上的,而是哲学意义上的个体的人性倾向。新人文教育反对宗教,反对唯科学论,也反对违背常识和逻辑的后现代主义的伪学术。①张祥云也提出,要走出人文教育的思维困境。由于受到一种客观主义的科学观和知识观的影响,人文教育陷入了唯概念的唯理性主义思维洞穴之中。立足于"人文"与"科学"的比较视野,从明确知识与默会知识、语言与真理、概念思维与非概念思维等多维角度,从人与不同知识的相互关系,可以揭示出人文知识的某些特征。人文教育必须尊重、继承和回归中华人文的优秀传统,发挥象思维的教育智慧,走出片面强调概念思维的教育"泥潭"。②

人文教育主要的需要和实施阵地都在高等教育,以杨叔子的理论阐述和实践最为系统、有力。杨叔子认为,知识经济的出现对人的发展可能造成负面影响,我国高等教育人才培养中存在时弊和误区。在大学生的素质形成中,文化素质是一切素质的基础,人文素质则是文化素质的核心。③高等学校的主旋律是"育人",而非"制器"。从个人的追求目的、工作基础、同外界的关系、思维模式四个方面来看,科学教育与人文教育相通相融都有其必要性。人文教育具有基础性的地位:人文教育关系到民族存亡,关系到国家兴衰,关系到社会进退,关系到人格高低,关系到思维智愚,关系到言行文野,关系到事业成败。科学教育与人文教育相通相融,就能够使受教育者在科学文化与人文文化上相通相融,科学素质与人文素质浑然一体,培养出"全人"而非"半个人"。相通相融则"育人",共同构成正确的追求目标,共同奠定正确的追求基础,共同构成"我·人·物·自然"的正确关系,共同形成正确的创造性的整体思维。④

那么,大学中该如何开展人文教育呢?陈高华提出读书会的形式。孔子的教学场景和柏拉图、亚里士多德的学园都是读书会的典范,大学最初就是从读书会般的学术团体逐渐发展成的行会演变而来的。读书会阅读的是人类文明的经典作品。"读书会"的"会",一是"聚在一起"读书;二是"体会",即要使自己与经典接通;三是"会一会",即学会与不同的观点打交道;四是为了"生成",即达到"会通"效果。"读书会通过朝向经典而意识到自己,通过把自己呈现出来而意识到他者,通过与他者在意见上的来回往复养成一

---

① 吴刚. 人文精神与新人文教育 [J]. 全球教育展望,2001(9):7-10.
② 张祥云. 走出人文教育的思维困境 [J]. 高等教育研究,2003(3):25-29.
③ 杨叔子. 现代大学与人文教育 [J]. 高等教育研究,1999(4):4-9.
④ 杨叔子. 是"育人"非"制器"——再谈人文教育的基础地位 [J]. 高等教育研究,2001(2):7-10.

种共同体,并由此示范了一种生活方式……一种合宜的生活方式才是人文学者应当期许的杰作。"①

人文教育的目标和特征甚至开展形式与中西方的传统教育极其相似,是传统教育在现代教育学科设置中的自觉,然而真正的问题,在追求个性自由的现代人看来,毫无功利价值的人文教育学科是否能持续有效开展,却成为人文教育难以为继的内在隐忧。

二、通识教育概说

21世纪初以来的中国高等教育界,通识教育比人文教育更热,无论是理论探讨还是教学实践,都牵动着中国高等教育的发展。通识教育是英国传统的自由教育、博雅教育与美国教育实际相结合的产物。"通识教育"一词在1829年被提出,美国先后发起三次通识教育运动:20世纪20—30年代的阅读名著运动、跨学科课程,20世纪40年代兴起的哈佛大学的《自由社会的通识教育》,20世纪70年代哈佛大学的核心课程计划。根据谢鑫等人的研究,美国通识教育的名著阅读、学科训练和公民效用,其教育哲学基础分别为永恒主义、要素主义和实用主义。关于其效用,有"实质论"和"符号论"两种争论性观点:前者主张它对学生心智和品德的健全发展有必不可少的实质性促进作用;后者认为通识教育只是"精英高等教育"和"世界一流大学"的一种形式化象征,发挥着"精英身份再生产""烫金名片"的符号功能。通识教育的目标指向学生的深层次和长远性发展,它着力培养的思维方式和人格品质具有隐蔽性和延时性特征,因而容易给人造成短期内教育效果不彰的印象,但并不能因此否定其深远的育人价值。通识教育改革涉及四组紧张的关系:知识的统一性和碎片化、学生学习的广度和深度、师资的通才素质和专家素质、西方文化内容和多元文化内容。②1984年4月5日中国台湾颁发《大学通识科目实施要点》,通识教育开始在中国台湾全面实施,后来逐渐影响到中国香港地区和大陆高校。

通识教育的定义众多,还没有达成一致的意见。通识教育是学生在整个教育过程中首先作为人类的一个成员和一个公民所应接受的那部分教育;通识教育是一种观念、思想;通识教育就是一种教育的理念,教育所指向的是价值目标,而不是指某一项教育的举措,如增加某门课程、改变某种方法之

---

① 陈高华.为何人文?如何教育[J].湖南师范大学教育科学学报,2016(1):7-9.
② 谢鑫,王世岳,张红霞.哈佛大学通识教育课程实施:历史、现状与启示[J].高等教育研究,2021,42(3):100-109.

类；通识教育就是一种建立人的主体性并与客体情境建立互为主体性关系的教育，也就是一种完成"人之觉醒"的教育。①李曼丽和汪永铨认为，就性质而言，通识教育是高等教育的组成部分，是所有大学都应接受的非专业性教育；就目的而言，通识教育旨在培养积极参与社会生活的、有社会责任感的、全面发展的社会人和国家公民；就内容而言，通识教育是一种广泛的、非专业性的、非功利性的基本知识、技能和态度的教育。②庞海芍认为，通识教育首先是一种教育理念，其核心是如何做人的教育；其次，通识教育是指教育内容，即为实现通识教育理念的那部分内容；最后，通识教育是一种与专业教育模式相对应的教育模式。③

通识教育在中国大陆发展一直不顺利，以"辅助者""客串者"角色存在于大学教育之中。"通识课程往往得不到同等的重视，承载着崇高育人目标的通识课程竟然获得了'水课'的风评。"④对此，吴河江认为，"导致通识教育边缘化的深层原因在于没有明确通识教育的边界"，包括价值边界、国家边界和学校边界。"价值边界"是指通识教育价值实现的限度，具有时代性、偏向性和选择性，意味着通识教育的价值范畴是有限的，是决定通识教育在大学教育中地位与身份的关键因素。"国家边界"是指通识教育对国家意志的体现，它说明了通识教育并非一种"去意识形态化"的价值中立教育，它应在国家边界内，涵盖公民教育的成分。不过，通识教育的内容却并不仅仅是公民教育，而是一种更为宏观意义上的全人教育。"学校边界"是指每个学校的通识教育实践各有特色，体现着课程、模式和理念等方面的差异。通识教育应符合学校的办学条件与发展需求，这就必然会造成不同学校间通识教育的差异性，从而形成通识教育的学校边界。⑤

第二节 全人教育与古典教育

一、全人教育概说

全人教育兴起于 20 世纪六七十年代的美国，目的在于纠正现代工业文

---

① 转引自：张寿松. 近十年我国通识教育研究综述 [J]. 教育理论与实践，2003（20）：12-14.
② 李曼丽，汪永铨. 关于"通识教育"概念内涵的讨论 [J]. 清华大学教育研究，1999（1）：99-104.
③ 庞海芍. 通识教育与创新人才培养 [J]. 现代大学教育，2007（1）：97-101，112.
④ 陆一. 通识教育核心课程质量监测诊断："高能课"与"吹水课"的成因分析与甄别 [J]. 复旦教育论坛，2017（3）：53-60.
⑤ 吴河江. 论通识教育的边界 [J]. 江苏高教，2021（1）：14-19.

明过于看重技术理性的功利主义倾向和相应的教育片面化倾向，形成以"追求人的整体发展"为要旨的全人教育运动。这一思潮视人和社会、自然为一个有机生命共同体，视教育和学习为人内在善性的有机成长和人之潜能的全面发展，追求达到人与人、人与自然、人与自我的和谐境界。在20世纪末前后，全人教育思潮逐步传播成世界性的教育改革运动。2000年的"全人教育宣言"确立了全人教育的10条原则：①为了人类发展的教育，②欣赏每位学生的特色，③重视人的生活经历，④实践全人教育，⑤教育者的新角色，⑥学生选择专业、学科和学习过程的自由，⑦体现合作和民主意识的教育，⑧培养地球公民，⑨培养具有生态环保意识的人，⑩注重精神教育。中国台湾地区在1998年的《21世纪教育愿景》中提出将"全人教育，温馨校园，终身学习"作为"教育主轴"。中国香港地区于2000年发表《香港教育制度改革建议》，将"终身学习、全人发展"作为香港教育改革的大方向。①

目前，学界对全人教育内涵的界定还有很多争论。全人教育主要关注的是"完整的人"，崇尚人的身体、心灵、精神、灵魂的整合，情意、灵性、灵感、直觉的激发，想象力、创造力、多元综合智能的开发，人与自然、人与人、人与社会的和谐发展。②隆·米勒综合了60位全人教育学家的意见之后认为，"全人"应该包含智能、情感、身体、社会、审美和精神6个方面的基本素质。谭敏、范怡红则把全人教育思想的主要内涵归结为6个方面，即追求人的全面发展，寻求人类之间的理解与生命的真正意义，强调学生人文精神的培养，鼓励跨学科的互动与知识的整合，主张学生精神世界与物质世界之间的平衡，注重生命的和谐、愉悦，培养具有整合思维的地球公民。③冯建军提出，全人教育应是由自然教育、真的教育、善的教育、美的教育4个侧度构成的金字塔结构。它不同于传统的德育、智育、体育、美育等的平行并列结构。教育的真正价值和意义在于健全的心智和完善的人格。完善人格中真、善、美的统一，决定了真的教育、善的教育和美的教育之间的相互依存、相互融合。可以说，理想的教育应该是几种教育之间的圆融，"犹如金字塔之有三面，而非鼎之有三足"。④

---

① 杨亚辉. 全人教育：培养全面发展的人的一种视角——"中国百年教育历程：回顾与展望研讨会"综述 [J]. 中国高等教育，2010（12）：62.
② 同上.
③ 袁广林，周巧玲. 大学全人教育与通识教育论析 [J]. 现代大学教育，2008（5）：6-10.
④ 冯建军. 论全人教育 [J]. 中国教育学刊，1999（3）：13-16，28.

二、古典教育概说

在 19 世纪的英国，科学教育思想者曾与古典教育思想者展开了一场激烈的论战。科学教育在论战中的胜利不仅使得英国各级学校教育实践产生了根本性的变化，而且是具有世界性意义的。① "古典教育"作为学术术语，较早由英国学者利文斯通在他的专著《保卫古典教育》中提出。② 在利文斯通看来，古典教育一是重视关于古典语言及其著作的教育，二是重视古典永恒主义意义上的人文教育。③ 按照赵辛阳的研究，古典教育以古希腊语和拉丁语两门古代语言教育为基础，进而让学生阅读、理解和背诵古希腊罗马时代的典籍，学习古希腊罗马时代的修辞和逻辑，了解古代世界的历史，钻研古希腊罗马思想家的哲学。古典教育是一种以向古代权威学习为导向的人文通识教育，在西方教育史上的影响力举足轻重。北美殖民地创建之初，古典教育占据着教育系统的主导地位。在美国立国后，急于为美利坚探寻新路的改革者对传统的古典教育发起了挑战，认为古代语言和知识已经失去了原先存在的实用功能价值，引起了古典教育支持者的不满，双方掀起了美国立国后关于古典传统教育的大辩论。在这场辩论中，改革者和支持者双方表达了对共和国公民素质和教育功能的考量，明确了对未来社会的发展方向的思考。这场辩论的最终结果是古典教育的支持者占了上风，古典教育仍是美国教育系统中的关键教育模式。在 19 世纪初随着美国边疆的拓展，古典教育也不断扩大其地理界限。新的拉丁文法学校不断在北美大陆出现，新建的大学也基本上模仿殖民地大学的模式，在大学的课程设置和入学考试中古典语言和知识仍然是重中之重。不过，改革者的努力还是取得了一定的成效，在课程设置上，波士顿的拉丁文法学校将古代语言的学习时间从 7 年压缩到了 4 年；在课程安排中，英语所占的比重越来越大；科学开始作为重要的学科进入高等教育中；杰斐逊主导兴建的弗吉尼亚大学提倡采用分科制，扩大除古典语言和文化外的知识所占的教育比重。④ 刘恒则指出，古典教育大致包含三层含义：（1）是指相对于流行的自然科学学科而言的永恒的人文学科，它向我们传授关于"人"的知识，弥补了自然科学学科在教育中存在的巨大豁口；（2）课程内容以精选的古典著作为主，重视对古典著作中的历史、艺术作品，

---

① 单中惠. 试析十九世纪英国科学教育与古典教育的论战 [J]. 清华大学教育研究, 2000 (2): 91-96.
② 关鹏飞. 屈原的古典教育及其价值谫论 [J]. 聊城大学学报（社会科学版）, 2020 (4): 115-122.
③ 余小茅. 保卫古典教育 [J]. 中国图书评论, 2012 (11): 76-80.
④ 赵辛阳. 美国早期关于古典教育的辩论 [J]. 外国教育研究, 2020 (1): 57-73.

尤其是古典文学和古典语言的学习；（3）最终的目的不是单纯地促进个人知识量的增长，而是促进其心智发展，"即训练心智的好奇心、敏锐性、勤奋、耐心和热爱真理"。①

古典教育与自由联系紧密。张文涛指出，自由教育理念与抵制欲望的自由、倡导德性的自由、限制沉思的自由相关联。近年来，Liberal Education 在中国高校越来越受到重视并被付诸实践。Liberal Education 有"博雅教育"与"自由教育"两种译法，其区别涉及 Liberal Education 最内在的问题：这种教育到底要干什么，要培养什么样的人，教人过什么样的生活。Liberal Education 非常倚重古代经典，古典文本是理解 Liberal Education 的理念和实践历史的首选文献。在类型而非时间的意义上，可以将欲望的自由称为现代的自由概念，而将德性的自由与沉思的自由称为古典的自由概念。如果说"博雅教育"的译法强调了德性的自由以及对它的培养，"自由教育"的译法则突出了理性、哲学、沉思或思想的自由以及对它的追寻。Liberal Education 这两个维度的区别，也就像是所谓的"好公民"与"好人"的区别。②

中国古典教育的源头是孔子的"学而"教育。它以培养治国安邦的社会精英即君子为目标，以鉴往知来和知识、知人、做人为视野，以君子不器、通文成仁、约之以礼为要求，以"以仁入礼达乐"为路径，培养君子德行。"学而"教育自始至终贯穿成人的理想精神、一以贯之的坚守精神、独立的责任精神和死守善道的自由精神。③孔子提出的"温故而知新"是中国古典教育的奠基，塑造了古典教育凝聚传统、开启新知、深入生命的基本精神。就"温故"而言，"故"源自"六艺"为主的贵族教育，孔子将其开拓为以六经为核心的儒家教育体系，涵盖了古代经典、语文与历史的世界，形成了中国古典教育的基本内容；"温"体现出中国古典教育涵泳自得的方法与注重生命体验的情感特点。就"知新"而言，以孔子为代表的先秦儒家以"释礼归仁"的思想转型为核心，将周代贵族文化转化为面向普通大众的文教体系。他们通过经典新诠、语文新解、古史新义等方式，开启了中国古典教育的创造性路径。④

---

① 刘恒.古典教育思想的坚韧守望——评《保卫古典教育》[J].滁州学院学报，2018（4）：136-137.
② 张文涛.古典教育与自由的三种概念[J].江汉论坛，2015（6）：80-84.
③ 唐梵凌."学而"理论：古典教育的源头思想和精神[J].天水师范学院学报，2021（1）：77-86.
④ 孟琢.温故而知新：中国古典教育精神的奠基[J].湖南师范大学教育科学学报，2021（1）：61-66.

第三节 传统文化教育与国学教育

在丁广惠看来，中华传统文化教育与国学教育具有相关相似性，传统文化是文化传统的立场，国学是民族国家的立场，但两者都重视民族传统文化。国学是中国特有的一门学科，它是以儒家经典文献为主，兼及诸子百家，以"五四"以前的政史诗文著作为研究对象，在校勘、训释的基础上，阐释作品的积极意义并探讨学术思想发展变化规律的一门社会科学。国学具有学术性、国家学术形象的代表性、研究对象不可更改的终结性等特点。国学与传统文化、炎黄文化、中华文化有着千丝万缕的联系，而又保持相互间的学科界限。传统文化的内涵要比以中国古代典籍为研究对象的国学宽泛得多，是指一种文化系统；传统文化不似国学那样注重个案观察，而是着重于对时代文化的整体把握，并探讨不同发展阶段变化的因果关系，以获取历史的经验教训。国学只限于精神文化，而且只涵盖其中以甲骨、金石、竹帛、纸张和文字物化的精神文化产品；而传统文化涵盖了精神文化、行为文化和物质文化，囊括了物质文化遗产和非物质文化遗产。中华文化与传统文化是有同有异的。在各民族共同创造的文化方面，二者有重合，有交叉，但在与世界文化交流，吸取境外文化形成中国现代学科方面，二者是不同的，有的学科可以同时共属中华文化和传统文化，而有的学科不能归入传统文化，而只能算作中华文化。①

一、传统文化教育概说

在李宗桂看来，在30多年的文化研究和文化建设实践中，传统文化、文化传统、中国优秀传统文化经常互相指称。传统文化，广义地说就是中华民族在历史上所创造的一切；狭义地说，是指中华民族在历史上创造的思想文化。所谓文化传统，是指中华民族历史上创造的文化具有稳定性、连续性和传承性的某种价值观念、行为方式、风俗习惯。传统文化包蕴着文化传统，文化传统是传统文化在精神领域的集中体现。传统文化和文化传统都是历史，都可能具有社会作用的两重性，都可能具有生命力，都可能传承到当代；而中国优秀传统文化就是中华民族长期发展过程中形成的、有着积极的历史作用的、至今具有重要价值的思想文化。因此，研究、评判和弘扬中国优秀传

---

① 丁广惠. 国学的渊源、特点及其与传统文化、炎黄文化、中华文化的区别 [J]. 文化学刊，2013（2）: 65-84.

统文化,应当既包括传统文化,也包括文化传统,而不是把传统文化弃置一旁,仅仅研究文化传统。同理,所谓中国优秀传统文化现代价值的研究,应当既关注文化传统,也要重视传统文化。①

全球各国处理传统文化的立场基本有三种：推崇继承、批判反思和融合发展。在推崇继承立场下,各国所面临的国内外文化境况决定了其教育目标是扩大优势地位还是保障文化安全,课程体系是重视融合还是强调特色。在批判反思立场下,各国对历史问题的定性决定了其基本态度是"瑕不掩瑜"还是"亡羊补牢",也决定了课程内容选择的范围与占比。在融合发展的立场下,各国传统文化与现代文明冲突的程度决定了其落脚点是观照现实还是面向未来,课程设置是强调多学科融合还是单独设立。每个国家所面临的历史问题和现实困境各不相同,所选择的基本立场自然各有差异,也形成了各具特色的传统文化教育生态系统。整体而言,三种基本立场的背后体现的是一个国家对于本国传统文化价值和国家文化安全境况的判断。一个国家只有实事求是地对待本国文化历史发展过程中已经被证明的经验与教训,才有可能构建起具有针对性和实效性的传统文化教育体系。②

在传统文化教育的内容选择方面,侯鹏生、李庭洲指出传统文化教育与本土知识的紧密关系,呼吁大力推进本土知识进学校,才有可能落实传统文化教育。本土知识是一种具有明显的生活性、民族性和地域性的知识形态。本土知识和传统文化关系密切：从纵向来看,本土知识是传统文化的历史基础；从横向来看,本土知识是传统文化的现实主体。现阶段我国本土知识的理论和实践研究都存在一定缺陷,这使得本土知识在学校教育体系中长期处于边缘化状态,严重影响了传统文化教育效果。若要实现传统文化教育中的本土知识融入,必须帮助学生树立正确的知识类型论,明确本土知识的合法性；引导学生树立正确的文化差异观,赋予本土知识应有的社会认同；在教学中贯彻多元文化教育理念,推动本土知识在学校教育中的普及；改革当前传统文化教育的内容与形式,提高本土知识的融入效果。③

关于传统文化教育的实施策略和路径,当下的研究较为丰富。有学者提出,就当下现实而言,或是传统文化被"塞进"学校教育,或是被"补进"学校教育,或是被"加进"学校教育,学校传统文化教育理应是"知情意行"的有机统一,循守"致知""激情""诚意""笃行"的实践逻辑,使中华优

---

① 李宗桂.试论中国优秀传统文化的内涵[J].学术研究,2013(11)：35-39.
② 侯前伟.国际视野下传统文化教育的立场选择和对策分析[J].比较教育研究,2021,43(1)：19-26.
③ 侯鹏生,李庭洲.传统文化教育中的本土知识融入研究[J].全球教育展望,2018,47(3)：65-74.

秀传统文化真正"融进"学校教育。① 有学者认为，传统文化教育只有全面嵌入学校课程之中，方能充分发挥其应有的育人功能。② 有学者提出要进行系统设计，中小学开展传统文化教育应处理好内容选择、教学落地、价值定位的问题。③ 有学者指出，语文教材传统文化教育内容体系化是提升语文教育教学质量的保障，是实现中华优秀传统文化铸魂育人的根本，但当前的语文教材中传统文化教育内容的整体性不足，内容编排缺乏系统性，各学段传统文化教育内容没有很好地衔接。有学者提出，"文、行、信"是传统文化教育内容的标准也是传统文化教育的宗旨，并围绕这个标准和宗旨，提出语文教材传统文化教育内容体系化的构想：小学学段古诗文兼学蒙学选篇；初中学段古诗文兼学"四书""五经"选篇；高中学段古诗文兼学"五经""诸子""诸史"选篇。只有各项内容自成序列又相互融合，才能形成文行信贯通、中小学衔接的语文教材传统文化教育内容体系。④ 也有学者提出应该继承孔子的经典课程范式。孔子为传统文化教育贡献了由"诗书礼乐"构成的经典课程范式，其基本思想是以"动人的诗歌"及"真实感人的人间故事"立教。考察孔子的传统文化教育宗旨及其课程建构经验，不仅有利于课程理论开拓传统文化教育研究，更能为当代教师建构传统文化课程提供典范参照。⑤

关于传统文化教育的目标，有学者认为，中小学优秀传统文化教育一体化目标包括一以贯之的总体教育目标和各有侧重的学段教育目标。学段目标与总体目标之间有从属关系，各学段教育目标之间有衔接递进的逻辑关系⑥。也有学者指出，了解中华文化知识、把握中华民族精神、践行知行合一理念是中国传统文化教育的目标。⑦ 还有学者认为，传统文化教育的目标就是提高学生的文化自信，但在不同阶段应有所侧重。对年幼儿童（主要是幼儿、小学生和初中生）宜以正面的启蒙教育为主；对高中生和大学生，单向度的教育不可行，宜采用肯定取向与否定取向并重的思路。⑧

面对未来，传统文化教育困难重重。刘俊杉分别从传统文化领域和教育学领域进行了归纳和分析。就传统文化领域来说，第一个问题是传统文化作为思想资源，深邃而模糊，博大而精深，但要准确把握与吸收利用并不容易。

---

① 吴文涛.传统文化如何走进学校?——论学校传统文化教育的实践逻辑[J].国教育学刊,2018（3）：37-42.
② 吴忠良,陈惠津.传统文化教育课程嵌入性：基本框架与实现策略[J].教育科学研究,2021（1）：62-66,72.
③ 李群,李凯.中小学需要怎样的传统文化教育?——基于北京市中小学"中华优秀传统文化"课程与教材建设的思考[J].中小学管理,2019（1）：49-52.
④ 任翔.语文教材传统文化教育内容体系化刍论[J].中国教育学刊,2020（6）：23-28.
⑤ 周勇.孔子与传统文化教育的经典课程范式[J].中国教育学刊,2017（8）：37-40.
⑥ 明成满,赵辉.中小学中华优秀传统文化教育目标一体化研究[J].基础教育,2021,18（4）：52-61.
⑦ 任翔.中国传统文化教育的目标与内容初探[J].中国教育学刊,2019（1）：58-63.
⑧ 夏正江.平衡取向的传统文化教育论略[J].全球教育展望,2017,46（5）：91-103.

传统的经史子集的范畴划分与当今的学术体系很难直接对接。更难的问题在于中国传统思想的复杂性。一些核心概念被不同学派、不同时期、不同人物反复使用且具有不同意涵，一些词语的语义在历史长河中发生了深刻的流变。中华优秀传统文化进课程和教材，需要处理的问题较多，如育人模式与现有课程目标的关系，无限丰富的内容与课程有限时间和容量的矛盾，以及如何处理文化的象征性、隐喻性、缄默性与各种考试命题的明确性、标准化之间的可能冲突。就教育学领域而言，第一个问题是，路径依赖的限制。对大部分教育学分支学科来说，对传统文化展开研究是非主流、非前沿的研究问题和方向。对中国本土的传统文化开展教育学研究，既缺乏前期积淀，也缺乏成功研究范例，甚至缺乏明确的研究对象、可对话和比较的理论目标。中华文化大树之根是深扎于民间的，恐怕不是学院之内的文学、历史、哲学、艺术加上教育学就能完全解决的。第二个问题是，动力机制不足。受时代因素和社会变迁的影响，对于当代大部分中国学者而言，想进行传统文化的深入研究，意味着不仅需要投入大量的时间去浩瀚的文化海洋寻宝，而且这种搜寻对于个体而言是否会有超出原有研究路径的收益，往往很难有明确的保证。第三个问题是，缺乏适切的研究方法。一方面，需要借鉴和选择国际上成熟的研究方法和研究标准；另一方面，不能被已有方法或话语概念所宰制，不能生硬使用，也不能盲目解释。随着信息科学、神经科学等新手段的发展，过去的科学与哲学、技术与人性之间的壁垒有可能消弭，很多聚讼不已的哲学问题、伦理问题都可能出现新的推进方式。这意味着中国传统文化中很多过去被划入神秘主义的内容有可能被以新的、更有效的方式加以检验和筛查。①

二、国学教育概说

关于国学的概念，黄济认为，"国学"的名称，是相对于"西学"而言的，是在西学东渐之后才出现的名称，也就是"中学"，狭义上是指长达数千年来形成的、有文字记载的中华文化典籍的总称。"国学"中包含文学、历史、哲学，但"国学"又包容不了"文学、历史、哲学"，"文学、历史、哲学"也代替不了"国学"。② 韩星认为，近代的"国学"概念主要是相对于新学、西学（外学）而寻求中国学术文化的地位，凸显中国学术文化的自身特征，很大程度上泛指中国传统学术文化，包括儒释道、诸子百家等。"国学"

---

① 刘峻杉. 对传统文化展开教育学研究的意义、难点与方法论省思 [J]. 中国教育科学（中英文），2019, 2（5）：123-134.
② 黄济. 在中小学如何开展国学教育 [J]. 课程·教材·教法，2015（2）：3-16.

的载体就是国家、民族。狭义的"国学"专指中国传统的思想文化（精神文明、意识形态）方面，具体指以文字为载体的文献及其思想观念体系，主要是以儒学为主体的中国传统文化。广义的"国学"是与中国传统文化等同的概念。现在的学术研究做的是单纯的"术"层面上的工作，道统的重建应该是今天"国学"的核心和目前的主攻方向，而道统的重建与学统又不能分开，是在学术基础上的重建，具体来说就是在经学基础上重建儒家道统，确立国学的固有根本和内在灵魂，那就是儒家文化的人文理性精神。[①] 程水金以会议研讨纪要的形式指出，国学就是依赖中国传统的文字、音韵、训诂所指向的特殊思维路径，在融贯经史子、参究天地人的整体观照之中，研究中国传统的文化意识、思想观念、言说方式与行为方式；在当代学术文化的语境之中，融旧开新，再续敬德尊圣、平等向善、知止乐天的人文传统，培植理想的未来人性，构建新型的情理范式，重铸炎黄子孙的民族心魂；以独立自信的人文情怀、豁达开朗的文化胸襟，积极参与当代世界人文价值与全球普适伦理的文化重建。他认为国学研究与国学教育是国学的两个下位概念。国学研究的对象与材料是传统的经部、史部、子部、集部经典。就"学"的层面而言，国学既包括"天人之际"，即自然宇宙与人类社会的各种复杂关系与相关问题，也包括"古今之变"，即各种文化制度的因革与风俗人情的变迁。就"术"的层面而言，大者如国医、国术、国艺，小者如卜卦、堪舆、悬空，无不借"国学"之名而攘臂于世。其间科学与巫术共存，文明与愚昧相伴，真理与谬误杂糅，这是有目共睹的事实。剔除伪谬，甄别美丑，汲取精华，去除糟粕，正是国学研究的根本任务与总体目标。国学教育既不能将所有这些对象不分青红皂白地全部搬进国学教室，也不能没有本末之别与道技之分，让国学诸生漫无边际地信马由缰、泛滥无归，更不能舍大道之本而专从技数之末。国学研究是学者的终身事业，而国学教育无论是4年还是6年，均在学制上有明确的规定，不可能在短期内读完浩如烟海的四部典籍，也不可能使诸生各自专习一经，孜孜数年方可卒业。国学教育以培养国学人才或者"读书的种子"为基本目标，具有较强的实际操作性，必须在有限的学制之内，达到一定的学术积累，完成相应的能力训练。因此，其课程设置既要体现国学博雅平正与知行合一的传统学术特点，也要注重控源循流与取精用宏的基本知识结构，还要贯穿转识成智与融旧开新的创造性思维方式。黄侃、梁启超以及胡适等近代学人为青年学子开列的国学入门书目（"十三经"《国语》《大

---

① 韩星.关于国学学科建设的思考[N].中国艺术报，2015-11-11（008）.

戴礼记》《说文》《广韵》《史记》《汉书》《荀子》《庄子》《文选》《文心雕龙》《老子》），可以在教学模式与课程体系方面为当代国学教育提供必要的参考。如果学者能在不太长的时间内把这二十四部书读通读透，烂熟于心，既是通人之学，也是专家之学。这二十四部元典既包含着"立德"做人的人生准则，也蕴藏着"立功"做事的历史经验，更蓄积着"立言"为学的基本功夫。打下了上述二十四部国学元典的基础，也就是为从事相关学科的研究奠定了坚实的文献基础与知识体系，培养了从事相关学科研究所必需的文字阅读能力与思想关联能力。学者据此基础与能力，可依其性之所偏与兴之所至去从事任何一个专门问题的研究。①

国学学科是 21 世纪初中国高等教育界的一个热点话题，也集中体现了国学教育的理论和实践特征。张分田指出，当下学界最出格的"国学热"莫过于欲将"国学"推上一级学科位置的盲动。独尊儒术的"国学"不适用于现代，区隔中西的"国学"存在重大偏弊，含义混乱的"国学"无法界定学科，夸大功能的"国学"不能使之太热。如果将"国学"列入一级学科名录，就会对中国现代学术产生严重的负面影响。②近百年来，有人认为国学可以纳入西方的学科体系，另有人坚持国学的独特性，主张应当完全或部分保持自己的体系。陈洪捷指出，国学的概念从诞生之日起就与西式的学科形成了冲突。他认为国学的现实困境在于，被"肢解"的国学是阻碍国学发展的一个重大因素，西式的学科制度难以逆转，现行的学科管理制度又过于刚性，一旦现行的刚性学科制度有所淡化和弱化，国学或其他新的知识将会有一个灵活的发展空间，从而有望走出困境。在分析了历史和现状之后，陈氏指出，"国学"是中国人文学科未来发展的重要资源，现有学科制度是"国学"发展的制度基础，现有学科体系及管理制度需要改革。③

蔺亚琼从知识边界的视角考察并分析了近些年国学学科化的边界策略及其困境。为了将国学建构为一级学科，国学学科的倡导者提出"新国学"和"大国学"的知识策略，以消解国学与外部政治环境之间的潜在冲突。这些策略和努力并没有实现国学学科化的目标，原因在于国学研究在很大程度上嵌入中国文学、中国史学以及哲学等学科之中，国学与文学、历史、哲学的知识边界模糊，其学科建构缺乏来自研究实践的支撑。④

---

① 程水金.国学教育与国学研究研讨会[N].光明日报，2013-09-02（015）.
② 张分田."国学"不宜用于命名一级学科[J].天津社会科学，2010，3（3）：118-123，139.
③ 陈洪捷.国学的困境与前景——关于国学学科地位的讨论[J].大学教育科学，2015（2）：4-8.
④ 蔺亚琼.知识边界与学科建构：国学学科化的边界策略及其困境分析[J].北京大学教育评论，2017，15（4）：167-184，189.

朱汉民则认为，国学学科建设应从中国古典学的知识传统与中华民族的精神传统这两个方面论证其必要性与合理性。作为中国古典学的国学，应该以中华文明的历史的、整体的原生态为研究对象，以古汉语为载体的经、史、子、集为文献和历史文化遗产的依据，探讨在几千年的漫长历史中形成的、具有典范意义的中华文明体系。国学的兴起和发展是中华民族精神的价值建构的时代需求，国学的学科建设应该为中华文明的现代延续发展提供精神支撑。所以，国学学科建设承担着建构整体性、民族性、延续性、主体性的中华文明的历史使命。①

2020年年底，国务院学位委员会、教育部印发了《关于设置"交叉学科"门类、"集成电路科学与工程"和"国家安全学"一级学科的通知》，交叉学科门类的出现为国学学科化带来了巨大的希望。华建光、龚术婷认为，只有认识到国学的交叉学科属性，才能建立国学本科教学与国学研究的理想模式。经典研究和经典精读课程的确是彰显国学独特价值的重要窗口，但是选择一部综合性的经典作为教授对象，并不代表其教学必然能充分体现学科知识的交叉性，重要的是如何发挥经典的知识综合特点，体现经典研读的学科交叉特点。国学课程更需要围绕国学所要探讨的基本问题群，在文学、历史、哲学等分科知识的基础上进行更高层次的知识整合，而这正是知识驱动型社会对学科人才培养提出的新要求："把所有因素有机地整合成一个个新的、复合的整体。"②

关于国学教育的开展，王熙等认为，探明国学之"国"的意涵是合理定位当下国学教育的关键。国学近百年来的起起伏伏始终伴随中国由封建朝廷迈向民族—国家的政治及文化转型，所以对国学之"国"的意义阐释不能外在于民族国家的话语体系。民族国家包含"民族建制"与"国家建制"的双重任务，这要求国学教育既要传承民族文化基因，增强中华民族的内聚力，又要担负起培养师生文化自觉的重任，使其能够理性地处理封建等级伦理与公民社会价值之间的矛盾。从这个意义上讲，国学教育不等同于单纯的传统文化教育，它的意义不仅在于为我们呈现自身文化的发展脉络，更应强调以其特有的比较视野触动人们的文化反思与批判，使其学会理性地评判过去、把握未来。基于这样的价值定位，中小学教育需要的不仅仅是国学知识，还包括系统、科学的价值教育理念与方法。一要在课程设计与教材编写中加强

---

① 朱汉民.古典学知识与民族精神的双重建构——当代中国国学学科建设的思考[J].中山大学学报（社会科学版），2017（5）：135-140.
② 华建光，龚术婷.高等学校国学本科人才培养的机遇、困难与出路[J].国学学刊，2021（3）：5-13，141.

传统与现代的对话；二要在教学过程中鼓励学生自主探究；三要综合运用种种价值教育策略，兼顾"自主建构"与"价值引导"。国学教育，特别是国学普及教育，关系到年青一代的价值形成，其重点必然要放在价值问题上。从这个意义上讲，国学的确具有独特的教育资源，或许它所包含的知识能被分别归并于现有课程体系的各个学科中（如语文、历史、道德与法治），但其独具的历史逻辑、价值视角与思考方式是不可取代的。也正因如此，国学在当下的价值教育中大有作为。①

黄济指出，在中小学开展国学教育，需要解决什么是国学、国学包含哪些内容、如何教授国学等问题，在中小学阶段开展国学教育要树立正确方向，回归原意，去粗取精，有分析和联系实际地学；能否搞好国学教育，关键在于教师，教师对国学应有较全面的了解和灵活的运用。学"国学"主要还应按照经、史、子、集的分类来学。中小学的国学教育主要体现为对古典诗文的学习，特别是文的学习，这在我们现有中小学《语文》课本中已有了较好的体现。中小学学习国学，应从蒙养教材学起，同时学习诗文；在诗文学习中，包括经、史、子、集等多方面的内容，以选学为主，逐步加深和提高。为此，在当前中小学语文课本中诗文学习的基础上，再编选一套为中小学生进行国学教育的参考教材或补充读物，应是进行国学教育的一项重要任务。②

第四节 儒学教育与读经教育

儒学是中华传统文化的主干，特别是儒家经典的经学化，促使儒学居于传统中国学术的核心和引领地位，而近现代产生的读经教育，从一开始就是儒家经典尤其是经学著作在教育体制内的存在而展开，所以儒学教育与读经教育可以说是一体的，虽然前者范围广泛，问题复杂。在这方面，很多学者做出了研究和探索，其中方朝晖认为，儒学中最具生命力的、可能对未来中华文明乃至全球文明自身发展有积极意义的一个理念是"华夷之辨"。"华夷之辨"的精神实质是"文明"与"野蛮"的对立。未来中华文明发展的最高目标绝不是追求成为一个新的超级大国，更不应把经济、军事或政治意义上的富国或强国当作最高理想，而是建立一个真正文明、进步的国家，其最高

---

① 王熙，苏尚锋，曹婷婷. 从国学之"国"看国学教育的当代价值 [J]. 北京师范大学学报（社会科学版），2014（4）：30-37.
② 黄济. 在中小学如何开展国学教育 [J]. 课程·教材·教法，2015（2）：3-16.

文化理想则是每个人的潜能、创造力与个性的发挥、人格尊严与正当自由的保障，以及人生幸福与价值的实现。儒学中另一个极富生命力的思想就是"王霸之辨"。儒家的王道思想可直接引申为主张行业的自治与理性化，包括学术自治、宗教自治、家族自治、地方自治等，还包括政统服从道统的特征。儒学复兴的前提是必须恢复儒家自身的话语系统和传承方式。儒学能不能复兴，不取决于我们把它人为地拔高，而取决于我们能从传统儒学资源中发掘出对于理解今日中国的出路真正有启发意义的鲜活思想，还取决于读经典对于我们思考中国现代性问题能激发出多少意义深远的思想灵感。①

一、儒学教育概说

在教育研究者黄明喜看来，人性论是儒学教育的理论基础，为人的社会化教育提供内在合理的理论依据。"儒学从诞生伊始就一直极为关注人的命运和处境，总是把人的本质和本性作为教育思想的重心，希望为人的社会化教育提供一个内在合理的理论依据，使人由生物实体的自然人逐渐成为真正的社会人。依照儒学教育思想的观点，要懂得人为什么需要教育，需要教育什么以及如何教育，一个最重要的理论前提就是必须认知人性。"儒学教育的奠基者孔子提出"性相近，习相远"（《论语·阳货》）的论断，开启了从人的自身出发去探究社会化教育何以可能和何以必要的思想先河，成为人人都有可能接受教育和应当接受教育的理论依据，孔子之后的儒学教育思想家从不同维度的理论视角和层面体认孔子的人性论，形成了蔚为大观的人性学说。儒学教育社会化分为君主教育的儒学化、士人培养及选拔的儒学化、民众教育的儒学化。"儒学教育社会化在两千多年的历史进程中既富有创新精神，也不乏保守力量。儒学教育社会化作为儒学实现德治的生命线，是维系中国古代封建统治的重要支柱，也是促进中国古代社会文明发展的一块基石。"②

虽然中国的正统学问是儒学，朝廷、科举制与各级学校组成的传统教育基本是儒学教育，但"从19世纪末起，儒学在上海的书院教育中的地位开始动摇，西学内容悄然侵入"。晚清年间上海道开办了求志书院与龙门书院，西学向儒学争地盘已经成为历史事实。③随着帝国主义入侵越来越紧迫，晚清民国政体变换，科举制被取消，读经被弱化乃至被废止、废除，儒学教育

---

① 方朝晖. 现代儒学的困境与出路 [J]. 天津社会科学, 2009（5）：39-45.
② 黄明喜. 儒学教育社会化的理论基础与基本形态 [J]. 华南师范大学学报（社会科学版），2003（6）：80-85, 151.
③ 周振鹤. 晚清上海书院西学与儒学教育的进退 [J]. 华东师范大学学报（哲学社会科学版），1999（5）：37-40, 99.

已经失去了支撑其的三大支柱，成为中国大地上无家可归的"游魂"。①20世纪30年代以来，保卫中华和复兴中华文化成为思想学术界的立论基调，作为中国传统文化核心的儒家文化有了新的发展，相应的儒学教育也呈复兴之势。在清末废书院改学堂、推行新学制中退出历史舞台的儒学教育，在这个时期以书院讲学的形式再次出现，复性书院、民族文化书院、勉仁书院等相继建立即是例证。②然后随着抗日战争取得胜利，中华人民共和国成立，传统儒学教育在台湾地区有所发展，但20世纪50—80年代在大陆却遭到了巨大而深远的破坏。

在改革开放以后，尤其是20世纪90年代以后，民族文化复兴开始从民间兴起，而韩国的儒学教育立即引起了国人的高度关注。在韩国学者李東俊看来，儒学自身教育思想丰富，体现了儒学成人成圣和人道主义的价值取向，以及传承文化并加以创新的担当意识，在今天对我们来说仍有可借鉴之处。③楼宇烈通过对现代韩国的儒学进行为期三个月的考察，认为韩国是目前世界上儒教传统保留得最多的一个国家。流行在当今韩国社会的儒教，虽然也有不少内容和形式已随时代变迁，但给人的总体印象是传统多于革新。韩国传统儒教得以延绵不绝，在很大程度上是与韩国儒林的组织化和根植于地方、农村有关。传统儒教在韩国社会实际生活中仍然起着某种调节社会人际和家庭亲族关系的积极作用。此外，儒教思想在调节个人所面临的物质和精神的关系方面的意义也越来越为世人所注重。韩国有关部门开始进行的有关儒教思想对于官僚文化影响的研究，是一个具有非常现实而又深远的意义的课题。经过韩国学者和一般大众的努力研究和实践，韩国很可能率先在东亚各国中创造出一套适应现代社会的儒教理论和实践原则。④戴红贤、罗庆云则对20世纪的韩国儒学教育进行了研究，认为其经历了批判、潜隐、重建和复兴的曲折过程。这个过程可大致分为承袭传统儒学教育时期、韩文专用政策时期、汉字教育重建和复兴时期三个阶段。其教育的重点集中在"仁者为人"的人格教育、"忠孝诚信"的人伦教育和"正心修己"的劝学教育三个方面。百年来，韩国儒学教育以孔孟程朱以及韩国本土儒学为主，韩国本土儒学所占比重呈增加趋势，孔孟儒学由占主导地位的经学退居诸子学，儒学选文占教材的比例，初中阶段呈递减态势，高中阶段基本稳定。⑤

---

① 余英时. 现代儒学的回顾与展望——从明清思想基调的转换看儒学的现代发展 [J]. 中国文化，1995（1）：1-25.
② 刘继青. 20世纪30年代儒学教育复兴的内因外缘 [J]. 湖南师范大学教育科学学报，2009（2）：40-45.
③ 李東俊. 儒学教育的根本精神 [J]. 学术界，2006（1）：37-40.
④ 楼宇烈. 儒学在现代韩国 [J]. 传统文化与现代化，1998（1）：11-20.
⑤ 戴红贤，罗庆云. 20世纪韩国中小学儒学教育探析——以韩国汉文教材为中心 [J]. 山东社会科学，2016（11）：165-169.

2000年前后，随着中国国势的强盛，柯小刚认为，近年来儒学发展非常快，成绩很多，问题也不少。对于什么是当代社会的儒学教育，柯小刚认为，可以理解为"儒学教育在当代社会"和"儒学教育当代社会"，前一种是名词的读法，后一种是动词的读法。立足点一个是固化的"当代社会"，一个是现成的"儒家"，第三个是作为生命学问的动词化的"教育"。在第三个点上，所谓"当代社会的儒学教育"，就是日新其德的"儒学"与充满可塑性的"当代社会"之间的张力、对话、批评性建设和建设性的批评，就是儒学和儒家学者的自我教育过程，以及当代社会的气质变化过程。教育不再被理解为一种工具性的培训手段（即使培训内容是"儒家价值观"），而是教育者和被教育者"教学相长"的共同成长。在体制教育的设计者那里，所谓"当代社会的儒学教育"并不意味着对"什么是教育"的根本反思和重新学习，只是换一下教学内容，或者增加一点儒学经典课文的占比。至于教学方法，仍然沿用与真正的儒学教育、古典博雅教育格格不入的"宣传""灌输""应试教育"。在这个"启蒙未遂以至于残废"的时代，儒学不得不担负起"坏病治理"的全球责任。在当代社会，儒学教育必须介入当代教育实践，为当代社会提供批判性的观察和多样化的探索，帮助现代教育克服"见器不见人"的根本缺陷，回归"人的教育"，并在此基础上提高公民培训和劳动力培训的质量。真正的儒学本身就是生命成长的学问，或者说就是教育的学问。这种意义上的教育是《易经》蒙卦所谓"山下出泉"的"发蒙"，是陶冶涵泳、变化气质，是新旧之间的健康张力，是生命本身的自我突破和成长。儒学之所以能有此潜力，是因为"发蒙的教育"是从人的生命成长经验中体贴出来的教法，深具道学的性质：它不期望通过大面积的运动形式宣传某种主张、培训工作技能（"小人之道，然而日亡"），而是结合各种可能的具体形式，因势利导，潜移默化地渗透进去，发人端绪，使其自成，勿忘勿助长，暗然而日章。所谓"不愤不启，不悱不发"，"道而弗牵，强而弗抑，开而弗达"，都是"发蒙"的教育思想。"发蒙"意味着因势利导的道路探索，"包蒙"意味着建设性的批判精神。不放弃儒学的批判性，保持对现代性的批判立场，但不激进地对抗和抛弃，而是进入它，从内部转化它，可能是"当代社会的儒学教育"未来的任务。①

---

① 柯小刚.当代社会的儒学教育——以国学热和读经运动为反思案例[J].湖南师范大学教育科学学报，2016（4）：34-40.

二、读经教育概说

读经在中国教育发展史上已有两千多年的历史，儿童读经也在传统教育的历史长河中逐渐发展完善。民国以后，随着现代教育和中国新文化运动的兴起，儿童读经被废除。20世纪90年代，台湾地区学者王财贵和南怀瑾掀起了一场"少年读经运动"，大陆新儒家代表人物蒋庆起而响应，并出版了《中华文化经典基础教育诵本》，一石激起千层浪，引发了一场关于"儿童读经"的争论。从1998年6月起，共青团中央委员会、全国少工委和中国青少年发展基金会启动了"中华古诗文诵读工程"。该工程已在全国30多个省市的数千所学校的近500万少年儿童中开展起来。①

此次读经运动虽然只是少数人在推动，但在开展初期的确获得了广泛的基层认同，达成了共识。2012年，乐山师范学院副教授杨洪和开江县普安中学副校长彭辉曾经撰文说，近年读经教育拥有了良好的发展契机，走进了课堂，民间自主形成了一股强大的读经热潮。在学术界，儿童读经更是引起了广泛的关注，有人肯定，有人质疑，有人支持，有人反对。无论赞成也好，反对也罢，读经教育已在人们的争议声中不知不觉走过了近20年。从数量上看，由最先的几个孩子读经发展到如今的近500万儿童诵读。从范围上讲，1993年只有台湾地区的少数家庭在开展读经活动，而今天读经已经走进了中小学课堂、书院等，其辐射面已达到了一半的教育机构。从认可度上来看，最先有80%以上的民众极力反对读经，而今儿童读经不仅被明确纳入了国家的重点课题研究，而且教育部门积极鼓励学校进行相关的校本课程开发与使用。从整体上看，读经教育逐步发展和完善，形成一种有生命力的全新的教育现象。有学者认为，读经教育可以丰富知识体系，建构知识体系，开发智力潜能；可以加强品德培养，锤炼道德意志，健全人格发展。②作为基层图书管理工作人员的尹文君、范秀红在2006年撰文说，经典著作是民族文化和知识的结晶，是给人安身立命的典册。在大学中推广读经意义深远。读经是塑造健全人格的良药。读经是传承历史文化的重要途径。读经活动是构建和谐社会的基础工程。③金林祥、张正江认为，目前广泛开展的读经活动在培养少年儿童的道德品质方面已经产生了积极作用，主要是因为读经教育符合少年儿童的认知心理发展特点，强调的是潜移默化，而不是灌输，其内

---

① 曾小英. 继承中国优秀传统文化的教育创举——王财贵"儿童读经运动"述评[J]. 云南师范大学学报, 2000（1）: 7-11.
② 杨洪, 彭辉. 当代"读经教育"的涵义与价值探微[J]. 吉林广播电视大学学报, 2012（12）: 46-47.
③ 尹文君, 范秀红. 倡读经典培育英才[J]. 图书馆理论与实践, 2006（2）: 87-88.

容更加贴近少年儿童生活实际，因此，读经教育是实施民族精神教育、加强未成年人道德建设的一个重要途径。[①]2005 年，刘胜利撰文论证读经教育对罪犯改造的可能性和可操作性。刘胜利认为，罪犯读经教育的教育学依据是，罪犯读经教育符合永恒主义学派教育观。读经教育是教育改造罪犯的手段创新。[②]由上可以看出，读经理念和读经教育当时在全国各阶层产生的广泛影响。

陈映婕分析归纳了学术界对于"当代读经"现象的历程和主张。一是强调对自身文化传统基本价值和自我传统活力的守护，既有对现代文化的反思，也有对本土文化可能沦丧的担忧，认为读经能实现"中华文化的复兴"，以学者蒋庆、胡晓明、王财贵为代表；二是强调中华文化在与西方文化的互动中发生的"激烈冲撞"及其自身在其中保持的独立性，认为读经是在面临西方文明的挑战和压力下所做出的反应，有时与第一种观点有所交叉，以学者康晓光、江净帆为代表；三是既综合前两者的观点，又将对读经的阐释与反思提升到一个新的高度，既强调民族文化的独特性与时代价值，也倡导东西方文化之间的平等交流与对话。费孝通自 20 世纪 90 年代形成的"文化自觉"理论是此类观念的思想源头，王铭铭、戴大明均以此为阐释工具对"读经"进行文化解读。陈映婕认为，当代中国的移民文化与移民读经教育关系到族群差异、文化心理冲突和自我认同危机，并以"国际游魂"形容华人新移民及其子女在西方社会中的尴尬处境——处于既非东方又非西方的文化"夹生"状态，成为一群没有文化归属感和不自信的人，即社会学意义上的"边际人"。新移民"常常在两种模式中寻求平衡：一方面，渴望尽快融入加拿大所谓'欧式'主流文化氛围中去；另一方面，保留对'故国'的思念和文化传承"。"时谦学堂"的中文课程内容看似是枯燥的经典读诵，但其背后展现的是新移民努力保存和传承其所认同的、以儒家为核心的传统价值观的愿望，以此帮助自身在精神上"安身立命"。新移民在其中建构了一个西方语境下富有东方气质的"君子"，将之树立在他们和子女面前。这个理想型"君子"具备的人格特质包括尊重师长、孝敬父母、礼节周全、身心和谐、懂得感恩、热爱学习、胸怀天下、善良正直等。这些并不是复古式的，而是他们在与西方文化进行比较后有意识地选择的"东方传统"——在西方的社会环境下也具有实践性，能够融合并应用于他们的日常生活。[③]

[①] 金林祥，张正江.论少年儿童读经教育的德育意义——加强未成年人道德教育的有益探索[J].临沂师范学院学报，2005（2）：128-131.
[②] 刘胜利.读经教育在罪犯教育改造工作中的应用探析[J].法制与经济（中旬刊），2010（9）：48-49.
[③] 陈映婕.建构西方世界中的"君子"——海外新移民读经教育的兴起及其文化实践[J].华侨华人历史研究.2019（2）：59-67.

当前，读经教育在我国已成为社会和学术界所关注的热点问题。有学者认为，借鉴永恒主义的"名著"课程观，我们可以从读经的价值、读经的选择和读经的方法三个维度得出有益启示。① 近年，这场读经教育运动中也暴露出师资严重匮乏、课程设置随意性大、教材内容选择缺乏科学标准以及教学方法简单机械等问题。② 争议焦点主要集中于读经的年龄、内容、方法、效用等方面，基本上形成了支持、反对和折中的三派。这些争议的化解需要从传统文化的正确认识、读经教育的功能与定位、国际视野的观照与比较三个向度寻找出路。③

关于儿童读经教育的批判，刘芳认为，儿童读经教育这一原本旨在弘扬传统文化的教育活动被宣传、夸大得愈演愈烈，这一社会性现象表现出我国教育界的文化保守主义倾向。读经教育究竟是"启蒙"还是"蒙启"，这一争议本质上反映出对待传统文化持有的态度问题以及文化延续与时代精神建构两者关系的和谐统一问题。④ 对儿童读经教育的批判，除了《南方周末》《新京报》等媒体外，在学术界则以柯小刚的批判最为有力。柯小刚是在读经运动发展的后期加入的，他指出，现代性的启蒙主义教育带来教育工具化的弊端。为了对抗这一错误的极端形态，当前流行的民间"读经教育"走向了另一个错误的极端，即蒙昧主义。这种蒙昧主义的读经教育片面强调机械化的背诵，乃至不允许学生理解经典。这种荒谬的"经典教育"并非来自儒家传统，而是以"保守主义"面目出现的现代性事物。为了双谴启蒙主义和蒙昧主义，有必要重新激活《易经》"发蒙"的教育思想。⑤ 后来，柯小刚又指出，他在2016年5月的上海儒学大会上曾做主题发言——《当代社会的儒学教育：以读经运动为分析案例》，分析了"老实大量纯读经"中存在的问题。随后，《新京报》《南方周末》《三联生活周刊》《人民日报》《解放日报》、澎湃新闻等媒体也先后刊发新闻调查，引起了社会的广泛关注。然而，面对学界和媒体的善意提醒和良性批评，"读经界"不但毫无反思调整，反而变本加厉。危急时刻，大学应该负有批评和引导"民间国学"和"读经"的社会责任。解决读经学堂问题的根源在于改进体制内的经典教育质量，使之达到传统文化所要求的生命教育层面；同时，应该对民间私塾办学加强引导和监督，促进

---

① 周冠环，赵鑫. 永恒主义"名著"课程观及其对我国读经教育的启示[J]. 四川教育学院学报，2008（6）：88-90.
② 何勇刚. 小学读经校本课程开发存在的问题与对策[J]. 牡丹江教育学院学报，2012（3）：162-163.
③ 陈庆华. 当前少儿读经运动争议焦点的分析及对策思考[J]. 福建江夏学院学报，2013，3（4）：87-93.
④ 刘芳. "启蒙"与"蒙启"——从文化保守主义透视儿童读经教育[J]. 教育教学论坛，2013（1）：148-149.
⑤ 柯小刚. 反思启蒙，反对蒙昧："发蒙"与读经教育[J]. 上海教育科研，2016（9）：5-10, 19.

另类教育的健康发展，建构良性的多元化教育结构。①

从以上可以看出，儒学教育就是以孔孟学说为主要内容、以人性和人心为基本概念、以人的教化为目标的教育，是中华传统文化教育的主流。学术界站在民族文化复兴的立场上，有些学者关注和吸收韩国儒学传承和儒学教育的成功经验，有些学者突破一切现实困境，用简洁的教学方法、简便的教学用书，大胆开展读经活动，都是值得肯定的，但无论是韩国的儒学教育经验，还是中国大陆当代的读经活动，都必须也应该接受各界尤其是学术界的批判以及现实检验。

第五节 "人"的教育比较分析

自1979年以来，儒学教育、读经教育、人文教育、通识教育、全人教育、古典教育、传统文化教育、国学教育、经典教育等教育思潮先后涌现，相互激荡。儒学教育、读经教育、传统文化教育、经典教育偏向于本民族文化在教育中的渗透，人文教育、通识教育、全人教育、古典教育都是欧美教育发展过程中出现而后引进到中国教育中的，但其都是中西方学者站在现代社会的立场，在当代教育快速发展并在普及教育基本实现之后的一种教育反思，其主题就是如何成就一个完整的"人"，尽管名称不一致，出现的时间点也有先后，但都是当代教育对"人"的教育的不断反思和总结。

一、"人"的教育对当代教育的反思和批判

专业教育就是学科分化后的带有职业准备的现代教育主体部分，垄断了高等教育的全部，在中小学表现为各类学科课程的设置，从社会分工、科技发展、产业需求、市场效率等角度来说，专业教育都是极其必要且高效的人才培养模式，但是，过度的专业教育对"人"的教育构成了威胁。关于专业教育与通识教育的关系，陈向明指出，专业教育指的是根据国家教育行政部门规定的专业划分，为大学生提供的专门教育，目的是让学生掌握本专业的基本知识和技能，成为该专业领域的高级专门人才。按专业实施教育是现代

---

① 柯小刚.不能放任野蛮读经：引导经典教育健康发展[J].探索与争鸣，2017（1）：64-70.

高等教育的显著特征，与学科知识体系的分化以及社会分工的细化有关。通识教育与专业教育的关系，历来是大学本科教育改革中最为棘手的问题。目前存在三种不同的观点：（1）通识教育是专业教育的补充与纠正；（2）通识教育是专业教育的延伸与深化；（3）通识教育是专业教育的灵魂与统率，而专业教育是通识教育的下位概念。其实，通识教育与专业教育并非对立的关系。后者包容在前者之中，是前者的组成部分，而不应游离其外，或与之并列，甚至与之对立。需要指出的是，专业教育不等同于专才教育。前者是按照一定的专业划分实施的教育，后者是一种培养模式，与通识教育相对。无论是在专才教育模式下还是在通识教育模式下，都要实施专业教育。①

关于经典教育、古典教育、全人教育对于现代教育的批判和发展，学者也进行了深度反思。陈高华认为，现代教育专业化的显著标志就是经典的分化，因而重回经典是返回教育本然的必由之路。经典把握的是永恒，专业不过是应时代精神而生的，要使不同时代的精神得以前后相续，就需要永恒经典的一以贯之。经典就是教育本身。教育的本性在于人，教育即成人。据此，经典教育要先于专业教育，意味着经典教育在时间上要先于专业教育。经典教育在目的上要先于专业教育。在亚里士多德对经典教育的意义诠释中，由于经典教育眷顾的是成人，因此经典教育既是教育的动力因，又是教育的目的因，还是教育的形式因，而专业教育至多是教育的质料因。作为质料的专业教育总是随着时代的变迁而变换，唯有以成人为旨趣的经典教育是所有时代都得朝向的永恒。为此，"我们切不可为了时代而放弃永恒"。②唐少清指出，"全人"概念是基于"半人"概念提出的，也是专业教育走向通识教育和专业教育相结合的产物。③袁广林、周巧玲认为，全人教育作为对现代教育"非人化"回应的一种教育思潮，主张教育要以人的和谐发展为导向，培养具备整合知识、完备人格以及拥有正确价值观和积极人生态度的"全人"。通识教育就是从人类文化知识的角度，通过跨学科的互动和知识的整合，为学生提供广博的知识基础和宽广的知识视野，进而促使学生达到人格的完善。因此，通识教育为全人教育目标的实现提供了坚实的平台。④程广云、夏年喜则指出，古典教育与技能教育之间的矛盾是贯穿整个西方教育制度史和教育思想史的一对基本矛盾。文艺复兴以来，古典教育模式受到了现代性，即教

---

① 陈向明.对通识教育有关概念的辨析[J].高等教育研究,2006(3):64-68.
② 陈高华.经典就是教育本身[J].湖南师范大学教育科学学报,2014(2):5-7.
③ 唐少清.全人教育模式的中外比较[J].社会科学家,2014(12):110-118.
④ 袁广林,周巧玲.大学全人教育与通识教育论析[J].现代大学教育,2008(5):6-10.

育的大众化和实利化的挑战。①

二、诸多教育思潮的关联

近二三十年来,读经、国学教育、传统文化教育常常被混用,王立刚和刘凌指出,实际上,这几个词语具有不同的内涵。台湾学者王财贵沿用了清代以前就存在的"读经"一词,发展出读经教育理论;各级政府提倡的一直是传统文化教育,内容比读经教育要宽泛。传统文化教育所涉及的内容与读经教育大有不同。按照王财贵的观点,"读经可以理解为'读最有价值的书'"。传统文化教育除了经、史、子、集外,生活习俗、道德取向、各类传统工艺、非物质文化遗产等也是传统文化的内容。从方法上来讲,传统文化教育可以融进现行中小学各门学科中,而读经教育则需要单独进行;传统文化教育需要按照教育学理论,将传统文化编为课程,在课堂上按部就班地开展,而读经教育以读为主,方法相对简单。关于古典教育,严格来说,现代教育产生之前,中国和西方的教育都属于古典教育的范畴。古典教育与现代教育在教育目的、教育内容、教育方法等方面都存在较大的不同。比如从教育目的上来说,古典教育认为"礼闻来学,不闻往教",不以"义务教育""强迫教育""全民教育"为目的;从教育内容上来说,不论是中国还是西方都以古典著作为主要内容,中国注重"四书五经",西方则注重古希腊文和拉丁文著作;从教育方法上来说,不少地区的古典教育保持着个别教育的模式,而不是班级授课制。此外,古典教育的教学组织松散,没有明显的按年龄分班制度和严格的学级制度。随着工业革命和现代科学技术的发展,受功利主义教育思想影响,古典教育开始受到强烈批评,古典内容被认为没有用处,但读经教育、国学教育、传统文化教育"所代表的都是一种古典教育的思潮"。②

陈向明指出,通识教育的目标是培养完整的人(又称为全人),即具备远大眼光、通融识见、博雅精神和优美情感的人,而不仅仅是某一狭窄专业领域的专精型人才。在此基础上,陈向明阐述了通识教育与自由教育、人文教育、素质教育之间的区别与联系。通识教育与西方历史上的自由教育(又译为博雅教育)是两个不同的概念。虽然两者之间具有历史发展的连续性,在内涵上也有共通之处,但是它们所处的历史情境、培养目标以及各自所对应的教育类型很不相同。自由教育的目的是培养人发展自身的素质,自由教

---

① 程广云,夏年喜.通识教育之反思与构想[J].首都师范大学学报(社会科学版),2014(1):124-130.
② 刘凌,王立刚.读经、国学与传统文化教育的区别[J].当代教育与文化,2014(2):1-6.

育是典型的精英教育，专为有闲阶级和统治阶级设立，以培养绅士为目标。通识教育产生于西方发达国家（特别是美国）高等教育大众化阶段，服务来自不同社会阶层的子弟，其目的是培养既具有较宽厚的专业基础又全面发展的人。自由教育所对应的是职业教育，通识教育所对应的是专才教育。人文教育指的是培养人文精神，提升人的道德、精神、价值观的教育，通过把人类积累的智慧精神、心性精粹与阅历经验传授给下一代，以期洞察人生，完善心智，净化灵魂，理解人生的意义与目的，找到正确的生活方式。人文教育的内容主要包括人文社会学科的内容，特别是文史哲方面的内容。通识教育这一概念比人文教育要更加宽泛，它不仅包括人文社会科学内容，而且包括自然科学和技术方面的内容。对后者的探讨不仅涉及其历史发展脉络、基本定理和操作方法，而且涉及其背后的哲学思想、方法论问题以及科学探究的精神。素质教育是我国改革开放以后提出来的新名词，主要针对应试教育过分注重知识传授、学生学习死记硬背的弊端而提出，以培养学生的创新精神和实践能力为重点，提倡促使学生在知识、能力、情感、态度、价值观各方面获得全面、协调而又有个性的发展。在大学本科教育中，素质教育有时特指旨在提高学生独立思考能力、实际动手能力、解决问题能力的教育（与"应试教育"相对应），有时也特指人文教育，强调学生人文精神和人文素养的养成和提高，针对重理轻文、人文教育与自然科学教育相割裂等问题而提出（与"科技教育"相对应），有的大学使用的术语是"文化素质教育"，重点指人文素质教育，通过加强对大学生文学、历史、哲学、艺术等人文社会科学方面的教育，以提高大学生的文化品位、审美情趣和人文素养。通识教育的对应物不是应试教育或科技教育，而是专才教育。虽然它也非常重视大学生素质的全面提高，但是它是位于素质教育之上的一个概念，是一种人才培养模式。素质教育强调教育的具体内容和教育的实施形式，而通识教育是一种人才培养模式，它既包括对人类主要知识领域的把握，也包括对过于狭窄的专业教育的改造。提高学生的素质被认为是通识教育的一个目标，但不是它的全部。①

通识教育与全人教育关系紧密。张东海认为，我国高校通识教育遭遇困境的根源在于对通识教育概念的误读，通识教育的内涵包括理念、制度与课程三个维度。全人教育的一些观念有助于我们更加准确和全面地理解通识教育的内涵。通识教育是一种培养"人"的教育，是培养"全人"的教育，是

---

① 陈向明. 对通识教育有关概念的辨析 [J]. 高等教育研究，2006（3）：64-68.

跨学科整合的教育，是培养人文精神的教育。① 马晓春提出，通识教育，既是一种大学的理念或者"大学观"，也是一种人才培养模式。通识教育的目的是全人教育，其目标是培养学生的批判思维能力，它与专业教育并行不悖。通识教育理应成为贯穿现代人一生的教育。②

关于通识教育与经典教育，任庆运认为，通识教育是以经典教育为核心的教育，通识教育是终身经典教育在大学教育中的一环。通识教育既须注重"崇德返本"的经典，又须注重"穷智见德"的经典。实施通识教育唯一的出路是向下扎根，向上延伸。③

关于通识教育与传统文化教育，胡莉芳提出，通识教育这个概念虽然是一个舶来品，但是通识教育精神、通识教育内容属于中国教育传统中所具有的普遍层面的东西。孔子本人就是一位伟大的通识教育家，他非常清楚地描述了通识教育的价值。孔子的"礼、乐、射、御、书、数"六艺之教就是通识教育。我们应该研究和继承儒家的通识教育思想，从文化传统和教育传统中找到自己的根，开发其当代价值，为中国大学开展通识教育提供民族的、文化的根基。④

三、古典教育的兴起与经典教育的落地

如果说 20 世纪 90 年代以来，读经运动在社会上开展得火热，那么，在高等教育阶段，古典教育取代人文教育和通识教育，成为另一种火热的教育现象。其实，在教育学者眼中，古典教育是在西方的传统教育和当代西方教育反思思潮之下出现的通识教育，但其凭借的核心教育资源是中西方的经典。

任剑涛指出，在经历了长时期的反传统激荡之后，文化中国开始意识到古典的现代价值，并自觉意识到古典研究的必要性和重要性。这是自 19 世纪末期以来，文化中国的特异现象。从反传统到重视古典文化，从仅仅看重现代经典到重视与现代具有深厚历史渊源的古代经典，文化中国第一次打开了中西古典的宝库。古典教育不是显示受教育者博学的工具，言必古文献是一种误导古典教育的理念。现代人研习古典，不是为了简单地尊崇古典，而是为了开启现代人理解人类的智慧之门。这正是深通历史奥秘的学者们不愿意将自己命名为保守主义者的原因。出入于古典，归本于当下，是古典教

---

① 张东海. 通识教育：概念的误读与实践的困境——兼从全人教育角度理解通识教育内涵[J]. 复旦教育论坛，2008（4）：20-23.
② 马晓春. 通识教育应是全人教育——与陈跃红教授商榷[J]. 探索与争鸣，2009（10）：41-43.
③ 任庆运. 论通识教育与经典教育[J]. 高教发展与评估，2008（2）：4-6，120.
④ 胡莉芳. 儒家通识教育思想的传统流变与现代诠释[J]. 清华大学教育研究，2009，30（1）：34-37.

育帮助人们安身立命最为重要的支撑点。古典不是被尊崇而成为经典的，而是被激活才显现出深厚智慧的。阅读中国古典，也不是要在其中挖掘使现实问题得以解决的既定答案，而是要在其中发现古代先贤思考问题、解释问题的智慧与方法。在中国历史上，古典研究常常需要师承家法、具备小学（文字、音韵、训诂）功夫，这是一项专门的"大学问"。出入于古典，在免除一种工具心理的前提条件下，不是将古典工具性地利用来自我解嘲、讽喻社会，而是为了提升人生境界、改良社会结构。这是具有厚重的价值关怀的取向。①

程广云、夏年喜认为，古典教育的精神，就是以公民教育为主要形态，以哲学教育为最高形态。古典教育就是自由教育、人文教育，与之相对应的则是技能教育。古典教育是对话教育，是建立在概论通史教育、经典教育基础上的通识教育，是通识教育的高阶。概论通史教育应该在中学阶段完成；大学本科低年级阶段应当进入通识教育的中阶，以阅读经典为主；大学本科高年级阶段应当进入通识教育的高阶，以对话教育为主。人文教育，尤其是哲学教育，应当在概论通史教育、经典教育的基础上更加突出对话教育。②

首先，无论是人文教育、通识教育、全人教育、古典教育，还是儒学教育、传统文化教育、国学教育、读经教育，都是中西方教育立足于"人"的主体性、整体性、精神性而展开的教育探索，是人文教育在科学教育面前因无力而表现出的多样化探索，虽然中国当下的教育反思没有西方教育反思得强烈，但由于中国教育中缺乏宗教教育的背景，其实，对于"人"的教育，上述教育思潮总会或多或少、或强或弱地冲击着中国当代大、中、小学教育的"神经"，引起教育界和社会界的同感，但又没有哪一种教育思潮能较好地完成中国当代教育中人文教育的不足，所以，这些教育思潮的兴起和实践，在中国当代教育显得深沉、急切和窘迫，成为一时的热点，但很快又被丢弃或者陷入低潮，这是我们首先必须坦然面对的中国当下人文教育的现实困境。

其次，人文教育、通识教育、全人教育与古典教育是欧美教育思潮对中国当代教育的辐射，然而，中国当代教育毕竟有中国自己的传统和特色，会有自己的问题，所以儒学教育、国学教育、读经教育和传统文化教育得以被提出，其相互间的关系可以说非常复杂与纠结。从中国教育传统和文化传统来看，经学传统影响下的经典教育应该成为中国教育的核心部分，是"人"

---

① 任剑涛. 古典教育与自由心灵——关于古典学习与研究宗旨的探问 [J]. 学术研究，2013（9）：9-16.
② 程广云，夏年喜. 通识教育之反思与构想 [J]. 首都师范大学学报（社会科学版），2014（1）：124-130.

的教育的基础，尽管这种发源于经学教育的经典教育还需要深入挖掘、重新阐发、重新设计，虽然当代的读经教育实践又一次走向衰微，但抛弃中华民族核心元典的人文教育、通识教育、全人教育、古典教育或者国学教育、儒学教育、传统文化教育，都是不符合中国特色的，也不能持久发展。

最后，通过经典开展教育。教育，作为一种以传承知识、训练技能、培养道德、人格养成为目的的制度化的社会活动，始终与人的养成相关联，始终脱离不了培养什么人的目标。"教育究其实质乃是一种文化的传承与创造的活动，经典教育无疑是文化传承与创造的典型教育范式。""无论素质教育、人文教育，还是自由教育、通识教育、博雅教育，或者高校的国学班，民间的读经运动都有一个共同之处，那就是，通过经典来进行教育。"①

综上所述，从教育的核心载体来说，经典才是以"人"为教育目的的不可或缺的、具有丰富性和启迪性的恒久而伟大的教育读本。为丰富世界文化的多样性，从传承民族传统特有的思想文化的角度来说，有效的方式也是深入理解和活化传承经典。徐梓说："国学教育就是通识教育，就是博雅教育，就是人文教育，就是真正的素质教育，而且是实施素质教育的有效途径和不二法门。"② 徐梓将传统文化教育、国学教育等同，而以国学经典将两者打通。笔者在此却不再使用"国学教育"或"传统文化教育"，而是以"中华经典教育"来界定当下需要开展的文化教育活动。

---

① 《湖南师范大学教育科学学报》2014 第 2 期的"经典教育笔谈"中"按语"。经典教育笔谈 [J]. 湖南师范大学教育科学学报, 2014, 13（2）：按语．
② 徐梓．中华优秀传统文化教育十五讲 [M]. 北京：北京师范大学出版社，2018：2．

第四章
中华传统文化教育的百年历程

1900年以前,"四书五经"不仅是教育的主要内容,也是科举考试的核心内容,随着1902—1904年的壬寅—癸卯学制的颁布,1905年科举制度的废除,加上"五四"新文化运动的深度批判,以儒家文化经典来教育人、培养人的思想理念、制度设计和教学实践逐步瓦解。近代中国全盘复制西方近代学校教育制度,特别是1912年蔡元培就任"中华民国"南京临时政府教育总长后颁布的《普遍教育暂行办法》,共十四条,成为传统教育与近现代教育转换的关键点。之后,人文社会学科以西方的人文社会分科来肢解传统的经、史、子、集四部之学,中国教育进入了七科之学。[①]

刘丽娜、葛金国对近百年来儿童读经问题的争论做过初步整理,认为具有一定规模且影响较大的"读经论争"至少有六次。学界对此划分有多种,如三次论争、四次论争、五次论争,但六次论争划分较为细密,故介绍如下。第一次是"尊孔读经运动"引发的论争,始于民国初年,高潮是在1915年,主要由康有为及其弟子为中坚发起的"定孔教为国教"——尊孔读经运动所引发。第二次是1925年,时任司法总长兼教育总长的章士钊,以教育部名义提倡在小学恢复"读经"而引发的争论。第三次是20世纪30年代中期《教育杂志》读经意见征询引发的论争。1934—1935年,由于此前各地时有推行读经风波,引发学界争议。先有汪懋祖倡导中小学恢复文言,后有吴研因针锋相对,随后一批关注者便在报纸杂志上你来我往地争论起来。"文言与白话"的论争,实质上也就是读与不读"经"的论争,因为采用文言必然以古代经典为载体。其中尤以《教育杂志》关于"读经"问题引发的论争最为激烈。第四次是1937年由何键"读经议案"而引发的论争,军阀何键主政湖南,在湘推行读经多年。第五次是"文革"后期"批林批孔运动"引发的震动。第六次是在世纪之交因"复兴儒学"主张引发的读经论争,20世纪90

[①] 左玉河. 从四部之学到七科之学[M]. 上海:上海书店出版社,2004:198,199.

年代初,台湾学者南怀瑾和王财贵在台湾地区掀起了一场"儿童读经运动"。运动因简明有效而在台湾和香港地区迅速发展并蔚然成风,影响扩至中华文化圈。与此相应,儿童读经问题在内地也逐渐成为关注焦点。1995年,赵朴初、巴金与冰心等9位文化老人在第八届全国政协会议上提交了一个名为《建立幼年古典学校的紧急呼吁》的提案。此提案揭开了大陆儿童读经运动的序幕,引发了政府和社会的关注。2004年,大陆新儒家代表蒋庆花两年时间编撰的12册《中华文化经典基础教育诵本》正式出版,并举行多次"峰会",主张"复兴儒学"。①

有学者认为,1904—1949年,关于读经的争议,产生了"读经立国论""读经修身论""读经救国论""读经存文论"等论调。由于其牵涉朝代的变更、教育目的的变动、课程设置的变迁、新旧文化的冲突、各方势力的角逐,故而显得既丰富多彩,又纷繁复杂。不过最终结果是,读经作为一门单独的学科,在中小学课程表里不复存在,而且上述这些论调基本上都没能够立得住脚。②所以近代以来的读经论争的真正作用是从经学教育到经典教育的过渡。赵颖霞指出,传统经典教育是指各级学校对中国历史上承载中华民族优秀传统文化的原创性作品的欣赏、诵读与讲授。传统经典教育是传统文化教育的核心内容。1912年,民国临时政府教育部宣布废止中小学读经讲经科,这是近代传统经典教育的重要变革,这一举措从形式上解决了传统经典教育与近代修身教育的冲突,也引发了近代传统经典教育的存废之争。近代传统经典教育正是在艰难嬗变中传承优秀历史文化传统,传统经典教育也成为近代传承优秀传统文化、陶冶学生人文素养的重要途径。③

第一节 1900—1925年:从"变革"到"废止"

甲午之败、戊戌变法、义和团运动、八国联军入侵京城以后,晚清政府迫于形势的变化,在1905年废科举,立学部,颁学制,兴学堂。在三千年未有之大变局前,中国延续了千年的科举考试从制度到内容、从教学目标到考试形式都发生了彻底变革。单就教育制度设计、教育思想演绎、教育教学

---

① 刘丽娜,葛金国.儿童读经:百年六次论争述评[J].教育导刊(上半月),2011(12):27-30.
② 张礼永.读经之史读经之实读经之死——对1904年至1949年历次读经争议的考察[J].华东师范大学学报(教育科学版),2009(2):83-89,96.
③ 赵颖霞.近代中小学传统经典教育嬗变的审视[J].保定学院学报,2017(1):112-117.

实践等方面来说，当时的学者大约可以分为倡导推行派、转化替换派、废止废除派。

倡导推行派，就20世纪的前30年来说，以张之洞和唐文治为主要代表。张之洞除了提炼出"中学为体，西学为用"的思想观点，还于1905年在武昌创设"存古学堂"，设经学、史学、辞章与博览四门课程，1907年去博览课程。随着张之洞1909年逝世和1912年民国政府取代晚清政府，存古的做法已经被时代抛弃。1920年，唐文治从上海交通大学校长的职位上退下来，转而到无锡国学专修馆（后来变更为无锡国学专修学校），编写《十三经读本》，提倡熟读古文的"读文法"，培养了一大批优秀的国学人才和专家。

转化替换派，就20世纪的前30年来说，主要是一些既受过传统教育、取得功名，又对新式教育采取欢迎开放态度的知名人士，如康有为、张謇、王国维、陆费逵等。1911年，以张謇为会长的中央教育会在北京召开，其认为经学意旨深微，非学龄儿童可学，采取经训为修身之格言，小学内不设读经一科，但未被清廷采纳。康有为的思路就是定孔教为国教，尊孔读经自然就有了着落。当时《教育杂志》主编、中华书局创办人陆费逵则提出了细致的转变路径："夫经之为物，其用有四。精义格言，人人所当服膺，则采入修身课本，一也。治平要道，为国者所当力行，则法政大学及专门法政学堂编入讲义，二也。文章古雅，可资风诵，则选入国文读本，三也。事实制度，古史所征，则讲习历史，用为参考，四也。"陆费逵的主张成为民国元年制定新教育的方针之一。对于"读经"，陆费逵明确表示反对："初小之不读经，岂谓经之不美乎？亦以儿童读而不解耳。况各经之中，皆有精义，与其专读一经，食而不化，如何选择各经之精华，分别深浅，配列高中小各学年，编入修身课本国文课令其能读能解，且可责其能行乎？"陆费逵认为坚守读经的人是"徒争意气"。[①] 王国维提出，要用西方的哲学（主要是德国的古典哲学）取代中国的经典。20世纪20年代以后，蔡元培在看到社会风气颓丧、道德滑坡剧烈之后，提出以美育代替德育的思想，其实也是对传统经典的一种转换思路。

最早感受到需要替换经典的则是吴汝纶。吴汝纶在日本考察期间，曾在给管学大臣张百熙的信中明确其想法："各国初行教育，先建大学，次立小学，次立中学。""今约计西学程度非十五六年不能卒业，吾国文学又非十五年不能卒业，合此二学，需用卅余年之日力。今各国教育家皆以为学年限过久为患，

---

① 陆费逵.论中央教育会[A].璩鑫圭,唐良炎.中国近代教育史资料汇编·教育思想[Z].上海：上海教育出版社,1991：847-850.

群议缩短学期。今我又增年限一倍，此乃教育之大忌。"如何解决呢？对此，吴汝纶提出了一个大减功课的建议："然则欲教育之得实效，非大减功课不可。"而"减课之法"，于"西学则宜以博物理化算术为要，而外国语文从缓"。"中学则国朝史为要，古文次之，经又次之。经先《论语》，次《孟子》，次《左传》，他经从缓"，并对课时竞夺带来的后果认识很清楚，"每人每日止学五六时，至多止能学五六科，余则无暇及矣"。所以，他对"吾学先亡"已有交代："此中学之办法，私意如此，其效约在十余年之后，非救急之用。"①对于这种因课时竞夺带来的局面，吴汝纶是有深刻认识的，"他除了提出设古文（后来改叫国文）课，似乎还没有想出更好的办法"②，在饯别日本时说："华学与西学，有不能并在学者。今开办之始，不能遽臻妥叶。"他只能遗憾地承认这种不完美。

废止废除派，人数众多，就 20 世纪的前 30 年来说，以顾实、蔡元培、陈独秀为主。在晚清民初的教育界，一部分人认为小学堂读经，既不符合古教育法，也不符合现代教育原理，中国身处列强竞争的危局，要合乎教育原理，利于推行新式教育③；认为新学不振的原因主要是科目太多，时间太紧，重视读经，轻视国文，年限太长，程度不合等；经书不适合做教材，因其内容较深奥，要有一定的人生经验才能了解、可变通，从而将经书的内容分解到修身格言和国文课中；认为存古学堂不可设，保存国粹不足以补救大局、安全身家。④蔡元培站在国家教育行政最高长官的角度，认为读经让国人傲慢自大，经学大学科必须废除，"四书五经"分置于文学、历史、哲学等学科中，中学可以选读几篇经传文章，小学读经无益而有害。

1912 年 1 月 19 日，中华民国临时政府教育部颁布了《普遍教育暂行办法》，其中规定"小学读经科，一律废止"；5 月，教育部又颁发了第二道法令，"废止师范、中、小学读经科"。同时，时任教育总长的蔡元培在全国第一届教育会议上提出了"各级学校不应祭孔"的议案。三个连续动作，标志着中国长久以来的读经制度被正式废除。⑤

"民国初年"的废除小学读经科，是读经史上的标志性事件，是传统教育尤其是经典教育解构的开始，从此，传统经典教育从中国近代教育制度中逐步退出。随后，蔡元培指出："旧学自应保全。惟经学不另立一科，如《诗

---

① 吴汝纶. 与张冶秋尚书（选录）[A]. 璩鑫圭，唐良炎. 中国近代教育史资料汇编·学制演变[Z]. 上海：上海教育出版社，1991：131-132.
② 施培毅. 前言[A]. 吴汝纶全集（第一册）[M]. 施培毅、徐寿凯校点. 合肥：黄山书社，2002：前言 10.
③ 顾实. 论小学堂读经之缪[J]. 教育杂志，1909（4）：10-14.
④ 陆费逵. 小学堂章程改正私议[J]. 教育杂志，1909（8）：1-8.
⑤ 郑国岱. 晚清民国四书学研究[D]. 桂林：广西师范大学，2015.

经》应归入文科，《尚书》《左传》应归入史科也。"①他又说："普通教育废止读经，大学校废经科，而以经科分入文科之哲学、史学、文学三门，是破除自大旧习之一端。"②

从历史实践来看，正如有学者研究指出，中华民国临时政府教育部颁布《普遍教育暂行办法》（以下简称《办法》），在学校废除尊孔读经，颇引起舆论的争论，并在实施过程中招致抵触。其一，《办法》的颁布引起社会的强烈反响，在一定程度上形成民初尊孔思潮的社会气候，并与随后袁世凯颁布的《崇孔伦常文》及《尊孔祀孔令》一道，从正反两面促成了民初尊孔组织的涌现。其二，中华民国临时政府教育部虽颁布了《办法》，但在具体推行中因社会普遍存在的尊孔观念而被迫妥协，其中，临时教育会议关于取消学校尊孔议案难以有效地贯彻施行便是显例。其三，地方官员受《办法》影响而采取的废孔措施触犯众怒并遭到抵制。废止学校读经也是中华民国临时政府教育部与废除尊孔紧密相连的另一重要改革。1914年，蔡元培曾指出经学分别归入文科与史科，不另立一科，此即废除读经的开始。废除读经法令颁布后，首先遭到各省教育会的反对，有教育会甚至联名上书教育部，请规复读经。③

从历史事件人事上来说，经学退出民初学制的教育法令，名义上虽由蔡元培主持，但参与其事者不止一方，实际上拟订者也另有人选，而相关人事与商务印书馆又有着密切的关系。随着对蒋维乔和陆费逵等人研究的不断深入，学界开始注意到商务印书馆在人事上对于民初教育部决策的影响。蔡元培被任命为教育总长时，刚从欧洲留学回来，对于国内教育形式不免生疏，"去国多年，于近来国内教育情形，多所隔膜"，所以专门邀请在商务印书馆担任编辑的蒋维乔相助，请其"对于全部事务，无论大小，悉为计划之"。据蒋维乔声称，《普通教育暂行办法通令》是其与一群商务印书馆同人商定后的产物，"余乃于未进教育部前，在商务印书馆编译所与高梦旦、陆费逵、庄俞等计议，草定《普通教育暂行办法通令》十四条，预备到部后发表"。参与拟订这一草案的商务印书馆陆费逵、庄俞等人大都奉行西式教育观念，晚清时已积极提倡废除学堂读经。在清末商务印书馆所出的《教育杂志》上，陆费逵的《小学堂章程改正私议》和庄俞的《论学部之改良小学章程》都直接提出了废除小学堂读经的主张。蒋维乔也在商务印书馆另一刊物《东方杂

---

① 蔡元培. 蔡元培全集（第二卷）[M]. 高平叔编. 北京：中华书局，1984：159.
② 蔡元培. 蔡元培全集（第二卷）[M]. 高平叔编. 北京：中华书局，1984：264.
③ 韩华. 民初废除尊孔读经及其社会反响[J]. 社会科学战线，2006（4）：149-152.

志》上撰文表达了类似观点。商务印书馆诸人的教育主张借助蔡元培于民初主掌教育部的契机得以实现。以众多清末即已主张废除小学堂读经的趋新教育家操刀，临时政府暂行教育办法通令自然不会再在学校教育中给经学分科留下存在的空间。相关主张在南北和谈后通过新学制的颁布得到了进一步的实现。继承通令大意的壬子—癸丑学制，最终在章程条文中明确将经学分科废除，而自暂行通令到新学制的颁布实施，早期有着商务印书馆背景的蔡元培起到了衔接的作用。参与其事的蔡元培、蒋维乔等人成了经学退出学制的"始作俑者"。①

如何在新式学堂中安排儒家经典的学习呢？蔡元培在1935年的《教育杂志》读经问题专号中说："为大学国文系的学生讲一点《诗经》，为历史系的学生讲一点《书经》与《春秋》，为哲学系的学生讲一点《论语》《孟子》《易传》与《礼记》，是可以赞成的。为中学生选几篇经传的文章，编入文言文读本，也是可以赞成的。若要小学生也读一点经，我觉得不妥当，认为无益而有损。"②近代以来，中小学教材基本按照蔡先生的思路来编排。如此构建，明显有几个关键的转变：经学大学课取消，以经学为主体的经、史、子、集四部之传统学问逐步融入西方的文学、历史、哲等大学学科中，传统学问变得支离破碎，成为仿照西方学科建立的大学专业的史料。中小学、师范读经科一律废除，让从1905年以来的力图保留传统经典独立学科（主要是修身、读经、讲经）的路径探索彻底失败。

废除经学科的第三年，1914年5月26日，熟读"四书五经"的安徽都督倪嗣冲便上了"注重经学，以正人心，并通饬各省私塾读经，以备考送中学"的"致大总统呈"。呈文洋洋洒洒数千字，指出"中国之命脉元气，即'四书五经'也"。除提出"读经"外，倪嗣冲还积极响应北洋政府的号召，多次通电和上呈文，极力鼓吹把"孔教"定为国教。1916年10月4日，倪嗣冲联合张勋等各省的督军、省长联名致电总统黎元洪，要求国会"照旧定孔教为国教，保存郡县学官及其学田祭田，设奉祭生，行跪拜礼，编入宪法，永不得再议"。1917年2月7日，倪嗣冲再次联合16省区的督军、省长致电北京政府和国会两院，支持定孔教为国教，并扬言，如果再不让通过国教议案，就要解散国会，另行组成制宪会议，直至通过。除了通电和呈文，倪嗣冲还支持安徽地方势力成立尊孔社团，依靠地方实力派为"尊孔读经"运动助威

---

① 朱贞. 商务印书馆与民初经学退出学制 [J]. 广东社会科学, 2013（4）：113-120.
② 高平叔. 蔡元培全集（第六卷）[M]. 北京：中华书局, 1988：526.

呐喊。1917年3月4日，安徽联合山东、浙江、江苏等10余省的尊孔社团在上海组成"全国公民尊孔联合会"进行声援，并派代表进京请愿。①

除了地方实权人物提倡读经，学术界、教育界也出现了一股逆流人物和思潮。1915年，袁世凯就任民国大总统时，提倡孔教，恢复读经，但其很快下台，读经的倡议也就没有了后续，而在此期间，先前致力介绍、推广西方近代启蒙思想的严复，却一反常态，迎合辛亥革命后的尊孔复古思潮，鼓吹和推动尊孔读经的思潮。那么，严复为什么一反常态，放弃以西方近代启蒙思想拯救中国的信仰，反而迎合守旧思潮提倡和推动尊孔读经呢？在马勇看来，多年来，研究者只是一味地批判严复的倒退和落后，而很少分析其思想演化的历史轨迹，很少站在同情与理解的立场上去分析严复这一思想转变的"所以然"。辛亥革命之后，以严复为代表的尊孔者在理论上并非没有独到的见解和现实的价值。他们基于民主共和前提下的思考确实较为准确地抓住了现代化与文化传统之间的内在关联。不足之处在于，他们过分张扬中国知识分子"经世致用"的传统，欲使不成熟的学理见解尽快地转化为政治实践，结果激起了学理和政治上的双重反弹，甚至导致某些原本正确的理论见解不仅没有取得预想的效果，反而产生了恶劣的影响。因而，在某种意义上说，洪宪帝制与尊孔思潮有一定的关联，但二者又并非有着必然的因果关系，而是某些政治家适时地对文化上的尊孔复古思潮进行了恰当利用，使之成为他们为了某些特殊的政治私利而玩弄的工具而已。②1925年，以前反对读经的章士钊担任教育总长，又一反其过去的主张而决定读经，但很快去职。其实，这一类人前后反常的变化都有其内在的思想轨迹。

第二节 1926—1945年：从"替换"到"提倡"

根据郑国岱分析，清末民初废除读经"之所以如此坚决，表明当时社会思潮对读经的支持是很薄弱的。加之读经运动被袁世凯利用，结果当袁世凯为世人所唾弃的时候，读经自然而然也会更加受人厌弃"。根据《大成老旧刊全文数据库》中，以"四书"题名的17篇文章进行分析，"其中属于官方禁令读《四书》的就有三篇，民间解构嘲讽《四书》的有十一篇，两者相加

---

① 刘家富. 倪嗣冲与民初的"尊孔读经"运动 [J]. 兰台世界，2009（9）：31.
② 马勇. 辛亥后尊孔读经思潮平议：以严复为中心 [J]. 福建师范大学学报（哲学社会科学版），2004（2）：19-27.

超过目录总数的四分之三，此种官良合力围剿四书的局面实在匪夷所思。"官方禁令：第一篇《教育部批孔社社长徐琪解释中小学校不令径读四书五经理由文》："文中提到的不令中小学生'径读四书五经'的理由有三个：第一，'中小学各科当以有系统之教科书讲授，俾适合乎儿童心理而贯彻其本末。'此是不能读之理；第二，'三代之教，六艺并重，今中小学学制虽采自东西各国，实皆古六艺之遗。'此是不必读之理；第三，'入大学后诸经本在研究之列。'此是延后读之理。"官方禁令第二篇《令禁小学课本采用四书五经及女儿经等书》："兹据本厅各督学报告，本省各小学照章采用审定教科书者固多，而沿用四书五经、《女儿经》《百家姓》《千字文》《龙文鞭影》等书为课本者，亦所在多有。此等书籍，或文字深奥，不合小学教材之用；或意义顽旧，违背时代潮流；更有绝无意义，仅资背诵者。若仍听其沿用，贻误儿童，实非浅鲜。""这种理由今天仍然成为经典诵读活动开展的主要反对条款。"官方禁令第三篇《教育：命令：训令：令城郊各私塾为奉部令禁止各私塾教授四书五经令仰遵照由》："这是当时北平特别市市政府于民国十八年（1929年）十一月七日针对'中央军校特别党部'呈函所下的一则训令，内容不外重申教育部的精神，但随令附抄的军校党部原呈函中称：'查现在各省市各乡村之私塾学校不知凡几，所授课程多属四书五经。以极幼稚之儿童而授以最高深之哲理，不啻杀之也。此等教育实为阻止进化，若不严加禁止，为害于学子社会匪浅。'这里，把教儿童读经当作是一种杀戮行为，一种阻止进化的行为，应该说读经之罪名最罪大恶极不过如此了。"[①]

　　如果说20世纪20年代中期到30年代中期，民国政府对经典教育实行的是用新文化、新思想、新道德、白话文替换旧文化、旧思想、旧道德、文言文，那么，从20世纪30年代中期到40年代中期，随着国民党名义上全国统一和日本侵略逐步加剧，中华经典教育反而迎来了一次大发展，民初之际爆发的一些老问题重新被审视，而经典教育得到公开甚至是特别的提倡。

一、历史背景

　　纵观这一阶段的中华经典教育，具有以下三个紧密联系的背景特征。
　　一是读经教育与尊孔紧密相关。从1894年中日甲午战争之后，1895年《马关条约》签订之后，中国的知识界和教育界开始对当下中国的处境和出路进

---

① 郑国岱.晚清民国四书学研究[D].桂林：广西师范大学，2015.

行探索，第一个具有影响力的就是康有为以孔子为改制者的变法形象面世，并提出保教、保国、保种的三大诉求，其后来的以孔教为国教的思想虽然遭到弟子梁启超的批判，但是这以后，尊孔与读经几乎总是纠缠在一起。从1900年章太炎《訄书》中引用日本人的说法，认为孔子出于中国，是中国之祸，定孔子为历史学家而不是圣人，将其置于荀子之后，到1904年王国维发表《孔子之美育主义》，再到1912年陈焕章等成立孔教会，1915年袁世凯尊孔复辟，1916年康有为发表《致总统总理书》，呼吁定孔教为国教，陈独秀发表《驳康有为致总统总理书》，并写《孔子之道与现代生活》，1917年李大钊发表《孔子与宪法》，1919年北洋政府祭孔而吴虞发表《吃人与礼教》等，尊孔与批孔这两线始终纠缠在一起并行发展，而读经就在双方的交战中踽踽独行。虽然尊孔读经与反孔废经的斗争，在20世纪30年代以后，与前30年相比有所弱化，有所缓和，但其实在大陆"文革"十年，在台湾"中华文化复兴运动"期间，在改革开放之后的全盘西化和反西化的过程中，双方的辩论和斗争一直都在进行着，构成中国近现代传统文化发展的一个不可或缺的支脉。

二是读经教育与语言文字的变迁紧密相关。1917年，胡适在《新青年》发表《文学改良刍议》，1918年钱玄同在《新青年》发表《中国今后之文字问题》，终于开始提出全面变革语言和文字的问题，而传统经典内容，尤其是古诗文内容逐步转化为文言文，与白话文对应，不再作为教学的主体，传统与现代因语言文字的不同，必然让青少年学生对传统经典产生隔膜，逐步生疏，乃至对抗。

三是读经教育与政治关系紧密。1927年，南京国民政府名义上统一了全国。1928年，国民政府面对内部军阀势力的牵绊，加上1931年日本挑起侵华的"九一八事变"，"摆在中华民族面前的首要的问题是维护民族独立和民族统一，争取民族解放。宣传中华民族光辉灿烂的文化、复兴民族传统，以构筑民族精神的长城成为文化抗战的组成部分"，"四书五经"等民族经典和以儒学为主的传统文化迎来一个复兴时期。1934年6月，国民党议定以每年8月27日为"先师孔子诞辰纪念日"，并于8月27日在曲阜举行了盛大的祭孔仪式；1934年2月在江西发起了旨在"复兴中国固有文化""本攘外必先安内，革命必先革心"的"新生活运动"，同年9月蒋介石在庐山军官训练团亲自宣讲《大学之道》，此后又在南京陆军大学讲《中庸要旨》等儒家经典。由国民党控制的"中国文化建设协会"发起了"中国本位文化建设运动"，一时间，"尊孔""读经"名噪一时，成为在全国有一定影响力的运动。①

对于此阶段因读经而引发的争论，仅从政治思想斗争及国民党寻求统治的合法性的角度来展开研究是不够的。袁咏红指出，争论的背景和相关论述表明，它主要是立足于民族和文化的双重危机，立足于对传统文化与现实政治、社会生活、文化建设等相关联系的多种认识。首先是国际联盟教育考察团的外来激励。1931年9月底到12月中旬该考察团在中国上海、南京、天津、北平、河北定县、杭州、无锡、苏州、广州等地考察，其考察报告《中国教育之改进》于1932年年底翻译出版。报告指出"机械地模仿"外来文明是危险的，中国不能牺牲自己的整个文化，还特别肯定了20世纪20年代就开始创办的无锡国学专修学校。其次是国内高等教育国学机构的规模性扩张。1922年北京大学研究所国学门成立，1924年清华大学（时名清华学校）设研究院，20世纪20年代后期中山大学、武汉大学等也设立了国学研究机构，20世纪30年代教会大学也出现了国学研究热，金陵大学、齐鲁大学、华西协合大学、燕京大学、岭南大学、辅仁大学都设有国学研究所、中国文化研究所之类的机构，其中辅仁大学几乎把国学作为整个学校的重点和特色。最后是20世纪30年代是一个"运动"和"讨论"层出不穷的时代。如新生活运动、民族复兴运动，学者或民间形成的现代化问题讨论、乡村建设运动、中国文化建设讨论等。②

二、陈济棠推动的广东读经

关于陈济棠在广东提倡并实施读经教育，随着研究的深入，其整个过程以及特别的细节逐渐清晰，现结合陈雪峰、童亮、刘小云、梁晓音的研究成果，梳理如下。

1933年6月18日，陈济棠向西南政务委员会提出，请通令全省学校恢复读经，并拟具"正学风办法"：由教育厅将《孝经》《四书》摘其"忠、孝、仁、爱、礼、义、廉、耻"编为经学教科书；大、中、小各级学校以经学为主科，每星期至少授课六小时；作文命题，经学题应占其大半；唱歌一科，将《诗经》及古圣贤之雄壮诗词采入，以"养成浩然之气"；考试成绩，以操行为重。以上均经西南政务委员会通过。1933年12月，陈济棠继又提出《请恢复孔关岳祀典提案》，提议恢复祭祀文圣孔子和武圣关羽、岳飞。

---

① 刘继青.20世纪30年代儒学教育复兴的内因外缘[J].湖南师范大学教育科学学报，2009，8（2）：40-45.
② 袁咏红.20世纪30年代"读经"的主张和争论[J].史学月刊，2008（7）：70-75.

陈济棠提倡读经书籍读本，第一类是已有的书籍，如1933年10月广州教育局督学以《小学集解》为初中及高小教材。第二类是编辑经书读本，如《孝经新诂》，陈济棠随刊《孝经》并为之作序，同时选派经学深邃者数人轮流到军校担任主讲。第三类是由广东省教育厅负责的组织编写的经学教材，1934年3月7日，广东省教育厅公布了组织经书编审会的计划，将设立广东省教育厅编审委员会。4月7日经书编审会举行首次会议，5月11日经书编审会开始着手编经书课本，6月18日经书编审会章程呈送省府，6月25日省教育厅派委员七人组织经书编审委员会，8月29日广东省政治研究会讨论将经书编入课本，即以《孝经》《四书》为中小学经书读本，以《经训读本》为中小学修养读本，全读、选读并用。但由于广东教育界许崇清等人反对读经，使得陈济棠尊孔读经的努力受到重大挫折。

广东中小学的读经，得以勉强推行的是《经训读本》。《经训读本》的主要负责人是杨寿昌。《经训读本》于1934年出版，1935年2月出第四版。《经训读本》的编写和推行是在黄麟书当教育厅厅长的任内，黄麟书是陈济棠的亲信。根据黄麟书报告中附有的《附抄广东省中小学经训实施办法》可知，广东省教育厅规定自1934年度起，高级小学及中等小学各年级依照下列办法实施经训：（1）时间。小学每周增加九十分钟，为经训时间。中小学各级每周讲读经训两小时。（2）用书。高级小学以《孝经》（唐玄宗注）及《经训读本》为课本。《孝经》全书十八章，分两年读完，高小一年级每学期读四章，高小二年级每学期读五章。《经训读本》由商务印书馆代印发售，每年一册。中等学校以《四书》（朱熹注）为课本。《论语》全书二十篇，分三年读完，初中一年级上学期读三篇，下学期读三篇；二年级上学期读四篇，下学期读三篇；三年级上学期读四篇，下学期读三篇。《孟子》全书七篇，高中一年级读三篇；二年级读四篇。《大学》经一章、传十章，高中三年级上学期读完。《中庸》三十三章，高中三年级下学期读完。（3）教师。经训教师，由各校校长聘请合于规定中小学教员资格，而对于经学有研究者担任。（4）教法。原经文义，有与团体及现代潮流不合者，经训教师应本"因时制宜"之义，对于时代环境政制之关系，详为解释，以期适应。实施经训，在灌输中小学以基本道德之知识，俾其肄习，见之实行，故宜注重实践，以收身体力行之效。①

1935年2月，广州市教育局为培养小学经训师资人才，决定在市立第一、

---

① 陈雪峰. 陈济棠主粤时期广东中小学的读经运动[J]. 岭南文史，2008（3）：97-102.

第二、第三中学及市立廿六小学校设立经训研究班，召五、六年级主任教员分别研究。①1935年5月6日，广东明德社开办"学术研究班"，轮训第一集团军政训人员，以《孝经》《四书》《群经大义》、宋明理学为研究科目。6月8日，陈济棠还来到研究班讲授《明德要义》，鼓吹尊孔读经。当月，明德社又开办学海书院，聘张东荪为院长，招收大学毕业生入书院读经。②但是，因为读经不受欢迎，故实行的时间不长，约只有1934年、1935年。陈济棠下台后，读经运动在广东全盘结束，取而代之的是"新生活运动"。

关于陈济棠广东读经运动，还有一个在教育史、文化史上很有意思的事件，那就是陈济棠、胡适、古直三人之间所代表的地方军政首脑、新文化派领军人物与中山大学的文化保守分子的"读经"冲突，值得品味和反思。

20世纪30年代，中山大学中文系推行读经，既有对"五四"新文化运动反传统一面的拨正，又有对脱离现实的纯学术研究之风的纠偏，旨在提倡"以经为文""读经救国"，企图恢复经学致用的功能。容肇祖不反对教学经书，但要求分量适中；主张研究，反对诵读。古直的继任者龙沐勋取消读《孝经》，仍设专经研究为必修。曾运乾任内，改专经研究为选修第一组。李笠上任，撤销专经研究。从此，经学研究不再具有特别的地位，而和其他科目一样，成为中文系课程的一部分。③从中山大学读经本身而言，涉及了经学在大学课程的定位问题。在各种政治势力介入后，学校读经反而引发了新一轮的新旧之争。

1935年1月4—9日，胡适南行到香港，接受了广州中山大学、岭南大学等的邀请，准备到广州进行多场讲演。1月6日下午，胡适在香港华侨教育会演讲中说，听到当时的广东当局反对白话文，提倡中小学读经的政策，"我真不懂！因为广州是革命策源地，为什么别的地方已经风起云涌了，而革命策源地的广东尚且守旧如此"。胡适预感到："我的公开反对是陈济棠不肯轻轻放过的。"胡适的演讲激怒了陈济棠，邀请胡适到校演讲的中山大学校长邹鲁被迫于9日上午发表《中大第七十九号布告》："此等言论，在中国国家立场言之，胡适为认人作父。在广东人民地位言之，胡适竟以吾粤为生番蛮族，实失学者态度，应即停止其在本校演讲，合行布告。"其他邀请胡适演讲的单位自然也不敢请了。胡适1月9日仍按时来到广州，随即便接到中山大学文学院院长吴康的来信，谓"此间党部对先生在港言论不满，拟劝先生

---

① 童亮.文化的反动：陈济棠与广东读经运动[J].深圳社会科学，2018（1）：116-125，159.
② 熊贤君.民国时期的国学教育及价值解读[J].民国档案，2006（1）：99-104.
③ 刘小云.20世纪30年代中山大学读经考察[J].中山大学学报（社会科学版），2008（4）：69-80，204.

今日快车离省，暂勿演讲，以免发生纠纷"。胡适不以为然，通过当时的广东省政府主席林云陔，当天便会见了陈济棠。会见中，陈济棠开门见山地说道："读经是我主张的，祭孔是我主张的，拜关、岳也是我主张的，我有我的理由。"陈济棠说他的施政有两大政纲："第一是生产建设，第二是做人。"他说："生产建设可以尽量用外国机器、外国科学，甚至于不妨用外国工程师。"但"做人"必须有"本"，这个"本"必须到本国古文化里去寻求理论的根源。胡适回答说："我们都要那个'本'，所不同的是，伯南先生要的是'二本'，我要的是'一本'。先生的生产建设需要科学，做人需要读经祀孔，这是'二本'之学。我个人的看法是，生产要用科学知识，做人也要用科学知识，这是'一本'之学。"陈济棠驳斥说："你们都是忘本！难道我们五千年的老祖宗都不知道做人吗？"胡适又反驳说："五千年的老祖宗，当然也有知道做人的，但就绝大多数的老祖宗来说，他们在许多方面实在够不上做我们'做人'的榜样。"陈济棠很生气，却又找不出好的理由进行反驳，只能骂现成的中国教育，说"都是亡国的教育"，还说现在中国人学的科学都是皮毛，都没有"本"，所以都学不到人家的科学精神，所以都不能创造。胡适不能赞同此类观点，他对陈济堂说现在中国的科学家中也有很多能做出有价值的贡献的了，并且这些科学家又都有很高尚的道德。胡适直截了当地告诉陈济棠，他并不反对研究古经典，但不能赞成一班不懂得古书的人们假借经典来做复古的运动。陈济棠和胡适之间有关"尊孔读经"的争论，唇枪舌剑，谁也没有说服谁，终于在尴尬的气氛中结束。胡适在离开时就认为："这种久握大权的人，从来没有人敢对他们说一句逆耳之言，天天只听得先意承志的阿谀谄媚，如何听得进我的老实话呢？"吴康希望胡适"离省以勿演讲为妙"，胡适遂接受广西当局的邀请，离开广州，到了梧州，此时，广州各大报就刊登了中山大学国文系教授古直、钟应梅、李沧萍3位教授致陈济棠的《真电》，公开围剿胡适。第一段云："今胡适南履故土，反发盗憎之论，在道德为无耻，在法律为乱贼矣，又况指广东为殖民，置公等于何地？虽立正典刑，如孔子之诛少正卯可也。何乃令其逍遥法外，造谣惑众，为侵掠主义张目哉？今闻尚未出境，请即电令截回，迳付执宪，庶几乱臣贼子稍知警悚矣。否则老口北返，将笑广东为无人也。"可谓杀气腾腾，是一篇不是官方却代表官方意图的"讨胡檄文"。

今天，当人们再回头看看陈济棠与胡适的那场关于"尊孔读经"的争论，还是有意义的，他们都是在追究如何继承、发扬中国传统文化的立场与方法，应该说陈济棠和胡适的出发动机都是好的，但是两人所处的地位、身份不同，对这个问题有不同看法，实属正常现象，无所谓孰对孰错，正所谓"仁者见仁，智者见智"，后人不必苛求。陈济棠与胡适的"尊孔读经"的争论，焦点是如何"育人"，人们从中还可以感悟到"以文化人""以文育人"的重要性。①

三、何键推动的湖南读经

湖南的"尊孔祀孔"活动在1934年以前主要以民间祭祀为主。1934年以后，由于南京政府公开倡导尊孔，在曲阜和南京分别举行了大规模的祀孔典礼和孔子诞辰纪念大会，从而推动了湖南"尊孔祀孔"活动高潮的出现。以何键为代表的湖南守旧人士不以"尊孔祀孔"为满足，进而公开提倡读经。何键出任湖南省政府主席后，始终处于一种合法性危机之中，他倡导读经的主要目的是试图通过读经，将人们的思想纳入儒家思想的范围，重新整合社会力量，构建其统治湖南的合法性基础。何键主张读经，一方面来自蒋介石，蒋介石在20世纪30年代大力鼓吹读经并在庐山公开讲经，为何键在湖南倡导和推行读经提供了依据；另一方面来自湖湘文化中卫道与保守意识的熏陶和影响，比如段正元师徒和湖南绅士的影响。湖南绅士不仅为何键读经摇旗呐喊，而且成为何键推行读经的主要支持力量，他们构成了何键在湖南推行读经的社会基础。船山学社、湖南国学馆、孔道学校是何键推行读经的主要阵地，它们办刊物，招习经生，举行春秋季课征文，以经义命题考试，开展了一系列读经活动。直到1935年下半年，由于生员枯竭，稿件奇窘，便纷纷停刊，学生抗日救亡热情高涨而对读经失去兴趣，三家的读经活动先后失败。何键乃在国民党五届二中全会提出读经提案，但此提案一经提出就遭到胡适等人的批判，同时，由于抗战爆发，何键被调离湖南，湖南的读经运动宣告结束。②

湖南绅士是晚清以来出现在湖南社会的一个特殊政治群体。进入20世纪后，由于科举的废止和自然减员以及其他一些因素，这一群体的人数逐渐减少。时代进步了，但他们的思想、政治态度、文化教育方面的主张等都没有因时代的变化而有丝毫的改变，仍然抱残守缺，顽固坚持尊孔读经。他们不仅为何键在全省开展读经运动提供了支持力量和理论依据，而且对现代教育的发展产生了极大冲击。③

---

① 梁晓音. 陈济棠与胡适一场关于"尊孔读经"的争论 [J]. 文史春秋, 2015（3）: 41-46.
② 罗玉明. 二十世纪三十年代湖南尊孔读经之研究 [D]. 上海: 复旦大学, 2003.
③ 罗玉明. 湖南绅士与三十年代湖南的读经运动 [J]. 求索, 2005（9）: 186-190.

四、私塾改造和"文白之争"

在20世纪二三十年代,还有两个与读经论争几乎同样重要的事件,那就是民国政府推动的私塾改造和文化界与教育界的"文白之争"。

新文化运动后不久,1918年,北洋政府教育部下令小学一、二年级改用白话文做教材,1922年开始推行新学制,小学全部采用白话文做教材,中学部分采用白话文,白话文逐渐成为中小学教学的主体,对文化教育和人们的日常生活产生越来越大的影响。然而,一部分对中国传统文化有着深厚感情的学者仍然坚持在中小学进行文言文教学,到20世纪30年代中期,围绕中小学应否学习文言文和读经,文化教育界掀起了一场争论。1934年5月6日,汪懋祖在《时代公论》上著文,力辟白话文之非,主张中小学学习文言文并读经;吴研因1934年5月16日在《申报》上著文批驳汪懋祖的观点,而后,胡适、柳诒徵、容肇祖、任叔永、何鲁成、余景陶等也加入论争,由此展开了新文化运动以来最大规模的一次争论。这次争论从1934年5月开始到8月结束,历时虽然不长,但所检讨出来的国语教学中存在的问题对推动20世纪30年代中小学课程改革产生了重大影响。以汪懋祖为代表的一批学者抓住现代语体文和中小学语文教材存在的弊端,从否定现代语体文出发,进而否定中小学开设的国语科目和编写的国语教材,极力主张小学生学习文言文,中学生读经。①

南京政府推行改造私塾运动,其理由一是内容不合适,二是教学方法不恰当。从教学内容来看,私塾所授的教学内容以"四书五经"为主,与现代教学内容不相符。民国建立后,废除了学校读经讲经,要求私塾按照部颁统一课程标准进行教学,但实际上读经的现象仍然存在,一直到20世纪30年代,各私塾按照部颁课程进行教学的极少,大多数仍是"取《四书》幼学杂字为教材"。从教学方法上来看,仍然是传统的记忆背诵,十分刻板保守。"早起,少长以序,入塾拜先师神座,毕,谒拜师长,请安毕,理昨日生书,带温书一卷,背。上生书,师长先依经讲解逐字实义,毕,再讲实字虚用、虚字实用……讲毕,令学生复述一遍(看其有见解否)乃就位念一百遍。"到20世纪30年代,这种情况并没有丝毫改变,私塾的教学仍然"偏重注入,仍不脱式习惯","塾师对于教学方法尚多墨守成规,违反教学原理",这对于"锢蔽儿童之聪明为害甚大,障碍学校本为教育界所公认"。从塾师学历结构来

---

① 罗玉明.20世纪30年代文言白话之争及其影响[J].安徽史学,2004(5):75-79,68.

看，各地塾师大多未经过现代师范教育训练，充任塾师者"无非头脑冬烘、老迈不堪之辈"。①

五、弥散性的全国读经运动

20 世纪 30 年代，除了陈济棠、何键推广的读经教育，宋哲元主政察哈尔省期间，为弘扬民族传统文化，在张家口和北平陆续设馆，延请一些权威名儒编书修志，陆续编订了《论孟》《四库全书提要》《四书新编》《察哈尔省通志》《历代创制圣哲画像》《管子》等书籍。其中印数最多的是《四书新编》与《论孟》，编订时既保留了原著原文，又附带白话文翻译以及评注，以使其通俗易懂，此外又刻意印成"袖珍本"，以便于携带、阅读。值得注意的是，宋哲元还下令二十九军连以上军官各发一套《四书新编》，排长、班长及士兵人手一册《论孟》，要求官兵努力研学，军队学习儒学的氛围很浓厚。②

另外，就是读经教育在普通中学中的课程渗透。仅是在大学精英层进行国学教育和国学研究，对中国文化发展似不能产生至深至巨的影响。鉴于此，教育界、学术界设法将国学通过渗透的办法嵌入中学的课程，使中学生对国学有所了解，使中国文化对绝大多数人的为人处世产生一定影响。于是，20 世纪二三十年代普通中学的课程虽没有"国学"字样，却有大量的国学内容。南京金陵中学初中必读书目中有《孟子》《曾文正公家书》《三国演义》《西游记》等，而在选读书目中，《三国志》《历代史略》《清朝全史》《古诗源》等书应至少选读两种；高中必读《水浒传》《儒林外史》《论语》《大学》《中庸》《左传》《诗经》《史记》《先秦政治思想史》《中国哲学史大纲》《国学必读》《书目答问（张之洞）》等，选读书目分 6 组，各组中至少要选读一种，如甲组中有《易经》《书经》《礼记》《周礼正义》《春秋公羊解诂》《春秋谷梁传》和《经学通论》。北京师范大学附属中学的文字学讲授中国文字起源与变迁（殷墟文字、金文、古文、大篆、小篆、隶书、楷书等）、六书造字和训诂等；中国哲学史讲授东周以前的文化及儒家、墨家、道家、名家、法家哲学，还有历代思想和哲学等。上海大同中学的选修课中有一门国学概论供学生选择。夏丏尊为浙江春晖中学学生开列的"学生课余阅读书目"中有《论语》《孟子》《老子》《庄子》《墨子》《荀子》《韩非子》《吕氏春秋》《史记》《论衡》《史通》《文史通义》《文心雕龙》《通鉴辑览》《古诗源》《唐诗》《宋词》《元曲》等。国学无疑在

---

① 罗玉明，汤水清. 三十年代南京政府对私塾的改造述论 [J]. 江西社会科学，2003（3）：137-140.
② 张赛. 莲池讲学院始末 [J]. 河南科技学院学报，2019（6）：73-79.

普通中学占有较重要的地位。①

六、1935 年的"读经"专号

1929 年之后，随着欧美经济大危机的发展蔓延和民族经济的逐步繁荣，文化教育问题再次成为学者关注的焦点问题之一。在学术上是"科学与玄学"之争，在文化上就是中国本位文化与全盘西化的争论，在教育上关于中小学要不要读经问题的大讨论尤为引人注目。

讨论的问题是赞同读经还是反对读经，但焦点问题是在中小学尤其是小学生要不要读经。1934 年恢复出刊的《教育杂志》的主编何炳松说："读经问题，在国内一般人看来，都早已不是问题……同时在另一部分人看来，经书是我国先哲的心传，不朽的杰作，值得我们多读，叫青年人去读一点圣经贤传，还成什么问题。读经一事，双方既都认为不成问题，各执一说，不肯相下，于是乃真成为一个重要的问题。其实所谓读经，假使当作一门专门研究，让一班专家去下苦功夫，本不成问题。现在所以成为问题，就是因为有人主张中小学生都应读经的这一点。"②

1934 年《教育杂志》给教育界、学术界和文化界专家学者发函 100 余封，就读经问题征求意见，以便集思广益。在收到蔡元培、唐文治、钱基博、顾实、陈立夫、陈望道、陶希圣、翁文灏等 70 多位专家的回信后，于 1935 年结集出版了"读经教育专刊"。专刊内容涉及各级学校是否应该读经、如何安排课程、读哪些内容、如何读经以及读经的重大意义等。

专刊调查的结果是"若是把读经当作一种专家的研究，人人都可赞成；若是把读经当作中小学校中必修的科目，那么大多数人都以为不必"③。何炳松根据中小学校应否读经，将来信专家的意见分为三类：第一类是绝对的赞成者；第二类是相对的赞成者，也可称为相对的反对者；第三类是绝对的反对者。"在这三类意见中，绝对的赞成者和绝对的反对者，双方人数都不过十余人，其余都可归入相对的赞成或反对的一类中去。同时，相对的一类的意见又有程度的不同：有的主张小学起，就可酌量读经；有的主张中学起；有的主张大学起；有的主张凡学校中的青年都不宜读，应让专家去研究。"④这个问卷调查结果说明读经问题处在认识的胶着状态，不同的视角导致不同

---

① 熊贤君. 民国时期的国学教育及价值解读 [J]. 民国档案，2006（1）：99-104.
② 何炳松. 全国专家对于读经问题的意见 [A]. 龚鹏程. 读经有什么用：现代七十二位名家论学生读经之是与非 [Z]. 上海：上海人民出版社，2008：7.
③④ 何炳松. 全国专家对于读经问题的意见 [M]. 上海：上海人民出版社，2008：10.

的认识结果，而且大体平衡，这也说明读经问题的复杂性和长期性。

七、20世纪30年代读经运动的评价

内忧外患不断的20世纪20—40年代，中华传统文化的发展方向并没有像20世纪初那样直接被排除出社会、教育的视野，反而得到了部分的回归和充分的争论乃至部分地区的实践，这不能不引起我们的认真反思。

郑国岱称其为"一个应战性的回暖期"，"在相当大程度上带有一种大敌当前的民族文化身份的急速觉醒和紧急认同"③，是历史发展时势所需，不是文化自身发展的成果，具有非理性，是脆弱的，随时会暂停，甚至倒退，后来历史的发展证明了这一点。刘继青认为，抗战爆发后民族危亡加重，对于传统文化，知识阶层和思想界的态度有了显著变化，延续"五四"的批判儒学的声浪渐趋削弱，"传统文化、儒学思想的阐发可以得到国民党政权的鼓励支持，私人讲学的儒学教育也被允许、鼓励，但是这必须纳入国民党管制之下，但当它们超出国民党的许可限度时，则只有陷入被取缔的历史命运了"。④1942年，张君劢主持的民族文化书院被取消，马一浮主讲的复性书院名存实亡。

黄明喜、张文敬以1935年《教育杂志》关于读经问题的讨论为考察对象，对读经教育活动的发展予以历史的反思和经验的总结。赞成者认同读经可以救国。读经可以挽救国民道德，保存国粹，谋求民族复兴，儒家经典中所蕴含的价值观念、理想人格、伦理规范可以因地制宜而万古常新。反对者多从经中所提倡的价值内容以及提倡读经者的动机出发，认为经籍所载是封建道德，读经是复古倒退，根本不符合时代潮流，且于文化创新不利。还有一类折中的意见，既有肯定经典价值者，也有否定经典价值者。读经与道德教育讨论多否定以读经进行道德教育，认同"六经皆史"说，认定经典具有史学价值，应当根据时代用科学方法重新估定经的价值。尽管各方观点莫衷一是，却可以看到一个相同的目标，即复兴民族。⑤

刘正伟认为，20世纪30年代读经思潮的发端是随着政府的推动而兴起的，关于读经的讨论，"思想是理性的，态度是谨慎的、冷静的"，全盘否定和全盘肯定民族传统伦理道德文化的人都在少数，持辨证观点的占多数。其

---

③ 郑国岱. 晚清民国四书学研究 [D]. 桂林：广西师范大学，2015.
④ 刘继青.20世纪30年代儒学教育复兴的内因外缘 [J]. 湖南师范大学教育科学学报，2009，8（2）：40-45.
⑤ 黄明喜，张文敬. 读经抑或不读：一场教育界内外的争辩——以1935年《教育杂志》关于"读经"问题的讨论为中心 [J]. 江西师范大学学报（哲学社会科学版），2015，48（5）：129-136.

中，"经学内容中含有固有的伦理道德文化""读经的经典文化训练价值""白话文需要改进不可打倒"这三种观点，都取得了基本的认同和肯定。经过这场讨论，中小学读经科成为历史，经书内容被打散后分散到各个学科中，国文科是容纳最多的，传统语文教育获得了独立的学科地位并重新回归其应有的地位。这次回归促使国文教学开始重视传统文化的熏陶，在内容选择上，文言和白话兼重，以语言质量为主要评选标准。"作为一种思潮，明确以读经命名的，1944年以后已偃旗息鼓。完整的经学教育体系也不复存在。但与读经有关的经典文化训练，即重视传统伦理道德灌输，重视经典中学术文化思想熏陶，以及了解国学知识等，又与20世纪后50年两岸语文教育发展与变革难解难分。"①

袁咏红认为，民国初年和民国十四年兴起的读经运动是不同背景下不同运动的混合物。20世纪30年代的读经运动虽仍是一种"混合物"，但由于时代发展和背景变化，无论是提倡读经的主动力量，还是参与读经讨论的群体，覆盖范围都大于前两次，实质内容也更丰富、更复杂。除了其中隐含的政治意味，还包括抵抗日本侵略、民族复兴、"国学研究"和"文化建设"等问题。从宏观上看，讨论者展现了讨论者对古今、中西文明和历史的基本态度；从微观上看，讨论者表达了各自对传统文化与现实政治、与现实的社会生活、与教育改革、与文化创造、与知识传授、与道德及人生观等关系的多样看法。②

第三节　1946—1979年：传统文化教育的深度发展

一、中国大陆的"文化革命"

1950年，刚刚成立不久的中华人民共和国，百废待兴，中国领导人在中共七届三中全会上强调要"有步骤地谨慎地进行旧有学校教育事业和旧有社会文化事业的改革工作，争取一切爱国的知识分子为人民服务"。随之，改革旧教育，基础教育内容体系中仅存的传统文化内容被看作封建的、买办的教育思想，逐步从教育中消失。1949年以后直至"文化大革命"爆发，无从谈起传统文化教育了。

---

① 刘正伟. 读经思潮与20世纪中国语文教育（续）[J]. 中学语文教学参考，1998（5）：2-4.
② 袁咏红.20世纪30年代"读经"的主张和争论[J]. 史学月刊，2008（7）：70-75.

1966—1976年，中国大陆发生"破四旧""批林批孔"，中华传统文化基本被破坏殆尽。根据王立刚的研究，中华人民共和国成立之后，《弟子规》慢慢退出了正式的学校教育，到"文化大革命"后期，随着反传统思潮的深入和"批林批孔"活动的展开，各地出版了一大批传统通俗读物，专门用于批判。《弟子规》等传统蒙学读物第一次正式公开出版，在形式上都是随正文批注式的，批注比正文的字数要多得多，被批判得体无完肤，一无是处。这类批判的内容将讨论的对象从微观的具体问题扩大化，从讨论《弟子规》的对错、价值转移到了讨论政治、思想等宏大对象的价值与对错。"文化大革命"后期出现的这些批判《弟子规》等读物的话语模式、概念体系以及讨论问题的方法是20世纪中国话语的一部分，受到自"五四"以来话语的影响，也对后来的几十年中国社会思想形成了深刻影响。在新的概念体系形成之前，这些话语模式影响了后来很多人对传统的认识。①

从宏观上来说，正如邬志辉所描述：第一阶段（1949—1957年），教育"全面苏化"时期。中华人民共和国成立之后的教育现状是集三种传统于一体的，即从民国时代继承下来的移植在古代儒学基础上的现代西化教育，中国共产党人在20世纪30年代和40年代领导农村边区政府的先进的经验，以及新政府雄心勃勃地向苏联学习的计划，提出了"全心全意地""系统地""学习苏联教育经验"的口号，致使中华人民共和国初期的教育制度、课程、教学内容、教学方法、考试方法等全盘照搬苏联。虽取得了较好的成果，但由于忽视与本国教育实际的结合，出现了"机械照搬"的教育主义现象，在很大程度上限制了教育的发展和质量的提高。第二阶段（1958—1978年），封闭探索社会主义教育现代化道路时期。1957年中苏两党关系恶化，在"反修正主义"的运动中开始全盘否定苏联教育经验，独立探索新路子。其间许多提法和做法，比如毛泽东在1964年"春节谈话"中批评"旧教育制度摧残人才，摧残青年"，说现行"教育的方针路线是正确的，但方法不对"和刘少奇"两种教育制度"的探索等，在当时的历史条件下都是很好的。虽然中国"文化大革命"中改造教育的做法曾引起世界关注，并引出一场所谓"学习中国样板"的国际运动，但十年的教育后果是造成了中国教育现代化的中断。②

叶澜认为，中华人民共和国成立以来，教育领域发生了重要的变化。若

---

① 王立刚.传统文化教育的历史发展与时代使命[D].北京师范大学，2018：36.
② 邬志辉.中国百年教育现代化演进的线索与命题[J].中国地质大学学报（社会科学版），2002（4）：45-49.

把 1966—1976 年这十年作为一个区别 70 年两大重要阶段的分界线,"文化大革命"前可看作主要完成了教育性质的变化:受教育成为工人、农民及其子女应该享受的权利,20 世纪 50 年代初学校一律改成公办,坚持向工农开门的办学方针,政府花大力气改变中华人民共和国成立之初民国政府留下的 80% 的人口是文盲和只有数量极少的高等学校的落后状态,教育事业以前所未有的速度得到发展;1958 年提出了"教育必须为无产阶级政治服务,必须与生产劳动相结合,培养有社会主义觉悟、有文化的劳动者"的教育方针,在参与生产劳动的意义上,即使是城市的青少年,在接受学校教育期间,虽然为期不长,但每年也有与大自然接触的机会;自然课或称为常识课,也一直是小学教育课程的组成部分,再加上城市化虽然有推进,但力度并不强,城市与农村,包括家庭之间的血缘关联,使城市的青少年还有在节假日接触农村和大自然的机会。20 世纪末全国基本实现了九年制普及义务教育,基本完成了扫除文盲的任务,为 21 世纪国民素质的整体提高和后续中等、高等教育的发展奠定了坚实基础。进入 21 世纪以来,高中教育也得到规模发展,普通高中与中等职业技术教育并进地加速发展,以至今年已有人提出将义务教育提高到高中阶段的建议。①

同期的港台地区,却掀起了一股儒家文化热,比如新亚书院是钱穆、张丕介、唐君毅于 1949 年在香港创建的,后与崇基学院、联合书院共同构成香港中文大学建校之三大成员书院。所谓"新亚",取"亚洲新生"之义,在过去的 60 年中,新亚书院确实对中国文化乃至亚洲文化产生了重要的影响。1968 年,台湾地区开展了中华文化复兴运动,提出了很多设想,开展了丰富的活动。在教育上,将解读儒家经典《四书》的《中华文化基本教材》列为台湾地区高中必修课,进入台湾地区联考的必考内容。关于台湾地区传统文化课程和教材的演变,本书后面有专文介绍,不再赘述。鹅湖学社是台湾思想界代表中国本土文化的学术群体,与新亚书院一脉相承。1975 年,在徐复观、唐君毅、牟宗三等支持下,王邦雄、曾昭旭、袁保新、杨祖汉等人创办了《鹅湖》学刊,并使其成为现代新儒家最重要的一个阵地,通过其培养了几代儒家学者,出版了大量著作,在台湾学界挺立起了儒家义理之学。与鹅湖学社有关的杜维明、刘述先等旅美教授将新儒家的思想向世界进行了介绍,20 世纪 80 年代后,新儒家影响到大陆学界,1986 年方克立、李锦

---

① 叶澜. 溯源开来:寻回现代教育丢失的自然之维——《回归突破:"生命•实践"教育学论纲》续研究之二(下编)[J]. 中国教育科学(中英文),2020(2):3-29.

全主持开展的"现代新儒家思潮"研究,促进了大陆儒学研究。①

根据刘正伟的研究,台湾传统经典的教学因袭了20世纪三四十年代的教学指导思想,比较强调经典文化的训练,强调培养学生阅读、写作文言文能力,"养成伦理观念,民主风度及科学精神,激发爱国思想,并弘扬中华民族文化"。20世纪80年代编译馆主编的教材中文言文所占比例在初、高中依次为40%、50%、60%、70%、80%。台湾地区20世纪60年代以来的大学联考作文试题,绝大多数为文言,就有出自儒家经典的,如《论己所不欲勿施于人》(1961年),《孟子云:生于忧患,死于安乐试申其义》(1963年),《孔子云:知之者,不如好之者;好之者,不如乐之者试申其说》(1964年),《言必先信行为中正说》(1975年)等。20世纪60年代后的一段时期内,台湾地区经济持续高速发展,带来越来越多的道德伦理问题,被人称为"经济巨人,道德侏儒",旧道德文化没落,新伦理规范欠缺,社会失序。人们迫切感到继承民族伦理道德文化的重要性。教育界更是振臂疾呼。鉴于此,台湾地区对经典文化训练提出了具体要求:"教导学生研读中国文化基本教材,培养伦理道德观念、爱国淑世之精神。"台湾地区"国文"课上使用的《中国文化基本教材》主要选授《论语》和《孟子》。高中社会学科组还另加《国学概要》,把经典的训练从伦理道德扩大到文字构造与演变、修辞种类与方法、文学体类与源流、史学略说、经学略说、子学略说。大陆20世纪50年代的汉语、文学分科,尤其是高中文学,突出了中国文学的分量。如文学教材按专题编排,秦代以前分《诗经》《战国策》等六个专题,并在专题后附录文学史概述,虽说当时改革的初衷是为加强系统的文学教育,但实际上也涉及传统经典文化的熏陶,只是更多地着眼于其文学性,但这套教材并没有使用很久,也没有大范围推广。②

第四节 1980—2012年:从"文化热"到"国学热"

一、20世纪80年代的"文化热"

1978年,随着真理标准问题大讨论的开展,对"文化大革命"的反思也逐步兴起,"文化热"成为20世纪80年代的一个印记。1978年复旦大学历史

---

① 鲁鹏一. 港台国学发展之启示 [J]. 博览群书, 2009 (11):14-18.
② 刘正伟. 读经思潮与20世纪中国语文教育(续)[J]. 中学语文教学参考, 1998 (5):2-4.

系设置了中国思想文化史研究室。1979年中国社会科学院近代史研究所筹建近代文化研究室。1982年10月中国科学院《自然辩证法通讯》杂志社在成都召开"中国近代科学技术落后原因"学术讨论会。1984年以后,随着李泽厚《中国古代思想史论》《中国近代思想史论》《中国现代思想史论》、庞朴《"中庸"评议》、王元华主编"新启蒙丛书"等的出版,"文化热"向纵深发展。

1984年,《中国文化研究集刊》《中国近代史文化史研究专辑》"中国文化史丛书""中国近代文化史丛书"问世,各大报刊开设文化专栏,开展如"中国文化与现代化"的问题讨论,"中国近代文化史研讨会""东西方文化比较研究学术讨论会""东西方文化比较研究协调会"等进一步推动了文化研究的热潮。同时,在反传统的文化热潮中,大量西方文化思想被译介到国内,各种"主义"纷至沓来,"走向未来丛书""现代西方哲学译丛""文化:中国与世界系列丛书""新知文库系列丛书"等持续出版,美学成为当时的显学。在此时期,也有一批学者主张文化守成,1984年10月,冯友兰、张岱年、汤一介等发起并创建了"中国文化书院",通过邀请著名学者讲学、举办学术研讨会、出版传统文化丛书等来宣传中国传统文化,力图在现代化与传统文化之间架起联系的桥梁。一批儒家学者也积极回应中西体用、儒学与现代化的关系等热点问题。前者以李泽厚的"西体中用"为著名观点,后者则以批判继承为主要立场。这些争论,在20世纪90年代迅速形成一股势力强大的"国学热",另外,也促使当代大陆新儒家的崛起。[1]

二、20世纪90年代以来的"国学热"

进入20世纪90年代以来,知识界开始反思20世纪80年代的"文化热",兴起了阅读传统文化类书籍的热潮,成立了许多国学研究机构,民间诵读经典活动开始兴起,如蒙学书,这些现象可以称为"国学热",而且这种热潮一直影响到21世纪20年代的中国思想文化界。

"国学热"兴起的原因有很多,其中包括苏联解体、东欧剧变带来的国际形势的变化,国内市场经济的深入推进,大陆对新儒家思想的研究及宣传,经济发展与道德滑坡、诚信缺失等现实的矛盾。

1990年年底,由《光明日报》编辑和辽宁教育出版社商定出版的"国学丛书"第一批书目出版,这是"国学"概念的先声,张岱年为此在《光明日报》

---

[1] 庞朴.20世纪儒学通志・纪事卷[M].杭州:浙江大学出版社,2012:230-235.

刊发《以分析的态度研究中国学术》。1992年，北京大学中国传统文化研究中心成立。1993年，该研究中心出版了《国学研究》年刊第1期。1993年3月16日，《人民日报》以整版的篇幅报道了该研究中心的状况，这篇报道名为《国学，在燕园又悄然兴起》。两天后，《人民日报》又在头版刊发了《久违了，"国学"！》一文。这两篇报道被视为国学再次走向大众的标志。北京大学传统文化研究中心与中央电视台合作制作的150集大型电视系列片《中华文明之光》在海内外热播。由此，"国学热"进入了自动自发的持续热潮中。

20世纪90年代的"国学热"以传统文化典籍的出版与热销为标志，儒学经典《论语》《孟子》以不同的编印、诠释、解读、直解等方式出版，"儿童启蒙教育丛书""国学启蒙经典系列"读本、"国学举要丛书""经典启蒙丛书"等相继出版。正如徐梓所说，20世纪80年代，"流传极广的《三字经》《百家姓》《千字文》《增广贤文》《名贤集》等在地摊（那时尚未见正式的书摊）出现，并在社会上广为流传。时下（指20世纪90年代初——引者注）的蒙学热正渊源于此"。①

1994年成立的国际儒学联合会是海内外儒学研究者共同推动的结果。1995年《大中华文库》（汉英对照）启动，1996年《东方文化集成》启动，各类儒学研究著作不断出版，儒学研究会议也频繁召开，民间书院、民间经典诵读也悄然兴起，但在20世纪90年代中后期，"国学热"也遭到一批学者的批判。②

近一百二十年来，中华优秀传统文化教育与中国的近代化、民族的独立和国家的富强隐隐相随，始终不是最主流、最急迫的问题，但是脉络清晰，始终不曾中断。正如洪明先生在《读经论争的百年回眸》中所说："读经问题是民国初年废除读经之后围绕恢复读经和反对读经而产生的一系列论争，是我国教育现代化过程中抛给世人的一个世纪难题。"③

读经教育与民族国家的命运紧密相关，为了民族独立和国家富强，读经教育被历史无情地扣上了落后、保守的帽子。正如龚鹏程在《读经有什么用：现代七十二位名家论学生读经之是行非》序言中所说："古代中国人自幼受教，无不读经，读经从来就不是个问题。可是晚清的局势，使人体会到再读这些老古董，恐怕即要亡国灭种了，欲求富强，唯有废经……读洋经，学西方，才是进步的，开明的；继续读中国经典则是保守落伍。如清政府那样，

---

① 徐梓."蒙学热"透视[J].中国典籍与文化，1992（3）：38-42.
② 庞朴.20世纪儒学通志·纪事卷[M].杭州：浙江大学出版社，2012：236-242.
③ 洪明.读经论争的百年回眸[J].北京师范大学教育学报，2012（1）：3-12.

规定中小学读经，便是保守势力对新趋势的反扑。"①读经，在民族独立和国家富强成为近代中国集体优先解决的大事面前（学界所说的"救亡压倒启蒙"），已变作一个符号象征，不用讨论便可直接定性——落后保守。近现代一百二十年的历史上，"儿童是否应该读经，是一个辩论了百年，而且注定还要继续辩论下去的世纪难题。目前，读经派处于上风，赢得了各界的认可，我个人谨慎地倾向于读经派。为什么要谨慎地支持呢？我认为不能因为经典中蕴含好的东西，就无条件地要求儿童读经，不懂得如何读经的人是难以发挥经典的真正作用的"②。其实，"谨慎地倾向于读经派"可能是很多学者的心态，因为读经教育需要谨慎的支持，而经典教育需要认真的研讨和反复实践。

---

① 龚鹏程.读经有什么用：现代七十二位名家论学生读经之是与非[M].上海：上海人民出版社，2008：2.
② 洪明.名人谈读经[J].少年儿童研究，2014（4）：17-19.

第五章
中华传统文化教育实践总结与案例分析

第一节　新加坡儒家伦理课程和教材实践总结与案例分析

中国的改革开放离不开新加坡的实践经验。1978 年 11 月，邓小平同志访问新加坡等东南亚国家，12 月中国共产党召开十一届三中全会，正式提出改革开放。1992 年年初，邓小平在南方谈话中指出："新加坡的社会秩序算是好的，他们管得严，我们应当借鉴他们的经验，而且比他们管得更好。"自此掀起了新一轮的学习新加坡热潮。邓小平说"不管白猫、黑猫，捉住老鼠就是好猫"，简称"猫论"，李光耀提倡一切以行得通为原则，简称"行得通论"，实用理性很足；邓小平提倡"摸着石头过河，走一步，看一步"，简称"摸论"，李光耀说"鞋子穿得越久，就越觉得合适"，简称"鞋论"，渐进理性很明显；邓小平提倡"不搞争论""抓紧时间干"，李光耀说"是社会主义，是资本主义，将来怎样，让下一代去决定"，实践理性显著。"中国改革开放的总设计师邓小平和新加坡国父李光耀的思维方式表现出富有东方智慧的理性精神。"①

一、儒家德治思想与实践

据张学清、冯思源研究，港口城市国家新加坡处在马来半岛南端，种族多元，是个典型的移民社会，占其人口大多数的华人传承了刻苦耐劳、勤俭朴实、尊老敬贤等中华传统美德。华人知识分子开始通过各种形式传播儒家伦理思想，把"忠、孝、仁、爱、礼、义、廉、耻"作为"治国之纲"，20 世纪 80 年代以来，新加坡为防止"西化"，更是大张旗鼓地宣传儒家伦理思想。

---

① 吕元礼.政治理性与东方智慧：邓小平、李光耀思维方式之比较[J].深圳大学学报（人文社会科学版），2009（1）：5-13.

人格的完善是儒家基本的价值追求，儒家注重的理想人格就是"内圣外王"，以修身为本，推己及人，成己成物，由内圣转向外王。儒家学说最突出的特点就是讲"人治"，重"德政"，视政治领袖的个人道德品行比制度更重要。儒家倡导"修己治人"。儒家把个人的这个自我视为各种关系的中心，一个与其他自我进行交流的中心。从这个意义来看，个人的成长过程就是一系列同心圆，从自我扩展到家庭、邻里、社区、国家、世界乃至宇宙。人民行动党正是以此为"范本"，并辅之以法律，以塑造其"好人政府"的形象。这个"好人"既是注重品德修养的谦谦君子，又是言出必行的铁腕人物，"内圣外王"，即儒家所倡导的理想政治模式。儒家德治主要包括"为政以德"，以身作则，强调"道之以德，齐之以礼"。新加坡的领导人大都是中西合璧式的人物，尤其是前总理李光耀吸取了儒家"内圣外王"的思想，倡导"德治"，强调人的道德、才能对政治的决定作用。他非常注重自身的修养，严于律己、生活俭朴、工作勤勉、廉洁清正、励精图治，具有极高的工作效率和高超的治国才能，深得人民拥戴。此外，李光耀和他的新加坡领导团队还十分强调领导者必须养成君子的性格，在道德实践上身体力行。李光耀和他的政府倡导的以德治国，正是在继承发扬孝的核心精神的基础上，改进、创新孝的具体内涵。他们认为，儒家伦理思想的核心是"忠、孝、仁、爱、礼、义、廉、耻"，并结合新加坡的具体情况，赋予了其新的内容。①

根据王冬艳的研究，新加坡于学校之外还大力向全社会推行儒家伦理教育，开展以提倡儒家伦理为内容的各种社会教化活动。为了以儒家伦理来推进全社会的道德文明建设，政府大力开展华文教育，提倡双语教学，恢复华文学校，并规定每年有"华文节"；对国人进行"礼"的教育；提倡勤俭；营造儒学氛围；倡导敬老，确定了"父亲节"，1994年实施了《孝顺法》，也提倡爱幼，新加坡人认为爱幼最重要的方面是使孩子受到良好的教育，所以近年来新加坡风行教育保险，政府、家庭对青少年的教育和身心健康都十分关注。②

二、《儒家伦理》教材实践案例

根据梁秉赋的研究，新加坡在1984—1992年曾在学校里推行过"儒家伦理"课程，让中学三、四年级的学生自由选读。教育部下属的新加坡课程

---

① 张学清，冯思源. 新加坡儒家德治思想的理论与实践 [J]. 中国商界（下半月），2010（1）：372.
② 王冬艳. 儒家道德观对新加坡道德教育的影响 [J]. 北方论丛，2002（3）：103-106.

发展署负责编写《儒家伦理》教材及培训授课教师,杜维明拟定课程纲要。"以国家之力,在公立教育体系之中,以一门正规课程的方式向年仅十五六岁的学生有系统地介绍儒家思想,即使是在当下的华人社会中可能也还是少见的,更何况是早在近四十年前既已为之。"①

《儒家伦理》包含四大部分,即专供学生使用的课本、作业簿和辅助读本,以及专供授课教师使用的教师手册。其课本依中学三年级和中学四年级分为两册(分别简称为中三、中四),各有20篇课文。全书40篇课文之篇目见表5-1。中三和中四课本分别出版于1984年12月和1985年11月,1988年和1989年先后再出"修订版",初版与修订版的课文篇目及内容并无大异。1987年5月,再出版两册"辅助读本",以50多个人物的故事来深化学生对儒家思想的了解。第一类人物:儒家传统的塑造者,包括中国、韩国和日本的儒学家。第二类人物:"内圣外王"的典范,指兼具圣人的品德和王者的风范的人物。第三类人物:体现儒家精神的人物,他们都对国家和社会做出了重大的贡献。"这些人物虽然生活在不同的时代,各有不同的遭遇,但他们都不计较个人的成败得失,尽心竭力地为国家社会效劳","希望年轻的读者能够向他们学习,不断地充实自己,磨炼自己,克服一切的困难,在人生的道路上迈进"。编者将《儒家伦理》辅助读本取名为《他们走过的路》,有中学三年级和中学四年级两个分册,也各有20篇课文。全书40篇课文之篇目见表5-2。

表5-1 《儒家伦理》课本中三、中四课文篇目

《儒家伦理:中学三年级》	《儒家伦理:中学四年级》
1.绪论	1.内圣外王
2.孔子的时代	2.仁
3.万世师表——孔子	3.智
4.孔子以后的儒学大师(一)——孟子和荀子	4.勇
5.孔子以后的儒学大师(二)——朱熹和王阳明	5.义
6.人生的意义	6.礼
7.修身的必要	7.信
8.为学的目的	8.中庸的道理
9.求知的精神——格物、致知	9.人性的修养
10.道德的基础——诚意、正心	10.己所不欲勿施于人
11.培养自省的能力	11.己欲立而立人
12.知和行的联系	12.彼此信赖的社会

---

① 梁秉赋.新加坡的《儒家伦理》教材[J].国际儒学(中英文),2021,1(2):95-104,166.

续表

《儒家伦理：中学三年级》	《儒家伦理：中学四年级》
13. 君子的含义	13. 权利与义务
14. 生活的乐趣	14. 理想的人格
15. 父母与子女	15. 理想的世界
16. 手足情深	16. 儒家思想的主要演变（一）——先秦到隋唐
17 婚姻的价值	17 儒家思想的主要演变（二）——宋明到当代
18 友谊的可贵	18 儒家思想对东亚的影响
19 人民与国家	19 儒家思想与我国社会的关系
20 个人、家庭与社会	20 总结

表 5-2 《儒家伦理》辅助读本中三、中四课文篇目

《他们走过的路——儒家伦理辅助读本：中学三年级》	《他们走过的路——儒家伦理辅助读本：中学四年级》
（一）儒家传统的塑造者	（一）内圣外王的典范
1. 圣人孔子	1. 传说中的古代圣王——尧、舜、禹
2. 孔子的四个学生（勇敢率直的子路、聪明通达的子贡、虚心好学的颜回、事亲至孝的曾子）	2. 商汤和周公
3. 亚圣孟子	（二）儒家传统的塑造者
4. 注重礼乐教化的荀子	3. 主张"独尊儒术"的董仲舒
5. 陆象山要堂堂正正地做人	4. 宋朝儒学的先驱——周敦颐和张载
6. 白鹿洞书院院主——朱熹	5. 温和与严肃的对照——二程兄弟
7. 文武全才的王阳明	6. 不向侵略者低头的儒家学者——顾炎武、王夫之和黄宗羲
（二）体现儒家精神的人物	7. 戴震最喜欢读书
8. 三位伟大的母亲（孟母三迁和断机教子、欧阳修的母亲画荻教子、岳母教子尽忠报国）	8. 韩国大儒李退溪
9. 爱国诗人屈原的死	9. 富有孝悌精神的李栗谷
10. 手足情深的好榜样（聂荣为弟弟牺牲、司马家兄弟的快乐时光、王拯有一个好姐姐）	10. 切合实际的日本儒学家（藤原惺窝和林罗山、中江藤树、山崎闇斋）
11. 司马迁发愤写《史记》	（三）体现儒家精神的人物
12. 苏武牧羊十九年	11. 真正的勇者——蔺相如
13. 班超投笔从戎	12. 用兵如神的诸葛亮
14. 重友情讲义气的关羽	13. 诗圣杜甫
15. 神医华佗	14. 重振儒学的韩愈
16. 女英雄花木兰和秋瑾	15. 范仲淹处处为人着想
17. 郭子仪平乱立大功	16. 包公铁面无私
18. 俭朴、诚实的司马光	17. 文天祥宁死不投降

续表

《他们走过的路 —— 儒家伦理辅助读本：中学三年级》	《他们走过的路 —— 儒家伦理辅助读本：中学四年级》
19. 李时珍爬山采药草	18. 不愿做亡国奴的朱舜水
20. 铁路专家詹天佑	19. 孙中山推翻清政府
	20. 两位为儒学播种的新加坡华人——林文庆和邱菽园

  本教材的作业簿分中三和中四两册，紧依个别年级的课文内容布置练习题，帮助学生巩固已学习过的伦理观念。这些练习方式包括填充、选择题、问答题、完成句子、词语解释、短文理解问答等。

  儒家伦理课程编写组也为授课教师编写了两册（中三和中四）教师手册。该手册分为十个部分：教学目标、行为目的、课文要点、教学法与教学过程、名句、视听教材、活动建议、作业指导、补充资料、参考书目。其中，"补充资料"是本书编者为协助授课教师对各篇课文之中难度较高的内容加深了解，进而深化认识，而从原始文献或学者的论析中萃取出相关的解释、说明，将之汇编在一起，以方便教师阅读消化。将"补充材料"中引用得最多的文献或论著，也就是他们认为应该推荐给教师作为必备或常备参考读物的书籍汇整出一份书单，名为"补充读物介绍"，包括杨伯峻、侯外庐、任继愈、冯友兰、劳思光、熊十力、牟宗三、唐君毅、徐复观、杜维明、梁漱溟、张荫麟、钱穆、余英时、蔡仁厚、方东美、刘述先、邱汉生、陈大齐、黄俊杰、王邦雄、曾昭旭、杨祖汉、梅贻宝，以及狄培理（Wm.Theodorede Bary）等现当代学者的40余部论著。

  师资训练更是其中的一个关键环节。1983年有40余位教师参与了为期4个月的"儒家伦理"课程师训班。第一届师训班学员在1984年3月完成培训。1985年年底，有5届学员约300人完成培训，自发成立"新加坡儒学研究会"，并敦请余英时和杜维明为"会务顾问"，还出版了一份名为《儒家文化》的学报。

  新加坡的国家领导人要向中学生推行学习儒家伦理，是认为当时许多东亚国家和地区在战后快速取得经济起飞，乃得益于其人民之性格意志及精神面貌。这在很大程度上是由儒家伦理观念所塑造而成的，目的便是希望能借此巩固这一文化传统，从而使这一有利于国家经济发展的社会基础得以维持。

三、《儒家伦理》教材的结局与反思

根据梁秉赋的研究，东南亚固有的民间传统渐趋淡薄，新加坡更为严重，亟须以一个现代的视角来撷取传统儒学的精义，这就是新加坡当局要郑重其事、大费周章地编写出一套《儒家伦理》教材的根本原因。新加坡当局不主张用教《四书章句集注》的老方法来教儒家伦理，而是先拟定一个明确的教学目标，再规划出一种能实现这个目标的编写方法。这意味着，教材的编写人员先拟好一个框架，再到儒学的源泉里去汲取合适的内容，把这个框架填满。这个框架的形体，即其所谓的"社会环境"，便是与学生的成长历程息息相关的个人、家庭、社群（学校、职场）和国家等场域。教材的编写人员，就是以这一社会环境的建设为出发点，从儒学的材料里面萃取出可用来把学生形塑成具有理想的道德意识或伦理观念的个体的内容。这部教材以逐句释义的方法，让学生通过直接研读原典来掌握儒学。它所采行的编撰方法是以特定的主题也就是儒家义理观念作为纲目轴心，将散见于不同儒家典籍中的相关思想融会贯穿在个别的主题之下（单篇课文之中），让学生学习和理解。这样的编写方式，其实是需要编撰人员先对儒学义理加以消化，再从中依据课程目标撷取所需的思想资源，将其齐整地呈现给中学生。

这套教材中的儒学内容，其所称述的引文，绝大多数都是儒生所熟稔的教义。单从数据上看，这套《儒家伦理》教材的内涵是扎实的，既能培养"可以使自己的生命得到良好发展"的个体，也能培养一个好公民。参考读物书籍还是以"新儒家"的代表人物或其弟子的论著为主的，明显地受新儒家的精神意气所影响，尤其是在以儒学为核心的中国传统文化如何与西方的现代文明共融并生等问题的理解方面。课本教导学生,在"培养道德品德"的同时，"也（能）发扬科学（研究的）精神"。至于儒学与现代民主政治的关系，牟、徐、张、唐四氏也认为二者并非凿枘难容。

虽然《儒家伦理》中烙有以中国文化为关怀的新儒家思想之印痕，而这套教材也用了两篇课文的篇幅来介绍儒家思想从先秦、隋唐、宋明到当代中国的主要演变，不过，教材的编者也强调儒家伦理这一由孔子建立起来的道德标准和理想，是经过后来许多儒家学者的继承和发扬，才成为今日一套人人适用的人生哲理的。儒家思想不仅是华人社会的传统，也被非华人社会所接受。新加坡是一个由多元民族组成的国家，教材的编者因此刻意说明儒学其实并不仅仅属华人专有，而是东亚多国的共同文化遗产。这虽有其国情上的考量，但也不失为从一个更高的视角来审视儒学的发展。

　　1985年"儒家伦理"课程推出，1986年，当时在新加坡的中学里选修这一课程的学生接近6 000名（中文班学生5 000余名，英文班约700名）。1987年，选修该课程的学生人数增至14 795名。1989年，全国修读"儒家伦理"课程的学生人数，也有14 000多名，占新加坡学生总数的17.8%。然而到了1992年，新加坡教育部在中学生的道德教育方面实施了新的政策，"儒家伦理"及与它同期开办的其他德育课程开始为新的课程所取代。《儒家伦理》这一套教材遂不再在学校里供学生们修习。当年经新加坡国内和国际有心人士的共同努力而留下来的这一套《儒家伦理》教材，在体例及内容的编撰上，其实颇具特色。它对有意向青少年学生教导儒学的人士，也许具有一定的参考价值，可资借鉴。

　　陈映婕以田野调查的研究方法，从华人新移民的文化自觉、传承与创新的角度对十余年迅速发展的海外经典读诵教育兴起的原因、背景及其作用进行了梳理和阐述，认为其兴起的主要原因在于华人新移民在西方社会中普遍遭遇的文化冲突和认同危机，尤其是子女在华文学习中遇到的诸多现实困境。新移民积极创办的经典学习社团——"读经学堂"，在海外华文教育改革中起到了重要的宣导、组织与教学功能。他们在课内外活动中主动选择和传承了跨国文化中具有日常实践性的中华传统文化，如礼敬师长、身心合一、感恩、孝亲、终身学习等观念，在西方语境下努力重构东方君子式的儒家理想人格，从而帮助自身及其子女实现文化上的"安身立命"。读诵经典不仅是海外华人积极开展的华文教育内容和思想形态，也是彼此之间进行社会交往、实现跨文化交流、达成族群认同的重要桥梁。由于海外新移民群体有着较为迫切的家庭教育、族群认同与思想交流等现实需求，此类读经社团未来可能会在更多华人聚居的国家和城市间蔓延。[①] 应该说当下的海外华人读经与新加坡的教育实践有着一定的相似之处。

第二节　中国台湾地区经典课程和教材实践总结与案例分析

　　21世纪初，中国加入WTO之后，随着国民经济的快速发展，对中国传统文化的追思与怀念热度大增，在此情境下，中国港台地区的传统文化传承

[①] 陈映婕.建构西方世界中的"君子"——海外新移民读经教育的兴起及其文化实践[J].华侨华人历史研究，2019（2）：59-67.

一度成为大陆学术文化教育界艳羡的对象。比如，北京大学的鲁鹏一在2009年撰写的《港台国学发展之启示》就颇有代表性。港台地区的文化传承比较连续，没有断层后的空白。国学传承上下联动，丰富多样，面向大众，深入生活。香港新亚书院、台湾鹅湖学社为港台地区的国学发展提供学术研究方面的支持，国学教育、普及与传播方式多样，比如在中小学对国学的学习、传统的书院教育、文化团体的讲课培训、公众媒体的传播等，最普及的方式是台湾学者王财贵推动的读经教育，实践层面展开得比较扎实，"研究—教育—实践"三者构成了国学的整体面向。港台地区使用繁体字，语文教育中古文占比重很大。学习古文培养文化意识、建立民族认同，能更多接触国学的经、史、子、集，港台地区国学教育有先天的优势。台湾地区读经方式有晨读或周会等自发读经，有学校中的读经课，还有私塾里的专门教育。其中，私塾里的专门教育最值得关注。现在的私塾不是传统式的基于宗族、乡里来运作的私塾，而是在现代城市群体中的一种教育方式，且在台湾地区是纳入行政管理部门教育系统内的。私塾与主要面向成人的书院共同构成了国学教育的常规场所，而前者的运作更为成熟，制度也较为完善。林琦敏创办的华山书院，在王财贵等人的推动下成为台湾地区读经教育的核心机构。他们进行儿童读经、师资培训、文化讲座、教材出版、网络宣传等多种工作，并与台湾地区的私塾、读经班多有合作。台湾地区还有很多民间书院，虽然规模很小，但一些同道能够长期坚持读经典，做修养功夫，是非常有意义的。文化讲座在台湾地区也很盛行。推行民间儒学、平民儒学，台湾地区在这方面做得较好，取得了不错的成绩。香港地区属于一种新兴的文化区域，在某种程度上，国学的命运可以说是与"国语"（"国语"是台湾地区的用法，在此借用之）的命运挂钩的。不过，即使有此机缘，国学依然很微弱，少有热心人士推动国学，经典教育也不盛行。就与国学相关的文化机构来说，香港地区较有影响力的有孔教学院，是香港认可的孔教主持机构；还有法住学会，由唐君毅弟子霍韬晦创办。港台地区的实践依然值得借鉴。它们所昭示的社会上有实践，学术上有成就，行政管理部门上有支持，是国学的未来发展应有之义。

一、中国台湾地区传统经典教育的缘起与概述

在郑坛建看来，孙中山晚年把中国革命与继承尧、舜、禹、汤、文、武、周公、孔子以来的"道统"联系起来。蒋介石倾心阳明学，建设国民党亦延续这一思路。蒋介石败逃台湾后，出于"反共抗俄"的需要，儒学成为其民

族主义教育的核心："若要保存和发扬中国的文化，就应该以经书作为我们文化的基本材料。"1966年，国民党掀起"中华文化复兴运动"，加强以儒家价值为中心的文化建设。①

吴丽仙则指出，"台湾当局"为寻求文化上的生存空间，以中华文化"道统""正统"自居，于1966年在全岛发起了"中华文化复兴运动"，希望借此"在社会范围内用传统伦理道德四维八德来规范民众，'使民众生活合理化、现代化，恢复固有道德'，使'民众能弘扬成仁取义之传统美德'"。这一运动一直延续至20世纪80年代末。"中华文化复兴运动推行委员会"明确提出教育的主要对象是青年，工作重点是指导青年的生活与行为实践。"台湾当局"制定了《复兴中华文化青年行为实践运动推行办法》与《青年生活规范》。同时，在台湾地区各大专院校成立100多个中华文化复兴运动推行委员会分会，举办巡回文化讲座、"复兴中华文化"论文竞赛、学术座谈会等活动，宣传国学教育。在具体的教学实践上，台湾地区从小学起就开始加强对学生的古文训练和中国传统思想文化的熏陶，从课程安排到教材编撰，国学教育都占有很大的比重。在台湾地区小学生每周40个小时的课程安排中，"国文"、历史、公民道德等与国学相关的课程几乎占了一半。从小学二年级开始，每个学生还必须学习用毛笔写作文，每周1～3篇。台湾地区"国中"学生每学期学习15～18篇国文课文。其中，文言文占比将近50%。高中则采用三种"国文"教科书：《高中国文》《中国文化基本教材》和《国学概要》，这套教材在台湾地区沿用了40多年。《高中"国文"》类似大陆的《高中语文》课本，《中国文化基本教材》的内容包括《论语》《孟子》《大学》《中庸》等国学经典。这两种教材是台湾地区高中三学年六学期每个学生必修的"国文"科目，要求学生逐章逐节背诵、默写这些国学经典，并且进行考试。高二分文理科后，文科学生还必须选修《国学概要》，主要是关于国学的一些基本知识，如对《四库全书》经、史、子、集的概要性介绍等。各高校中文系设立了相当系统、齐全的学科门类，一些冷门学科如音韵学、训诂学等也有一批学者与学生研究。经过努力，台湾地区已形成小学、中学、大学相对接的、较为完整的国学教育体系，固守国学教育传统成为台湾学校教育的一个重要特征。②

不过，根据谢远笋的研究，自1949年以来，台湾地区的高中国文科课程标准（课程纲要）经过了数次修订，但一直到1962年所公布的高级中学课程标准中，才将《中国文化基本教材》纳为高中国文教学的一部分，课程

---

① 郑坛建. 台湾高中"中华文化基本教材"课程评述 [J]. 语文学习，2018（2）：13-19.
② 吴丽仙. 国学教育传统的理性固守——以台湾地区为中心 [J]. 教育评论，2008（6）：119-122.

内容为《论语》《孟子》选授。①

二、台湾地区中华经典课程与教材的发展历程

郑坛建以台湾地区构建经典的六个课标来划分课程和教材发展的阶段。1954 年,旨在培养小学教师的 3 年制师范学校开设"中国文化基本教材"课程,1956 年向高中推广。1962 年,高中"中国文化基本教材"课程正式设立。该课程每周一节,近年从必修改为必选,教材从 3 册发展到 6 册,最后减为 2 册,改称"中华文化基本教材"。1962—2017 年,"中华文化基本教材"课程产生了 6 个课程标准和课程纲要,分别为"1962 年课标""1971 年课标""1983 年课标""1995 年课标""2006 年暂纲"和"2010 年课纲"。

发展阶段:"1962 年课标"规定了课程的基本内容,即"四书"中的《论语》和《孟子》,重视义理,突出文化功能。"1971 年课标"与"1962 年课标"的区别在于教材的编写需用语体文(现代白话文)注释。两个课标使用了 21 年,是为"发展阶段"。

过渡阶段:"1983 年课标"变化较大,选材范围扩大至"四书",要求教材采用分类编辑。使用该课标的教材有两个版本,即陈立夫版和董金裕版(董金裕曾为陈立夫秘书)。陈立夫版以陈著《四书道贯》为蓝本,因种种缺陷只使用了 5 年,但分类编辑的方式经过董金裕版的改进后沿用至今,是为"过渡阶段"。

成熟阶段:"1995 年课标"对教材内容的规定更细致,但不再限定编写方式。1999 年,台湾高中教材开放民营出版社编写,产生了康熹、三民、南一、翰林、龙腾和编译馆等版本。

衰落阶段:2004 年,民进党再度上台。2006 年,该课程按照台湾地区教育主管部门颁布的"2006 年暂行课程纲要"施行,有三个方面的变化:一是更名为《论孟选读》;二是从国文课程中独立出来,改必修为选修;三是课时改 6 学期为 2 学期。此番修订可谓伤筋动骨,导致课程边缘化,很多学校不再开设。2008 年国民党重新上台,在各方要求下,教育主管部门出台"2010 年课程纲要",更名为《中华文化基本教材》,改选修为必选,即课时为 4 学期。由于国民党对各方的妥协和折中,该课程不复当年之盛,教材最终减为 2 册,是为"衰落阶段"。②

---

① 谢远笋.台湾高中传统文化教育述论——以《中国文化基本教材》为例 [J].福建师范大学学报(哲学社会科学版),2018(2):128-136,153.
② 郑坛建.台湾高中"中华文化基本教材"课程评述 [J].语文学习,2018(2):13-19.

长期关注台湾地区国学教材的厦门松柏中学林采凤从课程和教材发展的历史过程出发，将台湾地区国学教材的演变划分为四个阶段。

1966年以前：国学教材的初起时期。1945年国民党接管台湾后，认为语言文字与历史是民族精神的要素，开始重视民族精神教育。1949年后，国民党开始提倡教授国学。这个阶段的国学教材最开始命名为《中国文化基本教材》，于1954年在师范学校使用，此类"师范学校"是"国中"毕业后所读的3年制学校，毕业后可以当小学老师。试行2年之后，反响不错，遂于1956年在高中推广，附属"国文"课，被列为必修课程。高中3年的6个学期，每周授课1小时。所用教材最开始的版本是白文本，按原著篇章次序，选录《论语》《孟子》的白文，没有注释。目前尚未找到这一版台湾地区的国学教材，主审定者是谁也难以考证。

1967—2002年：国学教材的鼎盛时期。《四书道贯》是《中国文化基本教材》系统化的蓝本。《四书道贯》的编者为陈立夫，《四书道贯》的书取孔孟之道"一以贯之"之意，陈立夫将《大学》《中庸》《论语》《孟子》四书分"格物""致知""诚意""正心""修身""齐家""治国""平天下"八篇归纳讲解，使之成为系统性很强的整体，为台湾地区国学教材的系统化做了很大的贡献。①1971年，台湾"教育部"又增加了《国学概要》，内容主要为文字变迁及经、史、子、集概要，是清代纪晓岚编纂的《四库全书》的大致轮廓。自此《中国文化基本教材》和《国学概要》成为台湾地区中学生的国学必修教材。《中国文化基本教材》和《国学概要》成为台湾地区系统的国学教材，虽经统编本、一纲多本演变，但万变不离其宗。《中国文化基本教材》是必修教材，总共六册，供台湾高级中学一年级至三年级使用，第一至第三册是《论语》选读，第四、第五册是《孟子》选读，第六册是《大学》和《中庸》选读。《国学概要》虽是选修教材，却是高二年级分班后文科一定要修的，分上下两册，高二文科上下学期用，内容是中国清代《四库全书》中的经、史、子、集，内容共分六类：上册为国学的基本认识、文字学概说、经学概说；下册为史学概说、子学概说、文学概说。

2002—2008年：国学教材的没落时期。2000年陈水扁上台后，推行"去中国化"的闹剧，这种政治斗争亦波及教育领域。据台湾康熹版国学主编董金裕教授介绍，陈水扁本来想把这个课程废掉，但是遭到反对，最后不得不妥协，但要求把必修改为选修，从国文课中独立出来，学时由原来的6个学

---

① 根据现代学者的研究，虽然其主题式编写得以继承，但陈立夫的《四书道贯》演变而成的教材并未取得成功，这是需要注意的。

期改为 2 个学期，以前教 3 年的课，现在最多只教 1 年。同时，《中国文化基本教材》这一沿用几十年的教材名称也被改为《论孟选读》。随着陈水扁的"去中国化"政策的实施，台湾的经典教育开始走向没落。2004 年，台湾颁布《2006 年度高级中学国文课程暂行纲要》，2006 年正式废除原有的《中国文化基本教材》，改为于每册课本内各选录诸子文选一篇，另可开设"论孟选读"选修课程。据说只有为数不多的学校如建国中学、中山女高等仍继续讲授《中国文化基本教材》。

2008 年至今：国学教材的挽救时期。台湾地区青少年的语文水平下降，引起社会各界人士的深深忧虑。著名作家余光中、张晓风等几十位台湾学者发起成立了"抢救国文教育联盟"。"抢救国文教育联盟"副召集人张晓风表示，对年轻老师不懂"四书"教学的现象感到忧虑。2008 年马英九上台后，改组编译馆为教育研究院教科书发展中心，组织另编教材，由必修改为必选，2 个学年，4 个学期，每周 1 课时，授课的时数有所增加。书名由原来的《中国文化基本教材》改成了《中华文化基本教材》，于 2012 年正式出版发行。此套教材选辑的内容仍为《论语》《孟子》《大学》《中庸》，但内容比鼎盛时期的版本浅显。另有台湾教育事务文管部门编印的《中华文化基本教材》1—4 册，第一、第二册为《论语》，第三册为《孟子》，第四册为《大学》和《中庸》。鼎盛时期的《国学概要》则变成《国学常识》，有的学校甚至未恢复授课。①

谢远笋根据教材的版本变迁试图探索教材内在的编写思路，探讨经典传承与政治发展之间的关联。他认为 1971 年以前，《中国文化基本教材》并没有"部编本"（又称为"统编本"），只有"审定本"。"部编本"是由台湾地区教育事务主管部门编辑发行，并在全台统一使用；"审定本"是指出版机构根据课程标准组织编写，经过教育事务主管部门审定通过而上市发行，由学校自行选用的教材。这期间有数种不同版本的教材并存，如由柯树屏、万骊编著，正中书局出版的《中国文化基本教材》便是其中影响较大的一种。

1971 年开始，高中"国文"科《中国文化基本教材》有了"部编本"，即由编译馆负责组织实施，由李曰刚编著、陈发轫审定的《中国文化基本教材》（初版于 1971 年 8 月），沿用到 1982 年。1971 年台湾教育事务主管部门发布了新的课程标准，《中国文化基本教材》的部分与 1962 年标准并无太大不同，规定编选范围为"选授《论语》与《孟子》"，要求"《中国文化基本教材》以阐明义理、躬行实践为主。讲读时，宜配合日常生活，尽量发挥意蕴，

---

① 林采凤.台湾国学教材的演变及启示.福建基础教育研究[J]，2015（7）：24-26.

使透彻领悟，而于动静语默之间，陶镕优美情操，培养健全人格"。

进入20世纪80年代，台湾地区教育事务文管部门有意将《大学》《中庸》一并纳入教材。陈立夫的《四书道贯》已是现成之作，径直将其拿过来加以改编使用。陈立夫在旅美期间，潜心研究中国文化，并完成《四书道贯》一书。《四书道贯》本《中国文化基本教材》（以下简称《四书道贯》本）不仅在取材范围上涵盖整个"四书"，而且在编纂体例上与此前也大不相同，不再遵循《论语》《孟子》原来的篇章格局，而是采用陈立夫的《四书道贯》组织架构，具有鲜明的个人色彩。

中国台湾地区的课程标准通常十年左右修订一次，《四书道贯》本编纂时，新的课程标准尚未发布，而1971年的课程标准明明规定教材的选授范围仅为《论语》《孟子》。为了化解这个矛盾，台湾地区教育主管部门在新的课程标准出台前，为此专门下函："同意将《大学》及《中庸》纳入"，这样就为教材扩展为《四书道贯》的合法性提供了保证。1983年颁布的"高级中学课程纲要"是为"四书"本量身定做的，除了扩充至整个"四书"，体例也改为分类编纂。《四书道贯》本初版于1983年8月印发，教材甫经推出，便引发巨大争议，社会反应强烈。

董金裕主编的《中国文化基本教材》（以下简称"董本"）虽也是分类编纂，但它遵循"四书"本来的义理结构，按照《论语》《孟子》《大学》《中庸》的次序分册编写，条目清晰，程度适宜，便于教学，收效良好。因此，董本也成为日后编写《中国文化基本教材》的重要参考。董本自1988年开始使用，直至1998年，前后持续了11年，经历了10个版本。1999年，教材开放后的各家版本及《中国文化基本教材》废止后，作为所谓"文化经典教材"选修科目之一的《论孟选读》也大多延续了董本的架构。甚至在多年以后，中华书局在2013年将董金裕主编的《中华文化基本教材》引进大陆，在几所知名的重点中学试行，其影响力可见一斑。

三、台湾地区传统经典教育评价及启示

中国台湾地区的中华经典教育，在日据时期受到有意铲除，在1949年之后，前期得到不断强化，以"中国文化复兴运动"为大舞台，以《中国文化基本教材》为课程特色，21世纪初受民进党影响，推行"去中国化"，经典教育被去除，但在经典课程建设和教材编写以及教学实践方面仍然积累了不少经验，值得借鉴。

台湾政治大学教授、《中国文化基本教材》的编写者董金裕说："我是受传统文化教育长大的。"过去，台湾地区教育的思想基础就是富有浓厚儒家思想内涵的"四维八德"。"大家到台湾去，会发现很多学校的大门上都有'礼义廉耻'四个大字，礼就是'规规矩矩的态度'，义是'正正当当的行为'，廉是'清清白白的辨别'，耻是'切切实实的觉悟'，这曾是全台湾学校的校训。它出自《管子》的'四维'，与孙中山先生提出的八德'忠孝、仁爱、信义、和平'合称'四维八德'。这就是我们当时教育的基准。"其中小学阶段，传统文化的教育也很有序，越到高中阶段，内容越多，深度越深，董金裕称其为"反刍式教育"。小学阶段主要教授以儒家为主的经典改写的白话文故事。如介绍孔子的因材施教，介绍孟子时就讲孟母三迁，讲到孝悌之道时就讲孔融让梨……这些故事还以文字或图片的形式挂在教学楼的走廊上。小学现在则比较强调贴近老百姓的实际生活，不再唱高调。初中阶段，开始从经典里面选文章，基本以故事性文章为主。高中则大量读《六子书》和《论语》《孟子》《大学》《中庸》里的文章。"学生在学校经过这种教育，此后随着阅历体验的增加，他们就会慢慢咀嚼吸收经典中的'养分'，教育效果就会慢慢体现出来了。这是一种反刍式的教育。"董金裕通过日常生活和社会风俗的感受，提出这种传统文化教育对台湾社会影响很深刻。"这种传统文化教育对当地民众有着很深的影响。记得我上小学时课前十分钟是晨间检查时间。老师检查每一排的排长，排长则检查每个同学，看大家有没有带手帕或卫生纸，指甲有没有剪整齐，耳朵有没有洗干净，督促大家养成好的卫生习惯。现在的老师不会再检查这些了，因为大家已经习惯了干净和自检。""如今，台湾人做什么事都会自动排队，在公交车上会主动让座，乘扶梯时会自觉靠右站……这些日常生活中都是受儒学思想潜移默化影响后的具体体现。不少中国大陆、香港，新加坡和欧美的朋友，都说台湾地区最美的风景是人情，人与人之间的互动还蛮温馨的。这一点也觉得是蛮可贵的。"当然，董金裕认为，传统文化教育不仅仅是学校的事，事实上与家庭教育、社会教育紧密关联。"不过话讲回来，很多东西完全靠学校的教育还不太够，必须要家庭教育、社会教育整体配合才会产生效果。"[①]

吴丽仙评价道："六十多年来，台湾地区固守国学教育传统，不是对中国传统文化盲目、消极的维护，而是表现出理性的特征。传统文化的固守，是台湾民众文化寻根的体现，是一种精神意义上的回归。""国学教育传统的

[①] 董金裕，曾国华．董金裕：传统文化滋养我一生[J]．中小学管理，2013（6）：50．

理性固守,对台湾社会的稳定、文化素质与道德水平的提高、文化事业的繁荣,发挥了积极作用,其中的一些成功经验值得我们借鉴。"①

郑坛建则认为,在学理上,"基本教材"作为课程名称欠妥,"中国文化"的名称也不合适。半个世纪的教材编撰,都只选录《论语》《孟子》《大学》《中庸》等儒家经典,未涵盖其他学派著作,台湾"中华文化基本教材"应名为"四书选读"的儒家经典课程。②

谢远笋通过检讨台湾地区传统文化教育的正反两个方面的经验,得到以下启示:首先,传统文化教育的经典教育的性质不容改变。经典是文化传统中提供基本价值理念、秩序、意义的部分,具有存在论上的优先性。经典教育在于通过生命经验与经典的对话解决存在的意义问题。与政治教育、知识教育性质不同。经典教育不是要将经典神圣化,也绝非抱残守缺的复古运动,而是现代公民教育不可或缺的组成部分。其次,通过中华优秀传统文化教育,加强国人的中华文化认同,增进其文化心理的共识,具有长远的战略性意义。文化认同是政治认同的基础。无论当代自由主义如何强调多元主义、价值中立,都无法彻底割裂文化传统与国族认同的内在关联。每一个中国人都应对中华文化起码的认知与温情的敬意,否则不仅"文化认同""文化自觉""文化自信"无从谈起,民族认同、国家认同也将失去基础。如果国民与国家之间仅仅是一种契约关系,对本民族历史文化传统没有基本的认同,将是极易于解体而不稳定的。最后,相对于"政治中国""经济中国"或"意识形态中国"而言,"文化中国"超越而包容三者,可以弥合海峡两岸不同政治实体及其不同意识形态所构成的分裂局面。以文化认同作为其根基,相较于政治民族,文化民族更具稳定性与凝聚力,海峡两岸民众一致的文化认同有助于弥合由特定历史时空造成的政治认同的分裂。③

第三节 贯穿国民教育体系始终的传统文化教育实践总结与案例分析

1990 年以来,中国大陆的经典教育在民间表现为"读经运动",在社会上表现为"国学热",在各级各类学校则表现为"经典诵读、传统文化和经

---

① 吴丽仙.国学教育传统的理性固守——以台湾地区为中心 [J].教育评论,2008(6):119-122.
② 郑坛建.台湾高中"中华文化基本教材"课程评述 [J].语文学习,2018(2):13-19.
③ 谢远笋.台湾高中传统文化教育述论——以《中国文化基本教材》为例 [J].福建师范大学学报(哲学社会科学版),2018(2):128-136,153.

典课程"的开展，本节选取九个典型实践案例，涵盖从省级层面的地方必修教材、大学的经典课程体系、中学阶段（包含高中、初中、职业中学）、小学阶段、幼儿园、教师进修学校等方方面面的实践成果，希望读者能够通过这些典型案例来了解近三十年中国大陆的传统经典教育发展的面貌。

一、主题推进与多元融合的山东传统文化教育模式[①]

山东自2008年起就将"传统文化"纳入了义务教育地方必修课程。从2017年秋季学期开始，山东又在小学、初中、普通高中全面启用了中华优秀传统文化教材，开设中华优秀传统文化必修课程，由此成为全国第一个在小学、初中和普通高中三个学段全面开设"中华优秀传统文化"课程的省份。

近十年来，传统文化教育在山东省中小学校得到不同程度的发展，读诵经典、地方和校本课程、非遗文化等，各有选取，各呈形态。成绩斐然，问题也明显，组织散乱化、教学碎片化、文化知识化、学科化问题是当下传统文化教育应该深刻反思的几个问题。组织散乱化，表现在传统文化教育长期缺乏有系统、有组织的协调、管理，区域、校际缺乏协同、交流，学校各自为战，热情有余，但难保方向性的偏差。教学碎片化，表现在教学时间不确定，内容随意，散点碎片的现象突出。文化知识化，主要指传统文化教育是浸润、融入教育，不是单纯的知识传授，回归文化传承的本源、探求文化精神的认知途径是实现创造性转化和创新性发展的长久任务。学科化问题表现在以下两个方面：一方面，传统文化教育应探讨学科化建设，探索新时期传统文化教育教学新规律，这在高层级教育中是必需的；另一方面，针对中小学的基本教育格局和教学机制、考试体制，传统文化教育可否独立学科化，进而列入统一考试中，应该理性且深入地进行思考。如何走出教育教学中的实际困境，突破发展"瓶颈"，成为我们需要思考的头等问题。

推进传统文化体验教育，其切入点、着眼点和目标指向就是让青少年学生从中华优秀传统文化中"生欢喜心，增亲近感，发文化力"，这是我们传统文化体验教育的"生发观"。我们倾力倡导传统文化体验教育，就是不希望青少年一代因为课业、内容、教学方式等的问题，对中华优雅、醇厚、美丽的传统文化产生逆反心、疏离感，应从朴素的感情和感性的认识出发，引导青少年在传统文化中获得新的文化发展的力量。为了使各实验学校在中华优秀传统文化的背景下，紧密融合齐鲁文化、当地文化与校本文化，主题化、

[①] 本节内容写作得到耿成义老师（山东省教科院传统文化教育中心主任，研究员）的资料支持，有删改。

特色化地积极推进传统文化教育的实验进程，创新教育方式，提升教育质量，省教科院发布了《关于山东省传统文化体验教育实验学校建设方向与实验主题选择的通知》，确认实验学校的建设方向与实验主题，引导各实验学校依据课题研究、教育设施、师资培训、课程教材、实践活动、学校文化、系统构建等大方向实施主题化推进；尝试构建山东省传统文化分类教育共同体，包括中华诗教、经教、乐教、书法、新媒体教学联盟（数字国学教学、多媒体国学体验）、非遗传承联盟、地域文化教育合作体、民艺民俗教育合作体、研学游合作体等，形成以课程教学为主、多学科融入、多元文化融合的传统文化教育格局。

2017年秋季，山东省率先将传统文化教育地方必修课程纳入国民教育体系，八家出版社的小、初、高三学段的中华优秀传统文化教材，陆续进入全省中小学课堂。与此相应，山东省教科院中国传统文化教育中心和山东教育学会传统文化教育专业委员会在全国率先倡导和开展了中小学生传统文化体验教育，引领全省深入推进优秀传统文化的情境体验、活动体验、生活体验、社会体验、项目体验以及基地体验等体验教育活动。2017年12月"全省传统文化教学观摩暨山东省传统文化体验教育第二届年会"召开，"课程教学"成为年会的中心主题。山东省第一次传统文化的课例遴选和公开观摩，旨在鼓励全面探索，创新教学方法，寻求符合传统文化教育自身规律的新途径。课程教学的倡导激发了全省相关教师的文化热情。2018年12月27日至28日，山东省优秀传统文化体验教育第三届年会暨传统文化公开课观摩会在山东潍坊举行，首批88所"山东省传统文化体验教育实验学校"通过复查审核，增设了第二批"山东省传统文化体验教育实验学校"52所，设立"春秋课堂"36个，"春秋课堂"培育工程同时正式启动。会上进行了山东省优秀传统文化体验教育公开课观摩活动，推动中华优秀传统文化教育教学方式创新，推介优秀教师，培育优秀课例，辐射带动中小学传统文化教育教学的深入开展。山东省传统文化体验教育实验学校校长及团队人员、传统文化教育特约研究员、传统文化教育教师等近600人参加了会议。

二、广州大学的"互联网+经典教育"实践[①]

广州大学自2009年以来先后出台了一系列文件和规定，如《广州大学中华经典通识类选修课程建设方案》《关于开展中华诵·经典诵读学习活动

[①] 本节内容写作得到广州大学屈哨兵书记的文稿提供，有删节。

月的实施办法》《中华经典诵读学分考试实施方案》《中华经典进中小学行动实施方案》《关于成立"经典百书阅读推广指导中心"的方案》等，建设了以精品通识课、视频公开课为主的课程体系，建立了考试评价机制；成立了"经典百书阅读推广指导中心"，负责全校中华经典阅读活动的开展，并实施中华经典进中小学行动方案，充分发挥了学校教学管理政策和保障措施的支持作用。截至2018年12月，该校6万余学生受到中华经典教育的浸润，专题资源点播平台和各类在线课程访问量已达28余万人次。

广州大学开展了基于中华优秀传统文化传承的高校"互联网＋经典教育"模式的构建与实践的教育部课题研究和实践，基于"互联网＋"的思路和传播学"5W"模式理论，从中华经典教育的目标、主题、内容、方法与评价等方面，按照"谁来读""为何读""读什么""怎么读""读的效果如何"的结构，借助互联网技术与中华经典教育的深度融合，构建了以"互联网＋经典通识课程""互联网＋经典阅读与推广""互联网＋经典教育评价"为主体的"三维一体"的中华经典教育模式。该模式以学生为中心，以互联网技术做支撑，以"三结合"（第一课堂与第二课堂相结合，线上学习与线下活动相结合，校内学习与校外实践相结合）的教学实践方式与"三走进一走出"（走进大学课程与教学体系，走进中小学，走进社区，走出国门）的应用推广方式，全方位、多样态地开展中华经典教育。

实现了课程资源开发的创新。充分利用互联网技术和学校人力资源的优势，将中华经典与互联网技术深度融合，打造了以多门国家级、省级视频公开课、慕课，如以"唐宋八大词人""唐诗十二讲""史记导读""四书导读"等为核心，以一批中华经典通识教材与"中华经典诵读选本"为主干，以深受大学生认可、喜爱的"中华经典百种阅读书目"与"经典百书专柜"为支干，以中华经典诵读网站、中华经典音视频点播平台为辅助的独特的"互联网＋经典教育课程"资源体系。

实现了教学方式方法的创新。基于"互联网＋经典教育"的思路，采用了第一课堂与第二课堂互补、线上与线下相结合的教育方式。线上开通了中华经典诵读网站，开设了系列国家级、省级中华经典教育视频公开课、慕课，开发了"中华经典诵读学习软件（国家版权局，软著登字第1883852号）"和"中华经典诵读考试软件（国家版权局，软著登字第0505976号）"，广泛开展经典的"微悦读""移动读""泛在读"等活动。线下在校内开辟"诵读角"，定期举办中华经典诵读大赛；依托"博学讲坛"，开展中华经典讲座、征文比赛；举办"青春中国梦·南粤大学生语言艺术节""中华经典诗文鉴赏会"等活动。广州大学通过经典诵读活动，实现了推广途径的协同创新，并借助校际合作进行成果推广，如在与教育主管部门的合作中，实施大、中、小学中华经典教育的"三联动"；积极实施经典进社区、出国门活动，等等。

三、广东省肇庆市传统文化教育实践[①]

2014年9月，广东省肇庆市教育局通过了广东省深化教育领域综合改革试点项目"完善立德树人工作长效机制"的实验申请，制定《肇庆市中小学开展中华优秀传统文化教育工作方案》，在全省率先实行地级市区域一体化，分学段有序推进中华优秀传统文化教育，以"中华文化经典"选修课程为抓手，推进以经典诵读为主要内容、以知行结合为教育原则的中华优秀传统文化教育。

肇庆全市学校所使用的《中华传统文化经典汇编》教材，收入了十一部中华文化经典全文，关注学生核心素养的养成和终身发展。教育局从市内中小学分别抽调两名传统文化底蕴深厚、德育工作经验丰富的一线教师专职负责全市中华优秀传统文化教育的推进工作，并成立了市中华优秀传统文化教育指导中心，负责编写教材读本、教学参考，制作发放各年级教材音频材料等。在全市550多所中小学（幼儿园）进行实践和探索，构建了各学段分层递进、螺旋上升、纵向衔接的课程体系，建立和完善了以有教材、有课时、有教师、有经费的"四有"为保障，倡导知行合一、立体联动的立德树人工作长效机制。明确由各区（县）教育局德育股室作为执行机构，明确教师的核心作用。以弘扬爱国主义精神为核心，以家国情怀教育、社会关爱教育和人格修养教育为重点内容，强调"以诵读为主"的教学方法。市政府每年安排传统文化教育专门预算经费。制定中华优秀传统文化教育系列评优方案；完善传统文化教育主管领导、任课教师的日常工作评估方法；完善传统文化教育教学效果的监测评价方案；完善面向学校和社会学习者的"一网页三平台"，即肇庆市教育信息网"中华优秀传统文化教育"网页，《肇庆市中华优秀传统文化教育简讯》和"肇庆传统文化教育"博客，结合QQ、微信群组等社交平台，为教师提供充分的交流和咨询机会，缩短区域内各地各学校的差距。

[①] 本节内容写作得到唐文明老师（广东肇庆中学语文高级教师，肇庆教育局德育科教师）的资料提供，有删改。

四、北京四中初、高中部传统文化教育实践 [①]

1. 北京四中初中部的国学经典与学生发展实践

北京四中初中部一直致力于立足语文学科教育的主阵地来渗透传统文化的教育,力求在日常教学活动中帮助学生亲近与感悟国学经典,谋求学生长足的发展。

(1) 课内主题学习,聚焦经典

在语文学科的教学中,该校会以教材为依托,设计传统文化相关的教学主题,集中进行关于经典作品及传统文化的学习。以语文教学为例,该校曾以八年级教材中的《周亚夫军细柳》为依托,组织学生进行《史记》的专题学习。在七年级以教材中的《咏雪》《陈太丘与友期行》为依托,进行了《世说新语》的专题学习。除了这些经典作品的专题学习,该校也会设计与传统文化相关的主题学习活动。如七年级下册教材的"家、国、天下"主题,该校不仅以教材中的《邓稼先》《最后一课》《黄河颂》《土地的誓言》《木兰诗》为依托,还利用校本教材《文心》给学生补充了大量诠释"家、国、天下"主题的人物和故事篇目。再如"诗意山水"主题,这个单元的篇目是《三峡》《短文两篇》《与朱元思书》《唐诗五首》,该校将这个主题定位于"诗意山水",希望引导学生思考中国古代文人与山水的关系。总之,该校的教学不是关注一个个独立的篇章,而是抓住这些契机让学生更深入地接触这些优秀文化,去理解,去认同,进而去热爱。

(2) 校本课程设置,亲近经典

该校有一些校本的教材和课程设置,也是在辅助进行传统文化教育,希望拓展学生接触经典的范围,让学生更亲近经典。首先,在《文心》的校本教材之外,该校编订了《唐诗读本》和《宋词读本》,共有唐诗80首和宋词40首。在书中,有较为详尽的注释,所以只需要求学生背诵,按照学生的实际能力,最低限度是背诵40首,80%的学生要背诵完所有的篇目。希望学生首先有大量的阅读和背诵的积累,在这个过程中学生会发生一些肉眼不及但确实会存在的变化。其次,学校的选修课,语文组也开设了很多关于传统文化教育的课程。例如,选读《诗经》、戏说《水浒》、跟随古诗词去旅行等,通过这些课程,让学生更广泛地浸入优秀的传统文化中。最后,该校的国学课是初一、初二年级学生的校本必修课,是正式课表里的。初一每周一节,

---

[①] 本部分内容写作得到北京四中于鸿雁老师的资料提供,有删改。

初二每两周一节，该校的国学教学要伴随着学生走过两年。

（3）校园氛围营造，浸染经典

该校还会通过一些语文学科开展的活动让学生在潜移默化中浸染经典。2007年4月，该校开展了"阅读季"活动，本次的主题是"春天·少年·梦想"，以诗歌为主要阅读内容。在此次活动中，该校不仅开展了丰富多样的活动，如"诗情画意"诗配画创作大赛、"春日新声"诗歌朗诵大赛、"腹有诗书气自华"诗词竞赛、"少年情怀总是诗"原创诗歌大赛等，让学生浸润在传统文化的氛围中，并逐渐内化；而且注意校园氛围的营造，将此活动命名为"春天，行走在诗歌里"，每位语文老师推荐50首诗歌，张贴在校园中，鼓励学生抄诗读诗，接受诗歌的浸润和熏染；此外，学校还开展课文剧大赛，鼓励和指导学生依据各种国学经典自导自演舞台剧。

（4）校外天地探索，感悟经典

该校不仅在校园内致力搭建学生与国学经典间的桥梁，还带领学生走出校园，亲近祖国大好河山。学校诺贝尔园、东灵山、西双版纳里处处都有学生探索求知的身影。在校外学习实践中，学生到江南寻找历史人文踪迹，到岳麓书院感受"于斯为盛"的传统文化传承，到岳阳楼感受"先天下之忧而忧"的情怀，从而感受到中华文化的博大精深。这些丰富的校外学习实践，拓宽了学生的视野，增长了学生的见识，让学生感悟到经典鲜活的魅力。

2. 北京四中高中部人文经典教育实践

进入21世纪，北京四中高中部提出了"人文基础、科技特色、多元发展"的课程建设理念。为了更好地继承学校的优秀传统，北京四中成立了人文教育工作室，设置了人文实验班。在中学教育的高级阶段，国学经典教育要充分考虑学生的年龄特点和认知规律，真正落实经典的阅读、文化的传承和品格的养成。运用有效的策略引导学生读起来、帮助学生读下去，是第一要招。让国学经典走进学生的生活和心灵，这是最终目的。

自2007年起，建设人文游学课程；自2011年起，开设人文拓展课程。其中，阅读国学经典、祭拜古圣先贤、参观文化遗产是重要内容。人文实验班等特色班集体的教育实践经验在学校乃至市区得到了推广和印证。2016年，于鸿雁负责的"高中人文特色课程的建设"被评为西城区教委委托课题。2018年，多人参与、汇聚多年教育智慧的《北京四中人文游学课》由教育科学出版社出版。

在读写《论语》教学实践中，该校得到以下规律。其一，直面文本。这两个文段都是在学生阅读了相关章节后完成的读后感。要让学生接触到经典原文，不可道听途说，不可随意附会。要有亲身体验、消化的过程。只有这样，学生才能够真正受益。其二，自主感悟与适当点拨相配合。国学经典阅读不可强灌，学生需要领悟空间和自由度，在学生困惑时，教师进行指导，以期达到最佳学习状态。其三，坚守与包容相结合。国学学习既然有"回眸"特点，既要在文化的传承上有核心文化价值观的坚守，还要允许学生大胆地质疑，进行思辨性论证，找到与现实生活相契合的文化生发点，只有这样，优秀传统文化才能真正走进学生心里。其四，思辨与情感相渗透。高中生的经典阅读要有情感投入，但是不可流于肤浅的情绪传递，而要追求思考的深度和广度。思考的深度和广度还表现在将自我与他人、自我与历史联系起来，更好地思考自我生命状态。进行读写结合的经典阅读教学实践正是为了达成这样的教育效果。其五，多样的课堂形式，增强师生交流、生生交流的畅通性。除了语文课堂上师生的彼此对话外，课下学生的交流可以以网络课堂、微信课堂等多种交流形式完成。在当今信息技术高度发达的今天，技术的进步有助于实体课堂的延展。这两个文段便是在网络课堂上提交的，不仅教师阅读了，而且学生层面也得到了迅速及时的传播。这样，可以更好地激发学生的创造力。

五、北京市密云区职业学校的"德才兼修"传统文化教育实践[①]

密云区职业学校是密云区唯一一所中职学校，学校高度重视学生的全面与健康发展，确定了"德才兼修，术业专攻"的校训，并致力于通过形式多样的教育活动构建书香校园，使学生在启智养德过程中感受传统文化的魅力，成长为"德才兼修"的劳动技能型人才。优美的校园环境彰显了文化内涵。校园内电子大屏定期播放展示中华优秀传统文化的名诗名句，让学生在不经意抬眼间、驻足时就可以受到熏陶和渐染。不同风格的雕塑散发着艺术和文化气息，发挥着育人功效。精品楼道文化，彰显书香校园。在教学楼、实训楼、图书楼分别设计了不同主题的楼道文化。突出以传统文化中华经典为主题的宣传标语、名人介绍、作品展示等。依据专业特色，开发传统文化课程。开设硬笔书法、插花、茶艺、美工等89门中小学职业体验课程。晨光诵读经典，营造浓厚读书氛围。学校安排每天的"晨光诵读"，要求全体学生每天诵读渗透中华优秀传统文化的内容，高一年级诵读《弟子规》，高二年级诵读《青少年成长四字诀》，高三年级诵读《中华优秀诗文选》。走进汉字世界，感悟

---

① 本节内容写作得到北京市密云区职业学校毛艳老师（中学高级教师，教务处主任）的资料提供，有删改。

汉字之美。学校坚定不移地让学生进行硬笔书法练习，就是让他们在练习过程中体会汉字之美，体会中华文化的博大精深。弘扬太极文化，传承中华国粹。学校从1996年起开始在课间操推行太极拳，已坚持20年。每学期学校要举行太极拳比赛，在每年秋季运动会的开幕式上太极拳表演是保留项目；开设精品文化社团，提升学生综合素养。目前开设书法社团、朗诵社团、插花社团、茶艺社团、礼仪社团、课本剧社团、腰鼓社团、竹竿舞、工艺画、木偶、特色小吃等社团38个。学校积极支持教师在传统文化方面进行教科研研究，相继编写《礼仪规范与形象修饰实训教程》《青少年成长四字诀》《中华优秀传统文化》等教材。

六、复旦附中五浦汇实验学校"君子五教"实践[1]

2016年，复旦五浦汇实验学校在"人生教育"的基础上，提出了"人生教育，君子养成"的口号，指出学校教育的最终目的是"养成君子"。2008年，该校提出"君子五教"，即诗教、礼教、乐教、科教、家教的教育理念，形成一套完整的、适应于现实需要的教育实践体系。"人生教育，君子养成"的精神与"五教"的理念是"体"与"用"的关系。"五教"的核心价值理念和最终目标指向，就是"养成君子"，塑造中华民族传统所崇尚的理想人格，弘扬中国式的高贵精神。

诗教。在孔子的诗书礼乐等几大教育科目里，"诗教"居于首位。弟子入门必须学诗。家庭教育也必以"诗礼传家"。这首先是出于交际表达的需要。孔子曾经告诫自己的儿子孔鲤"不学诗，无以言"，而诗教更重要的一层意义，在于对"性灵"潜移默化的培育。

该校的诗教，引导学生了解芸芸众生及人间万象，培养学生的同情心，为增进社会安定和谐奠定人心基础。该校各年级以中华书局出版的《新编中华文化基础教材》为补充教材，从《诗经》到诸子散文，从汉赋到唐诗，从宋词到元曲，其中诗歌的记诵占了较大的比重。《红楼梦》中香菱学诗一段甚为经典，以王维、杜甫、李白三人为宗，每位诗人的作品要背诵"一二百首"作为"底子"。学生通过诗歌记诵，不但在温柔敦厚的诗性教化中陶冶性灵，而且在潜移默化中真正领会了大家的襟怀，培养了艺术思维，习得了典雅纯熟的话语方式。大量诵读必须兼以创作，每年举办诗歌节、语文月活

---

[1] 本节内容写作得到复旦五浦汇实验学校校长黄玉峰先生的资料提供，有删改。

动,参与区市乃至全国性的各种诗歌竞赛,形成读诗书、背诗书、写诗赛诗的文化传统和校园氛围,以巩固学生所学,激发学生学习的兴趣。"文化游学"也视作诗教的一部分。在"文化游学"的过程中,学生了解了历史文化及各地民情,并通过诗歌创作表达见闻与情感升华,一次"文化游学"往往收获上千首诗歌。

礼教。"仁"是君子的核心品质,作为内在的道德素养,从外部的形式表现出来,就体现为以礼行事。反过来,外部的形式规范也可以提升和改变一个人的内在素养。礼的初衷不是为了压抑人性,而是要让人性有合理适当的表达,这是人类褪去野蛮,走向文明的必须。当然,随着时代的发展,"礼"可以也应该有所改变,但不能抛弃。今天的学生在校日常学习、假期外出旅游等校内外言行及各种活动中,同样需要礼教规范。

该校的"礼教"立足于实际,从各个维度建立起学校的规范《校礼》。全体学生都要背诵的《校礼三字经》包含了学生守则的全部内容。以"校礼"代替"校规",是为了从根本上贯彻"以礼治校"的精神。规则和礼仪都可以起到规范言行的作用,但是"规"强调赏罚,靠"畏惧"强行使人服从,虽能控制人的外在行为,却很难深入内心,而"礼"强调的是尊重,靠激发人心中的荣誉感和道德感来改变其行为。《校礼三字经》中说:"五浦人,尊校礼,循规矩,懂道理。济天下,先律己,成功日,同欢喜。"在《校礼三字经》中,对学生从入校、上课、作业、考试到放学与家庭生活等方方面面都提出了儒雅的规范。卑以自牧,以致明心见性,自然循规蹈矩不失礼,就是要我们时刻注意打扫心理的阴暗面,守住纯净的内在心灵空间,久而久之,君子之人格境界日渐高明,外在礼仪的遵守就会变成自然而然之事了。广义的礼教是内外兼修,从长远角度而言,礼教对于学生提升自身修养大有裨益,希望他们在成长的过程中能够以"礼"来妥善处理自己与他人、与社会日渐多元、复杂的关系。

乐教。在中国文化中,"礼别异,乐统同。同则相亲,异则相敬"。"乐"可以消除差异,使人人打成一片,平等相处。"礼胜则离,乐胜则流。""乐"过度了,人和人之间就变得过于随便了。如今该校推行"乐教",从狭义的"乐教"来说,便是指"音乐"的熏陶和学习;从广义的角度来说,就是学校的所有举措都应该体现"快乐"的原则,学校设置的一切课程,包括选修课、运动会、社团活动、文化学旅,都在"乐教"的范围内。该校还每年举办"狂欢节",以"此情可待成追忆"为主题。

科教。孔门的"六艺"中,"射、御"是体育,而"书、数"是科学。科学就是分类的学问,认识各种不同的事物。科学的本意就是求真。格物致知是中国古代儒家思想中的一个重要概念,乃儒家专门研究事物道理的一个理论。儒家思想的深刻在于把科学求真与人格完善联系起来。为此,该校与复旦大学教授合作建立"科学邂逅人文中心"。该校强调科学思维,强调实践体验,强调动手能力。在校园里设计建造了"格园",在"格园赋"中明确提出自己的观念与追求:始信理化诸科,非解题之小技;求实求是,崇证据而立论,逻辑井然,循规律以判断,方能文理贯通,其乐无穷。

家教。家教与学校教育是并列和交融关系。儒家把"孝悌"——家庭伦理作为立人的根本,这也是一切教育的前提。家庭是孩子成长的第一所学校,父母是孩子人生中的第一位教师。现代家庭教育中也应该注重根据孩子的爱好特点因材施教,学生不仅要学习书本上的知识,还要注重德育发展,更要培养生活能力。世代流传下来的优秀家训家风的规范更需要我们发扬和传承。与家长密切地沟通,帮助家长创造良好的家庭氛围,提升家庭教育的格局,学校是责无旁贷的。我们希望以学校的理念影响家长的教育导向与方式,以家长的实践助力学校育人目标的全面实现。该校号召每个家庭都写家训家规。制定与遵守家训家规的过程恰恰是加强家庭情感联系、传承道德修养的重要路径,是儒家"孝""仁"等精神内涵在现代家庭中的复归与新生。同样,学校也离不开家长的支持和帮助。该校成立的"家校协力会"发挥了它的巨大作用。好的教育必须是家校合力进行的。在此基础上,该校正在筹建一个"父范学校",力争把每个家庭建设成"书香家庭"。

君子"五教"的内涵:诗教,通过诗性的语言,陶冶心灵,塑造完美的人格;礼教,强调行为的自律和他律;乐教,发挥音乐潜移默化地变化气质的作用;科教,通过"格物"训练科学思维能力,提高实践能力;家教,则是与家庭配合,用提升家风来培养优秀的品行。

七、广州市天河区五山小学国学素养教育的课程建构与实施[①]

五山小学于 2001 年 12 月开始国学经典诵读实验,提炼出"浸习式"国学课程理念,明确了涵养型的课程目标,探索出全方位的课程实施策略和多元化的课程评价体系,还依托国学课程形成独特的践行式仁智德育体系。

"浸习"是指让学生沉浸于国学氛围中学习国学。该校提出了"泡菜

[①] 本节内容写作得到广州市天河区五山小学许凤英校长的资料提供,有删改。

论""煲汤论"和"存钱论"。"泡菜论"重视创设国学经典学习的大氛围，包括校园文化、集体学习效应、多学科渗透、各活动融合等，让学生时时处处零距离接触国学经典，耳濡目染，达到教育的最佳效果。"煲汤论"强调学习经典犹如文火煲汤，不能急功近利，不能贪多求快，不能增加学生的学习负担，而须慢慢阅读、感悟。"存钱论"关注学生每天一点一滴的积累，将点滴积累比作"存钱"，存到一定量时就可以为将来的厚积薄发奠定基础。

  涵养型的课程目标由课程总目标和具体目标构成。课程总目标包括知识目标、能力目标、情意目标和行动目标四个方面。知识目标旨在学习蒙学读本、《四书》《道德经》、小古文、古典诗词等，到小学毕业时，背诵量达到两万字以上；积累优美的语言，储备丰富的国学知识。能力目标旨在能将经典名句名段恰当地运用于学习和生活中，提高语言文字的驾驭能力；接受传统文化熏陶，掌握悟记、涵泳、鉴读等传统文化的学习方法。情意目标旨在感悟祖国优秀传统文化的基本特点，对国学经典有熟悉感、亲切感、认同感，感受圣贤的智慧、大师的情怀，增强爱国情感和民族自豪感。行动目标旨在用国学经典中蕴含的道理指导自己的言行，践行中华传统美德，促进身心和谐发展，形成健全的人格。涵养型的课程目标的学段与具体目标见表5-3。

表 5-3　涵养型的课程目标的学段与具体目标

学段	具体目标
第一学段（一、二年级）	①正确流利地背诵"爱国""好学""明志"主题的40句名言，理解大致意思。 ②正确熟练地背诵"爱国""亲情""勤学""景趣"主题的20首古诗。 ③背诵《三字经》《弟子规》《百家姓》《千字文》全文，并能结合生活实际理解部分句段的意思。 ④熟读《叶公好龙》《夸父追日》等10篇小古文，背诵其中6篇，积累各篇中的成语及名句。 ⑤欣赏国画作品，了解国画主要特点，学习国画基本技能；认识中国象棋和围棋，学习基本走法。 ⑥乐于参与国学经典的学习活动。
第二学段（三、四年级）	①正确流利地背诵"诚信""自强""勤俭"主题的40句名言，理解其中的意思。 ②正确流利地背诵"爱国""志向""修身""勤勉""思乡"主题的40首古诗，理解诗的意思，给自己喜欢的古诗配画。 ③背诵《大学》全文，熟读《声律启蒙》《论语》（1～5篇），能理解句意、段意，背诵部分篇章。 ④熟读《女娲补天》《兰亭集序》等10篇小古文,结合注释理解文意,背诵其中6篇，积累各篇中的成语及名句。 ⑤欣赏书法作品，了解楷书特点，学写毛笔字（楷体）；了解并学习对联、武术。 ⑥乐于在生活中运用自己积累的经典语句。

续表

学段	具体目标
第三学段（五、六年级）	①流利背诵"敦亲""奉公""审势""荣辱"主题的40句名言，理解意思并灵活运用。 ②熟练背诵"节操""勤勉""思乡""友谊"主题的40首古诗词，了解格律诗的基本特点，练习写诗，初步掌握诗、词的区别。 ③熟读《论语》（6～10篇）、《道德经》（1～81章），能结合注释理解大意，背诵部分篇章，并能运用到生活实践中。 ④熟读《出师表》《岳阳楼记》等10篇小古文，能理解文章大意，背诵其中6篇，积累各篇中的成语及名句。 ⑤能较熟练地进行毛笔字书写和画国画，掌握毛笔字及国画的基本特点；学习并掌握剪纸的基本技能。 ⑥乐于参与国学实践活动。

精粹化的国学课程内容，突出课程内容的专题性。该校从学生发展出发，所编选的内容充分体现了核心价值观，按照"名言格言—诗词—古文—国学小天地"专题编排，每一专题板块下再按主题进行分类，体现课程内容的系统性，注重课程内容的层次性。具体见表5-4。

表5-4　五山小学"浸习式"国学课程内容设置

年级 内容	一年级	二年级	三年级	四年级	五年级	六年级
名言格言	爱国篇 好学篇 明志篇 （20句）	爱国篇 好学篇 明志篇 （20句）	诚信篇 自强篇 勤俭篇 （20句）	诚信篇 自强篇 勤俭篇 （20句）	敦亲篇 奉公篇 审势篇 （20句）	敦亲篇 奉公篇 荣辱篇 （20句）
诗词	勤学篇 景趣篇 爱国篇 （10首）	景趣篇 爱国篇 亲情篇 （10首）	勤勉篇 志向篇 思乡篇 （20首）	爱国篇 修身篇 志向篇 （20首）	思乡篇 节操篇 友谊篇 （20首）	思乡篇 勤勉篇 节操篇 （20首）
儒道经典	《弟子规》 《三字经》	《百家姓》 《千字文》	《大学》 《声律启蒙》	《论语》 （1～5篇）	《论语》 （6～10篇）	《老子》
小古文	《叶公好龙》 《刻舟求剑》 《夸父追日》 《望梅止渴》 《人有亡铁者》	《道旁苦李》 《陈涉世家》 《郑人买履》 《智子疑邻》 《狐假虎威》	《买椟还珠》 《女娲补天》 《陋室铭》 《爱莲说》 《诗大序》	《自相矛盾》 《马说》 《兰亭集序》 《庖丁解牛》 《湖心亭看雪》	《小石潭记》 《对楚王问》 《嗟来之食》 《曹刿论战》 《鱼我所欲也》	《师说》 《出师表》 《劝学》 《五柳先生传》 《岳阳楼记》
国学小天地	书法、国画、武术	书法、国画、京剧脸谱	书法、国画、对联	书法、国画、民族乐器	书法、国画、灯谜	书法、国画、象棋围棋

全方位的国学课程实施策略。该校以《少儿国学读本》（丛书）为载体，构建了"三环七步"国学课堂教学模式。根据国学课程内容，该校的国学课堂教学采用长短课并设形式，每周一节国学长课（40分钟），每天一节短课（10分钟），长课重在诵读、理解和运用，短课重在诵读和积累，长短课交替进行，相得益彰，为国学课程的实施提供了时间的保证。根据知行合一理论，发挥古诗文遣词用句优势，该校创建了以语言积累为主、以理解导行为辅的"三环七步"国学课堂教学模式（见图5-1）。三个环节包括温故、知新和致用，七个步骤包括回顾、展示、熟读、悟意、博引、导行、成诵。国学课程内容丰富，主题多样，可结合各年段学生的年龄特点进行灵活变化，形成名言课堂教学模式（见图5-2）和古诗词课堂教学模式（见图5-3）。

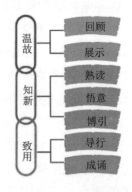

图5-1 "三环七步"国学课堂教学模式

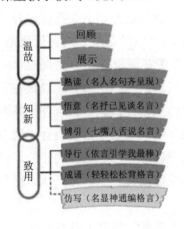

图5-2 名言课堂教学模式

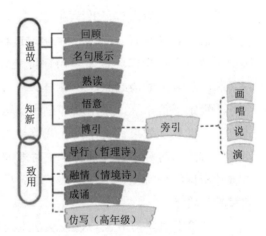

图5-3 古诗词课堂教学模式

学科渗透，开辟课程整合途径。语文学科，环环巧用经典。综合实践学科，体悟传播经典。综合实践课程通过开展一系列实践活动体悟和传播经典文化。品德学科，践行育人内涵。艺术学科，形象演绎经典。体育学科，融入传统武术，创设氛围，形成隐性课程资源。集体诵读经典可以读出很多花样，学生喜欢比赛，一唱一和，互相激励并互相影响，从而提升诵读效果。该校书画廊、经典墙、国学馆等处处可见诸子百家、著名诗人、民族乐器、民间工艺的介绍，醇厚的经典氛围潜移默化地涵养着学生的气质和品性。班级利用黑板报、手抄报、名言佳句等美化课室环境。红领巾广播站的《经典欣赏》栏目旨在诵读、赏析经典诗词。活动融合，深化课程实施效果，如"与经典同行，让书香伴我成长"读书节活动、美文诵读展演、"经典浸润心灵，艺术燃亮生命"人文艺术节、"童心向党，古韵新唱"校园合唱节等，把经典教育与活动融为一体。

该校德育工作以中华优秀传统文化为载体，用"诵读→感悟→明理→内化→践行"校本德育模式，培养学生"自爱、自律、自信、自强"的君子品格。仁智德育的践行活动"榜样三级跳"为学生搭建了一个达成目标的路径。学生在"找榜样→学榜样→当榜样"的"三级跳"中，经历了查阅、选择、模仿、学习、反思、展示、宣讲、评选等过程，受到的教育是多方位、深层次的。为了给"榜样们"搭建交流展示的平台，学校结合时事政治、节俗庆典开展了丰富多彩的主题活动。

以评价优化课程实施。该校设计了《五山小学国学课堂教学评价表》，从教学目标、教学内容、教学方式、教学过程、教师素养这五个指标对教师教学开展自评和他评。针对学生学习过程，依据"以学论教"的评价思路，研制了《五山小学国学课堂学习评价表》，以学生在课堂教学中呈现的状态为参照，从学生的情绪状态、参与状态、交往状态、思维状态和生成状态五个方面设定评价指标，采用教师自我反思、教师互相评价、学科组评价等方式进行课堂教学效果评价，据此调整并改进教学活动；还通过座谈会、调查问卷等方式，客观了解家长、学生对教师教学及课程实施满意度的评价，促进教师根据学校特色、学生基础、培养目标调整自己的教学行为，从而提高教育教学质量。

以评价促进学习效果。该校从学生发展需求出发，建立了具有促学性质的学习评价，主要采用"国学雏鹰奖章""仁智少年评比""成长记录"和"比赛反馈"等方式，促进学生人人参与，互相砥砺，促进学生可持续发展。

八、北京市海淀区明天幼稚集团的传统文化实施案例及分析[①]

以文化建设为牵引，打造传统文化教育品牌。从2016年开始，明天幼稚集团陆续实施干部培养计划，先后启动孔子学堂、庄子学堂，大力倡导学

---
① 本节内容写作得到刘光洪老师（北京海淀区明天幼稚集团教师）的资料提供，有删改。

习传统文化知识。

以游戏活动为主线，渗透传统文化教育教学。抽象的传说和民族节日，通过生动、具体、形象的绘画表现出来，幼儿不仅易于理解和接受，而且可以通过丰富多彩的活动亲身感受和体验中华民族传统文化的内涵和精髓。

以传统节日为契机，拓展传统文化教育知行体验。重阳节是中国的传统节日，尊老、爱老、敬老、助老的传统美德需要继承和发扬，深入孩子们的心灵。三幼学院路园开展了以"播撒爱的种子"为主题的九九重阳敬老主题活动。幼儿园各班通过收集老人的照片，为爷爷奶奶送一句祝福的话，以及为老人们制作小礼物，加深幼儿尊老的感情。将孝亲感恩活动延伸至家庭，孩子们回家后为爷爷奶奶做一些力所能及的事，如捶捶背、梳梳头、倒杯水、唱歌、游戏，感悟传统的孝道，家长把这些温馨的瞬间用照片的形式记录下来，发到班级微信群。节日里与社区联合，组织幼儿到敬老院开展敬老尊老活动，进行传统内涵的舞蹈演绎展示，构筑老幼联谊的欢乐场景。

"经典咏流传"活动通过吟诵帮助幼儿寻找声音的意境和传统的力量，既是弘扬民族传统文化的重要手段，也是传统文化教育的传承。古人用这种方式读书吟唱，寄托心灵。五幼万泉河园开展经典古诗吟诵活动，半年时间里，教师和幼儿从吟诵讲座开始了解、掌握、练习吟诵，渐渐获得情感的体验、心灵的共鸣、精神的熏陶，实现国学的启蒙。在经典传承的发展中，教师在专业发展中获得了职业幸福感，幼儿吟出了现代中国人最美的声音。

以技能技艺为传承，谱写传统文化教育园所特色。培养立美之人的课程探索，实现以传承水墨文化为特色发展。明天二幼以传承水墨文化为己任，在幼儿园中开展水墨画教育教学研究。3～6岁幼儿水墨画的教学以培养幼儿的审美能力、创造美的能力为导向，变革传统的临摹教学方法，在把握幼儿的审美年龄特点、激发幼儿内在审美动力的基础上，让幼儿在了解材料、工具特性，掌握水墨画基本形式等核心经验的基础上，在大胆自由的创作过程中，体验水墨，感悟文化，在倾心写意和表现中体验创作的快乐。

以家园共育为载体，拓宽传统文化教育平台。二幼双榆树园"小手拉大手"亲子运动会，借助传统艺术嘉年华形式，以传统文化为指引，结合传统体育游戏，设置了一物多玩的教学目标，体现了"活动过程求真，活动呈现立美，活动理念至善"，达到了"参与度高、游戏性强、家园协作寓意深远"的目标。开展社区早教活动，发挥示范园的传统文化教育辐射作用。利用社区活动站，为社区幼儿提供活动平台，明天幼稚集团梳理了有传统文化价值的亲子游戏，指导家长如何科学地养育孩子。有的活动游戏趣味性强，不仅发展了宝宝们的肌肉动作和多种感官体验，还指导家长掌握传统的科学育儿教养方法，受到家长的欢迎。

以微信媒介为平台，传播传统文化教育理念。自2016年起，明天幼稚集团和各幼儿园微信公众号相继开通，向家长、社会传播集团高标准的教育理念与要求，传播传统文化内涵的教育内容，如国学经典精华、重温中国人的家教智慧、古代藏书家论读书、传统体育、乡射礼、中秋节儿童手工灯笼制作、好家风的历史传承、经典古诗里的恩师情意、称呼礼仪、新年的传统底蕴、传统游戏、颜氏家训的传承等，促进了家长与幼儿园的零距离接触，实现了幼儿、教师和家长的三方互动，更好地整合了家园共育的资源，提高了家长的满意度和信任度。

九、敬德书院的传统文化师资培养五年实验总结与展望[①]

教师是实施教育的关键人物，决定了教育的品质。教师对中华优秀传统文化的感情、认知和相关的能力直接影响中华优秀传统文化的传承和发展。如何面向广大中小学教师开展中华优秀传统文化教育培训，始终是中华优秀传统文化教育实践面临的最急迫问题。海淀区于2014年成立了敬德书院，充分发挥我国传统书院藏书、讲学、自修和研究等功能，组织开展优秀传统文化教育的学术研究、师资培训，全力培植人才，发展学术，服务社会。

敬德书院逐步构建完成包括研修课程、读经课程、学术课程、会讲课程等在内的课程体系。研修课程是书院的基础性课程，以学校的需求为导向，利用学术报告与文化体验有机结合的方式，面向中小学教师普及中华优秀传统文化知识、技艺与核心理念。读经课程以读书会为平台，围绕《大学》《中庸》《论语》《孟子》四书，展开了经典研读活动。通过系统研读帮助教师理解和把握儒家经典要义，进而弄清中华优秀传统文化思想脉络，提升教师自身品格修养与教学实践能力，也为学校实施中华优秀传统文化教育、开展课程教学改革实践提供了有效的支持。学术课程是书院重点建设的专题类研读课程，其特点是结合现实需求，因需设课，内容丰富、涉猎广泛，以专题研学为主要学习方式。该课程致力于提高教师在某一专题领域的学术素养及教育教学实践能力，引导教师开展相关专题的课程开发工作，提升教师的课程

[①] 本节内容写作得到敬德书院吴颖慧院长和高峰老师的资料提供，有删改。

意识与能力。会讲课程是书院独具特色的讲学活动。鼓励不同学派共同讲学、平等论学，以探究一个学派精义之处或辨析不同学派主张的异同。通过平等讨论、辨析异同，使学术研究与教学活动充分结合起来。会讲课程主要面向教育管理者、中小学校长、骨干教师及专业人士，通过广聚人才、汇集声音，对传统文化教育领域深层问题展开探讨，对教育改革的热点、难点问题进行深入分析。

　　敬德书院利用自己得天独厚的地域优势，依托中国人民大学、北京大学、清华大学等国学院的学术优势，建立了自己的学者教授团队，以课程为依托、以教学为纽带，将专家、学者、专业人士、教师紧密结合在一起，搭建了人性化、专业化的学习研修平台，通过多种形式给中小学教师以文化滋养、人格影响和精神享受，实现了将传道、授业、解惑及学术研究融合、协同发展的课程建设整体构想。

第六章

从经典诵读到经典教育

20世纪90年代以来,中国出现文化热、国学热、经典热,读经运动蓬勃发展,以2010年为界,可分为前后两期:2010年之前,民间运动式开展、学校综合活动式开展,为经典诵读的早期兴起和积累阶段;2010年之后,经典教育逐步形成,其教育内容、方式、目标、课时、教材、师资等正式提上日程。

第一节 从古典学校到经典诵读

一、缘起与发展

儒学大师牟宗三先生曾说:"少儿读经是中国文化的储蓄银行。"他的学生台中师范大学王财贵博士身体力行,于1994年在台湾地区发起了儿童读经教育运动。如今台湾地区的经典文化教育已经在体制外得到大规模的普及,正在接受经典文化教育的儿童超过百万,并且带动了成人补习经典文化教育课程。①《人民日报》1993年8月16日第三版刊登了《国学,在燕园又悄然兴起》,其中"打出'国学'二字是很大的勇气!"。到了1995年3月,中国人民政治协商会议第八届全国委员会第016号提案《建立幼年古典学校的紧急呼吁》的提案者赵朴初、冰心、曹禺、夏衍、叶至善、启功、吴冷西、陈荒煤、张志公9人②,为给中华优秀传统文化的传承留下火种,提出建立青少年古典学校的紧急呼吁。他们大多出生于20世纪初,受过系统的传统经典教育。提案出来以后,虽然有华夏古典学校的尝试,但在当时,古典教育并没有得到教育体制内的理解和支持,也没有开展的氛围,群众的热情尚未被唤醒,没

---
① 石大建. 当代民间读经运动兴起的几种解读视角[J]. 孔子研究,2010(2):102-109.
② 陈大宝. 赵朴初等八老呼吁建立幼年古典学校[J]. 社科信息文荟,1995(14):27.

有教材，没有读本，没有课时，没有群众参与，这个建立幼年古典学校的愿望终究没能实现。1998年1月5日，赵朴初给时任国家领导人写信说："我已是年过九旬的老人，唯有一事长系于心，即近年来深感我国五千年来代代积累、代代传承的文化遗产是民族智慧、民族心灵的庞大载体，是我民族生存、发展的根基，也是维护我民族始终不解体的纽带。而如何使这笔文化遗产不致中断、消失是关系到民族兴衰的大事。如果我们这一代人不及时采取措施，任其在下一代逐渐消失，我们将成为历史罪人、民族罪人。为此，我与冰心、夏衍、曹禺、吴冷西、陈荒煤、启功、叶至善、张志公诸同志在全国政协八届三次会议上提出了一份题为《建立幼年古典学校的紧急呼吁》的提案。此事曾为海内外媒体广泛报道，得到海内外众多人士的赞同……这是一项不能再拖延的工作。我们寄厚望于国家教委能及时订出实施方案，及时采取有效措施，以致我民族的固有文化真能永不衰替、永不消失。"①

刘川鄂对此次"读经"过程做了详细的梳理：1998年，南怀瑾领导的"香港国际文教基金会"将"读经"引入大陆。1998年6月26日，由中国青少年发展基金会主推的"中华古诗文经典诵读工程"（以下简称"古文诵读"工程）正式启动。该工程由中国青少年发展基金会下属的社区与文化委员会负责实施，著名学者季羡林、杨振宁、张岱年、王元化、汤一介担任顾问，南怀瑾担任指导委员会名誉主任。中国青少年发展基金会下属的社区与文化委员会组织专家学者编辑了《中华古诗文读本》，选编从先秦至近代的300篇古诗文经典之作，分为子、丑、寅、卯等12集，由北京大学出版社出版，并配有录音磁带。该工程在全国30个省（市、区）的数千所学校的430余万少年儿童中得以推广，受其影响并在其中受益的成年人也超过2500万人，仅北京市就有200万12岁以下的儿童接触到了诵经教育。据专家估计，该工程推行10年来，中国内地有100多个城市的数百万少年儿童参与了经典诵读活动，北京民间开办的读经机构接近10家，潜在的读经幼儿群体超过50万人。中国台湾地区、香港地区也有100多万儿童参与，东南亚及美国、加拿大、卢森堡等地也有300万家庭受此活动影响。2002年9月21日，《广州日报》头版头条以《四书五经进特区小学》对此进行了报道。校方认为"在全球化与国际化的大背景下保存自身文化优势更显必要"，所以要在全校"发动一场'新六艺'国学启蒙行动"。近年来，武汉部分学校将读经定为选修课，有学校还将其写入班规，将见面行队礼改为90度鞠躬。2004年10月

---

① 谢华，胡文飞，郭兵. 赵朴初的两件联名提案[N]. 团结报，2008-05-22.

15日，北京"孔子文化月"活动圆满落幕，与之呼应的"经典诵读工程全球测评"启动仪式在北京人民大会堂隆重举行。中国台湾华山书院院长、全球读经文教基金会会长王财贵博士应邀专程与会。他期望把读经风气推广开来，并高兴地表示：中国各地高校参与，政府高级官员指导，海内外社会团体努力，中华民族文化大复兴的日子真正来临了。该工程通过学校、社区、家庭组织少年儿童诵读、熟背中国文化的经典作品，平均每天20分钟，坚持数年，终身受益。这是让孩子们在一生中学习和工作压力最轻、记忆力最好的时候，以最便捷的方式，获得中华文化的基本熏陶和修养。1995—2004年，中国大陆有近百座城市、数百万小朋友参与该工程，中国的港澳台地区及新加坡、马来西亚、美国等国家和地区共有100多万儿童参加。北京大学、清华大学、中国人民大学、北京师范大学、南京大学等高等院校和研究机构也先后介入儿童经典诵读活动的推广。

新世纪有影响的读经倡导者是蒋庆。2004年，他用两年时间编撰的《中华文化经典基础教育诵本》由高等教育出版社出版，该书由中华孔子学会主编，北京大学中国文化书院、北京师范大学教育学院、国际儒学联合会等学术机构支持出版，其中收录了从《诗经》《孝经》到王阳明的《传习录》，共19部儒家经典，15万字，设计为12册，并给文章的每个字都加注了拼音，是为了使小学6年的12个学期里，"每天诵读一课，每学期诵读一册"。此书被列入"正式出版儿童学经教材"和"中国教育学会'十五'规划课题实验用书"。旅美华人学者薛涌在《走向蒙昧的文化保守主义》中，针对蒋庆编撰的这12册《中华文化经典基础教育诵本》和诵经的做法提出了强烈的质疑和批评，并引起了一场较为广泛的论争。薛涌赞同蔡元培废除读经是"英明之举"，反对现在还让孩子们读经，更反对"强迫孩子在3—12岁期间背15万字自己并不懂的东西"。他视蒋庆为文化保守主义的代表，认为这种思潮如果在国内占据主导地位，社会将有"回到蒙昧之虞"。《走向蒙昧的文化保守主义》发表之后，立即在全国知识界引起广泛关注。最初发表薛涌文章的《南方周末》于7月22日再次以专题的方式刊发了4篇文章，将争论推向了高潮。①

经典名著是人类智慧的结晶，是优美文字和思想的结合体。诵读经典既是学习语言文字的过程，也在传承中华文化、推进素质教育中发挥了不可替代的独特作用。从2007年开始，教育部、国家语言文字工作委员会（以下

---

① 刘川鄂．读经与反读经[J]．文学教育（上），2011（10）：4-9．

简称"国家语委")在全社会开展以"雅言传承文明,经典浸润人生"为主题的中华经典诵读行动,不断将中华经典诵读推向纵深发展。2009年,教育部办公厅下发《关于在教育系统做好"中华诵"经典诵读工作的意见》(教语用厅〔2009〕2号),要求全国各级各类学校重视和开展经典诵读类活动。2010年,教育部、"国家语委"下发《关于在学校开展"中华诵·经典诵读行动"试点工作的通知》(教语用函〔2010〕6号),开展诵读、书法、写作、演讲等全国性系列活动。2011年教育部"国家语委"召开了"中华诵·经典诵读行动"的经验交流会。2013年,教育部、"国家语委"开始建设中华经典资源库和中小学语文示范诵读库。2015年,中华经典资源库一期结束并对外展示;随后,定期举办经典诵写讲骨干教师培训;开展"书法名家进校园"专题活动,研究制定《中华通韵》,联合中央电视台举办《中国汉字听写大会》《中国成语大会》和《中国诗词大会》等原创品牌节目。2018年9月,教育部,"国家语委"印发《中华经典诵读工程实施方案》,2019年、2020年、2021年持续开展了经典诵读大赛、诗文创作大赛、"祖国印记"学生篆刻大赛、"迦陵杯·诗教中国"诗词讲解大赛等活动。

自20世纪90年代中期持续到21世纪的海峡两岸的读经现象,引人注目。关于"读经现象",胡晓明在《读经:启蒙还是蒙昧——来自民间的声音》序言中说道:"即一场有语文工作者、媒体工作者、文化批评家、教师、出版商、教育基金会以及学生和家长们多方参与,有思潮、有纲领,也有争论和批评,自下而上,有一定规模和影响的活动。"①

二、经典诵读的四大特征

20世纪90年代中期出现的读经现象,持续至今,不断加强,未见衰弱迹象,但从社会热点现象来看,呈现"需求热,有共识""实践多,分歧大""课程化,有难度""有政策,正深化"四个实践特征。

1. 需求热,有共识

其特征是:从"下"往"上"热,海内外共热,大众普遍认可,文化学者积极参与,读点经典成了共识。

郭齐家认为:"要求青少儿读经有利于进行人文教育,有利于重新寻回中国的文化自我,这不是教育的倒退,而是培育、生成、壮大具有世界竞争力

---

① 胡晓明.读经:启蒙还是蒙昧?——来自民间的声音[M].上海:华东师范大学出版社,2006:3.

的中华民族精神的过程。""既然西方人从小诵念《圣经》，伊斯兰人从小诵念《古兰经》，我们中华民族拥有那么多的文化经典，为什么不培养少儿读经呢？既然西方的教育观念之一是'与柏拉图同在，与亚里士多德同在，与真理同在'，那么我们是否也可以建立类似的教育理念：'与孔子同在，与老子同在，与真理同在'呢？"①杨东平认为："民间力量复兴文化传统的自发努力，产生于丧失了道德感和文化意义的社会生活，来自社会深层民族性的觉醒和现实焦虑。""它主要不是学者讨论出来的，而是产生于强大的社会需求。""教育的基本功能之一是延续和传承文明，从而凝聚社会和民众，并在继承中创新。西方教育史上也屡次出现回归经典的教育运动，20世纪出现过著名的永恒主义、要素主义理论和大学的'核心课程'。"儒家文化教育应当进入学校教育的主渠道。除少儿诵读经典之外，中学、大学都应当开设专门的《儒家文化》《中国传统文化》课程，作为受过教育的中国人最重要的核心课程。"②

自1995年赵朴初等九位老先生在全国政协会议上提出议案以来，中国青少年发展基金会推动开展"中华古诗文经典诵读工程"于前，教育部、中央精神文明建设指导委员会办公室（以下简称"中央文明办"）、"国家语委"主导的"中华诵·经典诵读行动"接续，教育部和国家语委主导的"中华经典诵读工程"至今仍在进行中，这些极大地调动了大中小学各级各类学校和社会家长诵读经典的兴趣，推动了经典诵读活动的广泛开展。

很多政府行政企事业部门、中小企业在教育培训中引入中华经典内容；民间兴起了兴办私塾、学堂、书院的热潮，海外德国汉堡致谦学堂等与中国相唱和；北京大学、清华大学、中国人民大学、武汉大学、深圳大学、南昌大学等纷纷成立国学研究或教学机构；从21世纪初到现在，中医热、汉服热、祭孔热、百家讲坛掀起的"国学节目和图书热"、国学总裁班也非常引人注目；2019年秋季在全国统一使用的国家统编版《语文》中，文言文尤其是古诗文所占的比例均大幅提升；中央电视台连续几届《中国诗词大会》成功举办，吸引了全社会的持续高度关注，掀起了学习、记诵古诗词的热潮……以上都说明，让青少年接触并诵读一部分中华基本典籍篇目已成为社会的共识。

2. 实践多，分歧大

单就形式而言，大学有国学院和国学总裁班，其中北大哲学系的乾元国学班设立较早，也更具影响力。私塾、学堂、书院在大中城市悄然兴起，虽

---

① 郭齐家. 要求青少儿读经是顺潮流而动 [J]. 教育学报，2007（2）：29-34，91.
② 杨东平. 读经之辨：回到常识和现实 [J]. 内蒙古教育，2009（3）：13-14.

有个别关闭，但大多数处于自行运转的状态。中华传统美德论坛举办以来，讲实效，讲孝行，参与人数众多。《感动中国》《孝行天下》等类型的电视栏目也在增多。

关于如何开展中华传统文化教育，分歧也极其明显。徐友渔先生在《"国学热"的浅层与深层问题》中肯定了适度开展传统文化学习是必要的。他说："我们对于自己的传统文化学术欠债太多。就此而言，建立国学院，编写、出版教材、读本，提倡少儿读经，都是必要而有益的举措，这方面活动再多一些，声势再浩大一些，都是正常的、应当的。"同时，他对当下的儒学发展充满了忧虑。他说："与上面这种低调、平实的目标相反，许多倡言'复兴国学'的人宣扬一种高调的主张，认为中国传统文化是匡时救民、打造主流核心价值、解救时代危机的思想资源和精神武器。我们可以把前一种低调、平实的主张称为'文化儒学''知识儒学'或'日常人伦儒学'，而将后一种高调主张叫作'政治儒学'或'意识形态儒学'。我认为，第二种主张既不正确，也不现实，它误解了传统文化在当下的功能与意义，对于复兴传统文化不是有利而是有害的。"①

2018年4月17日，"中国新闻周刊"微信公众号推出一篇文章《伪国学班，凉凉》，再次将严重分歧展示给了公众。文章中说，伪国学班一是压根不懂国学，二是无办学资质。前者是一服慢性毒药，后者是一剂穿肠猛药。义务教育具有不可替代性,对孩子的教育具有支撑作用。义务教育的学科设置经过科学论证，是国家行之有效的教育制度，尽管也有不完美之处，但比鱼龙混杂的伪国学班要规范得多。当然，随着社会发展，教育需求日益多元，学校的义务教育越来越难以满足受教育者的差异化选择，中国家长对多元教育的追求值得理解和尊重，但义务教育具有强制性，在世界其他国家和地区也是这样。《中华人民共和国义务教育法》没有修改,国学班代替义务教育的做法是不可以的。②

在选择途径上，有复古派的，以恢复古代书院为目的；有学院派的，只是进行知识的传播；有教化派的，集资赠阅劝善类图书，开展劝善类讲座；有江湖派的，径直将营销学、励志学、心理学与传统文化杂糅到一起，针对当下人的困惑进行密集宣讲，出版影像制品，个别人被奉为"大师"。

不同的形式、主张、途径，造成的效果不同。不同的人看待经过大量读经、老实读经训练后的孩子，其感受和结果也是不一样的，这种不同是由于评价体系与立场的不同所致。

---

① 徐友渔．"国学热"的浅层与深层问题[J]．博览群书，2009（11）：4-8．
② 伪国学班，凉凉[EB/OL]．（2019-04-17）[2022-03-02]．https://baijiahao.baidu.com/s？id=1631060751185155729&wfr=spider&for=pc．

3. 课程化，有难度

课堂教学是源于西方的，它彻底扭转了传统教育中散漫的、不追求教学成效的教学模式，大大推进了中华民族的教育近代化。这种高效率的课堂教学遇到中华传统文化教育教学的内容时，就变得无所适从，浩如烟海的经、史、子、集，不仅内容繁多，且极其驳杂。琴棋书画、武术、太极、中医等文化类目也极其丰富，派别众多。如果原封不动地学习这些内容，不仅难学，而且成效不显。面对课堂教学的要求，如何有效地梳理传统文化的基础内容，并使其符合课堂教学的需求，就成了摆在当前教育者面前的头等大事。

4. 有政策，正深化

改革开放以来，中央和各级政府为推进优秀传统文化教育制定了一系列政策措施。1993年，中共中央、国务院印发《中国教育改革和发展纲要》，指出要重视对学生进行中国优秀文化传统教育。1995年，《中华人民共和国教育法》明确规定，教育应当继承和弘扬中华民族优秀的历史和文化传统，吸收人类文明发展的一切优秀成果。1999年，《中共中央、国务院关于深化教育改革，全面推进素质教育的决定》指出，要有针对性地开展爱国主义、集体主义和社会主义教育，中华民族优秀文化传统和革命传统教育，理想、伦理道德以及文明习惯养成教育。2004年，教育部与中宣部联合发布《中小学开展弘扬和培育民族精神教育实施纲要》。2006年，中共中央办公厅、国务院办公厅印发《国家"十一五"时期文化发展规划纲要》，对加强优秀传统文化教育作出了具体部署。2010年，教育部下发《关于在中小学开展创建中华优秀文化艺术传承学校活动的通知》。2011年10月，中共中央第十七届六中全会公告："发挥国民教育在文化传承创新中的基础性作用，增加优秀传统文化课程内容，加强优秀传统文化教学研究基地建设。"2013年10月，党的十八届三中全会《中共中央关于全面深化改革若干重大问题的决定》提出："深化教育领域综合改革……坚持立德树人，加强社会主义核心价值体系教育，完善中华优秀传统文化教育。"2013年，教育部印发《中小学书法教育指导纲要》。

正是在这些政策的不断推动和要求下，上海制定了《上海市学生民族精神教育指导纲要》，对学校开展传统文化教育提出了明确要求和任务目标；山东出台《义务教育地方课程传统文化课程实施指导意见》，并编写《传统文化》教材，在全省中小学投入使用；江苏在全省小学中开展"中华经典诵读"系列活动，举办经典诵读比赛，让学生通过诵读经典感受传统文化教育的魅力。

第二节　经典诵读政策引领与规范

一、《建立幼年古典学校的紧急呼吁》提案

虽然赵朴初等九位老人的政协提案不是国家政策，却以从根本上解决问题的方式，为中华经典教育事业拉开了帷幕、打开了天窗。就整个议案①的文字来说，我们可以理解如下。

1. 承载中华源远流长文化的典籍将面临后继无人的艰险局面

中国文化尤其是经典教育面临深刻危机。提案说："我国文化……在某些方面面临中断的危险，此可能中断的方面是代代累积，构成我民族文化重要内容的各类古代典籍的研究和继承。""继我们而起的青年一代则更无起码的古典基础可言，多数人甚至对古代文学、历史、哲学的典籍连看也看不懂了。"这展现了老先生们对中国文化传承现状的深刻担忧。

2. 两难的抉择

中国文化，尤其是经典文化的传承面临着两难的境地。提案说："构成我们民族文化的这一方面是我们的民族智慧、民族心灵的庞大载体，是我们民族生存、发展的根基，也是几千年来维护我民族屡经重大灾难而始终不解体的坚强纽带；如果不及时采取措施，任此文化遗产在下一代消失，我们将成为历史罪人、民族罪人。同时，我们也应认识到：随着人类的进化，知识结构、时代生活、社会环境、教育体系都已经发生巨大变化，我们不可能像前人那样终身埋首于古代的经、史、子、集之中；对多数人而言，这一方面研究的抛弃、这一方面知识的萎缩又是不可避免的。"老先生们对现实的认识既沉重又清醒。

3. 直面真实的现实问题

在矛盾中调和提出解决问题的思路，古典学习是少数人从幼时必须接受训练的民族任务。提案说："在现今时代，不可能改变现行学制，不应要求广大青年学子抱残守缺，只从事古籍的阅读和研究。现行学制又必须及时考虑民族文化遗产的承传问题，使其在现在和未来永远保持其团结我中华民族的凝聚力量。这一承传任务至少要有一部分人担负起来。现在我们的大学里虽然有中文系、历史系、哲学系，也有人在从事古典文学及古代历史、哲学的研究，但历代传世的文、史、哲方面的典籍浩如烟海，如果不从幼年起就

---

① 谢华，胡文飞，郭兵.赵朴初的两件联名提案[N].团结报，2008-05-22.

进行这方面的语文训练、打下这方面的研读基础，仅靠进入大学后短短四年的攻读，实担负不起继承这份巨大的文化遗产的任务。"

4. 谨慎而真诚地提出建立幼年古典学校的建议

（1）仿照其他技艺传承和训练的成熟做法，"援音乐、戏剧、舞蹈、体育等有幼年学校或幼年班的前例，可依托两三座力量较强的师范大学的中文系、历史系、哲学系，成立幼年古典学校，也可以就在师范大学的附属小学、附属中学设立古典班，使入学学生除接受一般教育外，重点接受古典学科的基本训练，而教学工作在目前即可由三系的师生兼任"。

（2）采用适合古典学的教学方法、课程设置、教材建设和教学训练。"在此幼年古典学校或古典班中，适当采取传统的教学方法，历代重要的文、史、哲名篇都要背诵，不必分科，因为古典学科在打基础阶段是无法分科的，例如古典文学的阅读与创作就必须有深厚的其他古典学科的基础。除背诵相当数量的历代名篇外，还要指导学生从事古文、骈文、诗、词、曲的写作实践。"

（3）先试点，积累经验后再推广，但保持适度。"此幼年古典学校或幼年班可先在大城市中设立两三个，作为试点，以后也不必遍地开花，在我们这样一个古国、大国中，这方面的人才必不可少，但培养的数量也不必过多。"

（4）成建制地解决学生的出路问题。"幼年学校或幼年班的学生将来升入相当于中学的古典专科学校或师范大学附属中学内的古典班，最后升入大学的中文系、历史系、哲学系，这批人毕业后或进入各级学校从事教育工作；或分别进入文学、历史、哲学研究所及部分大学的古籍研究所从事研究工作，而有关部门则为其提供终身从事专业的必要条件和生活保障，使这支由少数人从小接受培养而形成的专业队伍不致流失。"

（5）紧迫感极其强烈。"上述建议，希望尽快组织讨论，付诸实施，我们必须正视这一问题的紧迫性，仅就师资而言，目前能担负起古典学科教学工作的人已经不多了，而且多年逾花甲甚至更老。现在采取行动，尚可集中一部分力量勉强对付，再过十年八年，恐怕这样的古典专科学校，想办也办不起来了。"

综合来看，该提案是老先生们发自内心地感觉到问题的严重性和紧迫性，直面残酷的现实问题，提出合适、合理、合法的折中古今教育的经典教育人才培养模式。如果将这些建议与后期中华经典教育的民间读经、政府的经典诵读以及传统文化教育比较起来，所遭遇的问题都是同样的，所希望解决的问题都是一致的，但在解决问题的智慧和灵活性方面，似乎没有老先生们的成熟、理性和具有可操作性。虽然当时媒体纷纷跟进，社会各界极其关注，也有一些实践探索，但在那时，这个问题并没有得到圆满解决。

二、经典诵读从"行动"到"工程"

1. 政策前期的探索、推广和积累

2009年，教育部办公厅下发《关于在教育系统做好"中华诵"经典诵读工作的意见》（教语用厅〔2009〕2号），要求各地教育行政部门和各级各类学校充分认识语言文字工作对于弘扬优秀传统文化、促进素质教育全面实施、保障社会和谐发展等方面的重要意义，把语言文字工作放到更重要的位置，坚定不移地推广普通话，推行规范汉字，积极做好语言文字工作与教育的结合，加强学生的语文学习，将诵读活动与学校教育教学活动和校园文化建设有机融合，进一步提高师生的语言文字应用水平和综合素质，努力把"中华诵""中华赞"活动打造成弘扬优秀传统文化、推进语言文字工作的品牌活动。中小学"要面向全体学生进行诗文诵读和创作方面的指导和培训，增强学生对经典诵读和诗文创作活动的亲近和热爱"。各高校要"将经典诵读内容纳入《大学语文》课程，选派骨干教师开设经典鉴赏、诗文创作、语言艺术、民俗文化等与传承、弘扬中华优秀文化相关的选修课"。

为贯彻党的十七大精神，通过有效途径对广大群众尤其是青少年加强中华优秀文化传统教育，教育部、"国家语委""中央文明办"决定从2010年起共同实施"中华诵·经典诵读行动"。开展中华古代经典及现当代优秀诗文的诵读、书写、讲解，是对广大群众尤其是青少年进行思想和文化教育的重要途径。

工作目标明确。引领广大师生更加广泛深入地感受、领悟中华经典，加深他们对中华优秀文化传统的了解和热爱；培养学生诵读、书写及讲解经典的能力，提高他们的文化素养、审美情趣及语言文字应用能力。探索学校开展经典诵读、书写、讲解的有效途径和长效机制，形成示范成果，为经典诵读行动的全面推进和扎实有效开展积累经验，奠定坚实基础。

主要任务围绕课程建设、活动开展、师资培养、科研总结，面向大中小学各级各类学校，辐射面广。（1）要求广泛深入开发、建设课程体系。①中小学及中等职业学校应注重学科教学渗透，特别是在语文、历史、德育类等课程中融入并强化经典讲解、诵读内容，在教学方式方法上有所创新，并进一步完善教学评价。高校大学语文及中文、播音主持、影视话剧表演、师范

类等专业相关课程中应进一步强化经典的讲解及诵读和书写技能的训练、考核。②鼓励开发经典诵读、书写、讲解专门课程。义务教育阶段和普通高中试点学校可开设地方课程、校本课程，尤其应按照课标和有关文件要求开设写字课；中等职业学校、高校相关专业可结合培养语言文字交际能力、综合素质等专业需求，开设经典诵读、书写、讲解的必修课；中等职业学校、高校应结合学生文化素质教育开设经典诵读、书写、讲解公共选修课程，举办讲座。高校的相关必修课或选修课设一定学分，并进入学生素质拓展认证系统。（2）结合德育工作和校园文化建设开展丰富多彩的活动。（3）培育师资队伍。（4）形成教学、科研成果。

工作安排明确。试点工作为期1年（2010年7月—2011年7月），规范申报，统筹安排，暑期组织骨干教师培训和研讨会，并不定期开展调研观摩及研讨活动，2011年7月底前对试点工作进行全面总结、验收。

2011年11月29日，《中国教育报》以《诵读绘就梦想 经典浸润人生》为题对一年来的经典诵读行动做了综述。形成了推进经典诵读与提升全民素质有机融合、多种形式创新诵读活动载体、加强师资培训提升诵读教育质量的工作机制。

2013年6月，"中华经典资源库"项目建设研讨会在人民教育出版社启动，中华经典资源库首期项目建设以中小学语文课程标准优秀诗文背诵推荐篇目和反映地方特色、民族特色的经典诗文为主要制作内容，以诵读、书写、讲解等形式予以记录、保存和展示传播。项目定位要求具有欣赏性、方便普及并服务于课堂教学；项目建设过程要努力做到"少分歧、无硬伤、有特色、出精品"。2014年12月17日，"中华经典资源库"一期项目成果正式发布，一期成果选取了百篇文质兼美的中华经典诗文，入选作品在内容上集中体现了中华民族优秀的思想品德、道德规范和价值取向，有着较高的艺术价值和感染力。自2015年8月10日起，在中央电视台科教频道（十套）每晚播出，共播出7集，每集28分钟。

2.《中华经典诵读工程实施方案》的主要内容

2018年9月20日，教育部、"国家语委"印发了《中华经典诵读工程实施方案》的通知①，"中华经典诵读工程以立德树人、培育社会主义核心价值观为根本任务，以传承弘扬中华优秀传统文化、革命文化和社会主义先进文化为核心内容，以诵读、书写、讲解等文化实践活动为主要形式，以课程教材、

---

① 教育部 国家语委关于印发《中华经典诵读工程实施方案》的通知[J]. 中华人民共和国国务院公报，2019（4）：44-47.

资源平台及人才培养建设为基础支撑，以广大青少年、教师、家长和中华文化爱好者为基本对象，充分发挥语言文字在传承发展中华优秀文化中的重要作用，为青少年的美好人生打下鲜明中国底色，为增强人民群众的文化自信提供有力支撑"。

主要目的：到 2025 年，使社会大众尤其是青少年更加热爱中华经典，语文素养和语言文字应用能力显著提升；学校和社会中华经典诵读活动广泛开展，成为品牌，形成长效机制；贯穿大中小幼的中华经典教育体系基本完善，中华经典教育、诵读、书写、讲解资源基本满足全社会的学习需求；中华优秀语言文化的国际传播更加广泛。

重点工作：举办全国性大型活动，建设校园诵读品牌，组织"送经典下基层"活动，开展中国节庆日诵读活动。

主要手段：经典诵读、书写、讲解等文化实践活动。

指导思想："普通话诵经典，规范字书中华"。坚持规范、引领并重，学校与社会并重，面向海内外打造制度化的经典诵读活动。加强中华传统经典诵读教材、读本等基础资源建设，便于社会大众尤其是青少年知道"读什么""怎么读"。实践活动引领。打造多媒体传播平台，建设中华经典诵写讲基地，加强诵写讲师资队伍建设，构建经典诵读课程和教材体系，指导编写不同学段的中华经典分级诵读本，建设"中小学语文示范诵读库"。发挥知名专家学者的影响力，建设"中华经典资源库"并加强宣传推广。做好甲骨文、汉字溯源及简化字来源整理研究，支持编写语言文化大众读本，普及汉字知识，传承汉字文化。推进中华经典音乐化、视听化作品开发创作，支持开展吟诵研究和研讨交流。加强港澳台地区语言文化交流合作，加强中华优秀语言文化海外传播等。

第三节　从经典诵读活动到经典教育教学

2014 年 3 月 26 日，教育部印发了《完善中华优秀传统文化教育指导纲要》以下简称《指导纲要》，第一次全面就推动和落实中华优秀传统文化教育的指导原则、各阶段内容和教学目标、保障措施等给出了指导，特别强调要对全体学生的学习全流程进行全面的传统文化内容的融入。2016 年 9 月，山东省教育厅制定了首个贯穿小学、初中和高中的《山东省中小学中华优秀传统文化课程指导纲要（试行）》（以下简称"山东省《指导纲要》"），就课程的定位、原则、内容、目标、教材编写要求、考评和保障等提出了具体的要求。2017年1月25日，中共中央办公厅、国务院办公厅颁发了《关于实施中华优秀传统文化传承发展工程的意见》，提出了到2025年要构建中华优秀传统文化传承发展体系，教育普及是其中的一个重要体系，届时要构建贯穿国民教育体系始终的中华优秀传统文化课程和教材体系。2019年12月，中国教育学会研制的《中华优秀传统文化课程指导标准（试用本）》发布。2021年，教育部颁发《中华优秀传统文化进中小学课程教材指南》。从中可以看出，完善中华优秀传统文化教育，构建中华优秀传统文化课程和教材体系，是一以贯之的国家意志和行为，标志着中华经典从"诵读"到"教育"的转变。

一、学理的讨论

在经典诵读轰轰烈烈开展的同时，社会上关于儿童读经的批判也是如火如荼。针对2004年蒋庆编撰的《中华文化经典基础教育诵本》出版，时为耶鲁大学博士候选人的薛涌在《南方周末》发表《走向蒙昧的文化保守主义——斥当代"大儒"蒋庆》，对蒋庆提出严厉的批评。随后，秋风发表《现代化外衣下的蒙昧主义》反驳薛涌。薛涌以《什么是蒙昧——再论读经，兼答秋风》作答。随后引发社会热议，不断有知名学者对读经教育发表看法，如杨东平的《读经之辨：回到常识和现实》、许纪霖的《读经的困境》、袁伟时的《评读经：中国人何须为儒家文化殉葬》、方克立的《关于当前大陆新儒学问题的三封信》，等等。这次大讨论后，不能不引起学者们的反思。

李世宏认为，当前"读经热"的兴起是一种正常的教育现象，他认为并不一定要通过从小"读经"，读经应该根据当代教学理论和教育心理学原理，采取多种不同形式的教学方法，如组织学生通过游戏、唱歌、游览和参观历史遗迹和文化古迹、编排小话剧、观看电影的形式来推动读经教育，增加读经的趣味性，调动孩子们读经的积极性和主动性，使其逐步掌握古典文学和哲学精要。读经不是灵丹妙药，无法承担如此重大的社会责任。在"读经"运动的开展过程中，不要把读经变成应试的附庸！①

徐梓分析了朱熹编著的《小学》教材，认为《小学》在过去影响极大，但内容不易为儿童所理解，形式又不适合儿童诵读，难以应用于启蒙的课堂。

---

① 李世宏.关于"读经"的几点思考[J].当代教育科学，2006（3）：57-58.

他不反对读经，但不主张儿童过早读经，特别是狭义的儒家经典。读经倡导者提供的学习方法是背诵经典。蒋庆指出，蒙学教育就是背诵教育。王财贵则认为，记忆是一切学习的基础，宣称儿童最擅长的就是记忆，而最不擅长的就是理解，提倡儿童读经是对儿童这一特质的尊重。人类原始的教育方法只有一个，那就是背诵。记忆和背诵是行之有效的学习方法，但是，单纯地死记硬背而全然忽视理解，那就食古不化，束缚儿童想象力，湮没儿童灵性。更重要的是，记忆和背诵要有适合记诵的材料。①

李山认为，这一两次关于读经的争论缘由，在于提倡者的老朽怪论较之民国初年时没有任何减轻，不能指望争论出一点建设性的意见，然而现实又特别需要建设性的意见。"无论对于个人还是群体，读经的意义在于，吸收面向未来的精神营养，也就是发掘那数千年来一直支撑着一个文化人群在艰辛中生存下来的精气和骨血，以开辟新的生存境界。读经不是要复古，也不是要制造新的顺民，而是寻求我们民族文化中的那些真正适宜未来的精华。"他认为"兹事体大"，读经典应该有现代人的自主性。健康读经需要社会合作，特别需要多方面学术的合作（理性、建设性的争论也是合作的一种）。读经需要对过去的探寻，也需要对未来的把握，需要新旧两种学术进行真正的交流，需要双方的人都努力健全自己的知识结构，平心静气地讨论问题，拿出一点属于自己时代的见解。②这是既真诚而又非常冷静的思考，确是真知灼见。可惜李山在这方便的研究和思考没有形成系统的成果公布于世。

对经典诵读进行深度反思并提出较为前瞻性建议的，将经典从诵读转变到教育的，沈立是其中之一。他认为，儿童读经运动的开展在社会上引发了很大的争议，其核心问题就是读经的价值判断，即经典本身的价值、读经在当代社会经济条件下的价值与读经的效果。从读经运动的内部来看，读经毕竟比较枯燥，如何让儿童保持兴趣，将读经坚持下去？读经如何与儿童的全面发展和未来发展有机结合？从名称上来看，读经仅仅是文化经典里众多学习方法中的一种，除了读经，还有吟诵、影写、抄写、默写、讲解、作文、表演等方法。就内容而言，儿童读经实质上是一种经典文化教育，如果仅仅将这个经典文化教育运动理解为一种方法，就犯了以偏概全的错误。从教育内容来说，经典教育与国外的博雅教育类似，不仅强调经典文化的学习，还强调各种经典艺术的学习，如礼仪、古琴、书法、国画等经典艺术类课程。

---

① 徐梓.从《小学》的命运评说当代儿童读经[J].课程.教材.教法，2007（2）：36-39.
② 李山.关于读经，都需要理性精神[J].群言，2016（12）：28-30.

从教育全球化的角度来看，经典教育除了东方文化与艺术经典，还包括西方文化与艺术经典，是一种可以面向21世纪的中国博雅教育。

具体到中国传统教育实践来说，传统教育有三个阶段，即蒙学、小学与大学。蒙学是一种文化启蒙阶段与人格初步养成阶段的基础教育，主要学习内容包括识字读写等基本技能、文化常识、自然常识和基本生活规范。小学的主要内容是以"六书"为主的文字常识、音韵常识与训诂常识，"礼、乐、射、御、书、数"六艺，以及以人伦德育为核心的道德行为规范。大学则以"四书五经"，经、史、子、集等文化经典为学习内容，以明理为学习目的。蒙学、小学和大学构成了传统教育一个有序的教学和学习系统，不同的阶段有与之相配套的课程与教材，形成了一套完善的、循序渐进的教学方法与学习方法，也总结了一套行之有效的经典教育原则：幼儿养性，童蒙养正，少儿养志，成人养德。反观当下的读经运动，不论儿童年龄大小，无视儿童学习程度差异，儿童读经的教材一开始都是"四书五经"，这种做法不符合中国传统教育的教育规律与教学程序。从教学方式来看，不是只是跟着读，还有吟诵以及书空、影写、描红、摹写和默写等。小学阶段一定要开始讲解而不是不讲解。小学阶段的讲解以字义与故事为主。以字义为主是结合六书与训诂，给儿童讲解所学文章中文字的含义；以故事为主，是指结合人伦与道德的基本规范，用图文并茂的故事，使儿童把握做人的基本道理。从学习内容来看，古代有三大类：经籍、修身与技艺——经籍以文本为主，修身以行为为主，技艺以器物为主。四书五经仅仅是以文本为主的经籍中的一部分，的确不能等同于传统教育的全部内容。

从教育哲学的角度来看，儿童读经应该接近于新传统教育流派的范畴。新传统教育流派主要分成要素主义教育与永恒主义教育，而经典的学习是要素主义教育与永恒主义教育的共同特点。

从中国基础教育现状看儿童读经，儿童读经就成为摆脱当前教育困境的一种自然选择。当下的教育犯了两种病——"以变为常"和"以本为末"，就是以时效性的、短期效益的内容作为基础教育的主要学习内容，以知识与技能为主要教学内容，而忽略了基础教育两个最本质的功能——养成人格与传承文化。

儿童读经运动发展到今天，已经到达一个十字路口，经过适当的调整与改善，就可能会进入一个健康持续的发展阶段——经典教育阶段。经典教育以中国文化经典与西方博雅教育为基础，在强调人格养成与传承文化的同时，兼顾知识与技艺的培养。这种教育应该成为中国未来的一种主流教育运动。①

沈立提出，在中小学推行传统文化教育，可以从校园环境与视觉形象着手，深入理念与行为层面，逐渐建立一个基于传统文化的学校形象识别系统，再由表及里，循序渐进，逐步开设以《三字经》与《千字文》为代表的蒙学课程、以《声律启蒙》与《说文解字》为代表的小学课程，以及以《大学》与《论语》为代表的大学课程，遵循传统文化教育所特有的教学原则与教学方法，把传统文化教育落实到当前中小学的教育实践中去。②其实他已经提出了经典诵读转变到经典教育的初步设计和实践方案，尽管这个方案的传统痕迹和诵读影响仍很浓厚。更有学者提出，中小学国学教育从内容、方法、结果、价值取向和评价等方面均不止于经典诵读。"诵、忆、悟、行"既是中小学国学教育的方法体系，又是中小学国学教育的目标要求，也是中小学国学教育的评价标准。③

二、经典教育的政策内容与政策推动

1. 近年来与经典教育有关的教育政策内容

2014年3月26日，教育部印发《指导纲要》④，《指导纲要》共分为七个部分，指出中华优秀传统文化是中华民族语言习惯、文化传统、思想观念、情感认同的集中体现，凝聚着中华民族普遍认同和广泛接受的道德规范、思想品格和价值取向。要以弘扬爱国主义精神为核心，以家国情怀教育、社会关爱教育和人格修养教育为重点，推进大中小学中华优秀传统文化教育一体化；分学段明确教学目标和教学内容，有序推进中华优秀传统文化教育。

小学低年级，以培育学生对中华优秀传统文化的亲切感为重点，开展启蒙教育，培养学生热爱中华优秀传统文化的感情。认识常用汉字，诵读浅易的古诗，了解一些爱国志士的故事，知道中华民族重要的传统节日，了解家乡的生活习俗，初步了解传统礼仪，初步感受经典的民间艺术。引导学生孝敬父母、尊敬师长、友爱同学、礼貌待人，养成勤俭节约、吃苦耐劳、言行一致的生活习惯和行为规范，培育热爱家乡、热爱生活、亲近自然的情感。

小学高年级，以提高学生对中华优秀传统文化的感受力为重点，开展认知教育，了解中华优秀传统文化的丰富多彩。熟练书写正楷字，诵读古代诗

---

① 沈立. 对当前儿童读经运动的反思 [J]. 中国教育学刊，2006（5）：18-21.
② 沈立. 浅论如何在中小学推行传统文化教育 [J]. 中国教育学刊，2007（5）：24-27.
③ 谭净，余必健，陈凤至. 中小学国学教育不止于经典诵读 [J]. 现代中小学教育，2015（8）：19-23.
④ 中华人民共和国教育部. 完善中华优秀传统文化教育指导纲要 [N]. 中国教育报，2014-04-02（3）.

文经典篇目，了解中华民族历代仁人志士，知道重要传统节日的文化内涵和家乡生活习俗变迁，感受各民族艺术的丰富表现形式和特点，培养学生对传统体育活动的兴趣爱好。引导学生学会理解他人，懂得感恩，逐步提高辨别是非、善恶、美丑的能力，开始树立人生理想和远大志向，热爱祖国河山、悠久历史和宝贵文化。

初中阶段，以增强学生对中华优秀传统文化的理解力为重点，提高对中华优秀传统文化的认同度，引导学生认识我国统一多民族国家的文化传统和基本国情。让学生临摹名家书法，诵读古代诗词，初步了解古诗词格律，阅读浅易文言文，知道中国历史的重要史实和发展的基本线索，理解国家统一和民族团结的重要性，认识中华文明的历史价值和现实意义，欣赏传统音乐、戏剧、美术等艺术作品，参加传统礼仪和节庆活动。引导学生尊重各民族传统文化习俗，珍视各民族共同创造的中华优秀文明成果，培养作为中华民族一员的归属感和自豪感。

高中阶段，以增强学生对中华优秀传统文化的理性认识为重点，引导学生感悟中华优秀传统文化的精神内涵，增强学生对中华优秀传统文化的自信心。让学生阅读篇幅较长的传统文化经典作品，认识中华文明形成的悠久历史进程，认识人民群众创造历史的决定性作用和杰出人物的贡献，感悟传统美德与时俱进的品质，了解传统艺术的丰富表现形式和特点，了解中华民族丰富的文化遗产。引导学生深入理解中华民族最深沉的精神追求，更加全面客观地认识当代中国、看待外部世界、认识国家前途命运与个人价值实现的统一关系，自觉维护国家的尊严、安全和利益。

大学阶段，以提高学生对中华优秀传统文化的自主学习和探究能力为重点，培养学生的文化创新意识，增强学生传承弘扬中华优秀传统文化的责任感和使命感。让学生深入学习中国古代思想文化的重要典籍，深刻认识中华优秀传统文化是中国特色社会主义植根的沃土。引导学生完善人格修养、关心国家命运，自觉把个人理想和国家梦想、个人价值与国家发展结合起来，坚定为实现中华民族伟大复兴的中国梦不懈奋斗的理想信念。

2019年12月，国内传统文化教育领域首部专业标准《中小学传统文化教育指导标准》①（以下简称《标准》）发布。该《标准》由中国教育学会委托中国教育学会传统文化教育分会研制，由中国教育学会传统文化教育分会理事长、北京师范大学教授徐勇带领相关团队完成，2019年11月正式出版。

---

① 中国教育学会.中小学传统文化教育指导标准[M].北京：北京师范大学出版社，2019.

该《标准》充分考虑了传统文化教育内容和实施路径与现代教育、与现代中小学生年龄特点的融合,为中小学传统文化教育的开展提供了科学的、成体系的、建设性的方案,同时以行业协会的名义,面向全国发布,具有行业标准的意义。

该《标准》认为,中小学中华传统文化课程以社会主义核心价值观为引领,以中华优秀传统文化为基本内容,以培养学生的文化素养为宗旨,以提升学生的文化自觉与文化自信为目标。

该《标准》提出,中小学中华传统文化教育倡导经典、常识、技艺与学生日常生活实践的结合,注重从良好日常生活习惯、行为方式、礼仪规范的养成入手,逐步培养良好的道德品质;注重通过感受和体会古人的生活智慧,进而具备整合的思维方式和高雅的审美情趣;注重人文积淀,强调内省反思,重视学思结合、学以致用、知行合一,进而形成完美人格。

该《标准》指出,中小学中华传统文化课程以立德树人为根本任务,全面贯彻国家的教育方针,尊重现代教育与学生成长的基本规律,在课程设计与开发中应始终坚持以下理念:坚持正确的价值导向,以培养中小学生的文化素养为宗旨,注重知识逻辑、生活逻辑与认知规律的统一。

该《标准》认为,中小学中华传统文化课程是一种特殊的课程形态,它包括一门独立设置的课程,以及在其他学科课程及课外、校外教育活动中渗透、融入的一系列内容,可以表述为"1+X"模式。"1"是指已经或将要独立设置的、必修的中华传统文化课程,以课堂教学为主要实施形式,拥有相对系统的课程内容,其核心内容包括经典、常识与技艺三大类。"X"是指有机渗透、融入其他学科课程及课外、校外教育活动中的经典、常识及技艺等内容,主要体现在语文、历史、历史与社会、道德与法治、思想政治、地理、音乐、体育、美术、艺术等学科和各种主题实践活动之中。

在地方必修课程政策方面,以 2016 年山东省教育厅公布的"山东省《指导纲要》"① 为代表,将中华优秀传统文化课程作为一门独立的地方课程来开展,指出"山东省普通中小学中华优秀传统文化课程是一门以社会主义核心价值观为统领,以传承中华传统美德为主旨,以中华优秀传统文化经典为主要学习内容,以培育中小学生正确价值观、高尚情操和传统美德为主要目标的地方课程"。"本课程在传承中华传统美德、培育学生优秀品格方面具有不可替代的重要作用,能够与学校思想品德、语文、历史等学科相互支撑、有

---

① 中小学中华优秀传统文化课程指导纲要 [EB/OL]. (2016-08-29) [2020-04-04]. http://www.sdjky.net/index.php?a=shows&catid=9&id=58.

机补充，引导中小学生树立和坚持正确的历史观、民族观、国家观、文化观，不断增强中华民族的归属感、认同感、尊严感、荣誉感，全面推进德育课程一体化育人目标的实现"，强调课程的主要内容是传承中华传统美德，强调本课程的不可或缺性，是一门独立的地方课程。

　　山东省地方必修传统文化教材的课程目标是对教育部《指导纲要》的深化，同时结合本省的实际情况有所细化，如"小学阶段以培育学生对中华优秀传统文化的亲切感为重点。小学低年级让学生通过接触、记诵一些简单的格言警句、传统蒙学精粹等，重在对学生传统礼仪规范的熏染与培养，让学生对中华优秀传统道德规范有初步的认知和践行；小学高年级让学生通过学习经典章句及相应的实践体验，对一些传统价值观和为人处世之道有较深入的领会和认知，形成初步的价值评判能力和行为习惯"，这是对教育部《指导纲要》的深化。然后，从情感与态度、行为与习惯、知识与能力三个方面对课程目标进行了细化，如小学阶段"本课程引导和帮助学生达到以下目标：（1）情感与态度。孝敬父母、尊敬老师、友爱同学，礼貌待人、理解他人、懂得感恩，热爱家乡、热爱生活、亲近自然、热爱祖国河山和悠久历史，热爱中华优秀传统文化和红色文化，珍视国家和民族荣誉，具有爱国热情和民族自豪感，树立人生理想和远大志向。（2）行为与习惯。初步养成勤俭节约、吃苦耐劳的生活习惯，初步养成遵规守纪、言行一致等基本的文明行为习惯，初步养成爱护环境、珍爱文化资源的文明习惯，积极参加各种文化传承和文明礼仪活动。（3）知识与能力。了解家乡的文化习俗，明白自己是中华民族的一员。初步了解传统礼仪，学会待人接物的基本礼节。认识身边的文化现象，具有辨别是非、善恶、美丑的初步能力。了解重要传统节日的文化内涵，增强对中华民俗文化的了解"，是对教育部《指导纲要》的细化，而且对传统课程标准的三个教学目标的先后顺序进行了调整，将"情感与态度、行为与习惯"放到"知识与能力"之先，肯定了独立的传统文化课程不是以知识与能力的学习为第一位，而是要增进情感，转变态度，改变行为，养成习惯。初中课程标准和高中课程标准类似小学课程标准。

　　在课程设计方面，山东省《指导纲要》要求"课程建设按照'系统规划、分层设计、纵横贯通、有机衔接、有效推进'的思路进行总体设计，全面体现'由浅入深、循序渐进、知行合一'的要求，对中小学各个年级的教学内容进行统筹规划，分别确立各个学段的具体内容和教育教学重点"。"本课程以中华优秀传统文化经典为主要教学内容。其中，中华优秀传统文化经典内容的选取以儒家文化经典为主；在儒家文化经典的选取中，以'四书五经'为主。对格言、章句，要有精准的注释、翻译；对选读的书目，需有精辟的导读、必要的注释。在格言、章句、书目选读之外，辅之以相关的人物、事件、故事等。"

课程内容结构方面，要求课程分为课程主体内容、课程拓展内容两大部分。课程主体内容"以蕴含中华优秀传统文化精华的一切经典文献为视域，以儒家文化为主体，兼取诸子百家及其他适宜的经典内容"。课程拓展内容"精选与课程主体内容具有相同价值引领意义的素材，形成与课程内容相融合的文化体系。拓展板块可涉及中国古代礼仪、传统节日、书画、音乐戏剧等知识、中外名人名句、古今中外经典故事、世界自然文化遗产等，特别要突出山东地域文化特点，涵盖齐鲁文化、齐鲁地理和人文景观、齐鲁非物质文化遗产、齐鲁风俗等方面，以充实丰富学习内容，拓宽扩大学习视野"。

学段课程内容方面也比较具体，"小学阶段以儒家经典及蒙学经典中的格言、章句诵读为主，开展经典启蒙教育，着眼于培养学生好学、习礼、孝亲、尊师、友善、诚信、勤劳等方面的优秀美德，养成善良、谦恭、俭朴、礼让的优秀品格"。"初中阶段课程要重视儒家文化的系统性，让学生初步系感知中华传统美德。在内容体系上，以仁、义、礼、智、信'五常'，或孝、悌、忠、信、礼、义、廉、耻'八德'为道德纲目，通过经典专题教育，比较系统地认知、践行中华优秀传统文化所蕴含的中华美德，明白为人处世之道，完善道德品质，培育理想人格。""高中阶段课程要对优秀传统文化经典进行系统研读、反思，了解传统经典的精髓，推陈出新，与时俱进，继承、弘扬中华传统美德；进行中外对比，借鉴国外优秀文化成果。以经典书目章节或主题设置教材编排体例。"

2017年1月25日，中共中央办公厅、国务院办公厅颁发了《关于实施中华优秀传统文化传承发展工程的意见》[①]（以下简称《意见》），主要内容分为重要意义和总体要求、主要内容、重点任务、组织实施和保障措施四个方面十八条，提出到2025年，完成构建中华优秀传统文化传承发展体系，其中包含构建贯穿国民教育体系始终的中华优秀传统文化课程和教材体系。

该《意见》提出："在5000多年文明发展中孕育的中华优秀传统文化，积淀着中华民族最深沉的精神追求，代表着中华民族独特的精神标识，是中华民族生生不息、发展壮大的丰厚滋养，是中国特色社会主义植根的文化沃

[①] 中共中央办公厅，国务院办公厅.关于实施中华优秀传统文化传承发展工程的意见[N].人民日报，2017-01-26（7）.

土，是当代中国发展的突出优势，对延续和发展中华文明、促进人类文明进步，发挥着重要作用。""随着我国经济社会深刻变革、对外开放日益扩大、互联网技术和新媒体快速发展，各种思想文化交流交融交锋更加频繁，迫切需要深化对中华优秀传统文化重要性的认识，进一步增强文化自觉和文化自信；迫切需要深入挖掘中华优秀传统文化价值内涵，进一步激发中华优秀传统文化的生机与活力；迫切需要加强政策支持，着力构建中华优秀传统文化传承发展体系。"

该《意见》指出要以"客观、科学、礼敬"的态度来对待中华优秀传统文化，提出"不复古泥古，不简单否定"地处置传统文化的传承与发展，指出研究阐发、教育普及、保护传承、创新发展、传播交流是当下传统文化传承发展的主要工作。在教育普及方面，该《意见》指出："围绕立德树人根本任务，遵循学生认知规律和教育教学规律，按照一体化、分学段、有序推进的原则，把中华优秀传统文化全方位融入思想道德教育、文化知识教育、艺术体育教育、社会实践教育各环节，贯穿于启蒙教育、基础教育、职业教育、高等教育、继续教育各领域。以幼儿、小学、中学教材为重点，构建中华文化课程和教材体系。编写中华文化幼儿读物，开展'少年传承中华传统美德'系列教育活动，创作系列绘本、童谣、儿歌、动画等。"

2．近年来与经典教育有关的教育政策推动

在教育部《指导纲要》中，规定了实施路径是把中华优秀传统文化教育系统融入课程和教材体系，在课程建设和课程标准修订中强化中华优秀传统文化内容，等等。在师资培养方面，要全面提升中华优秀传统文化教育的师资队伍水平，打造一支中华优秀传统文化教育骨干队伍。建设不断适应时代需要的中华优秀传统文化网络教育平台。教育部统筹规划和推进中华优秀传统文化教育课程、教材、师资等建设，明确具体任务和政策措施。完善中华优秀传统文化教育的评价和督导机制。研究制定中华优秀传统文化教育的评价标准，增加中华优秀传统文化内容在中考、高考升学考试中所占的比重。

教育部在颁发《完善中华优秀传统文化教育指导纲要》之后，一直有持续的政策输出：首先，2019年3月11日教育部印发《加强和改进中小学中华优秀传统文化教育工作方案》，总结了中小学中华优秀传统教育近年来的五大工作内容，"一是加强对大中小学中华优秀传统文化教育内容要求的总体规划，印发了《完善中华优秀传统文化教育指导纲要》。二是在中小学课程中强化中华优秀传统文化教育，提高中华优秀传统文化在有关学科中的比重及学习要求。三是全面修订义务教育各学科教材，特别是在统编道德与法治、语文、历史三科教材中充实中华优秀传统文化教育内容。四是开展有关中华优秀传统文化系列教育活动。如中华经典诵读活动、非物质文化遗产进校园等。五是提升教师中华优秀传统文化素养。如与中国文联联合实施'翰墨薪传·全国中小学书法教师培训项目'等"，并再次强调"存在着一些亟待解决的问题：一是内容安排系统性不够，存在碎片化倾向；二是教育教学活动注重外在形式，表演色彩比较浓，修身、践行不到位；三是保障措施不健全，特别是缺乏专业化的教师及有效的评价激励机制，影响了政策措施的落实"。为此，提出了强化整体设计、注重讲求实效、加强制度保障的工作思路，提出了健全中华优秀传统文化进课程教材有关标准要求，依据纲要、图谱组织课程教材修订，强化学生对中华优秀传统文化的活动体认，健全中华优秀传统文化教育考核评价体系，提升中小学教师中华文化素养，大力推进实践基地和资源建设，加强中华优秀传统文化教育研究，强化教育协同机制八项工作任务，具体细化22条工作细则，如研究制定中华优秀传统文化进课程教材指导纲要，编制中华先贤和中华民族历史英雄人物进课程教材图谱，修订课程方案和课程标准，组织编写或修订教材，等等。其次，2019年秋季，统编《语文》《历史》和《道德与法治》三科教材在全国义务教育阶段统一使用，其中，《语文》教材古诗文篇幅增加再创新高。不仅如此，教育部2021年1号文件就有《中华优秀传统文化进中小学课程教材指南》[①]，"中华优秀传统文化进中小学课程教材，是强化中华优秀传统文化铸魂育人功能，落实以中华优秀传统文化涵养社会主义核心价值观，实现中华优秀传统文化传承发展系统化、长效化、制度化的重要举措。""中小学课程教材主要围绕核心思想理念、中华人文精神、中华传统美德三大主题，遴选中华优秀传统文化教育内容。""中小学课程教材反映中华优秀传统文化的主要载体形式包括以下几个方面：经典篇目、人文典故、基本常识、科技成就、艺术与特色技能、其他文化遗产。"

山东省，作为人口大省、经济大省，同时是齐鲁文化的发源地，是儒家文化的重镇，早在2008年，山东省教育厅就制定下发了《关于印发山东省义务教育地方课程安全教育、环境教育、传统文化和人生规划课程实施指导意见（试行）的通知》，在全国率先将《传统文化》作为义务教育地方必修课程之一纳入中小学课程体系。2015年5月—2016年5月，山东省集中

[①] 教育部.中华优秀传统文化进中小学课程教材指南[M].北京：北京师范大学出版社，2021.

1000多位专家和一线校长、教师的智慧，研制了《山东省中小学德育课程一体化实施纲要》，建构了德育课程、学科课程、文化课程、实践课程四位一体的立德树人新格局。其中，专门出台了山东省《指导纲要》。2016年9月23日，山东省教育厅依据该课程方案发布了《关于公开受理传统文化课程教科书审报的通告》，面向全国受理教科书申报，共有17家出版社报送了申请。山东省教育厅委托教育部基础教育课程教材发展中心组织专家进行了两轮审查，最终山东教育出版社等9家出版社15个版本的教材通过了审查。这是由国家基础教育课程标准研制专家主持审查通过的全国第一套进入国民教育体系的中华优秀传统文化教材。2017年9月，山东省中小学全面启用了《中华优秀传统文化》教材。

根据山东省《指导纲要》要求：传统文化课程为地方必修课程，各学段学时安排如下：小学教科书每年级一册，共6册。初中教科书每年级一册，共3册。义务教育学校每学期16课时，可结合文化主题教育、道德教育、主题班会等活动进行学习。五四学制和九年一贯制学校参照实行。高中教科书一、二年级每年级一册，共2册，每学期18课时，共计4学分。在教学建议方面，要求准确把握课程定位、明确各学段课程目标、发挥学生主体作用、重视文化主题教育活动、营造传统文化教育的校园环境。在评价建议方面，要求注重多种评价方法的使用、关注学习过程评价、关注课程学习成果评价。在课程资源开发与利用方面，要求充分挖掘齐鲁文化资源，充分挖掘学生资源，充分利用学校、家庭、社会资源，充分利用互联网资源。课程实施保障方面，要求加强组织领导，加强课程实施，加强课程评价。研究制定中华优秀传统文化教育的评价标准，积极探索将中华优秀传统文化教育纳入初中、高中学业水平考试和升学考试。

总之，在全人类对多元文化价值给予高度关注的背景下，在中国的发展更需要优秀的文化和精神予以支撑的现实中，教育部发布的《指导纲要》是有时代意义和价值的。中共中央办公厅、国务院办公厅颁发的《关于实施中华优秀传统文化传承发展工程的意见》则是中华人民共和国成立以来党和政府制定的最高级别的传统文化传承发展文件。"山东是中华文化的重要发祥地，传统文化资源十分丰富，在传统文化教育方面理应走在前列。"山东省《指导纲要》是我国第一个面向中小学的中华优秀传统文化课程方案，依据该方案编写的传统文化教材是由国家基础教育课程标准研制专家主持审查通过的全国第一套进入国民教育体系的中华优秀传统文化教材，山东省成为全国第一个在小学、初中和普通高中三个学段全面开设《中华优秀传统文化》教育课程的省份，由此，中华优秀传统文化课程百年之后重新回归国民教育体系。

第四节 1991—2021 年：经典教育发展的特征与趋势

一、主体正从台湾地区转到大陆地区

20 世纪 50 年代起，中国台湾地区进行了一轮国学教材建设和实践的探索。自 2000 年以来，由于台湾地区民进党实施"去中国化"政策，台湾地区的中华文化课程体系构建的实践探索难以为继。中国大陆自从 20 世纪 90 年代以来兴起的读经现象，加上 2014 年教育部的《指导纲要》的出台，2016 年山东省教育厅的传统文化地方必修课程和教材建设，2017 年中共中央办公厅、国务院办公厅的《关于实施中华优秀传统文化传承发展工程的意见》的印发，构建中华优秀传统文化课程体系的重任已经毫无争议地从台湾地区转到大陆地区。

二、规模从委员议案到贯穿国民教育体系始终

1995 年赵朴初等九老联名提交的议案，开创了少年儿童学习中华民族经典的破冰之旅，后来的"青少年经典诵读工程"就是肇始于此。1999 年，台湾地区的王财贵来到大陆，用"小朋友，跟我念"的六字教学理念解决了无教材、无师资、无课时等现实问题，实现了传统经典传承的民间突破。进入 21 世纪以后，中央和地方都出台了密集的政策文件，极大地推动了经典教育的发展：2007 年"中华诵·经典诵读行动"开展，2014 年教育部《指导纲要》出台，2016 年山东省《指导纲要》公布，2017 年《意见》印发，2018 年"中华经典诵读工程"实施，尤其是《意见》中提出：到 2025 年要构建中华优秀传统文化传承发展体系，教育普及是其中的一个重要体系，届时要构建贯穿国民教育体系始终的中华优秀传统文化课程和教材体系，将群众性自发的经典诵读活动段推向面向全体学生的中华文化课程体系构建的制度化建设。

三、从全民自发到课程化建设

自20世纪90年代中期持续到21世纪的海峡两岸的读经现象，引人注目。读经现象充分地表明，此次的中华优秀传统文化学习的热潮具有群众性、自发性和探索性。自2012年以来，各类关于中华优秀传统文化的理论研究和教材建设逐步加强，已经进入一个相对理性的探索阶段。

各类型、各层次的课题研究逐步开展，研究论文发表数量逐年递增。据中国知网检索，从2012年到2019年10月，以"传统文化教育"为关键词，一共查到479篇相关论文，从发表年份来看，2019年130篇，2018年81篇，2017年76篇，2016年59篇，2015年56篇，2014年40篇，2013年18篇，2012年19篇，整体来看，论文发表的数量逐年递增，尤其是2019年前10个月发表论文数量与2018年全年相比较，增长了60%以上。

中华优秀传统文化教育专题性研究著作逐步出版，研究问题不断推向深入。2011年2月由人民出版社出版的李申申等合著的《传承的使命：中华优秀文化传统教育问题研究》，从文化界定、20世纪以来中国传统文化的历史发展、弘扬优秀传统文化的必要性和紧迫性、当前的成功经验与不足、优秀传统文化的精华、优秀传统文化教育的有效路径等方面对这一问题做了初步的总结和探究；2012年10月由学习出版社出版的张岂之主编的《中华优秀传统文化核心理念读本》，从天人之学、道法自然、居安思危、自强不息、诚实守信、厚德载物、以民为本、仁者爱人、尊师重道、和而不同、日新月异、天下大同等方面，对中华优秀传统文化核心理念做了从史料整理到评析概括的深入研究；2018年12月由北京师范大学出版社出版的徐梓著的《中华优秀传统文化教育十五讲》，则从读经问题、社会意义、学术意义、基本内容、原则与方法、乱象与问题、课程建设、教材建设、教师发展、经典解读，以及当代私塾与传统私塾、古代蒙学和传统书院的现代意义等方面对中华优秀传统文化教育涉及的理论与实践进行了全方位的教育解读；2019年5月由社会科学文献出版社出版的杨东平主编的《中国传统文化教育发展报告2018》，则通过文献研究、田野调查、问卷调查等多种方法，对20世纪90年代以来的中国传统文化教育的现状、处境和面临的问题，进行了全面的研究。

校本教材和地方教材不断推出，呈现一种全面开发的探索现状，同时传统文化师资培训也稳步开展。从校本教材来说，复旦大学附中语文组编写的以《中国人》为核心的校本传统文化系列教材、广州市天河区五山小学许凤英校长主编的《少儿国学读本》、北京东城区史家小学联手中国国家博物馆编写的《中国传统文化——博物馆综合实践课程》，堪称中学和小学阶段传统文化校本教材的典范。《少儿国学读本》（全6册），既有主题性的诵读文本，也有全本经典的诵读；既有零碎时间的诵读，也有校本课堂的教学，经过十几年的打磨，初步形成了教学科研体系。《中国传统文化——博物馆综合实践课程》由8册学生用书和4册指导用书组成，内容以中国博物馆国家藏精品为依托，分为"说文解字""美食美器""服饰礼仪""音乐辞戏"四大主题32组教学内容，融合了语文、历史、地理、天文、生物、科学、音乐、舞蹈、美术、书法、体育等多学科的知识技能。从地方教材来说，湖北省教育厅、安徽省教育厅、陕西省教育厅、内蒙古自治区教育厅先后审查指定了多套地方传统文化教材，尤其是山东省教育厅从2008年开始就设立了传统文化地方选修教材，2017年又审核制定了9套贯穿小学到高中阶段的传统文化地方必修教材，将传统文化地方必修教材的建设和发展推到了一个新的高度。随着校本教材和地方教材的逐步完善，传统文化师资培训也逐步增加，教育部、"国家语委"与江苏师范大学、西南大学联合开展的中华经典诵写讲骨干教师培训班，多年来一直围绕经典诗文朗诵、汉字源流和演变、古诗文词义训释、格律诗吟诵、中华经典书写规范、经典解读路径与诠释方法、中小学诵写讲教育教学等问题展开；山东省教育厅为配合传统文化地方必修教材的实施，专门设置了传统文化教研中心，配置专职人员负责教材教学研究服务和师资培训工作；海淀区教委创设海淀教育书院（海淀敬德书院）专职面向海淀区的中小学教师开展中华优秀传统文化专题培训，则开创了传统文化师资培训的新格局。

四、从知识点到全面渗透再到系统化建设

1902年以来，晚清政府近代学制改革，试图通过学科化设置保存中国传统的经、史、子、集尤其是经学知识体系：一是高等教育阶段保留经学科大学；二是基础教育阶段；三是与传统文化课有关的课有三科，包括修身课，读经讲经课，一是中国文字课（高等小学堂改为中国文学课）。1912年1月19日，中华民国临时政府教育部发布《普遍教育暂行办法》，废除小学读经科和经学大学科。近代以来，中华传统经典分科化、知识化，在小学教育阶段，则以取消其内容传授为显著特点。2014年，教育部在《指导纲要》中明确要求把中华优秀传统文化系统融入课程和教材体系中，提出"在中小学德育、语

文、历史、艺术、体育等课程标准修订中,增加中华优秀传统文化内容比重。地理、数学、物理、化学、生物等课程,应结合教学环节渗透中华优秀传统文化相关内容"。教育部社会科学司负责人就《指导纲要》答记者问时说:"在各学段的教学要点和教学任务中,力求做到三个'全覆盖':一是学科课程全覆盖,将教育内容体现到德育、语文、历史、体育、艺术等主要课程中去。二是教学环节全覆盖,包括课堂教学、课堂外教学、家庭教育和社会教育。三是教育人群全覆盖,从小学一直到大学,整体贯穿中华优秀传统文化教育。"2017年1月,中共中央办公厅、国务院办公厅印发的《关于开展中华优秀传统文化传承发展的实施意见》中就提出要构建贯穿国民教育体系始终的中华优秀传统文化课程和教材体系,已经从学科融合渗透转移到了课程和教材体系建设。

五、从校本教材转到地方教材

教育部颁布的《完善中华优秀传统文化教育指导纲要》中提到"鼓励各地各学校充分挖掘和利用本地中华优秀传统文化教育资源,开设专题的地方课程和校本课程"。其中,传统文化校本教材最为普遍,很多开展了中华经典诵读的中小学都根据自身教学需要和实践经验,编写出了自己的校本教材,其中不乏精品,产生了不小的影响,有力推动了中华优秀传统文化课程体系构建的发展。例如,复旦大学附属中学历经10多年探索,形成了一套较为成熟的将优秀传统文化教育系统化、课程化的语文教育方略。教学成果《阅读中国人 书写中国人——彰显语文教育人文性的实践研究》,2014年获得国家级教学成果奖一等奖,以黄荣华老师为主编写的复旦大学附属中学校本教材系列,由《中国人》《中华古诗文阅读》(全6册)、《中华根文化·中学生读本》(15种)构成。地方教材的推出是在校本教材基础之上的升级转换,是向着课程体系化的进一步探索。这方面,以公布山东省《指导纲要》为标志性事件。

综上所述,这种转变是整个中国近现代社会整体转变的一个缩影,其核心是人文社会学科、课程和教材建设的民族化问题,是如何从西方"拿来"到融合中外乃至重建中国特色的人文社会学科、课程和教材,是中华传统文化的思想、精神和话语从边缘到重新回归、重建的具体呈现。

第七章

中华经典课程体系初探

"文化是民族的血脉，是人民的精神家园。文化自信是更基本、更深层、更持久的力量。中华文化独一无二的理念、智慧、气度、神韵，增添了中国人民和中华民族内心深处的自信和自豪。"①，充分肯定了传统文化在民族发展和当下生活中的深层意蕴和精神力量，也深刻阐明了开展中华经典教育普及工作，也就是中华经典课程体系建设的紧迫性。于述胜、刘继青两位学者便强烈呼吁，新读经运动与新课程改革几乎在同步发展，两者一个主要借助中国传统文化资源，另一个主要借助现代教育理论资源，共同面对一个亟待改革和完善的中国现代教育传统。以西学范式为基础的中国现代课程体系所造成的文化迷失就在于使中国现代教育面临着双重缺憾：既拙于养成具有文化底蕴的现代人格，也难以造就具有创造精神的现代人才。如今，当我们再次援引来自西方的人本主义、构建主义和后现代主义知识资源以进行新的课程规划之时，把中国文化经典以完整的文化表象、具有连续性和系统性地纳入现代课程，使之成为中国文化综合课程，则是结构调整的可能选择。② 在新时代，要构建中华优秀传统文化传承发展的大平台，其中重要的一环就是努力完成中小学中华经典课程体系建设工作。

第一节 中华经典课程体系概说

在当下的教育发展中，如何确定中华经典课程体系的概念，也就是与其他课程的关系、课程范围、课程定位、课程内容、课程结构、教学方法、教学评价等，不仅是构建中华经典课程体系的理论基础——解答为什么要实施中华经典教育，还是选择其教学内容、确立其教学主体、确定教学时间、构

---

① 中共中央办公厅，国务院办公厅.关于实施中华优秀传统文化传承发展工程的意见[N].2017-01-25.
② 于述胜，刘继青.中国现代课程改革的文化问题论纲[J].当代教育科学，2005（19）：15-19.

建课堂教学范式、建设教学评价的"指挥棒"。本书不从宏观学术史和思想史角度讨论这一课程的建设问题,而是主要从当下对课程的一般认识出发确定对中华经典课程概念的理解,也就是集中于经典课程建设的基本理论预设与实践可能性方面。

一、中华经典课程简述

1. 对其他学科起着整体价值引领作用的国民教育课程

中华经典课程与语文、德育、历史课程,具有天然的紧密联系,但它们之间不是包含关系,也不是融合关系,甚至不是并列关系。虽然经典内容可以作为知识背景进入语文、德育、历史等课程,但如果确立了经典课程的不可或缺性,那么它与这些课程之间就是一种辐射关系。由于中华经典课程要解决的是民族的精神传承问题,是要对学习者的思维、价值、人格产生深度的引领,因此,中华经典课程应该成为一门具有超越工具性学科(专业)、超越功利主义教育取向的价值课程。徐梓说:"国学经典教育的功效是长期的而不是即时的,是隐性的而不是显性的,它看不见、摸不着,不能带来直接的、现实的功利,对现今流行的应试暂时也没有直接的帮助。""国学经典教育的功效是根本性和决定性的,它不表现为某一种具体的功用,而能支持所有的功用;它不直接养成某种特定的技能,而是从更深刻、更高远的层面做的是夯实基础、调整结构、完善素质的工作,这是一种源于根本、专注根本、为着根本的教育。"①

2. 特定时空范围内的具有内在一致性的民族精神精粹和思想精华

中华民族经典课程所选内容的时空边界,时间上是 1912 年以前的知识体系和文化传承,空间上是古代中国范围内的所有物质和精神文化成果,从中提炼出来的民族精神精粹和思想精华,具有贯穿中国历史发展时空的内在一致性,从理论上说,也必须与社会主义革命文化和先进文化具有一致性,其核心内容是中华民族的思想文化传统,表现为民族共有的精神家园。这个一致性决定了中国之所以是中国的特质。这正是中华优秀传统文化课程需要解决的核心问题。

3. 为"立德树人"提供民族传统文化的源头活水

经典课程要传承和凝聚中华民族持久的价值共识,为实现立德树人教育

---

① 徐梓. 中华优秀传统文化教育十五讲 [M]. 北京:北京师范大学出版社,2018:58.

根本任务提供"立""树"过程和方法的实践经验借鉴，提供"德""人"内涵的民族思想理论之源。无论是教育部颁发的《指导纲要》中提出的以爱国主义为核心的家国情怀教育、社会关爱教育、人格完善教育，山东省《指导纲要》中指出的以中华优秀传统文化经典为主要教学内容，还是中共中央办公厅、国务院办公厅印发的《意见》中提到的核心思想理念、中华传统美德、中华人文精神，都无一例外地要从传统文化尤其是经典中对中华传统文化进行创造性传承和创新性发展，以解决教育发展中遇到的各类问题。虽然这门课程离不开中华传统文化知识和技能的学习，但又不能以知识积累和技能训练为最终目的，可以从知识和技能入手，但知识和技能的学习仅仅是手段或桥梁，最终目的是让学生得到思维方式的训练、价值取向的引领、人格养成的完善。围绕立德树人的当代教育的根本任务，以传统核心理念、传统美德、人文精神的主题为单元标题，在课文中按照历史与文化统一的原则设置内容情境，拓展学生的认知理解、审美体验、内在体验、主体价值选择等，引导学生修身践行。

4. 从课程过程与方法来理解经典课程的独特性

通过经典研读的五步骤诵读、书写、注释、讲解、践习等教学过程的展开，从识字教学入手，到文化艺术提升，再到经典训练为依归，确定课程特有的体验式教学法。

汉字中隐含着丰富的文化信息。汉字是中华文化的基因，是中华文化的基石，可以从中国文字的源流、构字的规律入手，借助文言文和文章，逐步以中华文学艺术阅读增加学习兴趣作为辅助，最终以经典文本研读为依归，通过课堂上对经典文本的教学展开，提升对文化的亲近感，逐步欣赏和体证中华经典的魅力，实现民族文化价值共识的达成。

5. 从课程评价来加深和完善其课程特性

围绕汉字思维、文化常识、经典训练三个方面展开适当的定性与定量、过程与结果结合的多元评价。汉字思维主要包括文字源流的梳理、构字方法的了解、造字理由的理解三个方面，通过文字字形、文字故事、文字诗词、文字义理等多层次教学的展开，增强学习者对文字的亲近和理解，熏陶其汉字思维；文化常识主要是通过节气常识、礼仪常识、中医常识等中华文化特有的知识拓展阅读和传习，增强学习者对中华民族文化的具象认知、审美情趣、情感认同；经典训练主要是通过对学习者的思维训练、价值取向和人格养成来实现。

中华经典课程是一门独具特色的中国文化课程，类似传统知识分类体系中的"经部"，是一门打通价值教育与工具教育的隔阂、架设价值理性与工具理性的桥梁的课程。它是与社会主义的革命文化、先进文化在时间上前后相继、在地域上相同的一种文化；通过文字、文言、文章在当下再现的思维和价值体系，是天人关系、心性关系、知行关系等中国学问的当代教育再传承和发展。总体而言，中华经典课程体系是以学习者为中心，以汉字为符号，以文化常识为基础，以经典文本为教学载体，以中华文化的核心思想理念、传统美德、人文精神为教学内容，通过课堂上对经典文本的诵读、书写、注译、讲解、见习，养成学习者的中华美德，训练学习者的民族思维，确定学习者的价值取向，塑造学习者的理想人格，助力立德树人根本任务完成，具有鲜明中国特色的人文核心素养课程之一。

二、中华经典课程体系何以可能？

1. "理一分殊"是经典课程建构的指导思想

"理一分殊"是中国传统文化的重要思想资源。彭永捷指出，朱子所云"理一分殊"，是"一"与"万"的关系，也即是哲学上常讲的一与多的关系。天地万物皆是一理，可散在万物却使万物各具一理。朱子所讲"一理"与"万理"的关系，只是普遍的"理"与"理"在万物中的"用"之间的关系；朱子所谓的"理一"，是指"理"是一个不可分割的整体；所谓"分殊"，是指此理随其所处之体不同而其用不同。①

束景南指出，从普遍的"理一分殊"本体论模式到一般的"分殊"体认的方法论，到具体的敬知双修的认识论，构成了朱熹的一种独特的东方有机整体的思维模式。②他同样认为程朱理学派是从"体用"思想上提出了"理一分殊"，以"理一"为体，以"分殊"为用，"理一分殊"即"体一用殊"。这种体用统一的"理一分殊"的本体论，决定了理学"分殊体认"的方法论与"格物穷理"的认识论。"理一分殊"提出了"己所不欲，勿施于人"的人本论与即用求体、即物穷理的自然观；以道在自然，理在分殊，不是人为自然立法，而是自然为人立法（道），人只有通过分殊体认，格物穷理识道，才能顺道而行，达到人道合一，这就是东方"理一分殊"思想的普世价值之所在。从中国传统文化的本体论哲学的发展来看，从先秦孔孟儒学发展到宋

---

① 彭永捷. "理一分殊"新释——兼论朱子对"理"的本体地位的论证 [J]. 中国人民大学学报, 1998（1）：39-44.
② 束景南. 朱熹的"理一分殊"及其认识论指向 [J]. 四川师范大学学报（社会科学版）, 2006（2）：8-13.

代的新儒学（理学），就是从"体一用殊"发展到"理一分殊"。程朱理学派的"理一分殊"正是根据先秦以来的传统儒家文化的这种体用思想提出来的，它实质上是对传统体用思想的新的本体论的诠释与升华，所以也就成为中国传统文化的最高哲学原则。①

蒙培元指出，"理一"不是实体，是极好致善的"表德"，即人类共同的价值标准。"分殊"是万物的个体性、多样性和差异性。"理一"与"分殊"的关系不是概念论的一般与个别的关系，而是生命论的整体与分体的关系。"理一"在万物中，在人的心灵中。"理一分殊"说不只是从概念"推下来"，而且是从经验"推上去"，是经验与观念的统一、分析与综合的统一。② 运用"理一分殊"的哲学思想来指导我们创设中华经典课程，是文化内部自身特性的表现，从而具有合理性和可操作性。

正是据此，龙兴认为，我国古代关于社会与自然的有机整体观念发端于易经太极的阴阳调和说，后经道家、儒家等众多哲人的不断发展，到宋代逐渐形成一种"理一分殊"的理学思想。朱熹作为宋代儒家学术思想集大成者，吸收和发展了"理一分殊"的理学思想体系，不断开掘出"理一分殊"思想的本体论意义和认识论意义。朱熹的"理一分殊"思想，在当代中小学课程整合的重要性日益凸显的背景下，对于探讨和选择合理的课程整合路径具有积极的借鉴意义。第一，以完整的人的发展作为课程整合的"理一"本体。运用"理一"本体思想探寻课程整合的本质功能，课程整合的本质功能是实在的，是稳定的，有多种体现形式，也是有层次性的。就课程整合而言，完整的人的发展，就是课程整合的太极、"理一"本体，是课程整合的起点和归宿，是课程整合的最终目的、所止。这个本质功能是总课程整合之理乃至整个教育之理，是课程整合的指导思想，是课程整合的统摄和根本。第二，以"分殊"的过程和方法实现课程整合目标。在"分殊"过程中获得课程整合的本体意义。运用格物致知的方法实现课程整合目标——分析、类推、贯通。以"分殊"的课程整合形态与过程实现人的发展"理一"本体：开设不同层面的综合课程；在整合思想的整体观照下开设分科课程。第三，以有机整体观处理课程整合与课程分化的辩证关系：课程整合与课程分化相互补充；课程整合与课程分化交替进行。在龙兴看来，朱熹"理一分殊"思想及其所具有的本体论意义和认识论意义，可以为现代课程整合提供宝贵的理论资源和思想养

---

① 束景南，杨志飞．理一分殊：中国文化本体论与方法论的体用模式——中国传统文化思想的普世价值问题[J]．浙江社会科学，2013（3）：119-125，159．
② 蒙培元．朱熹关于世界的统一性与多样性——"理一分殊说"[J]．北京大学学报（哲学社会科学版），2008（3）：16-26．

分。以"理一分殊"思想来观照现代课程的发展历程，我们可以发现，现代课程从课程整体规划设计再到分化为不同主题单元的分科课程设计，进而再对分科课程进行二次整合，最后进入课程整合，课程发展可以由此呈现"合—分—合"交替进行、交相辉映的螺旋上升的发展轨迹。①

2. 晚清民国以来的经学整体课程观的继承与发展

传统经部的经典，在传统教育中就很难切分到具体的学科之中，比如《周易》，既是哲学，又是史学，也是文学，《诗经》《春秋》等无一不是如此。虽然近代以来，受西方教育和学术思想影响，其被切分到文史哲、语言文字和各类社会学科中，但坚守经学课程的整体性在民国历史上也是有案例可循的。据陆胤研究，作为中国固有四部学术之首，经学在近代教育体制确立与教学场合更替的过程中，面临着难以找到学科对应物、欠缺课堂教学可操作性等诸多困境。清末民初穿梭于新旧学界的孙雄早年肄业于江阴南菁书院，在黄以周等经师的引导下治经，逐步理解"郑学"群经训、义体系的脉络。其后上书张之洞，并在袁世凯幕下掌管新学堂。孙雄虽曾一度主张将经学碎片化以迁就外来学科，探索六艺九流的新教法，却最终在辛亥"经科存废"论争中力主保全经学整体，提出经学讲座制的设想。与将六经历史文献化、去语境化，继而按照近代学科进行分类重组的"碎片化"思路相对，孙雄的保守姿态，提示了另一种对抗外来分科之学的"整体化"经学转型模式，而这也可视为南菁书院兼综汉宋，标举"郑学"治经体系的一宗遗产。

陆胤认为，不同于"修身伦理"，"癸卯学制"占用中小学堂大量学时的"读经讲经"是中国本土的创造。清末乃至民初守成者所提倡的"学堂读经"，是在外来政学压力和自身国族意识萌发的背景下，为凝聚近代国家认同而发明的一套教养模式。"癸卯学制"所附《学务纲要》就声称"外国学堂有宗教一门。中国之经书，即是中国之宗教"，已是在西洋宗教视野下重新看待中国经书，其宗旨是养成"爱国爱类之心"。诸如"博考古今之疏解，研究精深之意蕴"等专门内容，统归大学堂经学专科研究；中小学堂"读经"的宗旨，则是要在西学横流的时代"定其心性，正其本源"，其课程、课时、教授方法的设计，处处体现着西学压力，时时在防备"妨碍西学"的指责。清末民初的"学堂读经"风潮，顶着来自经学外部的质疑，努力回应经书作为一个整体（或"文化象征"）式微的危机。问题焦点是经书整体的保存延续，难点是如何"简要"，在最短时间内使人获得中学之"体"，又不致妨碍西学

---

① 龙兴. "理一分殊"视界下的课程整合 [J]. 基础教育，2018（5）：27-35.

大"用"的发挥。孙雄的《论中小学堂修身读经二科教授之法》一文，旨在解决此一难题。论及"经学"与"读经"的参差，他指出，经学至为浩博，耗时耗力，学堂中课时有限，"非删繁存要，断不能为学堂课本，固灼然无疑者也"。至于具体的删经方案，孙雄引李叔同为知音，主张推广"删窜之法"，也就是"删其文辞，存其精义，窜其文辞，易以浅语"，而其大要则在于"存义"，编辑名为《十三经大义》的经学教科书。《孝经》《论语》《尔雅》三书宜在初等、高等小学堂内全读。至中学堂，则《易》《书》《诗》"春秋三传""三礼"、《中庸》《孟子》都应编辑删节本而读之。对于"十三经"整体性、繁复性有正面体认，又须适应时代效率要求。孙雄最后唯有删节与问答相结合：在《十三经大义》与各经删节本之外，"又取经义之纠葛者，及节本之不可网罗者，每种别编问答若干条，附刊于后，随时讲解试验以收效果"。①

近人马一浮也说过，治国学先须辨明四点。其实，马一浮是以六艺也就是六经为国学的统摄，可谓将纯粹的儒家经典作为国学的核心内涵了，其所说的国学的四点特征也就是经典课程的特征：第一，不是零碎断片的知识，是有体系的；第二，是活泼的；第三，道理是自然流出的；第四，是自心本具的，不可视为分外。明了以上四点，可以知道"道本一贯""妙用无方""法象本然""性德具足"。② 也就是说，儒家经典具有系统的整体性，是活泼地不断生成的，是本于自然的应然而为，是内外身心知行合一的，由此也可以得知经典教育课程必须整体安排，活化传承，自然而然，知行合一。

当代学者柯小刚提出，在公立的大中小学广泛开展传统文化通识教育，组织有通识教育关怀的学术专家编写传统文化通识教材。在编写时，要有中介位置的自觉，要同时朝向元典、社会现实，要导向古典教养又要联系生活实情。在选编和解说时，既要从浅近到精深，又要结合实际，切近解说；既要展现中华文化主体的精要，又要深度吸收和化用西方古典文化及现代思想。中小学通识教育应与大学人文学科合作，加强教师的古典文化培训，储备师资。中小学古典教育应最好在各科教学中都能展开。在有条件的中小学开展跨文化的古典文明教育。③ 柯小刚所说的古典教育、通识教育，其核心内容其实是依托中华传统文化的经典教育。他所说的课程，就是我们要追求的那样一整套的中华经典课程体系。

---

① 陆胤. 从书院治经到学堂读经——孙雄与近代中国学术转型 [J]. 学术月刊, 2017（2）：163-178.
② 马一浮. 泰和宜山会语；法数钩玄 [M]. 武汉：崇文书局, 2019：7.
③ 柯小刚. 从"人的养成"出发推进古典教育 [J]. 人民教育, 2017（2）：57-59.

第二节　经典课程实施主体

21世纪初往后的五十年，将是中华经典教育重新整合旧典籍，用新的思路、新的方法、新的内容再次构建中华经典课程体系的最佳历史机遇期。

1. 当下是破解百年"读经"教育难题、实现经典教育现代化传承的最佳时期

近百年来，经典教育与中国近代化过程中的民族独立和国家富强等急迫问题，紧密相随，虽然前者始终不是最主要、最急迫的问题，但是脉络清晰，始终不曾中断。正如前引洪明在《读经论争的百年回眸》中所说："读经问题是民国初年废除读经之后围绕恢复读经和反对读经而产生的一系列论争，是我国教育现代化过程中抛给世人的一个世纪难题。"现在到了破解这道百年难题的最佳历史机遇期。

2. 当下是1995年以来，经典课程教学实践经验的提炼期和完善期

从20世纪90年代中期开始，在海内外华人地区尤其是中国大陆地区，形成了读经现象，并持续至今。如何有效地梳理传统经典的基础内容，及时总结和提炼各级各类学校和社会教育机构的经典教学实践经验，使其符合课堂教学的需求，就成了摆在当前教育者面前的头等大事。

3. 当下是经典课程体系构建"老大难"问题的化解期

2014年3月，教育部颁发的《指导纲要》中同样提到，中华优秀传统文化教育内容的系统性、整体性还明显不足；重知识讲授、轻精神内涵阐释的现象还比较普遍；课程和教材体系有待完善；教师队伍整体素质有待提升。其关注的难点、存在的问题高度一致，就是学习内容如何从碎片化到系化，学习的效果如何从表演到内在体验并最终落实到日常行为中去，传统文化教师如何从兴趣型过渡到专业型，评价激励机制如何有效形成。2019年3月，教育部印发《加强和改进中小学中华优秀传统文化教育工作方案》（教材函〔2019〕4号），在肯定传统文化教育取得成效的同时，仍然清醒地意识到："内容安排系统性不够，存在碎片化倾向"；"教育教学活动注重外在形式，表演色彩比较浓，修身、践行不到位"；"保障措施不健全，特别是缺乏专业化的教师及有效的评价激励机制，影响了政策措施的落实"。

4. 最为重要的，经典课程是21世纪中国教育自身发展、完善的需求

从社会层面来说，生态环境的保护、资源的节约、快速城市化之后的人居优化、乡村建设的文明提升，这一切都可以从传统经典的天人和合理念中获得启发，可以从中华文化经典中获得解决问题的创意，更为重要的是，中国正在步入老年社会和少子化社会，如何真正养老，如何理解生育的意义，完全可以从传统经典中获得启迪。从教育系统和学校系统来说，在"立德树人"已经成为新时期教育的根本任务后，已经确立了区别于欧美教育学的中国教育学特性，要完成这个根本任务，就可以从经典教育中继承优良传统，比如"天地君亲师"的家庭教育、学以为己的学习观、系统的心性论和功夫论。

然而，时机已经到来，但经典课程的实施主体机构却变得模糊起来。历史是可以鉴往知来的，尤其是世界史的画面完全展开之后，不同历史阶段需要解决的基本问题就会比较清晰地展现在我们面前，过去的历史阶段距今时间越长，问题意识就越明确。

一、传统经典真的无家可归了吗？

16世纪以后，欧美国家的历史给了我们一个比较清晰的参照系。文艺复兴把人从中世纪的黑暗中解放出来，将人与神的位置进行了互换。后来的宗教革命和启蒙运动，更是彻底把人从宗教牧师的束缚中解放出来、从自然的蒙昧中解放出来。后续的工业革命和政治革命，把人从体力劳动和政治专制中解放出来。历经三百多年的发展，欧美国家的社会才形成了宗教、政治和经济三者相互独立又相互支撑的局面。

反观中国近代的发展，它首先是被西方的坚船利炮打开国门而被迫进入近代化进程的，并且仿效欧美社会发展轨迹进入近代化，因其非自然内生化发展，必然会出现一些发展不协调的问题，即中国社会各环节尚未磨合出一套适应近代化发展的结构组织，却要承担起近代化社会的组织功能。

晚清政府历经甲午一战，再遭八国联军侵略，整个社会从上到下的成员都觉得中国彻底落后了。以至于1905年慈禧太后被迫继续戊戌变法的未竟变革事业，支持洋务派设学部、派留学、废科举、颁学制、兴学堂，中国近代教育由此启航。巨大的经济、政治、军事和教育制度变革对经典教育最大的冲击就是一整套儒家思想体系得不到权力的支撑，知识、权力、真理之间失去了联系。其结果便是社会教化功能没有组织机构去承担、去落实，而实现教化功能一直是以儒家文化为主流的中华传统文化的魅力所在——在儒家学者看来，可以亡国，亡国不过是改换朝代、变更皇帝的姓名而已，但不可以亡天下，亡天下是人性的彻底丧失、人间秩序的彻底毁坏，就是文化的消亡。不过，在西方文化的冲击下，在坚船利炮的摧毁下，中国文化独立发展的态势被打断,出现了被迫转型,正如金耀基所说,中华学术文化从经学时代过渡到了科学时代。①

科举制度维护下的中华经典教育,一旦从新兴的学堂教育中被挤压、被边缘、被驱逐,中华经典文化就一定要像约瑟夫·列文森在《儒教中国及其现代命运》②中所断言的那样进入"博物馆"以供后人凭吊吗?还是真的只能如同余英时在《现代儒学的回顾与展望》中所说的那样成为一具"游魂"而无处安身?有无其他组织能够承担起经典教化的功能?

二、孔教会

张之洞是晚清教育变革中的一位重要人物,他提出:"西国学堂皆有宗教一门,经书即中国之宗教也。"③这个"即"字值得玩味,大意就是"类似",这是他对比中西方经典并设法为中国儒家经典获得合法性和合理性的一个重要观点。西方宗教有教堂,有《圣经》,有存在的合法性和合理性,那么中国的经学以及经学下附属的经典,也就应该有保存的价值和意义。不过,他并没有走上创设中国宗教的路,而是希望仿照西方教育在各级各类学校保留读经讲经课程,所以他一方面努力吸收西学、兴办洋务,另一方面又全力保存儒家经典的不易地位,把保教与保国、保种相提并论。康有为在戊戌变法失败之后,逃亡海外,在中华民国成立之后回到国内,不再过多投身于政治,而是集中精力成立孔教会,倡导立孔教为国教。他不仅在国内,而且在海外华侨和华人地区也大力提倡。随着袁世凯复辟帝制的失败,国内民众对康有为的提法也不再感兴趣。孔教会在现在的马来西亚马六甲海峡附近还有,但是在中国基本销声匿迹。孔教会的尝试和在中国的无法持续,历史地验证了走宗教传承路线在中国不是一条可行的路径。李向平说,对于神灵的崇拜,我们的对象多不胜数,各种神祇,应有尽有。人们的信仰对象也是从自然现象到社会权力,从一神到多神,从天上到地下,从死人到活人,只要能够崇拜、信奉的,能够从此信仰中建立利益互惠关系的,人们都会烧香仰头、下跪许愿,从而建构一种中国人独有的"关系—信仰"模式。对于宗教,"中国人有的是宗族之宗、教化之教、伦理之教,根本不认一神教排他性崇拜之理。排他性的神人关系在中国人这里,无法存立"。④

---

① 金耀基.中国百年学术之变与发展:从经学到科学的范式转变[J].书屋,2022(1):4-10.
②[美]列文森.儒教中国及其现代命运[M].郑大华,任菁,译.北京:中国社会科学出版社,2000.
③ 张之洞.筹定学堂规模次第兴办折[A].朱有瓛.中国近代学制史料(第一辑上册)[Z].上海:华东师范大学出版社,1987:83,490.
④ 李向平.信仰、革命与权力秩序:中国宗教社会学研究[M].上海:上海人民出版社,2006:自序1-2.

在当下，对中华孔子学会、国际儒学联合会、中国孔子基金会，大部分人虽然不熟悉，但都基本知道它们是社会学术组织、文化交流发展机构，但是对孔教会，却是陌生而无法理解的。因为在中国文化传统中，孔子是圣人，但要说孔子是神，类似于西方的"上帝"，我们大多数人是不信的。在西方人眼里，上帝是无处不在、无所不知、无所不能的；但在中国人心里，圣人的影响是无处不在的，圣人是无所不知的，但是圣人不是无所不能的。圣人不能解决所有的问题，解决问题还要靠当代人的自力更生和艰苦奋斗。对于超越的信仰，中国精英分子很难接受，也无法承认生活之外有一个超越的神在主宰着我们的生活，我们相信"我欲仁，斯仁至也"，"求仁得仁，又何怨乎？"。创建类似西方的教会组织的这样一个想法，在中国基本上是行不通的。"儒教仅仅只能被称为教化'宗教'。儒家在天、地、人的宇宙架构体系中处理道德来源、设定政治操作的'程序'，并不是在全知全能全善的上帝那里寻求俗世的治理方略，而仅仅是想伸张这种伦理德性与统治举措的人间权威性而已。"①

三、孔庙与文庙

四川省的犍为县文庙、云南省的建水文庙、河北省的正定文庙，因保存较为完整，在全国比较有名。影响较大的孔庙是曲阜"北孔"（由孔庙、孔府、孔林组成），浙江衢州的"南孔"，以及台北孔庙。衢州的孔庙是全国仅存的两个孔氏家庙之一。家庙，顾名思义，是由孔氏后人为其祖先建立的宗庙。北宋末年，金兵南侵，孔子第48代嫡长孙孔端友携带孔子的楷木像及画像，率领族人随高宗南下，定居衢州，并按照曲阜孔庙的形制重建家庙，分为孔府、孔庙、后花园三部分。另有部分孔氏族人未能南迁，留在了曲阜，孔氏后裔从此分为南北二宗，为了区别于曲阜孔庙，衢州孔庙又称为"南宗孔氏家庙"，衢州成了孔氏的第二故乡。关于这三个孔庙，有一句戏言，"曲阜有庙没有人，台北有人没有庙，衢州有庙有人"，说尽了孔庙受到了历史带来的影响。2011年5月，以"当代人祭孔"和"百姓祭孔"为特色的南孔祭典，被正式列入中国第三批国家级非物质文化遗产名录。当地学生举行春游一类户外活动，会到孔庙"拜见孔子"。当地学校校园里有孔子塑像，教室走廊上有孔子画像，校园墙壁及板报上有《论语》摘选，老师办公桌上常有儒家著作，很多学生能将《论

---

① 任剑涛. 读经、儒家立场与文化屈从 [J]. 学术界 .2007（2）：119-128.

语》里的大部分经典章句背诵下来。衢州孔庙开办了免费的读经班，每周一节课，每次一小时。到孔庙参观，会附送一小册《论语》。①

据陈史、刘文钊所见，素有"海滨邹鲁"美誉的汕头市，在市区也曾经有过一座孔庙。然而随着历史的变迁，这座市区里唯一的孔庙已经消失，仅留下以孔庙命名的几条巷陌和一个孔庙的屋顶。20世纪30年代，陈济棠主政广东，大力提倡"尊孔读经"的"新政"，汕头孔教会便于1934年选址市郊陵海，兴建孔庙，翌年落成。据记载，孔庙坐西北向东南，面积为323平方米，是一座有着宫殿式风格的传统建筑。中华人民共和国成立后，这里成为汕头军分区所在地。相关单位准备拆除孔庙，改建楼房，但施工单位不愿拆除孔庙，后来只能折中将孔庙主殿改建成苏式建筑，保留原孔庙的传统屋脊。古建筑是一个城市文化生态的重要载体，汕头有必要在原址或易址重建孔庙，尊孔崇儒，发扬儒家的传统美德。②

历史上，每一个行政中心都是当地的文化中心、教育中心，府衙附近一般都会设有一所文庙或孔庙。过去的孔庙或文庙能够影响社会，是因为它是人们精神生活的所在地。当下全国保存完整的孔庙或文庙还有60所，基本完整的有109所，但是当下的文庙或孔庙归各地文物局管辖。文物只可远观，不可近距离接触，不能在文庙或孔庙里搞活动，比如祭孔、讲课等。"现在的孔庙是被作为一件艺术品或者说是历史文物保存的，它们被从原来的环境中切割下来，被保存在一个特殊的地方，现在它们的作用与原有的功能完全不同了。儒学的教化设施也已经失去了原来的教化功能，而变成了博物馆里的陈列品了。"③列约瑟·夫文森从社会体制转变的角度，认为孔庙被重新修复并得到保护，但是孔庙的作用已发生了变化。传统儒教社会中，孔庙是一个学问的中心，通过祭孔、讲学等活动，发挥着儒学的教化作用。现在，修复后的孔庙成了一个放电影、娱乐、游玩的中心，里面放着装着猴子、蟒蛇和豹子的笼子。④

虽然儒学有没有宗教性一直是近代以来儒家学者热议的一个话题，但是中国没有西方那样组织严密、教义明确的教会，这是肯定的。目前，国内有一批学者不仅试图从学术上论证儒学具有内在的宗教化倾向，而且试图从实践上论证儒学的宗教功能，比如蒋庆等，但这样的声音还只是在极其小众的

---

① 罗东哲.衢州孔庙：读经声中的文化幽思[J].国学，2013（8）：52，53.
② 陈史，刘文钊.汕头"孔庙"湮没闹市中[J].潮商，2014（4）：88，89.
③ 董卫国."博物馆化"说与"游魂"说——对两种儒学困境观的比较和反思[J].玉林师范学院学报，2012（1）：64-69.
④ [美] 约瑟夫·列文森.儒教中国及其现代命运[M].郑大华，任菁，译.桂林：广西师范大学出版社，2009：353.

范围内传播。

四、当代的企事业机构

现代社会最大的变化就是改变了过去的小农生产方式，传统家庭既是生活组织，也是生产组织，代之而起的是大量的企业机构、事业单位，这些企事业机构极大地改变了社会生产组织方式，成为当代社会的主体。

企事业的社会分工化合作，其管理方式以科层制为主，除了人力因素外，资本、技术、市场、法制等成为企事业的重要因素。企事业的发展离不开人，有人当然就有对文化的精神需求，所谓企事业文化便由此而来。在以资本、技术、市场为主导的当代企事业机构，却天生地以追求效率最大化和获得利润（或社会效益）最大化为职责，尽管有满足人类社会幸福生活的底层意愿，但这种异化却造成了对人力因素的客观压榨。正如古代社会忠孝不能两全，家庭之亲情与国家社会之职责也发生了冲突。虽然日本近现代企业涌现了很多代表人物，在企业经营的过程中，承担起文化传承和发展的职责，但就全球或中国现代化的企事业来说，特别是在当下全球化以民族国家为竞争主体的格局下，要让企事业机构承担起文化尤其是经典文化的传承职能还是有些难度的。

五、家庭或社区

家庭是社会的细胞，除了承担经济功能，还是所有人接受教育的起点。中国古代家庭或家族或宗族，都有祭神、祭祖的仪式，并形成了一个小传统，固化成了一种信念，特别是对"天地国亲师"的崇拜和祭祀（民国之前都是"天地君亲师"）现在在湖南、广西、广东等地，还有很多家庭将这样的牌匾供奉在厅堂的最中央、最显眼的地方，正月从初一到十五每天都要祭拜。这就是老百姓朴素的家庭信仰——感恩天地。"天地之大德曰生"（《周易•系辞》），向天学习，人要自强不息；向地学习，人要厚德载物。人要效法天地，不断自我觉悟。"'天地君亲师'是中国传统社会崇奉和祭祀的对象，表现了中国人对于穹苍、大地的感恩，对于国家、社稷的尊重，对于父母、恩师的深情；表现了中国人敬天法地、孝亲顺长、忠君爱国、尊师重教的价值取向。这几个字是中国人的精神寄托和心灵安顿之处，也是中国传统社会中许多伦理道德取得合法性和合理性的依据，它们就像柱石一样，支撑起了中国传统社会的大厦。它们深入了每一个中国人的心，无论是知识分子还是不识字的穷苦大众，都将它奉为天经地义的信条；它们对广大人民的教育，比任何法令经典都更有效果。"① 随着近代化进程的推进，旧有的家族解体，传统家庭式微，摆脱家庭的束缚一度是中国人认为的开明的标志。当下，我们很多家庭的客厅最中心的地方摆的是什么呢？是电视机！家庭精神生活被媒体编导在幕后掌管。电视机虽然是获得信息的有效来源之一，但其更多的功能是提供娱乐化的消费。

家庭的放大是社区，当今，如何在陌生人遍布的社区里重建文化社区，是一个应该也可以引起重视的方向。中国改革开放40多年，经济建设大踏步前进，人们的生活方式、居住环境也随之发生了3000年未有的大转变，国际移民不断，国内则是移民大潮，伴随着20世纪90年代的城乡居民迁移和流动，社区正在工业化、市场化、城镇化、信息化的一波又一波大潮下，成为一个新的社会生活单位，让越来越多的中国人在各类社区居住、生活。它突破了以往的亲缘和地缘组成的熟人社会，进入一个陌生人日常居住、生活而休戚与共的生活共同体，其社区文化正在逐步酝酿中，而这对于具有社群主义内涵的儒家经典来说，或许正是它的机遇来了，儒家经典、礼乐文明、仁爱精神等或许就将在中国遍布城乡的各类社区中扎根生长。

六、现代私塾、学堂与书院

近来社会上涌现出了一大批各种类型的现代书院，其主办方多样，城乡皆有，虽然在传承传统文化上维持着同一方向，但形式各异，意图迥异。比如，位于北京西城区的什刹海书院，由广化寺方丈募集资金兴办，带有浓厚的儒释道三教合一的味道；位于北京海淀区鹫峰山下的敬德书院，由海淀区教委主办，专职为海淀区中小学教师培训经典文化素养，具有浓厚的政府文教背景；位于湖南大学的岳麓书院，既是文物景点单位，也是传统文化传播、研究、教育机构；位于福建省厦门市的筼筜书院，由政府扶持，社会运作；位于四川省都江堰市的成都文庙书院，建在原都江堰市老的灌城中学中，委托文化学者主持；位于浙江省温州市的文礼书院，是由企业和社会各界赞助创办的，由我国台湾地区学者王财贵主持，以接收读经私塾、学堂的孩子为主；位于广州市增城区的南华书院，由个人筹资兴办，以教化青少年为主；位于北京

---

① 徐梓."天地君亲师"源流考[J].北京师范大学学报（社会科学版），2006（2）：99-106.

市海淀区翠微学校内的京西书院，是学校为本校开设传统文化教学而设，北京十一学校、北京四中等多类似；位于同济大学内的道里书院，由同济大学柯小刚创办，线上线下开展教学，面向校内教师和家属，也向社会辐射，等等。

据《东方早报》2006年7月报道，上海市松江区一栋别墅里开办了一所全日制私塾，名叫"孟母堂"。其办学宗旨是"读经典，尊孔孟，诵莎翁，演数理"，每年学费高达万元。孩子们每天六点半起床，在晨跑和早餐之后，上午读中国古文，下午读英文经典，也学习数理化课程。每堂课两小时，没有课间休息。上海市教委认为，"孟母堂"没有获得办学许可，属于违法办学，每年收取每个学生上万元学费，未经物价部门审核，属于违规收费，向"孟母堂"下达停止办学的告知书。又据《上海青年报》报道，"孟母堂"接到停止办学的告知书后，表示将于2006年9月1日前，以行政诉讼和民事诉讼分别起诉上海市松江区教育局和上海市教委。上海市教育主管部门是依法按章办事，但关于"孟母堂"以及"孟母堂"起诉，也有人表达了不同的看法。他们认为，学校应该是通过教师的帮助和学生的合作来实现学生独自一人无法进行的学习的场所。读懂孩子，了解"孟母堂"产生的土壤，发现并改进学校教育存在的问题，创建适合孩子个性化发展的空间、环境，这才是官员及教师的本位。这比封杀"孟母堂"要重要得多。否则，将来一定会有越来越多的人选择放弃中国的学校教育，回家自学或走出国门、逃学或辍学；也会有越来越多的"孟母堂"出现。那时我们的学校可能真会名存实亡了。① 据武汉《楚天都市报》2006年8月14日报道，着汉服，拜孔子，诵国韵，练五禽戏，武汉首家童学馆开课。据《南方周末》报道，2004年之后，"约有3000家私塾、学堂涌现全国，读经之声响彻各地，民间教育实验盛况空前"②。截至2013年年底，就笔者所了解，珠三角地区大者约有260所私塾、学堂，规模较大约有200多个学生，一般规模在20—50个学生。

为什么在21世纪初全国会掀起私塾、学堂、书院热？因为现有家庭、社会和学校教育乃至职业教育中存在不足，家长有这份自发的诉求。可是，就目前来说，这些机构处境大多比较艰难。第一，没有得到社会全面认可，面临的争议较大；第二，没有得到各地政府主管教育部门的许可，这就阻碍了其获得正常支持、扩大办学规模；第三，师资问题，目前能系统、深入和全面地讲解中华经典的师资人员奇缺；第四，学生的分化，极少部分熟读经

---

① 隋立国，王英爱. 另眼看"孟母堂"[J]. 教书育人，2008（16）：6-7.
② 张瑞，张维. 十字路口的读经村[N]. 南方周末，2014-09-05.

典的孩子不自觉会自视甚高，反而养成了傲慢心，无法被当下社会认可和接受，这也与读经教育的初衷相违背；第五，"问题少年"难以化解，现在的私塾、学堂、书院里有一部分孩子是"家里不管、学校不要、社会不问"的所谓"问题"学生，家长的唯一诉求就是花钱保学生的平安，不让孩子成为流浪少年。

　　一些学者直接将此认定为教育的逆流。"现在倡导读经，是教育的倒退，违背少年儿童身心发展的规律，因而注定是短命的，不可能长期存在下去。"① 对此，学者直接呼吁法律介入和处置。"阅读国学经典，完全可以在义务教育的课余时间，或者在学校课堂上予以完成。现在的问题是，近些年出现的一些以'国学''读经'为噱头的私塾学校，一般是全日制学习，蛮横地替代义务教育，剥夺了孩子们接受义务教育的权利……其违法违规问题十分严重。"② 这些全日制读经班违反了《中华人民共和国义务教育法》，学费随意定，加重了家长负担。教育部办公厅《关于做好 2019 年普通中小学招生入学工作的通知》明确要求各地要认真排查并严厉查处社会培训机构以"国学班""读经班""私塾"等形式替代义务教育的非法办学行为。如果私塾、学堂、书院能在这方面探索一些成功经验，解决这个学校、家庭、政府无法解决的小众问题，绝对是积极的教育成果，但是就目前全国十几年来的教化开展效果来看，虽有一定的改善，但是整体效果并不理想，对一些此类机构的舆论批评就可证明，如南昌市某书院虐待孩子的报道就是其中最典型的案例之一。对此，有学者强烈批评为"糊涂！"。私塾所表征的是中国族权至上，中国私塾大都设在家庙或"祠堂"里，带有家族宗族宗法性质。"今日世界列国教育都从西方教育模式而来，而不是从私塾发展而来。这可能是常识。"③

七、各级各类学校

　　抛开时代覆盖在读经问题上的符号象征，读经的关键节点到底是什么？中国台湾学者黄力生在 1953 年出版的《读经问题》一书中指出，读经是学校读经，是一个教育问题，同时又是一个思想问题，对于青年关系重大。青年为国家未来之主人，所以对于国家也关系重大。"那么读经问题就是一个问题了。"④ 虽然当下中国各类学校受西方教育理论和教学实践的影响极大，

---

① 萧宗六. 要求少儿读经是逆潮流而动 [J]. 教育学报，2007（1）：76-78.
② 曲征. 面对违规"读经班"，法律应该出手 [J]. 甘肃教育，2019（9）：18.
③ 安希孟. 评述当前中国文化学术领域某些趋势——私塾、科举、尊孔、读经、节日和语言 [J]. 社会科学评论，2006（2）：71-86.
④ 黄力生. 读经问题 [M]. 台北：中国政治书刊出版合作社，1953：序言 1.

但在中国人的思想深处,学校绝对不是一个纯粹传授知识和训练技能的场所,它是教书育人的地方,是教学生为人处世、读书明理的地方,是培养有知识、有理想、有信念的社会主义事业接班人和建设者的专职机构。

从中国近代教育史、中国教育实践和未来的中国教育学上来看,关于学校要不要开展读经,一直是赞成派、反对派和中间派都有,且都是从发展中国教育的育人的功能角度出发的。

赞成派:提倡推动读经运动的王财贵、蒋庆各有其理由,虽然都秉承以儒家经典解救世道人心的理念,但其实也各有侧重,前者偏重大众教化,后者偏重政治教化,其主要观点已经在本书的部分引述中加以阐述。这里只列举一些其他学者的赞成主张。汪冬梅、裴海燕认为,右脑教育是前沿课题,需要受到重视与关注。"我国传统教育中就有一种很好的右脑教育方法,即读经教育……读经这种教育活动,对开发右脑潜能及提高儿童的识字量,加强记忆力、注意力和健全人格都有不同程度的正相关或促进作用,是值得推广的良好教育方法。"① 王荣辰指出,"语文区别其他课程的本质属性在于它彻底的基础性、天然的非零基础性和在学习过程中连续的创生性,这些属性决定了在当代读经教学充分的价值和意义"②。

反对派:刘晓东、薛涌、柯小刚连篇批判反对读经,其实他们反对的立场、理由以及目的也各异。其他反对者,除了一些带有谩骂、调侃的反对外,举一些观点如下。江净帆认为读经运动并非真正意义上的"文化自觉"运动,而只是"文化自尊"的反映。③ 萧宗六认为,"笼统地说少年儿童读经能起到传承文化的作用,是一种似是而非,经不起推敲的理论,是教育的倒退。凡以读四书五经为主要内容而开办起来的现代私塾,即使政府不叫停,也会被淘汰"④。商友敬认为,"'五四'的精神,就是启蒙的精神,让我们中国人从'跪着'的状态中站起来,学校里的学生再也不能以'读经'的态度来读课本,我们应该'站着读'了。'站着读'的书,不管是什么,都不是'经'而是'文'。……总而言之,是用自己的脑子来衡量,用生活的实践来检验。这就是我们应该提倡的读书态度与方法。因而,这就不是'读经'"⑤。潘涌认为,"如此缺乏理性精神的'读经热',实在是一种新的'教育病'。""诵读活动不应该、

---

① 汪冬梅,裴海燕. 儿童读经开发右脑潜能 [J]. 语文教学通讯·D刊(学术刊),2012(2):23-25.
② 王荣辰. 从语文的本质和基本特点反观读经教学 [J]. 文学教育(下),2014(2):126-129.
③ 江净帆. "读经"运动:是"文化自觉"还是"文化自尊"——兼与蒋庆先生商榷 [J]. 南华大学学报(社会科学版),2006(5):68-70.
④ 萧宗六. 要求少儿读经是逆潮流而动 [J]. 教育学报,2007(1):76-78.
⑤ 商友敬. 我为什么反对读经 [J]. 上海教育科研,2011(5):1.

也不可能成为母语学习的核心；恰当地说，诵读是言语表达的基础，大容量、有选择的经典诵读（包括背诵）经过一定的积淀过程会形成表达力的基础——但仅此而已，它本身不是母语教育的目标所在"①。梁晨认为，"目前读经教育界有一些教育者主张不对13岁前的读经儿童进行解经，认为只要背诵即可，并认为儿童在13岁后将失去提高语言、语文能力的机会……这种看似有科学依据的论证，实为一种'伪科学'"②。姚彬彬指出，20世纪末以来，一些人乞灵于古人对文字和经典的崇拜情结，利用大众认为"读书总是好事"的惯性思维，鼓吹仪式化的"读经"，"可视为一种为新形态的神秘主义，其对青少年教育乃至社会文化的危害性影响不容忽视"③。

中间派：中间派人数众多，基本立场是认可读经，但或偏于批判，或偏于赞成，但又有不满乃至建议，比如胡晓明、杨东平、于述胜等。这里列举一些其他学者的看法，许子东说："我们的社会，包括私塾的学校，既不必炒，也不必成为焦点，不妨试着让其自然进行，然后用实践来检验其作用。"④刘秀峰指出，全盘否定"儿童读经"和一概"去小学化"的做法是偏激和错误的，其背后的儿童教育观值得深省。他认为这些支撑"儿童读经"的理论其实是我国传统的蒙学教育经验，即倡导早教和主张记诵，虽然这些思想与近现代"儿童中心论"者的儿童教育观圆凿方枘，显得有些不合时宜，但其中也不乏合理的因素，我们不能一概予以否定。要想能够辩证看待"科学理论"的价值，首先，我们所说的科学是否是真的"科学"，尤其像教育学、心理学这样的学科是否为科学尚存在争议，怎可当作"令箭"到处使唤。其次，我们应辩证地看待一些心理学研究成果。传统蒙学主张早教和记诵有其合理性。"儿童本位观"与"以儿童为本"不能画等号，要认识到"儿童本位观"的局限性。在儿童本位与成人本位中保持一定的张力，在个人本位与社会本位中保持一定的张力，在儿童当前快乐与儿童潜力的充分开发中保持一定的张力。⑤汪凤炎指出，在19世纪末至20世纪上半世纪出生并成长起来的中国读书人里，既有像鲁迅之类撰文极力反对向儿童传授国学的著名学者，也有像杨振宁之类撰文说自己后来的成功有一个重要原因就是得益于童年期所受的良好国学教育的著名学者，两种观点既不能为支持当下儿童读经作证据，也不能为反对当下儿童读经作证据。但是，一个不争的事实是，中国19世

---

① 潘涌.尊重选择表达为本——评当前大陆"读经热"[J].中学语文教学，2013（2）：4-7.
② 梁晨.读经教育中的伪科学——驳"13岁前读经不需理解"的语言学依据[J].上海教育科研，2016（11）：11-15.
③ 姚彬彬."经典"的超自然力崇拜——王财贵的"读经教育"及其他[J].科学与无神论，2019（3）：25-30.
④ 许子东.不要对"读经"泼冷水[J].内蒙古教育，2005（8）：9.
⑤ 刘秀峰.儿童读经是否引发儿童教育观之辩——与刘晓东先生商榷[J].中国教育学刊，2011（7）：22-25.

纪末至20世纪上半世纪出生并成长起来的读书人由于童年时一般都受过扎实的国学教育（往往是通过"读经"的方式获得的），不但为其后来的成长打下了坚实的国学基础，也有助于他们养成良好的治学心态，历数中国近现代涌现出来的一些著名学人，像蔡元培、鲁迅、胡适、冯友兰、马寅初、陈寅恪、梁实秋、钱锺书和钱穆等，无不有着良好治学心态和厚实的国学根基，使得他们在自己的论著里用起国学来往往能得心应手、如数家珍。① 于述胜认为，经典是独特性发展到极致的典范——《论语》《老子》《庄子》等都以其独特的思维方式、价值观念和理想诉求，开发出人类精神的深刻内涵，展现出人类思想的独特魅力。人们总可以对这些经典作出各种独特的解释，这些经典总可以激发人们无穷的想象力和创造力。如果经典没有独特性且可为一切人复制，经典便不复存在。反对经典崇拜，就是反对对于经典的垄断性解释，而不是反对独特性本身。②

相对于碎片化的学科学习，美国兴起了人本主义教育，强调人的尊严和价值，探讨完整的人。美国教育学家库姆斯等说："要理解人的行为，就必须理解行为者所知觉的世界，即要知道从行为者的角度来看待事物。在了解人的行为时，重要的不是外部事实，而是事实对行为者的意义。如果要改变一个人的行为，首先必须改变他的信念和知觉，当他看待问题的方式不同时，他的行为也就会不同。"③ 传统经典里有五个字："身心知意行"，从教育角度来说，就是要让青少年学生耳聪目明、认知敏锐、情绪稳定、志气坚定、意志果断、笃定去做，最终"成人"。朱熹、王阳明等宋明理学家常说，"身之主宰为心""心之灵敏处为知""知之发动为意""意之所在为物"，在此过程中不断修炼功夫，才可以成贤成圣。但是这些传统的人文教育或西方当代兴起的人文教育，在追求高效率的分科课堂教学面前全部被粉碎。分科处理传统经典，决定了后来的中小学教学和大学文科教学的格局，那就是在语文教学中增加经过遴选的数十篇中华古诗词文赋，在德育教学中增加一些口耳相传、脍炙人口的典故，在体育、卫生、艺术教育中增加一些太极拳、五禽戏等，大学文科文史哲三系分科开课和做研究。这些做法不仅割裂了经典的完整性，也忽视了经典超越时代的永恒性，而将经典基本视作学科的知识点。

不管学术界、教育界、文化界是赞成、反对还是持中间立场，其20世纪90年代兴起的读经运动还是有其历史意义和时代特征的。正如胡晓明在《读

---

① 汪凤炎. 科学看待儿童读经[J]. 南京师大学报（社会科学版），2007（4）：73-79.
② 于述胜. 读经的意义[J]. 中国教师，2009（1）：33-34.
③ 施良方. 学习论[M]. 北京：人民教育出版社，2001：382.

经:启蒙还是蒙昧?——来自民间的声音》序言中明确表示:读经既不是蒙昧,也不一定是启蒙,而是有着"正本"的意义。"正本"即对文明生命根源的正其本质、正本清源,其指向仁爱、良知、诚信、责任、生命尊严等东西方共有的做人的基本价值。每个时代的读经都是对于时代问题的不同回应,当前读经的实质即是"回应转型时代,守护文化与文明的基本价值"[①]。"读经潮流有着衰久必兴、兴久必衰的循环往复之特点,这与晚清以来'中学'与'西学'的优、劣势有着直接的联系。每次传统复兴,读经就会兴起,每次形成对传统的大批判,读经就转入衰微;而每一轮读经问题的争论,都有不同的文化背景和诉求。""当代读经风潮跟以往的几次共同点在于,都是对中华文化价值的重新发现,每次读经风潮都是对中华文化价值的高扬。但是晚清到民国重在应对西方和现代文明的挑战,构建自我身份的认同,而当代读经运动有了很多新的特点,反映着中国传统文化的复兴浪潮;代表了文化保守主义对现代性、现实社会、现行教育体制的批判;读经教育成了现代性弊端的批判者,同时更重视发挥对个人的作用,以古代经典应对精神空虚、道德危机、意义迷失,希望其发挥安定人心、安身立命的作用。"[②]

也有很多学校抓住了传统文化教育的核心要领,在学校的教育实施过程中,将经典教育的要义贯彻其中,取得了非常好的成效。在经典教育氛围的营造过程中,环境育人对经典教育同样发挥着潜移默化的作用,很多学校的校园文化建设已经特别关注。充分利用教师队伍中推广经典教育的积极分子或专家学者资源,开展相关教学。深度梳理学校的办学理念,挖掘当地传统文化资源,是开展此类课程的有效路径之一。

下面以贵州省贵阳市清镇一中的经典教育校园文化建设为案例加以诠释。该校离贵阳市中心直线距离只有12千米,但在1998年以前入校生源越来越少,是个逐步走向萎缩的高中学校。校长临危受命,在深入挖掘学校的历史的基础上,结合学校面临的经费短缺、师资不足、学生士气不高的现实情况,以"养天地正气,法古今完人"为办学理念,开展了系统的经典教育建设。

首先,学校在硬件和软件文化建设上用足了功夫。用竹子、木头材质建了三个亭子,亭子里面的柱子、墙面上都挂上儒家、道、释三家经典的名言名句。中国文化讲究三教合一,只要是能有利于人的成长,都可以吸收,不排斥。学校所有走廊柱子上面,不仅有中国历来圣贤名人的展板,还有外国

---

① 胡晓明.读经:启蒙还是蒙昧?——来自民间的声音[M].上海:华东师范大学出版社,2006:3-14.
② 颜峻.当代读经风潮的反思[J].全球教育展望,2016(9):85-91.

名人的展板，名人图像和伟大事迹都展示在展板上。展板做得也不是特别精美，但无论学生走到哪里，看到的都是伟大的人物和伟大的事迹，日复一日，发挥出榜样的示范作用。利用养育花草和小动物来涵养学生的爱心。这所学校校园里放养着一些兔子、鸽子、小香猪等，每个班级教室前后门门口都要养一盆花草。校长说，这些动植物都由高中学生照顾。高中孩子如果能够以平和的心态去喂养、放养小动物，小动物就能与孩子建立起信任关系，这需要孩子们的耐心、细心、爱心，绝不可以气喘吁吁或龇牙咧嘴，心烦气躁是喂养不了小动物，也照顾不好花草的。校长把孟子的六个字、三个词"亲亲、仁民、爱物"落实到教学环境中去了。把先贤的教育思想落实到当下的教育环境中去，让孩子们生发起仁爱之心，而不是变成一个麻木不仁的家伙。中国文化讲究"天人合一"，讲究"适时应变"，怎么让学生体验到天人合一、适时应变？春生、夏长、秋收、冬藏，天道循环，周而复始，人类遵循天道，顺应四季变化，更换服饰、饮食、行为，成就健康人生。北京小学，就有四季养生课，就是告诉孩子们，春季该吃什么，该怎么睡觉，该怎么穿衣，夏季、秋季、冬季同样要注意。这就把很宏大的天人合一思想变成了教育的资源。清镇一中则把农耕文化放到校园里面，春天种什么，夏天怎么施肥，秋天收获什么，冬天如何储存种子，让孩子们去体验，让孩子们知道万物的生长过程。孩子们是会喜欢的，因为这就是中国文化，顺应天道，主动地参与天道，不违背天道，这是有意义的。

其次，学校教育中贯彻了终身成长教育理念。学校不仅为学生的当下学习考虑，还为学生未来四年大学生活、未来二三十年的职业生活、未来四五十年的健康生活考虑，这才是基础教育界教育家应该做的事。清镇一中是所农村学校，孩子个子大都不高，也不善言辞，他们大多数没有受过训练，去公众场合唱歌、跳舞、演讲，能大大方方做到的不多，英语听力也不行，但是随着高考的临近以及升入大学，这些都是必须提升的。造成这种局面，有些是学生个性原因，但更多的是客观原因，与学校和校长没有关系，但清镇一中的校长要用他的管理智慧改变这种状况。学校在操场的看台上搭了一个背景板，上面写着"欢乐每一天"，是一年四季都在的，每天有两个班的所有学生轮流上台表演节目，观众就是这两个班的学生，每个学生都得上台去唱歌、跳舞，为每个学生提供上台表演节目的机会。为什么要这么做？学生将来要上大学，不能让他口拙，不善于交际，没法去当学生会干部。只要是他们将来的需要，学校就要培养，就要给他们固化。让每个孩子都有机会进行露天表演，一些好的节目就要在每月汇报文艺晚会上展示，到了毕业季，将一年中优秀节目选拔出来，作为晚会表演节目，欢送毕业生，都不用排练，因为都已经提前排练好了。一个山区学校竟然花重金聘请国家武术一等奖的获得者去教孩子们武术。校长说他就抓两件事情，一件是让孩子们身体好，另一件是让孩子们玩得开心。当然，学校还有很多值得肯定的做法，但背后都有经典智慧在指导，而且这所学校课表上并没有一堂传统文化课或经典课，也没有专门教传统文化的老师，但是这个学校把传统文化尤其是经典智慧特别强调的自立、自强、自律、自修全部做到了，是把传统文化的精神落实到日常的教育管理中去了，营造了极好的校园文化软硬件条件。

综上所述，试图通过仿效西方宗教组织建构新的类似孔教会的组织来传承经典，非常不适合中国的国情。首先，中华民族传统文化关注世俗，注重人间的关怀，虽也具有一定的信仰因素，但与欧美国家的超越的一神教上帝信仰是极不同的；其次，中国的知识精英很难认可孔子的神圣化；最后，中华传统文化是追求和而不同的文化生态，"三教合流"是历史上发生过的，走那种纯粹的儒学国教化之路不符合中华文化的发展路线。但是离开了科举制的儒家经典，如何在当下找到合适的传承实施机构，的确是一个急迫而重要的问题，就可能性来说，现代私塾、学堂和书院的复兴可能是一种尝试，但如果教育理念太理想化、教育管理部门不认可，课程不能更新，师资水平不能提升，那么这种尝试是很难成功的。当代家庭规模越来越小，生活节奏越来越快，父母与孩子在一起的时间并不充足，实施教育的可能性也不大。社区随着时间的延长、居民间的熟悉增强、社区管理制度的成熟，有可能发展为实施经典教育的理想场所，但目前还是一种猜测。各级各类学校成为经典教育开展的主体，但这种主体由于其自身的知识传承功能和中高考指挥棒的影响，能否发挥经典文化的育人功效，不仅是学校教育的事，也是全社会的事。

第三节 经典课程实施目标

一、思维方式训练是经典教育的核心和关键

钟启泉、姜美玲指出，新课程赋予教学以新的内涵，教学必须实现价值转型，切实关注学生作为"整体的人"的发展，引领学生学会生存和做人。教学变革的关键就是转变教师的教学行为和学生的学习方式，合理开发和利

用课程资源，进而创建一种新型的课堂教学文化模式——思维型教学文化。教学是教师和学生共同建构知识和人生的过程，教学是师生之间以交流、对话、合作为基础进行文化传承和创新的特殊交往活动。"思维型教学文化"包括：思维语言（具体的术语和概念，提供交流的手段，鼓励高层次的思维）、思维倾向（思维方式，鼓励高层次思维的敏感性、能力和意向）、思维控制（学生反思的方式和控制自己思维过程的方式）、策略精神（鼓励学生建构和运用思维策略的态度）、高层次知识（超越事实信息，关注知识是如何创造的，问题是如何解决的，证据是如何收集的等）、转换（在从一种情境转向另一种情境的过程中关注知识与策略的联系，更广泛地灵活运用知识和策略）。①新课程标准下的思维方式转换已经开启，而中华经典课程必然要承担起民族思维方式训练的大任。

1. 中西思维方式差异的客观存在

据王南湜研究，中西思维方式的差异是客观存在的，也是实质性的，具有重要的哲学意义和文化意义。但学者们的研究"往往有意或无意地将中西思维方式的实质性差异转换为某种非实质性差异，从而在主观上消解了由这种差异所带来的思想张力"：一是"将中西思维方式的差异归结为古今思维方式的差异"；二是"从本质与现象对比的角度去理解中西思维方式的差异"。中西思维方式的差异是不能取消的，"如果我们承认任何一种哲学的核心范畴或概念，无非就是对于蕴含于文化中的思维方式的反思性把握，那么，这种差异带来的中西思维方式之间的张力，以及由此张力所造成的中国传统思维方式的变异，就构成了当代中国哲学发展和创新的一个可能空间。因此，人们必须承认并把握这种思维方式的差异"。王南湜指出，在当代唯有马克思主义者能直面中西文化以及中西思维方式的差异，并自觉地转化和消减这种差异。"从李大钊、瞿秋白、李达、毛泽东到当代中国马克思主义，马克思主义哲学中国化无疑已取得了诸多重大成果。这些成果在指导中国革命和建设所取得的巨大成就，说明了其在思想上的成功的创新性。这种创新性之所以可能的一个重要方面，无疑就是基于中西思维方式的差异对源于西方的马克思主义的接受或'映射''移植'。这种接受或'映射''移植'，经过近百年的发展，已经形成了一种特殊的思想传统。"②王南湜还给出了忽视中西文化思维差异的深层原因是文化自信心的缺乏，但在当今，自信的缺乏就不

---

① 钟启泉，姜美玲. 新课程背景下教学改革的价值取向及路径 [J]. 教育研究，2004（8）：32-36.
② 王南湜. 中西思维方式的差异与哲学创新的可能空间 [N]. 光明日报，2009-11-10（11）.

再是合理的了。"承认并正视这种差异，这既是民族文化自信心的一种体现，也构成了当代中国文化创新的一个基本前提"。①

那么，中西思维方式的差异体现在哪里呢？王南湜认为，两种思维方式根本差别首先在于思维单元的不同。西方是"概念"，而中国传统则是"象"，也就是"概念思维"和"象思维"，"前者崇尚静止、存在，而后者则崇尚生成、变易；前者把宇宙理解为一个为某种超越的存在物决定的单一秩序的理性存在，后者则否认这一理解；前者通过对概念的定义而使之抽象化、确定化，并在此基础上发展起了形式逻辑，后者则保持着'象'的生动直观性，并由之而高度发展了类推思维"。思维方式是整体性的，体现于思维的方方面面，最为集中地体现于方法论之中，辩证法作为一种方法论，最能体现一种哲学的思维方式。②

2. 本源性思维方式与实用性思维方式

如何理解这种差异并妥善处理好中国文化的自身发展呢？王南湜指出，思维为一种对于世界的象征性把握，思维方式是指一种文化所特有的象征性地把握世界之方式。中国思维方式以"象思维"为主导，而西方思维方式则以"概念思维"为主导。思维方式可划分为本源性和实用性两个层面。本源性思维方式是指一种文化之象征性地把握世界的基本或核心构架，实用性思维方式是指基于这种基本或核心构架而敷设的象征性地把握现实生活的具体方式。当现实生活方式发生重大变化时，实用性思维形式会发生变化，本源性思维形式则倾向于不变化。这意味着，在中西文化碰撞中，国人能够在实用性思维方式层面实行转换，接受与之相关联的科学、技术、社会制度，但在本源性思维方式以及与之相关的终极文化理想层面可能保持不变。这种可变与不变，不仅在文化和思维方式的两个层面之间造成了一种错位和紧张，也为基于中国本源性思维方式对于外来文化的重构或再创造提供了一种可能性。

王南湜还指出，本源性思维方式是与一个民族的文化理想内在地关联在一起的存在，其废兴不是一种工具性的选择，而是关涉民族文化理想的废兴。反观近代以来，在实用性层面上，我们在很大程度上被"西化"了。在本源性思维方式和终极社会理想层面，我们实质上没有什么改变。我们最核心的思维方式和内心最隐秘的终极性向往仍然是中国式的。中国的文化人要有一

---

① 王南湜. 中西思维方式的差异及其意蕴析论 [J]. 天津社会科学，2011（5）：43-52.
② 王南湜. 重估毛泽东辩证法中的中国传统元素——从中西思维方式比较视角考察 [J]. 中国社会科学，2010（3）：17-29, 220.

种进行一场"持久战"的韧性的文化承命意识。①

3. 经典课程是训练民族思维的有效途径

从思维方式上来说，在认知上，中华民族强调整体观，确实与西方的逻辑观有本质的不同，中医和西医应该是这种思维差异最集中的体现。在社会认识方面，中国人用阴阳观之下的对等思维来考察人与群体、人与人之间的关系，欧美社会则用矛盾对立视角之下的平等思维考量社会规则和法律建设。在对人性的基本观点上，中国主流的思想是认可性善论，而欧美社会认可的是宗教指导下的有罪论。然而，这些思维方式的不同，并非一朝一夕所塑造的，乃是中华民族从其源头就开始不断累积而成的。

中华民族的先民从"观象授时"开始，就将天地人的整体共生合作作为指导生命、生活和生产的基本原则，形成源远流长的、生生不息的生命观、人生观和社会观，而其中的具体的生产环境是不断变换的，但作为主体的人的思维方式却是不变的，乃至特别简易的，"推天道以明人事"，行人事以复天道，构成中国人的象思维、整体思维、变易思维等，这集中蕴藏在《周易》《尚书》《诗经》等民族核心元典中，也集中体现在时空观中，落实在衣食住行等生活的方方面面，尤其是中医养生方面。从这个角度来说，民族思维方式训练可以通过核心元典的教学得以传承发展，而民族思维方式作为一种本源性思维方式，也可以作为经典课程设计的一个最重要的课程目标和应有之义。目前，国家统编版小学语文第一课就是《天地人》，也正是这种文化传承和思维训练的呼应。

二、价值取向的确立是经典课程的社会效益

2014年教育部颁发的《指导纲要》中提到了"价值取向"。"价值取向"是价值观的外化，是对事物不同发展方向的选择、取舍、判断。翟学伟指出，虽然价值取向同个人的选择有关，但这并不表示价值取向具有非常丰富的个别性。众多的研究显示，影响一个人做出什么样的价值选择的因素更多的是同他所处的社会文化体系有直接关联。当一种主流文化在帮助和引导人们做出自己的价值判断和选择时，这种价值取向就可以称为价值导向。根据中国社会历史发生与发展所走过的上古、古代、近代、现代和改革开放的20年，初步将中国社会的价值取向现实地分为宗教意识取向、伦理取向、文化取向、政治取向及经济取向。在划分的中国人的价值取向类型中并没有社会取向

---

① 王南湜. 中西思维方式的差异及其意蕴析论[J]. 天津社会科学，2011（5）：43-52.

这一类。所谓社会取向是指社会成员对社会交往的重视，或者在价值上认定通过社会交往可以更容易地获得人们所追求的社会资源。在中国历史发展中不分出这一类并不意味着忽略了中国人的这一价值取向，而是因为这一取向在中国历史转型中没有一定的显著性。为什么它既那么重要却又没有显著性呢？社会取向是中国人赖以生存的价值基础。这个基础在几千年的社会文化变迁中没有发生太大的改变。中国人的其他价值取向可以发生转变，而唯有社会取向难以发生太大的改变，人情、面子、关系网是中国人一向不能忽视的价值定位。如果要讨论中国人较为根本的价值取向，倾向于中国人的主要价值取向就是社会取向或任何接近于强调"关系"方面的提法。未来的价值取向不在于寻求一个什么价值向度或内容做导向，而是如何能实现价值整合以作为社会稳定的基础。翟学伟认为，宗教意识取向往科学意识、伦理取向往法治化、文化取向往多元化、政治取向往民主化、经济取向往市场化及社会取向往契约化上的迈进，作为一个研究框架，将有助于我们看出中国人价值取向的发展方向。①

1. "教育活动的本质就是一种人类价值生命的中介环节"

檀传宝认为，教育与价值的关系是教育理论中最基本的命题之一。教育的价值研究是一个关系到教育理念、教育评价、教育实践等一系列问题的重要领域。价值就是事物向主体呈现的意义。教育中存在着至少三类最重要的价值问题——"教育的价值""对教育的价值"和"教育价值取向"。教育价值取向也可以分为"教育的价值取向"和"对教育的价值取向"两类。教育的历史是价值的累积，教育的现实实际上也是价值取向上矛盾和统一的现实。在当代社会，人文主义与科学主义、通识教育与职业教育、教育的公平与效益等，无一不是存在于"教育的价值取向"和"对教育的价值取向"的对峙、冲突和现实统一的过程之中。当代人文主义教育运动当然是一种教育事实，但人文主义教育又意味着对教育关心个人等"教育的价值取向"，以及社会、个人对教育更多的精神和情感观照等"对教育的价值取向"的强化；通识教育课程的出现是一种全球趋势，它既意味着教育系统对基本人性的价值关心，也意味着社会作为教育的主体和环境在"对教育价值"方面，特别是在人才规模上的更高更新的价值要求。价值取向是教育领域中最核心的价值问题，主要研究价值取向与人的价值本性、价值取向与人的价值、价值取向与教育的本质。如果我们认为人具有所谓的价值本性，人的生存是价值生存，人类

---

① 翟学伟.中国人的价值取向：类型、转型及其问题 [J]. 南京大学学报（哲学·人文科学·社会科学版），1999（4）：118-126.

的发展是价值生命的延续,在这一特定意义上,我们就可以说,教育活动的本质就是一种人类价值生命的中介环节。作为运动着的价值生命的中介,教育所要教给下一代的最重要的价值生活能力也就只能是价值理想及其学习、创造和追求的能力——而这些都可以称为"价值取向"能力。①

2. "培养走进世界历史中的人"需要价值取向的转换

鲁洁指出,当代对"个人"范畴的重新建构,其实质在于寻找一种具有时代意义的完整人格,达到对人之丰富内涵的全面理解,并以此为基础重新建立新的文化理念。培养走进世界历史中的人:从单子式个人走向世界历史性个人,所要实现的人格转型是根本的,也是全面的,从教育学的角度考查,思维方式和价值取向的转变,在所要实现的人格转型中显得更为重要。思维方式的转变:当代教育所要形成的认知和思维,其基本特征就是它的"开放性",这种开放性表现在对认知对象的开放,就是要促使每个认识主体善于向其他认识主体(包括其他个体、群体以及社会、人类)开放。价值取向的转变:价值取向的共同性、共识性、共容性是当代世界发展的潮流,它体现了时代前进的方向,它会成为当代教育所追寻的方向与目标。培养以世界历史性个人为旨归的教育,在人的价值导向上就是要引导个体使之具有共在性的价值取向和人格特征。②

3. 价值取向的本质

徐贵权认为,在这个众神狂欢的时代,人们的价值取向色彩纷呈,社会显得生机勃勃,但个性彰显有余,无序、失范现象比较突出。因此,具有忧患意识的人们特别是人文知识分子,以不同的方式呼唤着价值取向的合理化。在当代中国,总体而论,人们的价值取向已突破了唯整体主义模式,个人与社会兼顾已成为主流,但这种兼顾在很大程度上是以个人主体利益为基础的兼顾,这种兼顾已在一定程度上疏离内涵科学的集体主义,具有了所谓"新个体主义"的特征。更值得注意的是,一些人的价值取向已步入了个人利己主义的泥潭。这些人认为,忘却社会主体的个人利己主义价值取向必须遏制、否弃,"新个体主义"价值取向必须向内涵科学的集体主义跃迁,以社会主体利益为基础的个人利益与社会利益相统一的集体主义价值取向应当成为主旋律,蕴含于集体主义之中的无私奉献、自我牺牲精神必须弘扬。

价值取向中的"价值"一词,既泛指一切与主体具有利害关联性的价值

---

① 檀传宝. 教育是人类价值生命的中介——论价值与教育中的价值问题 [J]. 教育研究, 2000(3): 14-20.
② 鲁洁. 走向世界历史的人——论人的转型与教育 [J]. 教育研究, 1999(11): 3-10.

客体，又泛指主体所希求、期待的效应。它既包括物质性的又包括精神性的，既包括现实的又包括理想的。价值取向中的"取向"一词，指的是主体期待、撷取或选择、追求的倾向、方向。价值取向是价值哲学的重要范畴，它指的是一定主体基于自己的价值观在面对或处理各种矛盾、冲突、关系时所持的基本价值立场、价值态度以及所表现出来的基本价值倾向。价值取向具有实践品格，它的突出作用是决定、支配主体的价值选择，因而对主体自身、主体间关系、其他主体均有重大的影响。价值取向的合理化是进步人类的信念。价值取向具体表现为主体的功利取向、认知取向、道德取向、审美取向、政治取向等，也表现为对功利价值、知识价值、道德价值、审美价值、政治价值等之间关系的处理、抉择，还表现为对局部价值与整体价值、眼前价值与长远价值、世俗性价值与超越性价值之间关系的权衡、抉择。价值取向，既是主体的认知、情感、趣味、动机、意志等心理思想倾向，是主体的内在立场，又是主体的行为倾向。价值取向作为主体的外在行为倾向，就是主体行动中的价值观。价值取向作为主体构成的重要组成部分，作为主体的重要特征，除了具有社会性（在阶级社会具有阶级性）、历史性、时代性、民族性等显而易见的特点，还具有主体性、制约性、预存性、倾向性、强迫性、外显性、稳定性，价值取向最为突出的作用是决定价值选择。在当代中国，合理的价值取向应体现个人生存发展价值与社会发展进步价值的统一，合目的性与合规律性的统一，物质与精神、功利与道义、现实关切与理想追求的统一。①

4. 课程文化和价值取向

刘志军认为，知识本位、社会本位、人本位三种价值取向是人们对课程形成的基本价值取向，在网络化生存、全球一体化和知识经济的影响下，在课程价值取向上体现出多元价值的和平共存和多元共生，通过对知识观与社会服务观的重新认识与改造，形成了以人文精神为最终追求的当代课程价值取向。②丁钢指出，任何课程理性的合理运用都是与适用的文化环境相结合的，课程本质上不是"价值中立"或"文化无涉"的纯粹知识活动，它必须具有价值参与的生存环境。因为，课程过程的本质体现为一种价值赋予，体现为一种文化主体的自觉。对"泛科学理性"语境的批判，其主要任务是对被指称的普遍性的挑战。③刘启迪指出，随着课程改革的不断深入，课程文

---

① 徐贵权. 论价值取向 [J]. 南京师大学报（社会科学版），1998（4）：45-50.
② 刘志军. 课程价值取向的时代走向 [J]. 教育理论与实践，2004（19）：46-49.
③ 丁钢. 价值取向：课程文化的观点 [J]. 北京大学教育评论，2003（1）：18-20，76.

化问题日渐引起人们的关注。广义的课程文化包括课程物质文化、课程制度文化和课程精神文化，其中前两个方面是课程文化的外层，精神文化方面是课程文化的内核。课程文化的价值取向主要体现在从文化根源和文化发展上看，课程文化要有民族性和时代性；从文化的层次上看，课程文化应正确对待知识、技能和智慧，立志塑造人完善、自由的心灵，全面实现课程文化的育人价值。课程文化重在"以人为本"，课程文化的最终价值是关注生命教育，体验生命的深度和理想的高度。课程文化建设，要坚持"以人为本"和"和而不同"，防止顾此失彼与"重硬轻软"，处理好外在与内在的关系。①

王德如提出，价值取向是课程文化自觉的核心问题。课程文化自觉的价值取向就是按照一定的课程和文化的价值标准，对课程文化进行价值选择的理性动态过程。主体性、多维性、结构性、生命性、超越性是课程文化自觉的价值品质。保持必要的张力，追求主体性发展、科学人文性、生态课程观、和而不同、课程理解是课程文化自觉的价值选择。课程文化自觉的价值生成通过反思性尝试、规律性掌握和创新性超越来实现。②

5. 教材中的价值取向

傅建明以人民教育出版社小学语文室编著的九年制义务教育六年制小学《语文》教科书（试用版）为样本，从教科书蕴含的价值取向进行分析，小学语文教科书所含的价值取向基本上是我国优良文化传统的继承，与我国2001年公布的《公民道德建设实施纲要》的精神基本吻合，可以说小学语文教科书蕴含着国家认可的价值观，代表着国家的利益，是国家意志的体现，验证了教科书是社会控制的中介这个基本假说。③

由此可知，价值取向不仅是社会问题，也是教育的核心问题；既是课程文化的自觉问题，也是教材的应有之义。所以，中华经典课程必须承担民族价值取向的传承和发展任务。

三、养成君子人格是经典课程的历史重任

课程具有自身的内在价值，除了"训练感官，发展心智"和"传承知识，发展能力"，还具有"促进人格完善"的价值。"培养什么人，是教育的永恒问题。历史上各家各派观点纷呈，教育家们见仁见智，提出了不同的观点，也曾发

---

① 刘启迪. 课程文化：涵义、价值取向与建设策略 [J]. 课程·教材·教法，2005（10）：21-27.
② 王德如. 课程文化自觉的价值取向 [J]. 教育研究，2006（12）：72-78.
③ 傅建明. 我国小学语文教科书价值取向研究 [D]. 上海：华东师范大学，2002.

生过实质教育和形式教育之争,形成过社会本位、儿童本位的对立。尽管观点各异,但总体来说,人格的培养和完善是大多数研究者所认可的目标。"①健全人格,养成君子,作为构建中华经典课程体系的核心目标,解决的是培养什么人的问题。"'君子'是一个具有永久魅力的概念,贯通着中华传统文化发展与演变的历史进程,成为中华传统文化最为凸显,也最为稳固的坐标。'君子'意味着超越,不断地超越自我、超越庸俗,是高远境界的标杆,是中国人不懈追求、奋力攀登的人格高峰。"②

"君子"一词定型于西周初年,即公元前10世纪前后③,在《尚书》《诗经》《周易》《左传》《仪礼》等先秦文献里面多有使用,但内涵较为单一。只有在孔子对"君子"有了充沛的人生践行、充足的教学实践和丰富的理论阐述后,才确立了君子在中国文化中的实践特征和文化内涵。"君子"成为传统中国教育尤其是儒家教育的理想人格,也是过往中华文化传承的主要载体。

牟钟鉴开创性地提出"新时代新君子论",他认为孔子儒学确立了中华民族核心价值观和基本道德准则,就是以人为本的"五常""八德"。在全面推进建成小康社会和融入全球化事业的今天,它仍然是中华民族的精神纽带和道德基石,当然要有所损益和创新……现在的紧要问题是如何重建礼仪之邦?如何重建道德中国?一是抓好教育,立德树人;二是建好乡社,移风易俗;三是反腐倡廉,清整官德;四是创新儒学理论,激活孔孟之道;五是建设经济伦理,规范市场秩序。然而这五件大事都需要一批道德精英去参与去推行,没有他们,美德还是游魂,落不到实处。上述各领域的道德精英便是孔子儒学着力表彰的君子。如果不能造就一大批新时代的君子,道德建设是不能成功的。④进而,牟钟鉴提出君子道德人格的"六有"理论:有仁义,立人之基;有涵养,美人之性;有操守,挺人之脊;有容量,扩人之胸;有坦诚,存人之真;有担当,尽人之责。牟钟鉴认为,仁者爱人,义者行宜,乃是做人的基础;君子品德的第一要义是要有爱心,即能关心人、尊重人、帮助人。人有向善之心而无必善之理。人性中有动物性,不经过后天教育和修养,就不能自发成为文明人,不经过刻苦努力,就不能达到高尚的程度。人要有尊严,必须挺直腰板,正气凛然,既不盛气凌人,也不低三下四。君子与小人之间的一个重要差别是,君子心胸开阔,眼界远大,小人心胸狭窄,眼界短近。君子要尊重多彩的文明,要尊重不同见解,要忠厚待人,扬人之美,解人之难。

---

① 靳玉乐. 课程论 [M].2 版. 北京:人民教育出版社,2015:50.
② 新时代弘扬君子文化要有新思路——第三届君子文化论坛在江苏华西村举行 [N]. 光明日报.2017-12-04(4).
③ 吴正南."君子"考源 [J]. 武汉教育学院学报,1998(5):29-37.
④ 牟钟鉴. 中国文化的当下精神 [M]. 北京:中华书局,2016:215.

做君子要求心胸坦荡、光明磊落，真诚直率、开诚布公，信实可靠、一诺千金，要专精执着、百折不回。君子立志远大，勇于承担重任，有强烈的社会责任心和历史使命感，不愿意碌碌无为，也不屑于在个人小圈子里打转，而要在社会事业中实现人生的价值。①

第四节　课程评价与教研服务

在汉语词汇中，教学评价（简称教评）是指依据教学目标对教学过程及结果进行价值判断并为教学决策服务的活动，是对教学活动现实的或潜在的价值作出判断的过程。教研服务是指为有效教学的开展而提供的各类保障系统，有宏观和微观之分，其中教师服务是微观的教研服务活动之一，它是本章讨论的重点。

一、教学评价的评价

教学评价是研究教师的教和学生的学的价值的过程。教学评价一般包括对教学过程中教师、学生、教学内容、教学方法手段、教学环境、教学管理诸因素的评价，但主要是对学生学习效果的评价和教师教学工作过程的评价。考试是指对人的知识才能进行考查的测验，也指考查知识才能等的一种方式，或指主持考试。它是教学评价的最常用手段之一。

张行涛说："人类发明了考试，这是文明进步的重要标志，但人类却又在现实中为考试所奴役。"②在我国基础教育改革中，他认为教学评价是课程与教学改革的最大障碍，是应突破的"瓶颈"，教学评价应为课程与教学改革服务；把教学评价视为课程与教学改革最大障碍的观点是缺乏依据的，在整个基础教育改革中，中心问题是发展问题，而不是评价问题。③若评价的教学关注的重心是评价，会失落教学的价值，不是教学论意义上的教学评价。教学论中的教学评价是为教学的评价，关注的重心是教学，是为了调节、激励、促进教学而评价，是教学的"服务器"，生成并守护教学的价值。④

也有学者指出，教育研究者只有进入课堂，面向课堂教学实际，才能在

---

① 牟钟鉴. 中国文化的当下精神 [M]. 北京：中华书局，2016：214-232.
② 张行涛. 考试的社会学概观 [J]. 教育理论与实践，2000（3）：36-41.
③ 王本陆，骆寒波. 教学评价：课程与教学改革的促进者 [J]. 课程·教材·教法，2006（1）：20-25.
④ 杨启亮. 为教学的评价与为评价的教学 [J]. 教育研究，2012（7）：98-103.

国外的教学理论和模式与我国的教学实践之间建立起内在联系，并找到适合我国特点的课堂教学模式、策略、方法，实现新课程改革提出的目标。课堂教学评价就是课堂教学研究的一个很好的切入点。教学评价概念有以下三种情况：第一种是将教学评价等同于学生评价，第二种是认为教学评价同时涵盖对学生的评价和对教师教学的评价，第三种认为教学评价指对教师教学工作，特别是课堂教学的评价。我国课堂教学评价存在的问题，缺少课堂实证研究，缺乏对课堂教学客观、准确、精细的描述，缺乏有效方法的综合运用。①

辛涛、李雪燕指出，我国教育界一般把教育评价定义为在系统地、科学地和全面地搜集、整理、处理和分析教育信息的基础上，对教育的价值做出判断的过程，目的在于促进教育改革、提高教育质量。教育评价模式根据不同的取向可分为科学取向的模式、管理取向的模式、人类学取向的模式、参与取向的模式等。在国内的发展方面，教育评价主体多元化，重视教育目标研究，引入新研究方法，教育质量监控系统备受重视，重视评价结果的全面解释和慎重处理，教育评价逐步中介化。②

二、未来教学评价的展望

21世纪，教学评价的未来发展是理解，其主要任务是以理解为基础，对已有的教学评价进行全面改造和重组，即要重视评价标准的生成性，强调教学过程的评价，注重多样化的结果信息和在理解中开展教学评价。③对应于农耕时代、工业时代、"后工业时代"，文化价值观也经历了从知识本位到能力本位，再到人格和谐发展的三次转折。在分析建构在知识本位与能力本位下的教学评价的特点与不足后，研究者指出人格和谐发展应是现代教学评价的价值取向，现代教学评价应立足于知识经济，指向人文精神，着眼于终身教育，实现评价主客体的统一。④面向未来，当代学者总结出循证评价、内部评价、形成性评价、差异性评价和真实性评价等理论，极大地丰富了我国的教学评价方式方法。

人工智能和数据科学技术的快速发展以及循证教育理念的逐步深入，促使教学评价从传统的基于感知的评价向现代的基于证据的评价转变，由此催生了循证教学评价。它以教育主体进行施教的全过程为聚焦点，分析教学投

---

① 丁朝蓬，梁国立，TomL.Sharpe.我国课堂教学评价研究概况、问题与设想[J].教育科学研究，2006（12）：10-14.
② 辛涛，李雪燕.教育评价理论与实践的新进展[J].清华大学教育研究，2005（6）：38-43.
③ 刘志军.走向理解的教学评价初探[J].教育理论与实践，2002（5）：45-49.
④ 李定仁，刘旭东.教学评价的世纪反思与前瞻[J].教育研究，2001（2）：44-49.

入及其学习成效，体现了对以人为本的发展性评价的坚守。循证教学评价的主要要素包括个性化教学、教学时空场域、多源异构数据，三者之间互联互通，并随着教学进程的推进相融共生。循证教学评价在理论设计上是以立德树人成效为核心，以课程教学起点与终点为评价周期，以线下教学与线上教学的融合为场景支撑，包含教学投入、教学证据、教学评测、教学优化四个阶段。在评价层级上，设计了教与学的评价层级塔，即教学从低投入到高投入表现为教学行为、教学认知、教学情感、教学智慧，与之相对应的学习成效从低阶到高阶依次表现为学生反应、学习成果、学习能力、核心素养。另外，对循证教学评价的证据来源、多源数据融合形式、数据融合的技术路线进行阐释，为教学评测的操作与实施提供可行路径。①

内部评价指向过程评价和对评价结果的反馈，以诊断和改进为最终目标，是诊断和改进学校管理、教学与学生学习的重要手段，是落实课程实施的重要环节。学校层面关注内部评价，能够针对课程、教学与学习、学生发展需求自主开发具有针对性的评价工具，并给予一定的反馈。然而，评价目标与评价内容的一致性程度、评价工具的科学性、评价数据的分析及结果的应用仍亟待改进，并建议开发增值性评价工具。②

形成性评价又称为过程性评价，是在教学过程中即时、动态、多次对学生实施的评价，它注重及时反馈，用以强化和改进学生的学习。将学生平时作业成绩记录下来，并按较高比例折合计入最终成绩，不算是重视形成性评价，形成性评价的本质特点是将所收集的信息用于改进。形成性评价关注过程，过程上的改进可以促进结果的达成。形成性评价是改善学生学习、促进学生发展的重要手段。③

工具理性、方法科学、功利追求在现代教学评价中显现出无比强大的魅力。在单一的社会教育共识和评价体制下，教学评价异化为标准化的"无差异"评价，人被数字化、抽象化、科学化，人的独立价值丧失，个体差异被抹杀。每个人都是有差异的，教学评价是对人的评价，对人的评价应该是尊重个体差异的评价。教学评价应该尊重个体差异，应该使差异的价值彰显出来，最低限度地使每个人的特性得到所有人的尊重和承认，但差异的价值并未得到足够的关注。差异教学评价在"以人为本"与"和合"的双重价值基础上构建，其基本内涵和要求就是在评价的过程中，运用差异的方法，即"和"与"合"

---

① 牟智佳, 刘珊珊, 陈明选. 循证教学评价：数智化时代下高校教师教学评价的新取向[J]. 中国电化教育, 2021（9）：104-111.
② 黄小瑞, 李媛媛. 学校内部评价现状、问题及对策[J]. 全球教育展望, 2021（4）：67-79.
③ 赵德成. 教学中的形成性评价：是什么及如何推进[J]. 教育科学研究, 2013（3）：47-51.

的方式、方法，实现主体之间关系的协调与合作，从而保证和促进教学的发展。从理论抽象的角度来说，差异教学评价追求真善美的和合之境；从根本上说，差异教学评价是对人自身"安身立命"的价值追求，即关于人自身的存有和发展的最终根据、标准和尺度的价值。从实践操作的角度来讲，我们首先探讨的不是在操作层面上如何具体地实践差异教学评价，而是追寻尊重差异背后的评价精神。①

真实性学生评价产生于 20 世纪 80 年代末 90 年代初的美国，是学生评价从"考试文化"发展到"评价文化"的必然结果，是以当代人性观、知识观和学习观为前提的，它是基于对人性的理解而不是对人性的约束与规范形成的，它所关注的是学生的健康和全面发展。真实性学生评价体现了从控制走向理解、从价值中立到价值负载、从常模参照到标准参照、从量化表征到质性描述、从情境无关到情境关联、从限定孤立到支持合作、从静态判断到动态分析、从关注结果到关注过程、从关注群体到关注受教育者个体的价值理念转变。其根本目的是通过评价提供有效、准确和真实的信息，为学生的进一步发展服务。它主张要尽可能从学生的实际出发去考查学生，不仅评价学生的知识和技能，而且重视学生学习过程中的情感、态度和意志。真实性学生评价是教学的反向设计模式，其设计涉及评价标准的制定、真实性任务的选择、任务表现标准的制定、评价量规的设计等多个环节。评价的实施不仅需要教师等评价参与者角色的转变，而且需要学生、家长等相关人员的合作与参与，其中评价前的充分准备以及教师评价技能的提高，是实施真实性学生评价的关键。表现性评价、档案袋评价、基于观察的评价是最常见的真实性学生评价的操作模式。对于具体的评价方法而言，评价的效度和信度是评价者最关注的问题，如何判断和提高真实性学生评价的效度和信度，是研究者需要进一步深入探讨的领域。考试是我国传统学生评价的主要方式，考试功能的失衡、考试的异化，以及标准化考试的不恰当使用，使考试一度成为众矢之的。我国当代素质教育的发展要求建立多元化的学生评价体系，改革考试内容和方法，真实性学生评价符合我国多元化学生评价改革的方向。②

三、经典课程评价探索

评价体系是目前传统文化教育实践非常难以解决的一项课题，为什么？

---

① 孙玲. 差异教学评价 [D]. 南京：南京师范大学，2011.
② 俎媛媛. 真实性学生评价研究 [D]. 上海：华东师范大学，2007.

观察一下，中央电视台二套的《快乐学国学》栏目，开播不到一年就停播了；曾经风靡一时的《中国汉字听写大会》最终销声匿迹了，《中国成语大会》也办不下去了。为什么这些与传统文化紧密相关的节目办不下去了呢？特别是与学生的熟读、记忆高度相关的节目，似乎很难持续办下去，这是因为节目最终的评价标准是以量取胜、高速、高效。这也反映了学校内的传统文化教育如果还是坚持考核记忆多少，能写多少，死记硬背，一样是不能长期作为评价手段。以量化标准考查传统文化教育，是一条难以走通的路。

课程的评价可以分为群体化评价、个性化评价，知识水平评价、能力水准评价，定量考评、定性考评，过程评价、结果评价，长期评价、短期评价，实验评价、体验评价，行为评价、心理评价，外在评价、自我评价等。就传统文化教育而言，课程评价更偏向于个人评价、能力水准评价、定性考评、过程评价、长期评价、体验评价、心理评价、自我评价等。下面我就结合当下的课程建设实践，构建传统文化教育的评价方式。

关于评价体系，在山东省《指导纲要》里有一定的设置。(1)注重多种评价方法的使用。如根据不同评价对象、不同学习主题或学习方式，开展有针对性的评价，主要方法包括活动记录册或成长资料袋评价；观察法评价，即通过对学生行为习惯、情感情绪、操作应用、活动状态等方面的观察，进行综合性评价；作品展览及分析评价；研究性学习过程评价；访谈及问卷评价等。重视评价主体的多元化，鼓励学生自评、他评、家长评、活动评委点评等。(2)关注学生学习过程的评价。重视学生活动过程的评价，对学生文化辨析、认知和文化行为生成过程中的表现、所取得的成绩以及所反映出的情感、态度、策略等方面的发展作出评价。(3)关注课程学习成果评价。重视学生的文化体验和领悟，重视学生行为习惯的养成，重视将所学内容转化为价值评判能力和道德实践能力，重视学生的价值观的形成和文化素养的提高。

就目前过渡期的中华经典教育而言，课程内容具有多样性，教学目标各有侧重，教学方法存在差异性，所以统一地对经典教育设置课程评价体系是不适当的，必须区分不同类型的课程并针对不同类型的课程赋予不同的评价标准，当然从未来来看，分类中也有主要类型。

1. 积累型经典课程的评价方式

对于4—12岁学生，学习经典课程的核心就是积累传统经典，经典课程的要点就是熟诵。提倡熟诵，不是一定要求学生理解经典内容。学习经典积累课程，贵在坚持，熟读是积累的前提，不以背诵为唯一目标，但背诵是积累的自然结果之一，并且通过时间消化经典、感悟经典，能增强领悟，也是熟读的结果之一。现代班级制教学中开展的是集体诵读经典，这是对过去传统经典教育的继承和开拓，要用合适的方式、方法。比如：老师首先正读，带着学生把音读准，把句逗读准，老师要正读2—3遍；其次领读，老师读一遍学生们跟着读一遍；再次学生对读，这个组跟那个组对读；最后学生接龙读，甲学生读上一句话，乙学生读下一句。用很多种读法，调动学生的参与度与积极性，集体课堂比一个老师带三个学生学经典要好得多，因为集体的气氛会引导学生不知不觉地参与进去。当然，在熟读的过程中，微观教学也很关键。笔者曾观摩过二年级的经典诵读总结课，学生们开始读得特别起劲，但读着读着就没有声音了。我问小朋友怎么不出声音了，他说他的嗓子哑了。这个时候老师就要注意在朗诵时训练青少年学生的发声，把握这个细节。

熟诵，包括朗诵、吟诵、唱读、和读、镂空读、接龙读等方法，能够调动学生诵读经典的积极性，以达到熟练诵读经典的目标，这是一个最基本的目标，可以作为评价手段之一，考查学生熟读的流畅性、情感性，给学生五星、四星、三星评价，然后发奖状。

2. 常识型经典课程的评价方式

常识型经典课程贯穿大、中、小学，但以10—15岁学生为主。传统经典文化的常识型课程，其背景知识内容广泛，涉及天文、地理、人事等方方面面的内容。在评价方面要坚持以下几个原则：在中小学开展的学科教学中，涉及传统经典文化常识时，要及时融入和开展教学，主要是基本知识介绍，以基本了解为主；根据学校师资和地理人文条件，选择几个传统文化常识点作为校本教材或校园活动的主题，并进行相应的过程体验式考评；对于常见的传统文化常识，学校主要是通过鼓励学生课外阅读来开展学习，可以通过传统文化常识阅读问卷来进行考评，并根据考评结果来指导学生的阅读。

3. 体验型经典课程的评价方式

受过传统经典文化教育的学生，与没有受过传统经典文化教育的学生，在哪些方面会体现出不同？目前，教师和家长基本认可的是传统经典文化教育会提高学生的记忆力，会提高学生的语文学习能力和母语素养，会提高学生的道德修养，但是这些只是接受传统经典文化教育带来的附带成果，而不是传统文化教育的必然成效。

在这个方面，也需要借鉴西方的当代教育成果，那就是体验化的教学方式，就是把教学的答案藏在学生的学习过程中，在学生体验结束后，快速形成对答案的有效共识。此种教学不仅有趣，而且有用，令学生对结论的认识较为深刻，甚至终生难忘。那么，在传统文化教育中如何有效开展体验化的教学，是摆在我们教育者面前的时代大课题。

其实，体验型经典课程的评价方式的基本原则有两点：一是要化经典文化为学习者的亲身感受，让每个学习者的生命都受到经典蕴藏的思维、价值和意义的浸润；二是要将经典课程中受到的训练、获得的原则运用到生活、生命以及生产的实际事务中去，在实际的事务中将经典课程学习效果体现出来。如果从教学评估的角度来看，前者就是体证的效果强弱，后者就是验证的效果强弱。

广东顺德有个学校就在这方面开展了有关的尝试，并取得了一定的成效。该校的传统经典文化教学，除了熟读基本经典，每周还有一节经典文化体验课。比如，有一节课主要学习六个字"寝不言，食不语"。这节课分阶段进行：第一阶段，教师和学生共读几遍，大多数学生就认识了，然后教师从中拿出一个汉字，从这个字的甲骨文到楷体识读一遍，以上教学用时大概八分钟；第二阶段，教师把全班分成四个小组，第一个小组在讨论后写一段话，第二个小组根据这段话的意思画一幅画，第三个小组编一个话剧，第四个小组就此展开辩论，这一阶段大概用时十五分钟；第三阶段，每组派一个代表给大家做展示，大概用时十二分钟。课堂的绝大部分时间是教师引导学生进行沟通、创作、演示、辩论来达成共识，通过共识的寻求，找到最佳答案，理解做人做事的道理，解答学生们生活中遇到的问题。

浙江省杭州市有位老师上过一节公开课叫《亲情测试》。这节课只需要学生带几张纸和一支笔。教师开始上课时，要求学生将自己身边的亲人的名字有序地写在纸上，然后逐个删去这些亲人的名字，想象这个亲人已经离开人间，让学生写一段与这个亲人有关的文字。每次上课之后，绝大多数学生会恸哭，写的文字越来越多，越来越完整，越来越深刻，而且对亲人的那种珍惜、怀念、感恩之情油然而生。这节课在全国很多地方都上过，也上了中央电视台的节目。这样的课就是一节非常有效的传统经典文化体验课。

四、培养传统文化师资，提升教师文化素养

在教育部颁发的《指导纲要》中就提出了"全面提升中华优秀传统文化教育的师资队伍水平"的教研保障措施。一是要打造一支中华优秀传统文化

教育骨干队伍。在中小学教师资格考试中增加中华优秀传统文化的所占比重。在师范院校开设中华优秀传统文化课程，鼓励民间艺人、技艺大师、非物质文化遗产传承人参与职业教育教学，建立非物质文化遗产传承人"双向进入"机制，设立技艺指导大师特设岗位，鼓励有条件的职业院校成立大师工作室。在长江学者奖励计划、新世纪优秀人才支持计划、高等学校青年教师培养计划等各类人才计划，以及"万人计划教学名师"评选中，增加传统文化教学和研究人才比重，培养和造就一批中华优秀传统文化教学名师和学科领军人才。二是加强面向全体教师的中华优秀传统文化教育培训。在哲学社会科学教学科研骨干研修、高校思想政治理论课骨干教师研修、高校辅导员骨干培训中加大中华优秀传统文化内容的比重。在中小学教师国家级培训计划、义务教育学校校长和农村幼儿园园长研修培训计划、职业学校教师和校长素质提高计划中增加中华优秀传统文化培训内容，提高各级各类学校教师开展中华优秀传统文化教育的能力。无论是从考试制度支持，还是从激励机制或是教师培训方面，文件都规定得非常详细。随后无论是山东省《指导纲要》中，还是在教育部和国家语委主办的"中华经典诵读工程"或者"两办"的《意见》中，传统文化师资的重要性都一次次得到确认，甚至认为缺乏合格的传统文化师资是阻碍中华优秀传统文化教育有效开展的前提和基础因素，这也是目前社会普遍认可的制约传统文化教育开展的主要因素，解决的有效措施就是提高中小学教师的传统文化素养。

徐梓提出要把懂得传统文化的人变成懂得"教传统文化"的人。"师资是开展传统文化教育的关键，也是现在制约传统文化教育顺利开展的一大瓶颈。从事传统文化教育，不仅要有传统文化的基本素养，而且要有教育学的起码训练。"他提出将传统文化教育纳入国家课程，那么传统文化教育师资问题就需要教育主管部门统一擘画、精心组织，如纳入国培计划，增加培训次数和时长，培养传统文化教育的本科生和研究生，提高传统文化教育师资的专业门槛等，就是要"逐步建立并建设一支专职、专业的传统文化教师队伍"。①

从近几年全国各地的中小学传统文化师资培训实践来看，以《四书》精读为主的传统文化师资入门培训班，得到了基本认可。《四书》精读培训中，既有专家、学者的精讲，又有一线教师的教学分享。一天的课时导读《大学章句》，《论语集注》和《孟子集注》各用一天半的课时导读，一天的课时导

---

① 徐梓.中华优秀传统文化教育十五讲[M].北京：北京师范大学出版社，2018：9，121.

读《中庸章句》，一天的课时开展教师说课、观摩课等教学示范观摩研讨，这样的经典师资入门培训，既是可行的，也是有效的。举办教师经典读书会也是不错的方式，在读书会的组织程序上进行精心设置，借鉴古代的会讲制度，每个老师都要主讲一个主题，要参与辩论、答疑，同时与教学生活紧密结合起来，否则落实不到实处。

如果要系统地提升小学校长和教师的传统文化素养，培训课程可以就经典教育实践和理论探索、文字学基础、蒙学、文化常识、朗诵与发声、格律与吟诵、古诗词欣赏与创作、礼仪教育、儒家经典导读、文化课程教学理论与实践（小学）等来进行设计，中学校长和教师的培训课程与小学相差不大，但可以加入道家与养生、禅宗与养心的内容。上述需要 25 天的集中培训，如果能够有效开展，可以让中小学校长和教师对中华经典文化有初步的了解，为其自学和教学打下基础。

如果条件成熟，时机合适，应该开展以中华民族思维为中心的经典师资研修班，比如"周易入门与象思维训练""尚书入门与历史思维训练"等，就具体的经典中蕴藏的思维开展相应的思维方式训练，对教师的认知方式和思维过程进行引领。这才是经典教育能真正扎根的地方，只有这样，才可以养成更多的"人师"，而不是知识丰富的"经师"。

语文教师不仅在语文学科教学中居于核心位置，也是经典教学中的主导力量，从某种角度来讲，语文教师的确承担着传道、授业、解惑的"人生导师"的责任。就语文教学中开展经典教学来说，语文教师能做的非常多，只要进行一定的经典培训和教研示范引领，语文教师就可以使经典教育的目标在语文课堂上扎根。第一，提高母语教学水平，让学生感受中华民族的语言美和文字美。这是让中小学生愿意学习中华优秀传统文化的基本条件。把课本中的古诗文讲透彻，讲出文化内涵，再适当增加相关内容，这样青少年学生便相对更容易接受。第二，充分认识学科课堂中融入经典教学的重要性和必要性。开展经典熟读非常重要，读是前提，是基础，需要耐心和毅力的支撑，在时机成熟时，也需要课堂开展经典讲解、思维训练、价值点拨和意义引领。第三，积极全面地探索系统的传统文化体验式教学，即分享古诗文中的情境营造、价值选择和意义，让孩子们自主体验和体证，将其内化为自己的生命营养。

第八章
中华经典课程教学方案

第一节 教师与学生、教学与教法

一、从"学生"到"学习者"

据邱德峰研究,学生当前主要是指在学校教育环境脉络下接受教育、专门从事学习活动的人,特指在学校或其他研究机构学习的人。由学校所赋予的这些"学生"身份是存在一定的局限的,它维持或加剧了不平等、个性抹杀和主观能动性忽视,学习者成为教育界的关注重点,"学习者"是由学习活动本身所决定的,是对自我身份的认知,"学习者"具有更多主动性的特征。在学生作为学习者的身份形成过程中,学习者身份的结构要素发生了一定的变化。认知感上,从典型的学生到自主的学习者;动机和情感上,由单一走向多元,由外部动机走向内外动机结合;学习意义上,从无意义感到有意义感,从他人的意义到自我的意义,从表层的意义到深层的意义;话语和行为上,从被动到主动,从服从到自主;归属感上,更加多元、复杂和稳定;已有学习经历上,从以正式学习经历为主走向正式与非正式学习经历相结合。① 学生要成为学习者,必然要加强学习的自主性和问题意识。庞维国提出,学生的自主学习本质上是对学习的各方面或者学习的整个过程主动做出调节和控制,具有能动性、有效性和相对独立性等特征;学生的自主学习有赖于自我意识、元认知发展水平、内在学习动机、学习策略、意志控制等内部条件和教育指导等外部条件;对学生的自主学习能力的培养可以从改善教学模式和针对学生学习的某些具体方面进行指导两个层面着手。② 欧阳文指出,问

---

① 邱德峰. 学生作为学习者的身份建构研究 [D]. 重庆:西南大学,2018.
② 庞维国. 论学生的自主学习 [J]. 华东师范大学学报(教育科学版),2001(2):78-83.

题意识是指学生在认知活动中意识到一些难以解决的、疑虑的实际问题或理论问题时产生的一种怀疑、困惑、焦虑、探究的心理状态。这种心理状态驱使学生积极思维，不断提出问题和解决问题。问题意识在思维活动乃至人的认识活动中占有重要地位。因此，培养学生的问题意识是十分重要的教学任务之一。目前学生问题意识不强，主要原因在于观念障碍、信息障碍、教师权威障碍、教学方法障碍、技能障碍。培养学生的问题意识可采取以下可行性策略：为学生产生问题意识创设问题情境；教给学生提问的技能；教师对待学生的提问或回答应有正确的态度，应当给予学生成功的体验。① 在当代教学中，越来越强调师生关系，这也是从学生向学习者转变的一个重要方面。郝文武从哲学的角度反思师生关系，师生主体间关系中的主体性与师生主客体关系中的主体性有本质的区别。师生主客体关系中的师生关系是非平等的，追求价值者单向的主体性，是单向和强制的，是天人对立和主客体对立的规律；师生主体间关系中的师生关系是平等的。师生主客体关系中的主体性，追求价值者和价值追求对象的双向主体性，是双向的、彼此交往和互相理解的，是天人和谐或合规律性与合目的性统一的规律。建构师生主体间关系应该遵循自我确认、指导学习、研究性教学、人文关怀、独特共在和全面发展原则。②

二、教师，从主导到引导

在教学中，教师和学生构成教学的主体，没有教师和学生，是无所谓教学的，也不存在教育。在中国传统中，教师因受到尊敬而比拟父母，从而有了"父师"的称号。下面，从教师是谁、教师职业化与专业化、教师角色定位等方面来探讨教师与教育的关系。

西方学者认为，"教师是知识分子，换句话说，是文化的继承人、阐释者和批判者"。③ 然而，"教师是谁"却是复杂而没有定论的问题，这是由"教师角色本身的复杂性与丰富性"决定的。"从社会角色的意义上看，教师既是支配阶层代言人，又是公共知识分子；从道德表征的角度来说，教师被要求是完人，实则却是普通人；从历史使命的担当上，教师既是规训者，又是被规训者；从措辞赋予的层面上，教师既被形容为人类灵魂的工程师，又被

---

① 欧阳文.学生无问题意识的原因与问题意识的培养[J].湘潭大学学报（哲学社会科学版），1999（1）：129-132.
② 郝文武.师生主体间性建构的哲学基础和实践策略[J].北京师范大学学报（社会科学版），2005（4）：15-21.
③ 莫罕默德·梅卢奇，克莱蒙·戈蒂埃.教师是知识分子：文化的传承者、阐释者和批评者[J].宋莹，译.清华大学教育研究，2006（4）：14-22.

视作教书匠。"① 运用生命哲学观照教师,"发现教师是一个生命的存在。教师是一个本能冲动的存在,是一个环境共生的存在,是一个历史承续的存在,是一个精神自治的存在"②。

教师既有职业化需求,也有专业化需求。随着时代的发展,教师的社会地位、身份等许多方面发生了巨大的变化,教师应有自己的角色定位,及时进行角色转换。根据叶上雄、唐安奎的研究,教师在教育教学过程中居于主导地位,应当起主导作用,虽然存有争议,但这已是我国教育界多数人在理论上和实际教学工作中形成的共识。

现在,随着课程改革的实施,社会各界要求"转变教师角色",对教师的角色定位和要求越来越多。教学是师生互动的过程,教师与学生是"合作伙伴的学习共同体关系",不存在"谁主导谁"的问题,教师主导就会造成师生不平等;当代学生在许多方面都超过了教师,教师不可能再起什么主导作用。也有论者提出,"教师主导"不能"一概而论",教师只是在学科讲授中起主导作用。那么,教师主导的观象能消解吗?教师主导就是教师对学生在主要方面起引导作用的一种教育影响力,它是学校办学育人的关键因素,是教学存在的基本特征,也是教师特定的角色规定,教师主导与学生主动的对立统一是教学过程的基本规律。只要有教育、学校教学存在,教师主导的观象就不可能消解。③ 张熊飞则从分析学科教学系统的三个基本要素和三个基本矛盾的角度,论证了教学中学生是唯一的主体且这种主体地位不能动摇。他剖析了教师"主导作用"的本质及典型表现,并从其受过批判的历史渊源、实践时产生的明显负效应、与优秀中华教育文化的背离三个方面进行了再批判。他认为,教师在教学中真正应发挥的是引导而非主导作用,实现引导作用的根本在于启发教学。④ 葛续华对此进行了辩论,认为张熊飞的很多表述存在明显的逻辑矛盾,不能自圆其说,有些主张是片面的形而上学观点,主观地批判教师的"主导作用"干扰了对教学实践中教师的地位、功能和责任的正确认知。教师"引导作用"深具"主导作用"意蕴,强调教师在教学实践中引导作用的重要性,就是在主张教师发挥主导作用。教师是教育教学实践活动的主体,教师的主导作用不容置疑。⑤

---

① 宗锦莲. 教师是谁?——试论引发教师角色混乱的几种关系 [J]. 教育科学研究, 2014 (10): 76-80.
② 唐松林, 聂英栋. 用生命哲学照亮教师: 教师是什么 [J]. 中国地质大学学报 (社会科学版), 2013, 13 (3): 140-145.
③ 叶上雄, 唐安奎. 教师主导能"消解"吗?——关于教师的角色地位、作用及师生关系的讨论 [J]. 教育理论与实践, 2005 (11): 6-10.
④ 张熊飞. 对教师"主导作用"的再批判——再论教师的引导作用 [J]. 中国教育学刊, 2015 (6): 10-14, 37.
⑤ 葛续华. 教师"主导作用"岂容质疑?——与张熊飞先生商榷 [J]. 中国教育学刊, 2016 (5): 19-22.

三、教学与教法

课程实施也称为教学,在汉语词汇中,教学与教育、教书有时是同一个意思,更多是指教师把知识、技能传授给学生的过程。有学者说,教学常被解释为教师的教和学生的学共同构成的一种双边性教育活动,但教学本身并不是两者的简单相加。① 郭思乐认为:"教学的本质是学,教要转化为学。教学就是在教师的支持下,激起、强化、优化学生的自主学习的过程。教师的使命不是取代、压抑、削弱学生的自学,而是承认他们自己的权力和成果,提供支持和引导。我们要把作为教者的所有的活动,都变成学生得以自己学的助力。为此,教材应具有个体性、动态性、开放性、生成性等特征。"② 也有学者提出教学要向生活回归。世纪之交,我国课程与教学论研究中的趋势之一,是向生活世界的回归,具体表现为形而上的追求和形而下的诉求两个方面。"'认识说'为传授知识、发展智力的教学价值提供了前提,但却不能为实践理性、伦理美德等主导的教学价值提供前提。在重新理解教学过程中,以现代思维方式为指导,赋予教学以'生活'的意义。"③ "教学所要回归的生活世界不单纯是现实的生活世界,还包括精神层面的生活世界、动态更新的生活世界、未来的生活世界和学生内心的生活世界。在回归生活世界的教学实践中,要超越单纯地对生活内容的回归以及描述和解释性的回归,而进行审视和批判的回归、创造性的回归。"④

就教学的特征而言,教学具有外在价值或工具理性价值和内在价值,现代教学的价值取向不是两者择其一,而是谋求两者的统一。经历过多次教学改革历程,其价值取向"大体上经过了以下的转变:从重视知识到重视能力,从重视能力到重视兴趣、情感、态度等非认知因素,再转向重视学生素质的全面发展,进而强调有个性的、有差异的全面发展"⑤,具体而言如下。

(1)智慧特征。教学活动是一种复杂的、人为和为人的实践活动,这个过程则意味着教学活动必须具有实践智慧,亦即教学智慧。教学智慧是"教学经验""理论修养"(包括"学科修养")和"德性"的整合结果。⑥

(2)价值关怀和价值取向。教育即生活,教育应当关怀人的生活及其价值,教学则应当体现对可能生活及其价值的关怀。好的教学是生成性、给出

---

① 丁朝蓬,梁国立,TomL.Sharpe.我国课堂教学评价研究概况、问题与设想[J].教育科学研究,2006(12):10-14.
② 郭思乐.以生为本的教学观:教颉依学[J].课程.教材.教法,2005(12):14-22.
③ 迟艳杰.教学意味着"生活"[J].教育研究,2004(11):31-34.
④ 李长吉,秦平.教学应该回归怎样的生活世界[J].中国教育学刊,2005(10):43-45.
⑤ 裴娣娜,杨小微.现代教学论[M].北京:人民教育出版社,2005:66.
⑥ 程广文,宋乃庆.论教学智慧[J].教育研究,2006(9):30-36.

性的活动，是有价值的教学，使人与世界的关系完满、丰富、鲜明，使人与人之间的交流广泛、深入、全面，使师生之间的关系变得民主、轻松、和谐。①新课程赋予教学以新的内涵，教学必须实现价值转型，切实关注学生作为"整体的人"的发展，引领学生学会生存和学会做人。教学变革的关键就是转变教师的教学行为和学生的学习方式，合理开发和利用课程资源，进而创建一种新型的课堂教学文化模式——思维型教学文化。②

（3）深度性。现行教学因远离学生的心灵、学科的本质和学习的要义而普遍缺乏深度，学生因此而缺乏情感的体验、思维的碰撞和智慧的刺激，自然难以生成具有广泛迁移能力的学科核心素养。深度是指触及事物内部和本质的程度。深度教学即是根据学科课堂的三个基点（学科、学生、学习）和大量的实践经验，触及学科本质，抓住学生根本，符合学习本质，最终促进学生学科核心素养发展的教学。③

（4）伦理道德性。伦理道德性具有首要性，教学是立于科学、达于艺术之伦理性活动。加强教师的教学伦理意识，提升教师的教学伦理素质；重视与加强教学伦理学研究，指导教学实践、守护教学伦理，使教学成为以善致善的人类善举。④

（5）有效性和可评估。张璐提出了有效教学的五个标准：师生共同参与创造性活动，以促进学习；语言发展——通过课程发展学习者的语言能力，提高学习者的素质；学习背景化——把教学与学生的真实生活联系起来，以此创造学习的意义；挑战性的活动——教学生复杂的思维技能，通过思维挑战发展学生的认知技能；教学对话——通过对话进行教学。⑤

在汉语词汇中，教法指法典、法规，也指教义、教理，大多数指教育方法。"课程与教材的变革正在受到重视，但教学、教法或教学法不同程度地受到冷落，虽然现代教育技术的设备条件已得到空前改造，但重技轻术的情况相当普遍，教法远没有发挥出它的潜力或张力来。"⑥据高天明研究，教学法、教学方法、教法的英文分别是 approach, method, techniques。approach 是关于语言及语言教学本质的一套相互关联的假设，称为"教学法"（或"教学法理论"）。method 是在一个特定的 approach 指导下，对怎样系统地教授一

---

① 刘铁芳. 教学：一个可能的价值世界——教育的价值关怀 [J]. 教育理论与实践, 2000（4）：7-11.
② 钟启泉，姜美玲. 新课程背景下教学改革的价值取向及路径 [J]. 教育研究, 2004（8）：32-36.
③ 李松林. 深度教学的四个基本命题 [J]. 教育理论与实践, 2017（20）：7-10.
④ 汪明，张睦楚. 教学是立于科学达于艺术之伦理性活动 [J]. 湖南师范大学教育科学学报, 2015（5）：51-56.
⑤ 张璐. 略论有效教学的标准 [J]. 教育理论与实践, 2000（11）：37-40.
⑥ 杨启亮. 论教法在素质教育实践中的张力 [J]. 课程·教材·教法, 2001（6）：21-25.

种语言的总体计划，称为"教学方法"。techniques 则是指运用于课堂中的一些具体的技巧、策略，称为"课堂教学技巧"，techniques 必须与一种 method 取得一致，因而也符合某一种 approach。"教法"作为教学理论的一个常用术语，其适用范围往往限定在学科教学理论领域，含义非常明确。这时，大家往往将教法直接理解为教学方法。在西方教育理论中，英文 teaching method 这一术语的基本含义是"教师在教授过程中讲解教材和组织活动内容的一般程序"，与我国教学理论中"教法"这一术语是基本吻合的。教法作为教师教书育人所使用的方法，可分为"一般"和"特殊"两类。"一般教学论方法"包括：以语言为主的方法，如讲授法、谈话法、讨论法、读书指导法等；以直观为主的方法，如演示法、参观法等；以实践为主的方法，如实验法、练习法、实习作业法等。"特殊教学论方法"主要指"学科教学论方法"，又称为学科教学法，其中包括中小学根据课程设置所开设的各门学科的教学方法。① 讲授法作为教师使用最早、应用最广的教学方法，在今天的中国似乎正在失去其合法性，这是值得忧虑也值得研究的教育现象。心理语言学实验证明了讲授法要求以学生复杂、积极的心理活动为基础；奥苏贝尔的研究证明了讲授法是教学方法中比较高级的一种；维果斯基的理论证明了讲授法与人类的高级心理机能相关。讲授法在学校中的主导地位并非某个人或者某些人的意愿，而是社会和教育自身发展合乎规律的选择。今天，对待讲授法的合理态度是在运用的基础上不断探讨和完善，而不是简单地批评甚至否定。②

第二节 文字、文章、文学与文化

自从"新文化"运动倡导白话文，反对文言文以来，2000 多年中华民族文化史上使用的文言体系就远离了教育，造成传统经典文化传承的巨大断裂，是传统经典文化传承发展受到的最大伤害之一。文言文与白话文论争在中国近代教育史上屡次兴起。1934 年，长期从事中小学教育研究和实践的汪懋祖引发了一场规模较大的有关中小学文言文教育的争论。③2004 年 4 月 22 日《中国教育报》刊文引发了新一轮的"文白之争"，有人主张当前语文教学应

---

① 高天明. 二十世纪我国教学方法变革研究 [D]. 兰州：西北师范大学，2001.
② 丛立新. 讲授法的合理与合法 [J]. 教育研究，2008（7）：64-72.
③ 罗庆云，戴红贤. 民国教育家汪懋祖文言文教育思想研究——以 1934 年有关文言文教育争论为中心 [J]. 武汉大学学报（哲学社会科学版），2013（1）：103-108，129.

加大文言文在教学中的比重。反对者认为增加文言文的教学是一种历史的倒退。这实质上是人们对文言文教学价值的认识分歧。语言工具变化是表面现象，其实质上是文化更替、浮沉所致。增加文言文教学的本质是让学生学习里面蕴含的优秀的民族传统文化。① 文言文关系到国家的文化传承。张志公指出："怎样对待和处理文言文问题，是一个很需要加深研究的相当复杂的问题。在这个问题上，要有眼前的办法，要有长远的打算。这是语文教学需要解决的问题，也是我们文化政策中的重要问题之一。"②

根据胡虹丽的研究，20 世纪 20 年代，在价值取向方面，主张小学、中学的学生要学会阅读，中学的学生要学会写作"近代文言文"，都是从实用的角度来看待的，着眼点主要在于让学生能够适应社会和考试的需要；20 世纪 30 年代，主张读经和学习文言文，认为文言文中尤其是经书中蕴含着古人的修身之道；20 世纪 40 年代，对价值取向的讨论在原有基础上有了突破，朱自清明确指出，"在中等以上的教育里，经典训练应该是一个必要的项目。经典训练的价值不在实用，而在文化，阅读经典的用处，就在教人见识经典一番"③。20 世纪 50 年代到 70 年代，学者对于文言文教学的要求基本达成共识：学文言文就是一种手段。20 世纪 80 年代到 90 年代中期，对价值取向的讨论也出现变化，有论者认为即使教学文言文，也不必培养学生阅读浅易文言文的能力。20 世纪末 21 世纪初，主张加强文言文学习的人认为，一是要重视对现代文化之源的古代文化的继承，要强调学生对民族文化的认同感；二是文言文具有文化熏陶和情操陶冶的作用；三是文白为源流关系，文言精练典雅，读文言文是提高白话文品位的好途径；四是中国古代书面语言教育是现代书面语言教育的前提；五是古文只能在学校专门学习；六是不直接阅读文言文难以真正了解和传承古代文化。主张不教者，一是古代汉语失去了交际工具的效用；二是古文中的道理不适用于现代社会；三对古代文化做一般了解，不是非得精通文言和研读文言文。主张应教但不推崇加强文言文学习的人认为，一是文言是已被淘汰的古代书面语；二是推崇文言与国家法律、文件精神不符；三是推崇文言文不利于学生现代知识结构的形成及发展。

经过五次讨论，价值取向总体趋势为由实用向实用与非实用兼顾转变，强调"文化素养"的价值取向越来越得到人们的肯定，而强调"阅读能力"的价值取向现在逐渐变弱。在社会的基本政治、经济制度实现了现代转换之

---

① 孙秀军.文化：文言文教学的核心价值 [D].济南：山东师范大学，2008.
② 张志公.张志公语文教育论集 [M].庄文中编.北京：人民教育出版社，1994：226.
③ 中央教育科学研究所编.朱自清论语文教育 [M].郑州：河南教育出版社，1985：8.

后，传统文化的重要功能是在伦理道德教化、文化共同体的形成、增强民族凝聚力和认同感等方面。任何一个社会，其文化土壤或社会文化背景中，"伦理共识""文化认同"均不可或缺，它们解决个体所归属的民族文化的基本身份和自我认定，维护民众中隐性而又具有约束力的价值观。从传承文化这个角度来看，学不学文言，广义上讲，首先不是语文教育中的课程问题，而是语文教育对于国家民族之强盛发展所应具有的功用问题，也就是说，其要义在于国家政治而非仅止于学术。

胡虹丽还指出，汉语是一种以文字为中心的语言，几千年前的《诗经》《论语》，今天中国人读来依然并不难懂。不同时代、不同地域的语音虽然有明显的差别，但文字是一样的，对由文字写成的同一文本意义的理解也就不会产生太大的障碍。汉文字这种沟通古今的"共时文化"特性使得文言具有了超越"生死"的特权，维系着中华民族的文化血脉，传承着中华民族的文化传统。只要文字不死，文言的生命就将延续，并将在现代与传统的对话中焕发新的光彩。汉语与西方语言不同，汉语的语法关系不是靠形态变化来表现，而是以意义为支点，主要的语法手段是词序和虚词。汉语在语法的灵活、信息量的超常、文本内容的异常丰富、隐语与感性象形的突出诸方面，都证明其是一种十分优越的语言形式，而这些特点主要体现在作为书面语言的文言作品上。古代汉语文教育是一种以经史为核心的"大语文教育"，其教学内容全是以"文字"为中心的文言。传统语文教育扣住的正是以"文字"为中心的汉语特点，如汉语平仄相谐的音韵美，汉语对偶、排比的形体美，等等，这些都是表音文字所不具备的。传统语文教育深谙汉文字的固有特点，积累了许多行之有效的教学经验。如采用韵语"集中识字"的识字教学就是一条成功的经验。在当下中小学语文教育中，文言诗文教学的文化价值和文化功能日益受到关注，无论是新课程标准对文言诗文教学要求的规定，还是教材有关文言诗文教学内容的编写，都渐渐显现出"从培养能力到传承文化"的方向转移。可以说，从文化的角度思考中小学文言诗文教学的问题，是符合时代及未来社会的需要，也是合乎文言诗文教学的历史规律的。汉语的人文性理论告诉我们，汉字的文化学意义是存在的：汉字的意象结构直接体现着民族文化的内涵，与民族思维方式和文化精神融为一体，汉字不仅是文化的载体，其本身就是文化。[1]

胡虹丽更强调，文言的语言形式和内容是一体之两面的，是不可分割的，

---

[1] 胡虹丽. 坚守与创新：百年中小学文言诗文教学研究[D]. 长沙：湖南师范大学，2010.

无论是语言所承载的思想内容，还是由一定言语内容生成的语言形式，都是文化的一部分，它们同属符号态文化的范畴。在文言词语教学中要注重对词语文化意义的发掘，并注意把词语的文化内涵与整部作品主题思想的文化意蕴有机地结合起来进行分析，改变传统结构主义语言学孤立、零散、枯燥的教学方式，这样既可以增加情趣，又可以深化对词义的理解，使学生窥见中国文化的深奥，加深对民族的思维方式、文化心理结构、社会制度和生活习俗等的认识，使学生在潜移默化中受到传统文化的熏陶和感染，激发学生对祖国传统文化的浓厚兴趣和热爱之情。文言诗文教学不是应当包含文化教育，而是应该成为教学的全部内容。①

有学者指出，长期以来，文言文教学之所以陷入尴尬境地，根本原因在于长期以来文言文教学价值取向模糊不清。中学文言文教学要实现传承民族文化、观照生命未来的价值取向的目标，就要在具体的教学中妥善处理"文""言"关系，既不能将它们割裂开来，也不能简单机械地将它们理解为"文"加"言"，而是要在"文""言"相生相融中实现当下中学文言文的教学价值。"文""言"相生相融具体可从"因言释文"和"因文悟言"两个方面来阐释。所谓"因言释文"是通过"言"的解读来阐释"言所承载的内容"；所谓"因文悟言"，即以文言文所蕴含的文化来反照领悟"言"。应该注意的是，无论是"因言释文"还是"因文悟言"，都只是分析视角不同而已，两者在教学中实际上是相生相融的同一过程。②

正是在此种情境下，有学者提出文言文教学应追求"文字、文章、文学和文化的统一"。在这种教学追求的目标下，具体的教学过程中主要有"以文带言"和"以言带文"两种基本的处理方式，此外，还有"暂时的弃文保言"和"表面的弃言保文"两种变通的处理。这些教学处理方式都是相对的，在不同的教学阶段，针对不同的教学内容，面对不同的教学对象，不同风格的教师会有不同的教学处理方式，但最终教学方式都要服从于教学的内容，做到"文字、文章、文学和文化的统一"。③

在文言文教学中，应该注重选取中国文化特有的创世神话语言，这是一个急迫且有重要意义的经典教育任务。据叶澜研究，一个民族的神话之所以还被传颂、记述，是因为它反映了这个民族的集体记忆中最被看重和认同的文化精神，是值得这个民族世代相传的宝贵精神财富。神话分为宇宙、人类

---

① 胡虹丽.试论文化本位观照下的文言诗文教学[J].教育学术月刊，2012（12）：87-90.
② 程永超.文言文教学：行于"文""言"之中[J].语文建设，2008（3）：17-19.
③ 罗俊明.文言文教学：文字、文章、文学、文化的统一[D].福州：福建师范大学，2008.

起源神话和天地人关系的神话。"盘古开天辟地"是宇宙起源神话中最具代表性和影响力的一则。天、地、人同步变化，人类悠长的自身发展历史是在天地开辟、各居其位之后始行的。神话绝不仅限于原始人猜测、想象思维的表达，后人更在乎的是神话内蕴含的精神。人类起源神话中最为众人所知的是女娲造人的神话，女娲"抟土造人"、炼五彩石"补天"。女娲不仅是创人之神，还是保护人生存之神。"补天"的神话让我们看到，自然对于人类而言不只具有创生之善的恩惠，还有灾难的一面，以及人在自然中的渺小和在灾难面前的柔弱，若要生存，需有神力相助。不同于西方的上帝放下方舟助人逃离，中国女神用的也是自己的伟力"补天"。"三界"通、绝神话，洪荒时代天与地相距很近，而且有天梯作为天上神与地上人交往的工具。作为天梯的有山，如昆仑山，还有名为"建木"的巨树等。通过天梯，人可上天，神可降落至地，天人交往借此变得容易，一定意义上反映了当时人在意识中把天神看作"自家人"，希望能"互通信息""友好往来"的愿望。上述描写的"好景"不长，流传更广的则是"绝地天通"的说法。"绝地天通"在一定意义上可以看作维护"古已有之纲常"的代名词，从而在我国文化传统中更受重视。"绝地天通"之说对于传统文化更深层次的影响在于：它提供了一种确定、论证"天人关系"的思维模式，即天为上、为神，地为下、为民。天道、天序、天象是解释人道、人序和人间万象的依据与规定，亦即传统文化中"天人合一"之天理具有决定性地位。这种思维方式，一方面反映了农业社会中人类对大自然作为无法控制，但对人类生存十分重要的对象——天道——认识的重视与观察研究的需要；另一方面反映了作为神意的"自然""天道"对于作为人间法则的"人道"之决定意义，由此而生对"天"的敬畏。天象则被人为地赋予了人世间的文化意义，在思维方式的层次上发生了自然与人文的深度纠缠。此纠缠持续、广泛地影响着数千年中华文明的发展。①

潘庆玉认为，应该避免"以古典语言学习取代经典教育"。经典教育与普通教育的一个重大区别就是经典教育往往是借助于古典语言教育而进行的。因为古典语言是经典文化与经典思想原生性的载体，古典语言与经典思想及经典文化几乎是很难割裂开来的。在我国，文言文是经典思想与经典文化的最优雅、最适切的寓所。正因如此，经典教育往往就变成了古文教育和文言文教育。这种以古典语言学习为中心的经典教育在教育实践中往往因解决语言学习上的障碍的需要把语言的学习同思想的训练和文化的积淀割裂开

---

① 叶澜.终身教育视界：当代中国社会教育力的聚通与提升[J].中国教育科学，2016（3）：41-67, 40, 199.

来，执着于训诂考据，而忽视了义理与文化上的观照与省察。另外，潘氏也提倡将经典教育与语文教育适当分离。通过语文教育来实施经典教育，好处是简便易行，但也存在十分突出的问题：语文教育界长期以来坚持语文工具论教育观，扭曲了经典教育的性质和作用。经典作品的思想价值、文化价值、审美价值常常被机械割裂的分析和教条主义的注解所遮蔽。在目前基础教育课程改革的框架内，经典课程可以以地方课程和校本课程的方式单独开设，其目的不在于应试，而在于文化陶冶。好处在于：既可以解除强加在语文教育上的"负担"，又使经典教育获得了独立的课程地位，便于经典教育理念的落实和实施；扩大经典教育的文化视野和取材范围；与应试教育拉开距离，经典教育作为修身的一部分，应尽量防止经典教育的应试倾向和庸俗化；发挥地方和学校的积极性，为创建良好的微观和中观文化生态环境发挥主体作用。①

"五四"时期，白话文取代文言文，不仅关系到表述规则和字体形式的变化，更关系到古今中国的一致性问题，关系到中华文明的精神性价值的承续性问题，而这从某一个角度来说，直接决定了中华文明现代化发展的合法性、合理性、独特性问题。这一任务典型地体现在古今语言文字上，古今语言文字又集中在文献典籍中，文献典籍中又聚焦在传统经典内。经典没有古今之别，今人能熟练阅读古代经典，那么传统文化自然能够实现传承创新，古今中国自然就是一个整体，而不是被人为地分成不相贯通的两截。古今中国文化内在的一致性一旦达成，中华文化就必将得以新生。不过，在西方强势文化的逼迫下，在学习西方科学和制度的实效性方面，传统与当代在语言文字上的确被分成了两部分，甚至是相当对立的两部分。

民国时期，学者石永楙在其《论语正·初刊论语正序》中提到古典文献在教育教学中具有不可避免的五大难题。一是"文辞艰涩，诵忆则难"。古今语言文字变迁差异巨大，今人难以掌握和理解古人的话语。二是"训诂分歧，折中则难"。历代解读古典文献，句读不同，意思迥异；读音不同，意义迥异；字形不同，意义迥异。这就导致对一部经典，很难给出一个各方都基本认可的认识。三是"纯驳不一，考信则难"。由于经典文本差异较大，从汉以后，经今古文之争一直不断，他们在诸多方面存在严重的分歧。四是"博而寡要，费时则难"。内容驳杂，直接有用的内容不明显。五是"时易世变，适今则难"。原则可以继承，过程却需细化。② 如何用活语言文字这个充沛的资源库，重新确立经典的权威性，文以载道，从而信任经典，信任文化，在

---

① 潘庆玉. 全球化语境中的经典教育 [J]. 当代教育科学，2003（12）：3-8.
② 石永楙. 论语正 [M]. 北京：中华书局，2012：初刊论语正序.

生活中追随文化的理想，达成全民族的共识。传承语言文字，重视识字、写字、懂字，开展经典阅读、经典解读，在这一过程中，将汉字与中华传统文化的内在联系用到基础教育中，是真正打通古今语言文字差距、文化传承与发展的时代工程。

第三节　经典教学与象思维

经典能否训练思维方式？从国外的经验来看，"20 世纪 70 年代，以美国批判性思维运动和英国思维技能运动为代表的思维教学运动在全球兴起。四十余年间，思维教学运动带来了丰富的理论与实践成果，这些成果对教育教学产生并将持续产生深远的影响"①。从语文教育研究者的角度来说，"中华传统经典诵读是个很好的中小学语文教学衔接的切入点。教师应该抓住初一学生易于接受的古诗词诵读，由浅入深，由小学的纯诵读方式向思维训练过渡；训练内部语言到外部语言的思维过程，在诵读的过程中训练学生的思维。具体到诗歌来说可以引导学生思考、领会物象到意象的联系"②。如果说思维训练是发源于国际教育的重要流派，而语文教学中可以训练思维，那么民族核心元典当然可以训练学生的民族思维方式。如果说当下中华民族是实用性思维盛行，也就是西方的概念性思维主导，但不能因此而放弃本源性思维，当下是一个需要将实用性思维与本源性思维进行融会贯通的时代。关于这一问题，在第九章的教材构建中还有涉及，如汉字思维等还有论述，此处仅就经典象思维训练与创新人才培养展开论述。

培育创新人才不仅是当下中国教育发展的需要，也是国家发展和民族复兴的人力保障，更是人类命运共同体发展的智力支撑。在大力推行创新人才教育的今天，中华文化理应成为创新人才教育的教育智慧和实践经验来源之一。扎根中国大地办教育，在传承中华传统教育并吸收西方教育学后开创中国教育学，需要转变教育思想观念，领悟中华文化的特质，从中华文化的象思维以及整体思维、变易思维中汲取教育智慧，开拓创新人才教育的新视野、新思路、新途径。

随着科技日益快速发展，人类社会生活样态快速转变，人类生活条件和

---

① 赵国庆.经典思维教学程序的分类、比较与整合[J].开放教育研究，2013（6）：62-72.
② 蒋少鸿.中华传统经典诵读的语文教学实效性研究——叶圣陶语文观指导下思维训练实践[J].科学大众（科学教育），2013（12）：37.

生存状况得到极大改善，同时，自然生态、社会发展、身心健康失衡加剧，气候异常、资源枯竭、社会对立、家庭解体、身心分裂等人的异化现象不时考验着智慧的人类，环境、伦理、社群、人性问题对人类生存发展的挑战也水涨船高，人类就越来越需要整体思考，平衡自然、社会、身心，开发人的潜能。若要实现这一全体人类发展的道路转变，就愈加需要人类思维的转变，需要突破旧有的思维方式，需要大力培养创新思维的人才。"21世纪人类思维方式变革的趋势表现为：从实体思维到关系思维，从客体思维进入主体思维，从单向思维进入多向思维；从静态的直观思维进入动态的变革思维。"①

创新人才教育重点是造就具有创新思维的人才。"创新教育也就是根据创新原理，以培养学生具有一定的创新意识、创新思维、创新能力以及创新个性为主要目标的教育理论和方法。"② "创新人才的基本特征是思维的创造性、良好的认知结构以及独特的个性品质等。"③ 耶鲁大学教授斯滕伯格提出，所谓创造力，就是一种提出或产出具有新颖性（独创性和新异性等）和适切性（有用的、适合特定需要的）的工作成果的能力，需要智力、知识、思维风格、人格特征、动机、环境六种基本元素汇合形成。

创新教育的关键是创新人才培养，创新人才培养的关键是创新思维的养成。有了具备创新思维的人才，也就是创新教育的成功。那么，除了近代科学思维创新，中华民族特有的思维能不能助力具备培养创新思维的人才呢？

一、关键词引领下的中华文化

在大多数人的眼里，中华文化博大精深，"四书""五经""二十四史"，琴棋书画、武术、太极、中医、养生……所谓经史子集，汗牛充栋，但要细说又不知从何说起。其实，如果用关键词来概括中华文化，或许能让我们对中华文化的特质有更好的、不同于分科知识的感受。

中华文化如果用一个关键词涵括，"道"，或者说"太极"，是合适的。这些词汇所要概括的，既是存在意义上的宇宙万有，又是运动发展的宇宙全体，还是有待认知的真实本身。不过，历来思想学说有不同的侧重点：偏重于存在论的，重气；偏重于客观本然的，重理；偏重于认知觉醒的，重心。无论是气学还是理学，抑或是心学，都是源于道、体征道、服从道。

---

① 李德顺.21世纪人类思维方式的变革趋势 [J]. 社会科学辑刊, 2003（1）：4-9.
② 朱永新, 杨树兵. 创新教育论纲 [J]. 教育研究, 1999（8）：8-15.
③ 庞海芍. 通识教育与创新人才培养 [J]. 现代大学教育, 2007（1）：97-101., 112

中华文化如果用两个关键词涵括，"阴""阳"是合适的。《周易·系辞传》说："一阴一阳之谓道，继之者善也，成之者性也。"《老子》说："万物负阴而抱阳，冲气以为和。"阴阳对立统一、互根互用、此消彼长、平衡转化，构成了中华文化的深层心理结构和思维方式。

中华文化如果用三个关键词函括，"天""地""人"是合适的。按照《四库全书总目》的说法，天地人之间要"推天道以明人事"，其实整体中华文化尤其是儒家文化更注重的是"行人事以复天道"，天地人三才之道构成了中华文化的文化大视野和文化心理的大格局，按照当下的话语就是最重视自然大生态系统的生命、生活、生产共同体发展。华东师范大学叶澜教授提出"教天地人事，育生命自觉"的当代基础教育思想，或许与此有异曲同工之妙。

中华文化如果用四个关键词函括，"元""亨""利""贞"是合适的。虽然这四个词是《周易·乾卦》的卦辞，但却是中华文化重视事物发展的时间维度、实践导向的关键所在，它们代表着事物发展的生、长、收、藏四个阶段，时间上的春、夏、秋、冬四个季节，人伦上的仁、礼、义、智四个德行，而且高度重视贞下起元，人要敬重、效法天地生生不息之大德，人要顺从、助力万物终始相续的生机，确保天地人的三才之道连绵不绝、生生不息。

中华文化如果用五个关键词函括，"木""火""土""金""水"是合适的。关于木火土金水的五行来源，现在学界还在持续热烈探讨中，没有形成一致的意见，但是五行思想对中华历史的影响是有目共睹的，特别是其"生克"思想在生活、生产、生命实践中的具体应用，可以说高度代表了中华文化心理结构和思维方式的典型中的典型。顾颉刚说："五行，是中国人的思想律，是中国人对于宇宙系统的信仰；二千余年来，它有极强固的势力。"①齐思和说："吾国学术思想，受五行说之支配最深，大而政治、宗教、天文、舆地，细而堪舆、占卜，以至医药、战阵，莫不以五行说为之骨干。士大夫之所思维，常人之所信仰，莫能出乎五行说范围之外。"②按照五行学说，"比相生"——木生火，火生土，土生金，金生水，水生木；"间相克"——木克土，土克水，水克火，火克金，金克木。而且任何一行都既有"生我者"，又有"我生者"，既有"克我者"，又有"我克者"，如此动态平衡的思维之网状结构就在五行的"生克"中织就。

简言之，六个关键词，"礼""乐""射""御""书""数"或

---

① 顾颉刚. 古史辨·第五册[M]. 上海：上海古籍出版社，1982：404.
② 齐思和. 中国史探研[M]. 北京：中华书局，1981：193.

"诗""书""礼""乐""易""春秋"是合适的；七个关键词，"喜""怒""哀""乐""爱""恶""欲"是合适的；八个关键词，"乾""坤""震""巽""坎""离""艮""兑"是合适的，既有象数，又有义理之辞；九个关键词，"修身""尊贤""亲亲""敬大臣""体群臣""子庶民""来百工""柔远人""怀诸侯"是合适的；十个关键词，"仁""义""礼""智""信""忠""孝""廉""毅""和"是合适的……

当然可以继续列举下去，而且每个数字后面可选的词汇也可以完全不同。这样的列举虽然不能穷尽中华文化的所有，但足以帮助我们理解中华文化的丰富性、灵动性和广泛性，增进对中华文化的感性、理性、觉性认识。从中，我们可以领悟到中华文化的一些基本特征。

第一，从根本上说，中华文化就是一种文明样态，它涵盖了生命、生活、生产的方方面面，是从对生活世界中的经验的反复长期观察中获得的认知。这种认识理性而现实，灵性而务实，绝不是无经验性、无现实性、无理性、无悟性的意见汇总。

第二，中华文化在时间上是多元一体长久融合而形成的，在空间呈现上是多面一体的立体有机结合。一个关键词可以统括一切，而无数个关键词又可以丰富那一个关键词，整体性与个别性有机关联。

第三，重视事物发展的动态过程，在动态中追求天地人各自发展的整体平衡，是中华文化的鲜明特征。

二、当代学者研究下的思维

按照邵志芳《思维心理学》的研究成果，知觉对于事物的识别，主要反映"这是什么"，它体现了事物当前的静态特征。但是，知觉不涉及当前事物的过去和将来，而思维正应该在此基础上体现出对事物的动态特征的把握，反映事物处于整个发展进程中的哪一个状态。所谓状态，就是指事物所属的种类，或它目前发展所至的环节。根据邵志芳的研究，我们可以认为，从这个角度来看，思维是跳出现象的当下性而将过去、现在和未来连成一体的认知方式，是人特有的认知现象，体现人对天地万事万物发展的动态整体反思，体现了事物认知的现象性、经验性、客观性和唯理性。①

邵志芳认为，思维，客观上受制于客观世界的因果关系，主观上受制于

---

① 邵志芳. 思维心理学 [M]. 上海：华东师范大学出版社，2007.

人类长期的认识活动中有意无意地积累形成的逻辑规则。思维具有概括性、间接性、逻辑性、目的性和问题性、层次性、能动性，特别是层次上表现为敏锐、灵活、深刻、创造、批判，这些正是思维需要训练提升的层级所在。思维的成果表现为以下几种形式：认识性产品，如调查报告、新闻报道、习题解答等；表现性产品，如文学作品、艺术创作等；指导性产品，如工作计划、工程设计、改革方案等；创造性产品，如科学发现、技术发明等。思维有很多问题值得探究，但能否优化人类思维策略、提高人类思维能力，是思维学界关注的三大核心问题之一，而这个问题正是本文关注的重点。

三、思维训练与创新人才教育有关系吗？

在教育学研究者郅庭瑾看来，"事实上，关于思维训练问题在教育史中早已引起关注。最极端者甚至将思维训练作为教学的唯一目的，形成所谓'形式教育'（或形式训练）一派"[①]。关于思维训练，在教育史尤其是西方教育史上一直是重点之一。关于知识与思维的关系，郅庭瑾认为，"在知识与思维之间，知识本身并无价值，知识的价值存在于'解决问题'的过程中，而当知识用来解决问题时，知识将发挥它的思维训练价值"。"将知识视为解决问题、发展思维的材料，而不将知识视为目的本身，尤其在当前的教育被大量的、无休止的记忆性知识充斥的状况下，发展学生的思维，应该成为教育的基本使命。"在这样的认识之上，郅庭瑾提出，"强调知识和思维作为教育应该兼顾的两个维度和层面，以适当的知识积累为基础，在与知识打交道的过程中发展学生的思维能力，应当成为当前教育改革理念的必然选择"，乃至郅庭瑾喊出"为思维而教"的号召。不过，关于思维的训练与成就人的美好品德的关系，郅庭瑾认为，"走出传统教学的阴影的出路，在于对知识有一个合理的态度，同时关注学生的人格构建"。"人格与思维是互构互动的关系，人格与思维互为原因和结果，相互推动。学生思维水平的发展有赖于人格上的资助；学生独立人格的构建，也有赖于一定的思维发展水平。"这与中华民族传统文化高度重视人格养成特别是精英分子的君子人格塑造，高度吻合。虽然二者之间的本质内涵并不一致，但人格养成与思维训练的紧密相关性，却为我们将中华思维的传统样态重新应用到当下教育中提供了有力的学术支撑。所以，思维与创新人才教育之间存在着正面的高关联度。"思维是人脑

---

① 郅庭瑾. 为思维而教[M]. 北京：教育科学出版社，2007：前言8-18.

的一种高级意识活动，是人的理性认识过程，即思考的方法、形式、品质等。新颖、独特且具有社会或个人价值的思维方式是创造性思维的内涵与特征。"①

刘兴凤、张安富虽然认为，"中华民族传统的思维方式对创新型人才培养的阻碍作用，主要体现在崇尚直觉的思维方式是人们进行科学创造的思想阻力，崇尚求同思维、忽视求异思维是人们缺乏科学创新火花的绊脚石"，提出有意识地进行逻辑思维训练，强调求异思维（也叫发散思维），甚至提出"进行创造性的思维训练"，但同时，他们又认为，"在中华民族文化心理结构中，价值取向和思维方式起着举足轻重的决定性作用。把握了这两大决定性因素，便把握了不同文化类型的精神实质和教育目的。因此，从民族文化心理结构特别是从其决定因素与教育关系的角度来剖析当前创新型人才培养所面临的种种问题，以便为创新型人才的培养探索一条新的途径"。② 笔者虽然对其批判传统思维的观点并不认可，但高度认可关注思维与创新人才培养之间的关联。笔者认为，与欧美国家的以认知逻辑思维为主不同，中华民族特有思维方式象思维、联系思维、变易思维等，对这些思维尤其是象思维的认知和教学中的训练，会大力促进创新人才的培养。有学者说："中国缺乏人才的问题，其本质可以归结为原创性思维的淡薄与缺失。造成这种淡薄与缺失的原因有多种，但是根本原因之一乃是中国人在思维方式全盘西化之时，把自己独具原创性的'象思维'完全遮蔽,甚至'集体失去记忆'。"③ 不过，在论述象思维训练前，必须解决一个问题，那就是：传统的中华象思维能训练吗？

四、象思维何以助力创新人才教育？

按照邵志芳《思维心理学》的研究，思维自我限定的因素有受刺激本身的束缚、受定式的束缚、受记忆容量的影响、受眼前利益的诱惑。对于受眼前利益的诱惑，儒家功夫论就是一套完整的让人去除欲望和情绪遮蔽的实践总结，具有很强的可操作性。思维训练的前提是学习者要自信、反省、包容，而这也是传统儒学中的诚敬涵养要求。思维技能训练包含直接训练推理技能、问题解决能力和创造性思维技能，而创造性思维技能要求学习者具有独立自主、重视经验、动机强烈的素养，儒家教育思想中的立志、博学、审问、慎思、

---

① 郑慎德.思维、创造性思维及其理论[J].武汉金融高等专科学校学报，2000（4）：3-7.
② 刘兴凤，张安富.论中华民族文化心理结构视角下的创新型人才培养[J].国家教育行政学院学报，2007（8）：44-48.
③ 王树人.中国的"象思维"及其原创性问题[J].学术月刊，2006（1）：51-57.

明辨、笃行等完全符合这些要求。

现代性所内蕴的理性主义、功利主义和个人自由主义，造成了思维的一元论、碎片化、凝固化，"21世纪人类思维面临一个新的大变革。人类从原始思维走向现代文明思维，但现代文明思维又有三个缺陷，即抽象性、隔离性和凝固性，因此这种思维有待于突破。"①有待突破的思维习性正成为阻碍创新人才教育的内在因素，而训练象思维、系统思维和变易思维就有助于突破现有的思维桎梏，造就思维敏锐、深刻和远见，这样才有可能培养真正的创新人才。

何谓"象"呢？冯友兰说："象，就是客观世界的形象。但是这个模拟和形象并不是如照相那样照下来，如画像那样画下来。它是一种符号，以符号表示事物的'道'和'理'，六十四卦和三百八十四爻都是这样的符号。它们是如逻辑中的所谓变项。一变项，可以代入一类或许多类事物。不论什么类事物，只要合乎某种条件，都可以代入某一变项。《系辞传》说：'方以类聚，物以群分。'它认为事物皆属于某类。某类或某某类事物，只要合乎某种条件，都可以代入某一卦或某一爻。这一卦的卦辞或这一爻的爻辞也都是公式，表示这类事物在这种情形下所应遵行的'道'。这一类的事物遵行'道'则吉，不遵行'道'则凶。"②张其成说："象，从不同的角度可以看出不同的意思。比如说从象的内涵来看，它主要包括了物象和意象。从象的特征来看，它是有形的和无形的。有形的当然是象，但是象更重要的是无形的。""那么什么不是象呢？""'无形而可感'，就是说，'无形'但可以感受、感知的东西，才可以称为象。象是可以通过感觉来认知的，无形的东西用眼睛能不能感知？不行；用耳朵呢？不行；用鼻子呢？也不行。但是可以用触觉来感知，或者用理性来思维。""气是什么？气是无形的，但是可以感知的。要不是可以感知，怎么有经络呢？所以气是一种典型的象，一种无形的象。同时气又演化出阴阳，阴阳也是象，五行也是象，都是象。"③所以，象是中华文化中非常重要的概念，是思维之所以产生和得以积累并形成中华民族深层次文化心理结构的重要特质，它具有浓厚的经验性，体现为现实性，还具有客观性、理性特征。所以，张其成说："卦爻象不仅是《易经》的符号系统，而且也是中华文化的'基因'。""从某种意义上说，中华文化来源于卦爻符号，因为卦爻符号体现了中华民族先民的原始观念，中华文化可以说就是通过对

---

① 李德顺.21世纪人类思维方式的变革趋势[J].社会科学辑刊，2003（1）：4-9.
② 冯友兰.中国哲学史新编[A].三松堂全集[Z].郑州：河南人民出版社，2001：551-552.
③ 张其成.张其成全解周易[M].北京：华夏出版社，2018：87.

卦爻的逐层解读才形成与发展的。不管是从形而下的层面还是从形而上的层面来看，以卦爻作为中华文化的基因都是合适的。"①

那么，什么是象思维呢？象思维就是以直观的形象、物象、现象为基础，以意象、应象为特征和法则来类推事物的发展变化规律，从而认识人（生命、健康和疾病）与万物的思维方式。象思维包含形象（也称为物象）思维、意象思维和应象思维。形象就是感官所知，形象思维既是认识过程，又是创造过程，常可产生形象联想、灵感思维、发散思维等。意象思维是在形象思维的基础上，从具体事物或现象进行抽象的思维方式。应象思维以取象比类为基本方法，根据某类事物的特性，将与其有相近、相似、相同特性的物象、现象，归纳为同一类别，同气相求、同类相通，以此证彼的。② 如庄子笔下的庖丁解牛那样，"始臣之解牛之时，所见无非全牛者"，是形象思维阶段；"三年之后，未尝见全牛也"，是意象思维阶段；"方今之时，臣以神遇而不以目视，官知止而神欲行（依乎天理，批大郤，导大窾，因其固然）"，是应象思维阶段。

当代学者王树人是象思维研究的开创者，他高度肯定中华文化象思维的重要性，尤其是在克服唯科学主义所带来的现代性方面具有重大的现实价值。"中国传统文化中的'象'包含外在感知之象、内在感知之象，把握某种小宇宙整体内涵的气象或意象，乃至本原之象或大宇宙整体之象等等无限丰富的层次。'象思维'的显著特点表现为'象的流动和转化'，即象在同一层次和不同层次的运动。'象思维'正是借助象的流动与转化，以达到与大宇宙整体之象或'道'一体相通的'把握'。概念思维是以对象化和规定性为前提的思维，它所启动的科学理性与技术理性对于创造现代文明功不可没；但是，当人类在运用概念思维取得巨大成功时逐渐将其绝对化或异化，以致唯科学主义与唯技术主义思潮酿成科学技术的失控。提出'象思维'的研究，在于揭示'象思维'的合理性，确立其在思维活动和发展中的本原地位，修复由概念思维绝对化或异化所切断的人与自然一体的纽带。"③

中华文化从先秦时的"天人合一"到宋明的"理一分殊"，无论儒家或道家，甚至其他诸子，都从不同侧面强调、推演、发展整体思维。中国传统文化认为世界万物由混沌一体的元气分化演变而来，气分阴阳二气，阴阳二气生五行之气，五行之气生万事万物。《老子·四十二章》："道生一，一生二，二生三，三生万物。"《易传·系辞上》："易有太极，是生两仪，两仪生四象，四象生

---

① 张其成. 张其成全解周易 [M]. 北京：华夏出版社，2018：11-12.
② 郑洪新. 中医基础理论 [M]. 北京：中国中医药出版社，2016：13-15.
③ 王树人，喻柏林. 论"象"与"象思维" [J]. 中国社会科学，1998（4）：38-48.

八卦。"《易》之为书，天地之气化，性命事物之道理悉备矣。学《易》者须分三层看：天地自然之气化是一层；人性及事物本然之道理是一层；占者应事接物，当然之知从是一层——无卦无爻不然也。此是学《易》者最切实下手功夫。虽上智之人，一以贯之；然下学功夫，先求入门，此亦极深研几自是始也。"① 整体思维也称为系统思维。世界是整体的，人、自然和社会和谐统一。整体包含许多部分，各部分之间密切相连。"整体思维对创新思维的积极作用主要体现在：首先，把握事物发展的整体性，可以使我们全面地认识事物发展的脉络，进而把握事物发展的规律性；其次，整体思维可以极大地简化我们思维世界，使眼花缭乱、不可捉摸的复杂思维图景，可以在瞬间变得井然有序、简洁清晰；最后，整体思维保证了思维的和谐性，有利于人们用联系的辩证观点全面系统地观察研究事物。"②

变易思维就是观察分析和研究处理问题时，注重事物的运动变化规律，其背后是阴阳思想，即阴阳的对立统一、互根互用、此消彼长、平衡转化等运动推动着世界的发展。正如《易经》所言，"一阴一阳之谓道，继之者善也，成之者性也"，其中暗含着辩证思想；而《周易》之"易"有三易，即不易、易简、变易。《易传·系辞下》中说："易之为书也不可远，为道也屡迁，变动不居，周流六虚，上下无常，刚柔相易，不可为典要，唯变所适。"科学技术发展迅猛，很可能带来颠覆性的后果。人类必须稳健，才能持续发展，不能因为科技的高速超前发展而危及人类自身或者自然的平衡。全面、完整地认识客观事物，进行全面的评价，才是正确的处理方式，而变易思维就是追求整体系统的动态平衡，在阴阳对立中把握世界的统一，在世界的统一中了解阴阳的对立。在变易思维中强调整体而非局部、动态而非静止、相对而非绝对，这些恰恰是创新思维必不可少的思维基础。

五、象思维训练的可能途径有哪些？

逻辑思维与形象思维不可或缺。华中科技大学原校长、中国科学院院士杨叔子说，人文与科学"相通相融，共同形成正确的创造性的整体思维。逻辑思维是这一整体思维的正确性的基础，形象思维是这一整体思维的创造性的主要源泉"③。杨叔子的观点一定具有自身的成长总结、对当下教育实践的

---

① [清] 魏荔彤. 大易通解·卷首·易经总论 [A]. 景印文渊阁四库全书·第 44 册 [Z]. 台北：商务印书馆，1986：17-18.
② 孙丽颖，范大志. 中国传统思维方式对创新思维的影响 [J]. 学术交流，2008（3）：34-37.
③ 杨叔子. 是"育人"非"制器"——再谈人文教育的基础地位 [J]. 高等教育研究，2001（2）：7-10.

深刻洞察。的确，形象思维与逻辑思维需要共同开发，而形象思维就是中华思维之一的象思维的最基础思维阶段。所以，中华民族思维是当代教育尤其是高等教育需要的，也是可以在教育教学中加以训练的。

如何在创新人才教育中开展中华文化思维训练呢？途径当然可以有很多，如通过象形字的识读以及在国画、国乐、太极拳等传统技艺中去训练。但是，从当下教育的缺失或者从创新教育的角度来说，最紧急的就是教育思想观念的转变，要积极传承中华文化中的天地人三才教化传统，提升人格境界，成就"大人"人格，这既是接受中华文化象思维训练的入门，也是象思维训练的过程，更是象思维训练的结果。

在中国文化的早期形成过程中，道家创始人老子提出，人与天、地、道同大，都以自然为最高准则、效法的对象。《道德经·二十五章》："有物混成，先天地生，寂兮寥兮，独立而不改，周行而不殆，可以为天地母。吾不知其名，字之曰道，强为之名曰大。大曰逝，逝曰远，远曰反。故道大，天大，地大，人亦大。域中有四大，而人居其一焉。人法地，地法天，天法道，道法自然。"儒家创始人孔子提出，圣人可以"则天"，可以在历史的现实中按照天道来施政、处世，可以取得令人赞叹的业绩。《论语·尧曰》："子曰：'大哉尧之为君也！巍巍乎！唯天为大，唯尧则之。荡荡乎！民无能名焉。巍巍乎！其有成功也；焕乎！其有文章。'"正是在儒道两大学派创始人的思想之上，人与天地同道，也可以与天地同则，就形成了中华文化的思想主流认知之一。东汉许慎《说文解字》中说："天大，地大，人亦大。故大象人形。"当代的《甲骨文字典》中说："大，象人正立之形，与象幼儿形之'子'（子）字相对，基本义为大人，引申为凡大之称而与小相对。"《字源》提出，"大，象形字。像正面站立的人形"，是"一个两手伸开两腿分立的正面人形"。

就这两派的思想和后来诸多学派的发展补充来看，"人"何以能"大"？在中华文化中，主要有以下三个支撑点：第一，人能像地、天、道一样取法自然。第二，人能效法天道，能在人间世俗中遵循和落实天地自然之道。第三，天人合一，理由是天人同气、天人同构、天人同律。天地间万事万物都是由清浊二气构成的，所以天人同气；人与天地都是清浊二气演化的阴阳二气流行生化的，可谓都是阴阳结构，所以天人同构；因为天地四时不忒，"独立而不改，周行而不殆"，而且天地无思无虑，"天无私覆，地无私载，日月无私照"，所以天道阴阳、地道刚柔、人道仁义具有内在的相似性，都要遵循同一个道的规则。

正是因为人可以"大",而且是一种与天地同大的思想,中华文化尤其是《周易》思想中把大人作为人格理想的最高典范来对待,只有大人才可以称得上懂得天地之道、阴阳之则的人。何为大人?《周易·乾卦·文言》:"夫大人者,与天地合其德,与日月合其明,与四时合其序,与鬼神合其吉凶。"《孟子·告子上》:"从其大体为大人,从其小体为小人。"《孟子·滕文公下》:"富贵不能淫,贫贱不能移,威武不能屈,此之谓大丈夫。"王阳明说:"大人者,以天地万物为一体者也,其视天下如一家,中国犹一人焉。若夫间形骸而分尔我者,小人矣。"大人就是能与天地四时自然运转相合,又自觉顺从天地大道立身行事的人,像日月那样无思无虑,自在自为,生生不已。

中华文化将天地人的三才思想打通为一体,在天地人的思想中,运用象思维、整体思维和变异思维,在观察天地运行之道的过程中形成民族的心理结构和思维方式。所以,一个有效法天地运行之道的人,才有可能进入中国文化的意境,才有可能接受民族思维的训练,才有可能在思维训练中提升自身的生命境界。就《周易》来说,有观物取象、取象比类、类推联想等一系列思维方式,通过对一切有形、无形形象的感知,提取类似性,获取意象,再过渡到人生的应然之行,在天地人之间找到合作共生的大生态密码,必将人的动物性提升到纯粹的人性,更将人的灵性提升到整个宇宙的高度。

陈曼娜认为:"传统文化心理结构在近代社会中的转型,出现了严重的失衡。""被民族情感渗透与驱动的思维方式,出现了绝对两极化的倾向……由思维方式的绝对两极化导致行为方式的偏激化。"① 中华民族一百多年来,传统的思维方式也要一起扔掉,不免有"把洗澡水和孩子一起倒掉"的嫌疑。经过改革开放四十多年的发展,我们国家的整个形势发生了大转变,中华民族对自己的传统尤其是传统思维应该有一个平和的心态,我们应该继承和发展传统思维,既是返本开新,也是对全人类的贡献。正如心理学者李廷睿、侯玉波所说:"问题出现时,我们习惯于从西方的经验、文献与著作中学习问题解决的方法,以至于我们甚至忘记了中国传统文化的宝库中早已经蕴含了非常多的智慧,能够帮助我们解决现代社会中出现的很多问题。""在儒家文化的熏陶下,中国人在面对困难与挫折时所表现出的应对思维体现出独有的儒家特色。""天命思想会增加焦虑,责任思想会降低焦虑;亲挫折思想和责任思想均会降低抑郁和增加心理韧性个人力。"② 的确要让中华民族思维训练成为教育的重要内容之一,并非一定要用"失衡"的心态对待传统思维。

---

① 陈曼娜.传统文化心理结构在近代转换中的失衡[J].史学月刊,1999(1):42-48.
② 李廷睿,侯玉波.儒家式应对的心理结构及其验证[J].湖南师范大学教育科学学报,2012(3):11-18.

第四节　经典教学与价值取向

在不同的文化情境中，站在不同的层次上，个人、家庭、社群、国家的价值取向的先后顺序是不一致的。社会主义核心价值观的提出，从某个角度来说就是在回答这个中国当下现实而急迫的问题。本书的价值取向就是在社会主义核心价值观的前提下，在不违背人类基本的价值观念的前提下，主要集中于民族文化塑造下的民族价值取向在中小学经典教育中的达成。

一、尽其在我的责任取向

张祥云提出，科学发展是不断否定旧的理论，重建新的理论，而人文经典恰恰是肯定常理常道常行，不断再现常理常道常行。[①] 那么，中华人文经典的常理常道何在？

1. 德行对等的自我价值确认

《论语》中所说的"性相近，习相远"，肯定了人的先天人性一致性的和后天习性的差异性，指明了人可以通过后天的修身复返先天人性的一致性。《大学》中有言"自天子以至于庶人，壹是皆以修身为本"，应该是这种思想的合理发展。人性天赋而人人具有的德行对等，被历代学者所肯定、所阐释、所坚守。所谓对等，不是追求形式和本质的一致，而是在生成发展中因彼此不可或缺而有差异性存在的相对一致。比如父母与子女之间，父母慈爱与子女孝顺，具体的德行要求不一致，但却因此而构成了健康的亲子关系，而且今日的子女，三十年后就会成为父母，所以，对于生活在特定境界中的个人来说，因为对象的不同而具有不同的德行表现，但都是为了关系的持久健康发展。这个思想对今天的价值取向确立有何意义？

孟子有个学生叫曹交，有一天就人的价值请教孟子，《孟子·告子下》记载：

曹交问曰："人皆可以为尧舜，有诸？"

孟子曰："然。"

"交闻文王十尺，汤九尺，今交九尺四寸以长，食粟而已，如何则可？"

曰："奚有于是？亦为之而已矣。有人于此，力不能胜一匹雏，则为无力人矣；今日举百钧，则为有力人矣。然则举乌获之任，是亦为乌获而已矣。夫

[①] 张祥云，綦玲. 创新及其教育的文化意蕴 [J]. 文化育人 .2018，7：46-47.

人岂以不胜为患哉？弗为耳。徐行后长者谓之弟，疾行先长者谓之不弟。夫徐行者，岂人所不能哉？所不为也。尧舜之道，孝弟而已矣。子服尧之服，诵尧之言，行尧之行，是尧而已矣。子服桀之服，诵桀之言，行桀之行，是桀而已矣。"

在孟子看来，人与人之间的不同是一种客观现象，但尧舜之道就是孝悌之道，是人人皆可以做的。若做不到，是因为没有用心去做，是主观不愿意，而不是客观不可为。只要人人像尧舜那样行孝悌之道，"子服尧之服，诵尧之言，行尧之行，是尧而已矣"，就可以成为尧舜那样的人；如果主观上就学非尧舜之人，"子服桀之服，诵桀之言，行桀之行，是桀而已矣"，就成了恶人。后来，王阳明提出"成色论"，金子总有大小之分，但如果金子的密度一样，那么就都是真正的金子，没有高下的区别，所以提出"满街上走的都是圣人"。

当今社会，职业分工笼罩一切个人，这是技术发展、制度建设和社会化大分工大合作的客观现实，但不能因为职业分工的不同而消灭人的德行对等价值。客观上的职业分工、工作岗位的不同，从古至今都没办法一致，所谓"同则不继"，只有"和实生物"，世界不是因为一致性而丰富多彩，而是因为差异性的共生而富有生机，但这种不同不仅有助于社会、自然发展，而且是社会、自然发展的根本特征，所以不能以职业不同来界定人的价值高低。在人的价值平等方面，儒家传统为中华民族奠定了一个历史悠久、人格对等的传统，人的价值相对差异地存在，恰恰维护了整体的发展，任何有关联的两方，如同阴阳关系一样，相互对立，又相互统一，相反相成，所以每个人的价值，与地位、性别、年龄、地域、职业、文化程度、宗教信仰等无关，而是天然地相近，人为地对等。所以，《孟子》中有言"人人皆可为尧舜"，《荀子》中有言"涂之人皆可为禹"。陆九渊说，不识得一个字，也要堂堂正正做一个人。王阳明说"满街上走的都是圣人"……中华经典文化中的德行对等，为所有人的价值取向确认提供了最富有实践性的思想文化基础和前提。

2. "学以为己"① 的自我修身观

现代社会提倡每个人要做自己的主人，要扼住生命的咽喉，这类思潮很大部分是受到西方自由主义、个人主义的影响，但从传统儒家思想来说，符

---

① 李弘祺教授在《学以为己：传统中国的教育》序言中说："三千年来，中国人所读的书大概不外儒家的经典，而经典传注的传统虽然有几番的改变，或有汉、宋之争的差别，但是读书的基础或理想无一不是从修身开始。""我希望这本书真的能影响中国的学生，注意到中国文化和教育经验中，最核心的价值和理想就是'学以为己'。"他在第一章引言的第一节中反复说："把教育视为一种高度个人化的事务，是中国传统教育思维中一再出现的主题。""我认为最能代表中国教育精神的一句话，应该就是'学以为己'。"（李弘祺. 学以为己：传统中国的教育[M]. 上海：华东师范大学出版社，2017：2-3.）

合人的主体性和能动性，只是理论来源和实践途径不一致。在传统儒家思想来看，"主"的理解很重要。按照现代词义来说，"主"意思为权力或财物的所有者，家庭的首脑；对事物有决定权力；最重要的，最基本的。所以"主"就是中心，做主、主宰，重要的方面，拥有决策权，是所有者。从传统文化视角来理解，《说文解字》中说："主，镫中火主也，其形甚微而明照一室。""锭中置烛，谓之镫。"①油灯、蜡烛灯里面那个灯芯叫"主"，也就是说"主"是"炷"的初文。"其形甚微"，灯芯很微弱，但"明照一室"，越黑暗的地方，灯越明亮。这个"主"是能照明的灯芯，能够让身边的世界明亮起来，就是《大学》里说的"大学之道，在明明德"的第一个"明"。这个"主"在儒家文化体系里面，就是通过自我的修整、自我的学习、自我的觉醒，能够照亮自己，也照亮别人。

传承传统文化经典，尤其是儒家经典，如果不能点燃每个学习者自身的学习动机，不能让学习者从自己开始，对照经典改变自己的行为，儒家经典就失去了其精神光芒，不仅如此，甚至可能变成对人性的束缚，或者让每个人都变得虚伪。孔子说"古之学者为己，今之学者为人"②，老子说"为学日益，为道日损"，都是这个意味。

3. 从我做起、推己及人、合作共生的积极担当意识

现实中，一个刚进幼儿园的孩子，越是有好的家教、越是有好的自我约束，反而越可能遭受到一些来自其他孩子的语言和身体上的"暴力"伤害，让很多家长和长辈很是苦恼，因为孩子都还小，他们不恰当的言语和行为，并不一定是故意的，但自家孩子受到的伤害因为父母和长辈的良好家教而更显得突出。俗话说"秀才遇到兵，有理说不清"，甚至说好人得不到好报，坏人却能得到他想要的好处。此类现象在历史上，孔子和子路、子贡、颜回在陈绝粮时探讨过，苏格拉底跟他的学生辩论过，司马迁在《报任安书》中追问过。在当代文化教育界也是如此，2004年《中国青年报》记者卢跃刚问蒋庆："儒家文化崇尚君子，蔑视小人，但是真打起架来，君子可打不过小人，是不是有点'秀才遇上兵，有理说不清'？"蒋庆回答："这是麻烦所在。"③但是现在换一个问题：秀才遇到兵了，秀才怎么办？有人说，秀才遇到兵要讲理，

---

① [东汉]许慎. 说文解字注[M]. 段玉裁注. 上海：上海古籍出版社，1992：3166.
② 李弘祺教授在《学以为己：传统中国的教育》中说："这句话出自《论语》，以简洁的言辞定义了教育的目的：教育的意义来自个人自身的进取。《论语》的关切对象虽然主要在于德行的修进，当中却也有一项明显可见的含义，亦即学习可以充满乐趣。无论如何，儒家教育的主轴是个人的充实，而不是为了取得别人的肯定或自身的利益。如此定义教育目的相当值得注意，尤其是现代人对传统教育的诠释——特别是对中国传统教育的诠释——总是采取社会功能或知识效用的观点。现代的这种看法也许有其优点，却不足以涵括教育所有可能的目的，至少绝对不是孔子心目中教育和教学的根本目的。"（李弘祺. 学以为己：传统中国的教育[M]. 上海：华东师范大学出版社，2017：2.）
③ 蒋庆，卢跃刚. 没有经典教育，谁是有文化意义的中国人[N]. 中国青年报，2004-06-12.

要动之以情、晓之以理地跟兵讲道理；有人说，先坚持把对方当作可以沟通的秀才，没办法沟通时就想其他办法解决问题；有人说，应当从兵的角度去思考，没有必要还要当秀才，因为遇到了实际的情况，应当具体问题具体分析、具体对待；还有人说，如果秀才遇到兵，实在不得已，就把自己也当作一个兵。当然，中国文化心理深处的天道公平观也很有市场，主张把处理权交给上天，所以陈毅说"善有善报，恶有恶报。不是不报，时候未到"。"秀才"是有知识、有文化、有理想的良好教育者的比拟，那么，我们教育所培养出的这些人应该如何认识和处理这个古今中外的难题呢？

这个问题没有标准答案。在市场经济时代，主流思想是先保护个人，以个人的权利和利益为第一位，无论什么情况下，先要保护个人、满足个人，这是符合人性的自然表现，其他的都是对人性的考验，是虚伪的表现。如果整个社会的价值取向都以此为准，中国文化再无出路。周武王伐纣，打败了商纣王，怎么处理这个失败的部落王朝呢？把失败的部落成员全部变成奴隶，或者大部分杀掉，似乎是最有利于维护自己成果的长远安排，但周武王、周公采取的是什么措施？是让被打败的商王朝后代在一个指定的地方继续祭祀他们的神和祖先。后来王国维在《殷周制度论》中认为这个决定非常伟大。"中国政治与文化之变革，莫剧于殷、周之际。""殷、周间之大变革，自其表言之，不过一姓一家之兴亡与都邑之移转；自其里言之，则旧制度废而新制度兴，旧文化废而新文化兴。又自其表言之，则古圣人之所以取天下及所以守者，若无以异于后世之帝王；而自其里言之，则其制度文物与其立制之本意，乃出于万世治安之大计，其心术与规摹，迥非后世帝王所能梦见也。""欲观周之所以定天下，必自其制度始矣。周人制度之大异于商者，一曰立子立嫡之制，由是而生宗法及丧服之制，并由是而有封建子弟之制，君天子臣诸侯之制；二曰庙数之制；三曰同姓不婚之制。此数者，皆周之所以纲纪天下。其旨则在纳上下于道德，而合天子、诸侯、卿、大夫、士、庶民以成一道德之团体。周公制作之本意，实在于此。"①

中国历史文化中处理弱者、寡者、少数派的措施最能见证中华民族的精神追求。《易传》中就有深刻的贵寡精神，《周易·系辞下》："阳卦多阴，阴卦多阳，其故何也？阳卦奇，阴卦偶。其德行何也？阳一君而二民，君子之道也。阴二君而一民，小人之道也。"②《礼记·乐记》说："是故强者胁弱，

---

① 王国维. 观堂集林（二）[M]. 北京：中华书局，1999：451-454.
② 黄寿祺，张善文. 周易译注 [M]. 上海：上海古籍出版社，2016：713.

众者暴寡,知者诈愚,勇者苦怯,疾病不养,老幼孤独不得其所,此大乱之道也。"《礼记·礼运》说:"大道之行也,天下为公。选贤与能,讲信修睦,故人不独亲其亲,不独子其子,使老有所终,壮有所用,幼有所长,矜、寡、孤、独、废疾者皆有所养。男有分,女有归。货恶其弃于地也,不必藏于己;力恶其不出于身也,不必为己。是故谋闭而不兴,盗窃乱贼而不作,故外户而不闭,是谓大同。"①

在中国文化中,很难出现纳粹党实行的种族灭绝政策,也不会出现持续三十年的大规模的宗教战争。中华文化提倡包容,和而不同,但这个包容,这种求同存异的价值追求,不是要求别人对自己,而是从自己做起。所谓"自强不息,厚德载物",所谓"君子成人之美,不成人之恶",所谓"上不怨天,下不尤人",所谓"穷则独善其身,达则兼济天下",所谓"学不可以已",其实都是将自己的责任放到了第一位,虽然尽责任需要时机,不是一己就能决定的,但绝不突破底线、敢于承担责任、"舍我其谁"的精神确是一贯的。

作为历经五千年没有中断的中华文明,其后裔已经遍布世界各地。除了体貌、语言、国籍外,全球华人与其他民族比较起来,具有怎样的共同特征?华人大多勤劳、节俭、坚毅、爱家,这些特征一定不是作为自然人所先天具有的,它恰恰是随着中华文明的产生、发展和成熟,逐步使整个族群具有这样一种文化倾向。在当前的消费主义的影响下,在功利主义盛行的社会面前,中华民族的上述文化身份特征也正悄悄发生着变化,宅男宅女、佛系青年、人生无目标、无规划、贪图安逸、投机盛行。正是在这样的时刻,我们才要全面、系统地开展中华经典教育,重新达成共识,在全球文明丛林中坚守我们的民族文化身份特征。

4. 家国同构的天下发展观

《论语·为政》里有一段话,"或谓孔子曰:'子奚不为政?'"有好事者质问孔子怎么不"为政"呢?孔子和其弟子大体上是提倡"仕而优则学,学而优则仕"的,孔子期望弟子从政,而且历史上,孔子的确有很多弟子去各国担任不同类型的官职,但孔子一辈子也就担任了不到四年的鲁国官员,然后就再也没有正式出仕了。不是他没有机会,也不是他不想,而是都因为原则问题而搁置。好事者的问题就在这里,孔子自己的思想主张和自己的人生实践行为岂不相互矛盾:希望为政,但却不出仕。或者这个好事者就是某个想请孔子出仕、为己效力的国君或卿大夫。

---

① 王文锦. 礼记译解 [M]. 北京:中华书局,2016:475,258.

面对挑衅，孔子怎么恰当地回答呢？按照现在人的思路，对于自己不想做或者得不到、做不了的事情，一句没兴趣，或者没时间，给钱太少，平台太小就解释了，自以为是或者以己度人，但是孔子没有这么解释，而是说："《书》云：'孝乎惟孝，友于兄弟，施于有政。'是亦为政，奚其为为政？"大意就是，《尚书》上说："孝就是孝敬好自己的父母长辈，友爱自己的兄弟姐妹们，一个人如果把一个家安顿好了，就是在帮助政府解决教育、就业、养老等问题，就是在'为政'。为什么一定要离开家庭到政府机构工作呢？"这里暗含着儒家思想的一个重要的社会发展观——家国同构：国是家的放大，家是国的缩小，家好了，国就好了，国家的发展与家庭的发展是相互促进的，更重要的就是，每个人都可以以家为起点，在平凡而普通的现实生活中努力做自己力所能及的事情，人人如此，家家这样，一个美好的国家就会出现。一个人"穷则独善其身，达则兼济天下"，一个人把自己修好，把家照顾好，从消极来说，就是替国分忧；从积极来说，就是为国分忧，为国解难，谋求国家发展。在这里，个人修身、家庭建设、国家发展就有可能因家庭问题的恰当解决而得以统一进步，儒家一直是这么提倡，也一直是这么努力推行的。

据徐兴无的研究，由于水、风、土三大天然因素，形成了中国传统文化中主导性的农耕文明，在很少的固定耕地上养活了世界上四分之一的人口，形成了人类充分利用自然来满足自身需求的自给自足的文化生态。在中国文化中，家族、村落和土地三者有机地结合在一起，家庭就是农业的基本生产单位，家族人口的繁衍是农业生产的劳力保障。同时，经验的积累、文化和教育又是这种生活方式和生活智慧得以延续发展的保证，一个家庭或一个村落既是一个生产单位，又是一个社会伦理单位，还是一个文化教育单位。中国特有的农耕文明方式造成了由家国而天下的社会形态，家成了一切社会形态的基本模式。社会国家的组成、风俗习惯、社会活动和国家行政均以季节和农业生产周期为模式。① 所以《孟子》有言："天下之本在国，国之本在家，家之本在身。"

这样的社会结构，在当下随着工业化、城市化发展，国家已经是民族国家，家庭已经是核心小家庭，但是注重个人修身，注重家风家规家训，注重家庭建设，共同为国家建设、社会发展乃至人类和平贡献一份力量，依然是我们可以借鉴的一种社会发展观。

---

① 徐兴无. 龙凤呈祥：中国文化的特征、结构和精神 [M]. 南京：江苏人民出版社，2017：32–34.

二、天人合作共生的自然主义取向

在中国传统文化中,天人关系犹如欧美的神人关系那样重要、持久,《四库全书总目》在总结《周易》时说:"《易》道广大,无所不包,旁及天文、地理、乐律、兵法、韵学、算术,以逮方外之炉火,皆可援《易》以为说,而好异者又援以入《易》,故《易》说愈繁。"① 进而提出"推天道以明人事"的易学立场观。司马迁在《史记·太史公自序》中也说:"究天人之际,通古今之变,成一家之言。"中华民族的先人观天象、定历法,"推天道以明人事",又行人事以复天道,一种天道人道不二的自然主义大教育观就历史地形成了。

中国近现代教育,是从国外尤其是欧美国家搬过来的,总有点水土不服,欧美教育的发展是从教会教育历史地演变过来的,历史悠久的欧洲大学,在最初不乏是教会举办的,而且神学教育也是欧美近现代教育早中期的重要内容。然而,近现代欧美教育理论和实践搬到中国之后,却没有宗教神学的土壤,所以,中国近现代教育出现各种争论,或多或少是有其文化土壤的原因。而将天人关系与当代教育联系起来进行系统思考的,叶澜是先知先觉者之一。

叶澜指出,中华民族为自然所独创、又融入世情的二十四节气,是祖先留给我们的最重要的馈赠。天象、气象、物象、世象的变化都凝聚、集中到一个个栩栩如生的节气之中。当前校园里的科技节、体育节、读书节、艺术节、外语节等往往与学科更相关,可能缺的是与文化传统、自然的持续联系,于是叶澜想到了二十四节气,就向一部分中小学提出建议:以综合的方式,来命名学校的四季生活,创造属于学校生活的"节"语,内含着天、地、人、事、情意、智慧、童趣、教育之美,多元综合渗透的学校生活"节"语。② 很多实验学校经过实践,都实现了二十四节气内容进校园,且形式多样,有节气歌、节气日历,有相关活动开展,还组织学生通过各种艺术方式表达活动感受。学生有了更多的接触社会、到校外天地感受自然的机会,主动参与社会公益和环保活动,提高了活动能力,与自然、社会亲密接触的成效也显著呈现。还有不少学校还增加四个以季节命名的"自然节"。以上措施都可聚焦到对自然与教育内在关系性质的认识和把握上。叶澜猛然意识到:当代的国人与教育,已经离开或忘记自然太久太久了。教育学研究没有把教育与自然的关系作为一个领域进行历史和理论的探讨,在"回归突破"的路上,只走到个

---

① [清] 永瑢,等. 四库全书总目 [M]. 北京:中华书局,1965:1.
② 叶澜. 人间"节"语 [J]. 人民教育,2015(1):74.

体生命的原点,却没有再进一步思考民族文化传统根植于何处。找回且重新构建教育和教育学中丢失已久的自然之维,就成了当前首先需要深入研究的新问题、大问题,成了"生命·实践"教育学需研究的重要新领域。

叶澜指出,人类自古至今一直在探寻自然之道,认识自然之道是为了确立人在自然中的生存之道。"自然之道"包含了人类对自然的认识(本体观)、人对自然与人的关系性质之认识(关系观)、人类对自然的意义观(价值观)。[①] 古人认为,万物都由阴阳两气交合而成,它由时空演化成对万物性质的最初判断。五行说是对物质的聚类分析,提炼出了五大最基本的元素群,赋予这些元素阴阳区别,并依据相生相克的原理排序,构成了一个具有内部平衡机制的大生态系统。《周易》每一卦都由六爻组成,对每一爻的解释,连续起来就构成了对"变"的过程之连续性或转折性的描述。正因为征兆是对未来可能又非确定性变化过程的描述,所以在"易"所呈现的时间意识中,特别增加了对"时机"之"机"的关注,即对事物发生转变的关节点的关注。时机意识是节点意识的动态表达,它提醒人们在面对不确定性时尤其要注意转折的关节点,进而做出应对的策略选择,这是一种把握动态过程的智慧:在不确定性面前的基本态度是机智应变,而非无奈。这正是中国传统文化深刻到骨子里的自强精神所渗透生成的力量。

关于自然的"元"问题,在儒家看来,"天"就是最高的自然存在,并不再追求天之后还有什么更为根本的存在或规则。老子提出"道"作为宇宙之本,是天、地、人世间万物之法,"道"需法"自然"。这个"自然"指的是一种适用于任何事物发展的,可称为"自然而然"的法则。老子提出并回答了自然的"元"问题:自然就是呈现自行其然之规律的载体,是形而上之道的具体、丰富而多样的各种自存之物。在传统文化中,"天"一为"自然之天",它具有自己的运行法则,人只能顺天而行,且以天之所为作为榜样,遵循之以求得福;二为主宰人世的最高意志之天命,暂称其为"人文之天",即所谓天意、天命,这是无条件、无理性可言的意志式天意、天命,它不是以言语的方式,而只用天象等方式预示或发出警告,唯有识得天象之卜师等非凡之人方能做出解释。它不可抗、不可违,若违抗则必遭祸害。正是这种"天"之概念的双重性和"依天制礼""天意人解"的释天方式之存在,标志了在天人相分的现实前提下,为社会生存发展和维护统治者权力的"天人合

[①] 叶澜. 溯源开来:寻回现代教育丢失的自然之维——《回归突破:"生命·实践"教育学论纲》续研究之二(上编·其一)[J]. 教育发展研究, 2018(2):1-13.

一"关系原则,已确立为主导型的意识形态,呈现了中国古代自然与人文不可分割的纠缠,已经深入"概念"的内部了。以天为则,中国古代的自然观由神鬼之道转化为造化之道,再上升到自然与人文复合意义上的天道,把"天"提升到了绝对的高度:无论是自然万物,还是人类的生产、生活,乃至个体的生死祸福,在冥冥之中都不能违背天意。"天"是人间缺乏公平时最终的判决者,所谓"善有善报,恶有恶报;不是不报,时候未到;时机一到,一切都报"。成了普通百姓的一种信仰。"天"更积极的作用是被当作智慧启示者和道德的示范者。观察、认识自然之道,具有启发和提倡高尚道德的价值。这样的转换往往通过类比的方式来实现。在先秦哲人的论述中大量存在着这样的类推。作为自然性的"天",除了与人的物质生存和生活相关,还经常作为人们抒发情感和创造各种艺术、精神财富的不竭源泉,成为人的精神生活的组成部分。以最古老的《诗经》来讲,它就内含着丰富的自然世界之描述,以及人们由此引发的、借此抒发的情与志。中国的诗歌自源头起就开启了借物抒情、情景交融、物人相通的独特传统,此后,又渐渐发展出关于自然以及人在自然中的活动描述,任何艺术方式对此都有出色的表现。①

第五节　经典教学与人格养成

经典教育必须时刻关注学生的人格养成,特别是理想人格的塑造。理想人格是指"一定道德原则规范的结晶和道德的完美典型,是一定道德所认定的各种善的集合,也是一定道德为人们树立的最高行为标准"②,"人具有未完成性及超越自身的需要,古今中外的德育都充分肯定了'学为圣贤'理想人格塑造的必要性和合理性"。当下的中国,随着工业化、城市化、信息化的发展,人人无所逃于天地之间的一个共同特点就是职业身份,每个人都追求一份职业。从文化的角度,相对器物层面、制度层面的变动,文化所蕴含的内在精神则难以变动,显示出巨大的作用力,诚如徐兴无所说:"从文化的角度看,具有何种物质或技术成就当然很重要,但是物质生产和技术手段中体现出的文化思想与价值取向更为重要。因为任何物质生产技术都会成为历史,被新

---

① 叶澜.溯源开来:寻回现代教育丢失的自然之维——《回归突破:"生命·实践"教育学论纲》续研究之二(上编·其二)[J].教育发展研究,2018,(03):26-37.
② 罗国杰.中国伦理学百科全书(第1卷)[M].长春:吉林人民出版社,1993:287.

技术取代，但是其中的智慧与价值，才是人类创造新技术的资源。"① 在《论语·为政》中，孔子说："君子不器。"一个有德行的人，不要为职业所束缚，而要以实现天下大道为目标。这不是不说要成为专业人才，而是在成为专业人才之后，君子还要有道义意识，不要放弃任何去践行道义的机会，不要为"器"所困。

　　做君子不做小人，理论上获得家长的大多数认可，但在当下，狼性文化强势抬头，会讲故事、做得好不如说得好，这些社会小众文化现象的确让部分家长产生隐忧；很多教育工作者担心提倡君子文化而导致"伪君子文化"泛滥：一是由于会给那些表演好事的人以"好人"的奖励②；二是由于君子的要求太高，一般人做不到，只能通过伪装博取外在的名誉③；三是由于君子"其实更多可以理解为儒家所主张的道德潜能与道德可能性，并不直接等于对平民的道德要求，普通民众有潜能成为君子并不能取代平民道德的具体内容"，"儒家道德对平民缺少约束力"，平等化的公民社会和相对泛滥的价值相对主义，使"本来就面向'小众'、面向君子的儒家道德更加丧失影响力。"④ 其实不必如此担忧。第一，君子是我们的文化基因之一。不管是古代人还是现代人，民族文化基因序列没有大的变异。君子作为中华民族文化非常具有代表性的基因之一，也不会轻易改变。第二，在西方文化中有一个跟我们的君子相似的概念，那就是绅士。在近几百年西方文化的强势影响下，其塑造的绅士形象很成功，受到世界各大文明的欢迎，说明经济发达、社会进步、文明提升与绅士养成不必成相反的关系，而是相互促进。第三，人们对君子的理解可能有不到位的地方，总认为君子就是不食人间烟火的非常人，其实，中华文化中的君子始终在人间，不脱离人间，正如《中庸》所言，"道不远人"，"君子之道"就在切近之处，其知其行，匹夫匹妇都可以。第四，对君子人格气象不了解。君子不是没有情绪的，他有喜有忧，有明有惑，有勇有惧，不过善于调适自己，节制自己而已。第五，对君子人格的养成之道，也就是教育方式以及评价方式，理解上有错位的地方。君子的养成，虽关注先天的禀赋，但更关注后天的养成；虽关注客观的现实，但更关注主观的努力；虽关注客体的非理想存在，但更关注主体的合理作为，提倡尊重天性教育、情境教育、引导教育。

---

① 徐兴无.龙凤呈祥：中国文化的特征、结构和精神[M].南京：江苏人民出版社，2017：156-157.
② 张诒三.《论语》中"德"的多维分析及其现实启示[J].道德与文明，2009（4）：58-60.
③ 张映伟.《论语》中君子含义的演变[J].海南大学学报（人文社会科学版），2009，27（2）：138-142.
④ 李育书.儒家道德的当代困境——以君子、平民之分为视角[J].天府新论，2012（6）：22-27.

一、孔门的君子气象

在中华文化中，君子不是特指某个人，而是在精神世界塑造的一种理想人格类型，形成了一种特有的君子气象，而这一君子气象的源头，离不开孔子及其弟子的集中探讨和教学实践。无论是从孔门内部还是外部来说，孔子都以君子人格来要求自己的言行并起到了示范效应。孔子是君子气象的创立者，而君子气象有形象、意象、应象三个层次。所谓君子形象，就是孔门塑造出一个相对完整的君子形象，可以被感性所感知。"《论语》的魅力之所以经久不衰，并不在于它阐释了一套哲学或者思想体系，而是在于它通过孔子展现了一个动人的君子形象。"① "'君子'与其说是一个概念，不如说是一种形象，一种在特有境域中呈现出特有现象。"② 所谓君子意象，乃是对君子人格价值和意义赋予象征，是相对稳定的人格理想，可以被理性所推理。哲学家怀特说："象征是所有人类行为和文明的基本单位"，"象征"指"一件其价值和意义由使用它的人加诸其上的东西"③。所谓君子应象，就是经过孔子的教育实践和教育总结，指出了后世理想人格的言行修为的应然规则，可以被直觉所体悟并落实到言行中去。"孔子指出一种理想的模范，作为个人及社会的标准，使人'拟之而后言，仪之而后动'。他平日所说'君子'便是人生品行的标准。"④ 它是引领中华民族走向未来的一盏明灯，而把这盏灯点亮的就是孔子。

"《论语》'君子'文化体现了一个时代的主题。它理想的光辉之所以明亮，在于它启人心智和理想，亦在于它带给我们的思考和行动。"⑤ 理想人格乃是规则，人无理想则近乎动物，这是儒家文化所竭力反对的。"中国的儒家，并不注重为知识而求知识，主要的在求理想的生活。求理想生活，是中国哲学的主流，也是儒家哲学精神所在。"⑥ "儒家将深远的价值理想贯穿于日常生活的具体环节，对日常事物的认识从微观而入宏观，'摆事实，讲道理'，从实然的角度出发。展望应然可能，从而使价值获得可资衡量的现实维度。"⑦ 在《论语》中，孔子和他的弟子们所展现出的君子意象，是贯穿中华民族过去、现在和未来的理想所在。

---

① 狄百瑞. 儒家的困境 [M]. 北京：北京大学出版社，2009：29.
② 唐子奕."人不知而不愠，不亦君子乎"试解——"君子"现象分析 [J]. 孔子研究，2003（3）：47-56.
③ [美] 怀特. 象征 [A]. 多维视野中的文化理论 [Z]. 庄锡昌等译. 上海：海人民出版社，1987：239-251.
④ 胡适. 中国哲学史大纲 [M]. 北京：东方出版社，1996：114.
⑤ 程碧英.《论语》"君子"词义辨析 [J]. 中华文化论坛，2010（1）：70-74.
⑥ 冯友兰. 三松堂学术文集 [M]. 北京：北京大学出版社，1984：497.
⑦ 臧峰宇. 通往智慧之路：以问题开启哲学的沉思 [M]. 北京：中国人民大学出版社，2014：49.

君子是常人，但不破道义的底线。在孔门的思想和实践中，君子很普通，求名、求利、求权。孔子说："君子疾没世而名不称焉"（《卫灵公》），"富而可求也，虽执鞭之士，吾亦为之"（《述而》）。子夏更是直接说："仕而优则学，学而优则仕"（《子张》）。从这些方面，可以看到孔门从来没有提出君子不要名，不要利，不要权。但君子不随意求名、求利、求权，这点非常重要。孔子说："不义而富且贵，于我如浮云"（《述而》），"富与贵，是人之所欲也，不以其道得之，不处也；贫与贱，是人之所恶也，不以其道得之，不去也"（《里仁》）。"士志于道，而耻恶衣恶食者，未足与议也"（《里仁》）。所以孔门说"君子谋道不谋食""君子忧道不忧贫"（《卫灵公》）。

君子不禁欲，不纵欲，提倡节欲。衣食住行是人的常欲，对此，君子不是一个没有欲望的机器，君子有欲。首先有饮食之欲。"食不厌精，脍不厌细。"（《乡党》）其次，君子对居住环境也有欲。孔子说："里仁为美。择不处仁，焉得知？"（《里仁》）但是，君子之欲是清醒的，是与他人关联的，追求的是人人应该有的欲望，对于不该贪得的欲望保持距离，对急功近利的事情保持距离。孔子说："爱之欲其生，恶之欲其死。既欲其生，又欲其死，是惑也。"（《颜渊》）仲弓问仁，孔子回答："己所不欲，勿施于人。"（《颜渊》）"无欲速，无见小利。欲速则不达；见小利则大事不成。"（《子路》）孔子说，君子"欲而不贪"，也就是"欲仁而得仁，又焉贪？"。《尧曰》君子有所欲而有所不欲，君子不是无欲者，更不禁人的合理的欲望，但不纵欲，而是节欲，这一点是孔子很明确的。孔子说"节用而爱人"（《学而》）。孔子以"温、良、恭、俭、让"（《学而》）来闻政，"君子有三戒：少之时，血气未定，戒之在色；及其壮也，血气方刚，戒之在斗；及其老也，血气既衰，戒之在得"（《季氏》），"克己复礼为仁。一日克己复礼，天下归仁焉。为仁由己，而由人乎哉？"（《颜渊》）。

君子有过悔过，有错改错。君子似乎应该是很圆满的人，从不犯错或者很少犯错。其实君子也会犯错，而且犯的错误可能还不少，但是君子有过悔过、知错能改，改过迁善乃是儒家提倡的修身方式之一。孔子说，"过则勿惮改"（《学而》），"君子病无能焉，不病人之不己知也"（《卫灵公》）。其弟子子贡也说："君子之过也，如日月之食焉。过也，人皆见之；更也，人皆仰之。"（《子张》）君子犯了错误，改了就行，不需要遮遮掩掩。所以君子心态是开放的，知道错在哪里，然后会立即改正；但是小人可不是，小人有了过错，一定会掩盖和回避。子夏说："小人之过也必文。"（《子张》）

君子自修不自我，执义不执固，看两端不走极端。孔子说："质胜文则野,文胜质则史。文质彬彬,然后君子。"(《雍也》)"文"就是纹饰,就是自己对事物的本初状态的调整,"质"就是事物最初的样子。两方面都不能过,既不能太"文",也不能太"质",二者要协调。孔子又说:"君子之于天下也,无适也,无莫也,义之与比。"(《里仁》)君子没有规定有什么事情是可以做,也没有规定有什么事情不能做,而是要考虑怎么做才合适。这句话是建立在孔子的方法论和实践论上的,孔子说:"吾有知乎哉?无知也。有鄙夫问于我,空空如也,我叩其两端而竭焉。"(《子罕》)孔子说:"君子不以言举人,不以人废言。"(《卫灵公》)这句话就是"叩其两端"在生活实践中的应用。孔子说:"毋意、毋必、毋固、毋我。"(《子罕》)孔子杜绝凭空臆测、武断绝对、固执拘泥、自以为是。如果一个人能做到这些,那么,他就是一个内心安稳、坦然面对一切的君子。"君子坦荡荡,小人长戚戚。"(《述而》)

君子敏于行,善处逆。孔子说:"君子欲讷于言而敏于行。"(《子罕》)"君子易事而难说也。"(《子路》)"君子耻其言而过其行。"(《宪问》)君子对自己很严格,以说大话、唱高调为耻辱,而以行为的结果为做事的导向,并且这种导向是以自己为第一负责人,同时敢于面对逆境。"君子求诸己,小人求诸人。"(《卫灵公》)"君子博学于文,约之以礼,亦可以弗畔矣夫!"(《颜渊》)"子路问事君。子曰:'勿欺也,而犯之。'"(《宪问》)"子路问君子。子曰:'修己以敬。'曰:'如斯而已乎?'曰:'修己以安人。'曰:'如斯而已乎?'曰:'修己以安百姓。修己以安百姓,尧舜其犹病诸!'"(《宪问》)"子路愠见曰:'君子亦有穷乎?'子曰:'君子固穷,小人穷斯滥矣。'"(《卫灵公》)

君子求名、求财、求利,但是不苟且;君子有欲,不过时时加以节制,不禁欲,也不纵欲;君子是会犯错的,只是立即改悔;君子心态是开放的,内心是安稳的,不患得患失;君子为仁可争,但站在合作共生的角度提行礼让精神;君子固穷,但是仍然会坚守志向,在困顿中实现超越。总之,君子并不是不食人间烟火,凡是常人有的生活,他都有,常人做不到的事情,或者不注意的方面,君子会时时反省自己、提醒自己、修炼自己。

二、孔门的君子养成之道

1. 君子养成在人间

《论语》中说:"子不语怪力乱神。"(《述而》)孔子不说稀奇古怪或神秘说不清的东西,所以君子在孔子的心目中首先不是神,也不是鬼,当然更不是禽兽,"鸟兽不可与同群,吾非斯人之徒与而谁与?天下有道,丘不与易也"

(《微子》)。在孔子心目中,与君子相反相成的是小人,《论语》中有 18 次是把君子和小人放在一起的,也就是说一个人心里不想成为君子,他很可能堕落成小人,但小人并不可怕,因为"性相近,习相远也"(《阳货》),只要在后天的习染中坚持向"仁",小人也可以成为君子。"克己复礼为仁。一日克己复礼,天下归仁焉。为仁由己,而由人乎哉?"(《颜渊》)"仁远乎哉?我欲仁,斯仁至矣。"(《述而》)正是在如此的人道设定下,孔子对君子的设定是"君子之于天下也,无适也,无莫也,义之与比"(《里仁》)。对于生死问题,孔子态度鲜明:"未知生,焉知死?"(《先进》)以至于他的弟子子夏说,"死生有命,富贵在天",对于自己不能决定的事情,不要多想,君子为人只要"敬而无失,与人恭而有礼,四海之内,皆兄弟也"。所以孔子说:"素隐行怪,后世有述焉,吾弗为之矣。君子遵道而行,半途而废,吾弗能已矣。君子依乎中庸,遁世不见知而不悔,唯圣者能之。"(《中庸》)从这里可以看出,孔子以及其弟子们开创的儒家教育,坚决彻底地将君子的人格养成设定在人世间,这对于中国文化或者中国教育的发展,影响甚为关键和久远。

2. 孔子好学乐学、身先示范的身教

孔子是个从小到大都好学的人。他小时候,其他小孩子在游戏玩乐时,他都不忘用功学习,"孔子为儿嬉戏,常陈俎豆,设礼容"①。十五岁就有志于学道。"吾十有五而志于学。"(《为政》)长大了,进入太庙,遇到不懂的地方,都会不厌其烦地发问请教。"入太庙,每事问。"(《乡党》)到五十岁还坚持学习,直至老年仍然好学深思。"加我数年,五十以学易,可以无大过矣。"(《述而》)"女奚不曰,其为人也,发愤忘食,乐以忘忧,不知老之将至云尔。"(《述而》)孔子对自己的好学也是非常自信。"默而识之,学而不厌,诲人不倦,何有于我哉?"(《述而》)"十室之邑,必有忠信如丘者焉,不如丘之好学也。"(《公冶长》)纵观其一生,就是步入青年后,基本是十年一个台阶,不断学习,不断提升,达到人生圆满。"吾十有五而志于学,三十而立,四十而不惑,五十而知天命,六十而耳顺,七十而从心所欲,不逾矩。"(《为政》)孔子倡导为己之学,"古之学者为己,今之学者为人"(《宪问》);倡导好学精神,"君子食无求饱,居无求安,敏于事而慎于言,就有道而正焉,可谓好学也已"(《学而》);相信学必有所用,"三年学,不至于谷,不易得也"(《泰伯》);学用结合,自得其乐;以文会友,志同道合;内心充盈,君子之学。"学而时习之,不亦说乎?有朋自远方来,不亦乐乎?人不知而不愠,不亦君子乎?"(《学而》)

---

① [汉] 司马迁.(宋) 裴骃集解. 史记:点校本二十四史修订本 [M]. 北京:中华书局,2013:2299.

颜渊好学，他赞不绝口；"宰予昼寝"，孔子痛骂"朽木不可雕也，粪土之墙不可圬也"（《公冶长》）。他让自己的儿子孔鲤学"诗"学"礼"，他教子张学干禄；对于农事，他明确自己不如"老农""老圃"；对于军旅之事，不学的立场鲜明；对于学的弊端，他也直言其"六蔽"。总之，对于"学"，孔子是"不怨天，不尤人。下学而上达"（《宪问》）。孔子终其一生，努力学习，好学深思，乐学无忧，本身就是一座君子的丰碑，所以其历史影响久远，从子贡开始，到孟子，到司马迁，赞誉不断，再到全球十大优秀思想者之一，无不是孔子的君子人格光辉所致。

3. 顺应天性、发掘潜能的"玉师"教育

孔子创办私学，将王官之学带到民间，其文化价值和历史意义无论如何评价都不为过，而且，在兴办私学的过程中，孔子广收门徒，贵族弟子有之，贫寒子弟有之，父子成同学有之，一家好几个有之，年长者有之，幼弱者不乏。孔子说："自行束脩以上，吾未尝无诲焉。"（《述而》）

广收门徒，不意味着他放任不管。孔子根据每个人的长处，随机点拨，《论语》记载中，孔子与弟子间交流的内容都很不同，特别是对同一件事（"闻斯行诸"），面对不同的人，孔子给出的答案不一样，这一点让其门人非常迷惑，前已引述。对于问"孝""君子""仁"等，孔子面对不同的弟子、不同的时间，给出的答案也不同。

对此，"《论语》对君子的解说有很多不同的角度，有的解说带有一定的情感性，有的带有生活体验的成分。对于君子的这些解说不能从纯粹哲学推理的方式来理解。需要把《论语》的解说放到生活世界中去体会，如同布伯对《圣经》的阅读一样。成就君子不是一个靠定义和推理可以证明的话题，而是一个实践的、体认的、群体性的话题"①。这种回答与古希腊也不同，如果问苏格拉底何谓"君子"，他也会通过对话，一步一步排除对"君子"的这种或那种具体的看法，而求寻概念的一般含义。孔子则会考虑弟子提出这个或那个疑问的原因，"根据这个弟子或那个弟子不同的精神状态、行为表现及困惑所在，对其疑问作出解答，借以指导弟子调整自己的精神状态或改善自己的行为，故对同一个问题往往做出不同的解答"。给概念下定义，是从大量同类事物的各种现象中抽象出来的，"不足以使自己为了成为君子而改善自己的行为"②。

---

① 顾红亮. 对话哲学与《论语》的关系性君子观 [J]. 孔子研究，2009（6）：4-10.
② 陈桂生. 孔门"君子儒"之教辨析 [J]. 杭州师范大学学报（社会科学版），2009，31（4）：20-23，35.

作为弟子的引路人，孔子非常注意把握教学的时机、教学的方法。

子曰："不愤不启，不悱不发，举一隅不以三隅反，则不复也。"（《述而》）

子曰："吾有知乎哉？无知也。有鄙夫问于我，空空如也，我叩其两端而竭焉。"（《子罕》）

在教学中，孔子努力把自己培养成一个"玉匠"，而不是一个"陶匠"。"陶匠"是按照自己的想法去塑造陶器，而玉有天然的纹路，"玉匠"是要顺着玉石的天然纹路，把玉石最美好的一面雕琢出来。孔子终其一生，即使"累累若丧家之狗"，即使人家嘲笑他是个疯子，也"知其不可为而为之"。孔子从来不寂寞，从来未被打倒，从来也不怕死，从来也不被饥饿、权力所诱惑，或者被利用，从来没有。因为孔子永远是在发现美、发现善，然后只要有机会，他就像玉匠一样将它们呈现，这就是孔子教人的秘诀之一。

4. 师生对话造就的关怀教育

孔子虽然怀揣理想、永不言弃，但他直面事实，比如对于自己所推崇的"道"不可实现，就多次明确"不可行"，这是一种直面事实的人生态度，而且在君子养成中，孔子也是这样的。他说："不得中行而与之，必也狂狷乎！狂者进取，狷者有所不为也。"（《子路》）他还知道为师的作用就是要赶紧回去指导他们，"子在陈，曰：'归与！归与！吾党之小子狂简，斐然成章，不知所以裁之'"（《公冶长》），显现了一个伟大教育者的面对现实的务实而负责的教育立场，没有抱怨，没有放弃。

孔子与弟子对话次数繁多，仅仅就孔子与子贡、颜回、子路的对话，出现的章数就有103章，出现频次是154次①，占全书498章（按照朱熹《四书章句集注》的划分）的20.1%，其中还有反复追问的深度交流，可以说对话是开启弟子走向君子的大门。"我们在《论语》里发现，君子与君子之交可被界定为'我—你'的对话关系，君子成为一个关系性的'概念'。《论语》中君子思想的关键是如何成就君子，即君子之道。君子之道既是自我的反省之道，也是'我—你'之间的对话之道。"②

不仅如此，孔子还善于造境，所谓造境，就是给价值选择设置更大的可选择空间，这一点在孔子与子贡的对话中尤其明显。子贡善问，孔子就很善

---

① 据中国哲学电子计划书网站检索，《论语》中以"子贡""赐"为关键词检索，出现章数是37章，出现频次是55次；以"子路""由""仲由""季路"为关键词检索，出现章数是47章，出现频次是70次；以"颜渊""颜回""回"为关键词检索，出现章数是19章，出现频次是29次。

② 顾红亮. 对话哲学与《论语》的关系性君子观[J]. 孔子研究，2009（6）：4-10.

于通过创造语境以提升子贡的君子人格境界。

子贡曰:"贫而无谄,富而无骄,何如?"子曰:"可也。未若贫而乐,富而好礼者也。"子贡曰:"诗云:'如切如磋,如琢如磨',其斯之谓与?"子曰:"赐也!始可与言诗已矣!告诸往而知来者。"《学而》

子贡问政。子曰:"足食,足兵,民信之矣。"子贡曰:"必不得已而去,于斯三者何先?"曰:"去兵。"子贡曰:"必不得已而去,于斯二者何先?"曰:"去食。自古皆有死,民无信不立。"(《颜渊》)

子贡问曰:"乡人皆好之,何如?"子曰:"未可也。""乡人皆恶之,何如?"子曰:"未可也。不如乡人之善者好之,其不善者恶之。"(《子路》)

5. 永不放弃的价值导引教育

孔子的君子养成之道中,如果还有什么更动人、更让今人无法不继承的就是孔子自身为人处世的"真",这个"真"既是对人世间的真知,又是自己情感的自然流露;既是内在的价值诉求,又是外在的行为指导。

首先,孔子的生命状态是完整的、前后一致的,一以贯之地贯彻"人—己""人—群"的相互尊重、相互理解和相互协调。

子曰:"赐也!女以予为多学而识之者与?"对曰:"然,非与?"曰:"非也。予一以贯之。"(《卫灵公》)

子贡问曰:"有一言而可以终身行之者乎?"子曰:"其恕乎!己所不欲,勿施于人。"(《卫灵公》)

仲弓问仁。子曰:"出门如见大宾,使民如承大祭。己所不欲,勿施于人。在邦无怨,在家无怨。"仲弓曰:"雍虽不敏,请事斯语矣。"(《颜渊》)

子贡曰:"如有博施于民而能济众,何如?可谓仁乎?"子曰:"何事于仁?必也圣乎!尧舜其犹病诸!夫仁者,己欲立而立人,己欲达而达人。能近取譬,可谓仁之方也已。"(《雍也》)

其次,孔子追求情感的自然真实,不违背自己内心的真实情感,这是孔子君子养成之道的秘诀之一。

宰我问:"三年之丧,期已久矣。君子三年不为礼,礼必坏;三年不为乐,乐必崩。旧谷既没,新谷既升,钻燧改火,期可已矣。"子曰:"食夫稻,衣夫锦,于女安乎？"曰："安。""女安，则为之！夫君子之居丧，食旨不甘，闻乐不乐，居处不安，故不为也。今女安，则为之！"宰我出。子曰："予之不仁也！子生三年，然后免于父母之怀。夫三年之丧，天下之通丧也。予也有三年之爱于其父母乎？"（《阳货》）

所以，孔子作为一个教育者，他的情态是"温而厉，威而不猛，恭而安"（《述而》），而且孔子相信将这种真情实感推之到为政就会获得民众的同样的情感回报，社会就会减少冲突，彰显正义，实现和谐。

樊迟请学稼，子曰："吾不如老农。"请学为圃。曰："吾不如老圃。"樊迟出。子曰："小人哉，樊须也！上好礼，则民莫敢不敬；上好义，则民莫敢不服；上好信，则民莫敢不用情。夫如是，则四方之民襁负其子而至矣，焉用稼？"（《子路》）

孟氏使阳肤为士师，问于曾子。曾子曰："上失其道，民散久矣。如得其情，则哀矜而勿喜。"（《子张》）

总之，自孔子全面论述君子的人格理想特征，又在实际的教育中贯彻培养君子之后，君子作为儒家文化的人格目标已经随着儒学而传播到东亚、东南亚地区。当东亚日本从天皇—幕府政治过渡到近代君主立宪制度后，君子的概念并没有成为他们的文化负担，明治维新时期有"实业家之父"之称的涩泽荣一就试图将《论语》和算盘也就是义利统一起来，他说："现在，把《论语》同算盘相提并论，似乎不伦不类,风马牛不相及。但我始终认为，算盘要靠《论语》来拨动，同时《论语》也要靠算盘才能从事真正的致富活动。""我认为，缩小《论语》与算盘间的距离，是今天最紧要的任务之一。""仔细玩味《论语》，就会有很高的领悟。因此，我一生都尊信孔子之教，把《论语》作为处世的金科玉律，不离左右。"① 当代美国学者狄百瑞等也说："我认为我们不应该认为《论语》带有任何社会阶层与教育程度的差别性，因为《论语》所论及的是人类共同的、亘古不变的核心价值，而不是莫测高深的哲学观念。"② 当下的教育需要价值引领，需要人格理想的激励，正如有学者说："人文学科的显著特色是，它有终极关怀，有价值导向。如果人文学科只剩下知识传承，以及专门的学理探求，忘记了价值追求和终极关怀，人文学科就会最终

---

① [日] 涩泽荣一. 论语与算盘：人生・道德・财富 [M]. 王中江，译. 南昌：江西人民出版社，2007：1-3.
② 狄百瑞，朱荣贵. 我们为什么要读《论语》？[J]. 开放时代，2011（3）：61-68.

变成一种虚无的、无意义的东西。""研读古圣先贤的经典，是传统人文学科的必修课。经典之所以需要不断研读，是因为它有价值指引和精神启迪作用，唯其如此，其相关的知识传承和学理考究，才显得有意义。我们不能因为浸润于相关的知识传承与学理探求，就忘记经典本来的价值指向。""孔子是中华民族的一位精神领袖，不能因为晚近的学者们为了剥去孔子身上神圣的外衣而考订他是中国第一位私学开办者，我们就真以为他只是一位现代意义上的教书先生。"① 诚哉斯言！

第六节 经典教学模型初探

中华经典教学模型，首先与传统的私塾、学校、书院的复式教学是有区别的，因为当代的经典教学，一是讲求效率，不仅课时紧张，而且单位教学时间内的成效要求明确；二是面向全体青少年，其教学对象不再只是精英分子，而是作为国民教育的普遍培养。所以当代经典教学只能继承传统的私塾、学校、书院经典教学的优良经验，不可能完全复制。其次，经典诵读活动课程是辅助性的，因人因时因地而开展，不一定需要统一的课堂教学模型。所以，从这个独立课堂教学的角度而言，台湾地区《中国文化基本教材》的课堂教学可以称为经典教学实践模型，虽然它仍然没有摆脱国文课的影响。就中国而言,很多学校试图摸索出一套有效的经典教学模型,如"素读教学""三步七正教学"等，但都还不是一种具有独立教学目标和清晰定位的独立课程教学，下面就是从独立课程教学的角度总结、探索中学阶段中华经典教学模型。

一、经典研读的必要性

对于研读儒家经典即经学的意义，徐敬修说："所谓经学者，经世之学也。研究之者，则进足以治国理政，退足以修己独善；考究其典章制度，则又有资于读史；而治文学者，则又可以审文体之变迁；治地理者，则可以识方舆之沿革。盖经为中国文学之祖，古来政治之源，其所该甚广，学者所不可不知也。"② 对于要传承和发展中华传统经典文化的新时期专业从业者，自不待

---

① 史应勇.古老的教化命题：《论语》中的君子、小人之辨 [J].湖南师范大学教育科学学报，2018，17（2）：77-83，97.
② 徐敬修.国学常识 [M].扬州：广陵书社，2009：85-86.

言，就是对于广大非专业人士的中学文化以上程度者而言，也要认识到儒家经典对于文化传承和创新的源头和基础性作用。经典传承问题的核心不在儒家经典文本自身，而在于研读儒家经典的阅读者，是否真正做到批判性继承、开拓性发展；儒家经典研读者以何种方式进入文本的意义世界并将之转化为当下和未来的精神生活元素，在一定程度上取决于研读经典教学范式的过程设置。这一过程展开后所确立的教学范式，能有效保证研读者的学习效果。

关于如何研读经典，历代多有论述，而系统论读书方法的当推南宋的朱熹，以其"书读百遍，其义自见"而影响久远。"凡读书，须整顿几案，令洁净端正。将书册齐整顿放，正身体，对书册，详缓看字，仔细分明读之。读之须要读得字字响亮，不可误一字，不可少一字，不可多一字，不可倒一字，不可牵强暗记。只是要多诵遍数，自然上口，久远不忘。古人云：'读书千遍，其义自见。'谓读得熟，则不待解说，自晓其义也。余尝谓读书有三到：心到、眼到、口到。心不在此则眼不看仔细，心、眼既不专一，却只漫浪诵读，绝不能记，记亦不能久也。'三到'之中，心到最急。心既到矣，眼、口岂有不到乎？"① 此段文字对读书的环境预设、态度要求、读书步骤、读书方法等做了细致的规定，后来的私塾教育对朱熹的读书法有继承和发展，成为研读经典的有效范式之一，但在今天追求高效率的课堂教学上，由于课时的限制、学习目标的不同，只能是部分地继承，很难完全按照此方式展开教学。

晚清处于中西学遽然转换之际，民国时期则处在中西文化交融、交锋的激战时期，传统经典的学习内容如何处置，始终处于内容争论的核心问题。张之洞的《书目答问》、胡适的"中学国故"丛书目录、梁启超的"最低限度之必读书目"、鲁迅的大学国文系应读文学书目、钱穆的7部"中国人所人人必读的书"，都是围绕着选择哪些著作进行研读而展开的，连带就如何研读经典的方式方法略有介绍，但大体停留在哪些章节可以读，哪些人注释的书可以读，书中哪些内容要精读，哪些内容可以略读浏览，对于如何具体研读虽有提及，但没有一种有效的研读经典范式确立。②

自20世纪90年代中期持续到21世纪的海峡两岸的读经现象，引人注目。但"老实读经、大量读经"的民间经典教学实践越来越引起实践者的反思，经典的诵读、书写、讲解，只是作为一种学校综合实践活动方案的实施方式，当下课堂上研读儒家经典表现在以选择性阅读、主题式阅读、专题式研读为

---

① [南宋]朱熹.朱子读书法[M].李长国，董立平译注.天津：天津社会科学院出版社，2016：43.
② 徐敬修.国学常识[M].扬州：广陵书社，2009：133-135.

主，以零碎地、功利地、片面地研读经典为主，没有形成一种有效的儒家经典研读课堂教学范式。构建一种儒家经典研读的课堂教学范式，能依靠学习者的主动性，随着研读儒家经典文本过程的展开，就能系统、深入、细致地读懂经典，受到思维的训练、思想的启迪、人格的完善，自然成为当下实现中华优秀传统文化传承和发展、构建贯穿国民教育体系始终的中华优秀传统文化课程和教材体系的重要课堂教学实践环节。

二、经典研读的有效性

经典尤其是儒家经典，是中华优秀传统文化的核心文本。若要构建贯穿国民教育体系始终的中华优秀传统文化课程和教材体系，就要探讨儒家经典在课堂教学情境下该如何符合中学文化程度以上群体的研读范式。研读经典范式的有效性，是实现经典教学的普遍有效、时间有效、系统有效、主体有效、导向有效，以及训练研读者的思维，引领研读者的价值取向、完善研读者的人格的前提条件。儒家经典研读的课堂教学范式的构建，关键是"有效性"。这里的"有效性"含义如下。

第一，研读者的普遍有效。由于经典，自身的文本古奥、时间久远，文言文与现代文之间差距过大，且经典文本自身具有开放性和多义性，一般研读者如果没有经过一定的训练，轻易不敢研读或者被排斥在研读经典文本的学习者之外。如果研读方式得当，可以改变这一状况，让所有受教育的国民都成为经典的研读者。他们对于儒家经典的研读，享有"国民待遇"，人人有机会因儒家经典研读范式的确立而敢于且能够研读儒家经典，不能只是高端人群、专业人士或特殊人群享有研读经典的权利。

第二，时间有效。研读者在教学范式过程中获取的历时性知识是可靠的、有学术依据的、经得起时间检验的；所获得的共时性知识不是教授者一时传递出的偶然性知识、是有学理依据的知识传承或创新。

第三，系统有效。此种经典研读教学范式能够确保研读者感受到儒家经典自身的丰富而不是碎片的、零散的知识体系，不能是只顾一点不及其他，不能让经典的解读毫不顾及文本自身的逻辑自洽，更不能望文生义、牵强附会、胡编乱造。

第四，主体有效。此种经典研读教学范式能够确保研读者能根据自身的求知需求，选择系统的经典知识和解读资料，而不是事先安排的抽取排列的知识，研读过程的展开确保主体的全程参与，主动性探究学习始终处于主体地位，贯穿研读的全过程。

第五，导向有效。此种经典研读教学范式可以让研读者在完成学习过程后，得到思维训练和价值引领，通过辨析历代的解释，结合自身的认知，修正完善自己的认知，确立基本正确的民族文化情感、态度、价值观。此种导向不可能通过一次性的研读而快速确立，需要确保研读者能在探究性学习中得到多方面的触动，从而主动确立其认识的方向之维。

三、经典研读的实践性

儒家经典课堂教学七步骤的实践，是有效的儒家经典研读课堂教学范式之一。在当下传统文化教育发展的关键期，教师通过范式构建和教学实践，可以完善传统文化的传承和素养提升，在文化传承发展上具有时代意义和引领作用。下面就以《论语·学而篇》第一章为例，来探讨在当下如何依靠自我学习过程的展开，从处理文本理解的不同方式中，不断加深乃至最终读懂经典。①

《论语·学而篇》第一章——子曰："学而时习之，不亦说乎？有朋自远方来，不亦乐乎？人不知而不愠，不亦君子乎？"

此章内容，初中文化程度以上的国人应该能耳熟能详，对其意义也略有了解，但就是这么一章广为流传的内容，我们如何能做到系统、深入、细致地研读，从而训练我们的思维、巩固我们的价值立场、完善我们的人格呢？

为了确保学习者能正确、深刻地理解经典文本，得到经典传承的基本训练，拟按照七个步骤来开展（实际教学可以适当调节）教学：诵读经典、书写经典、注译经典、参读注译、完善注译、讲解经典、践习经典。

第一步：诵读经典。

诵读时，句读要正确，不可读破句子；正确读出文本字音；最佳境界是能按照古文的声律读出韵律之美，体味古人的意境。由于汉字是表意文字，经典文本大多是单音节字，所以一般要求慢读，边读边体味其意境，这是理解文本的入门方法。

第二步：书写经典。

文本较简短，我们可以抄写一遍经典文本；对于长文，则可以选择文中重要的段落或句子进行抄写，以对经典原文加深印象，但尽可能默写出关键

---

① 以下的经典读书法，充分借鉴了张志公先生《传统语文教育教材论暨蒙学书目》的研究成果，曾庆宁先生的"《大学》三鼎家学"的理论和实践，以及中国台湾地区始于1968年的《中国文化基本教材》的教学实践的总结（十六字课堂教学经验总结："通其训诂，掌握精义。触类旁通，融入生活。"只是就教学的要求做了原则性规定，不是经典教学范式）。

字词,则是必要的训练。此处,可以结合识字教学,对个别关键字的字体源流、构字之理、用字之法进行文字学解读。

第三步:注译经典。

这一步骤主要依靠研读者的知识积累和人生阅历,对经典文本展开注释阐述、翻译转换和情景假设,以调动个人的全部认识去理解文本,以实现当下的经典文本转换和主体性解读。此一步骤又可分为以下三个方面。

第一个方面,注释关键字词,如:(1)子,(2)学。① 注释文字要尽可能简短、严谨、周密,不要出现歧义。

第二个方面,翻译全章,要求内容准确,语句通顺,用词典雅。

第三个方面,章旨辨析,研读者可以思考孔子当时说话的对象、时间、地点,什么问题促使孔子这么回答?说话目的是什么?能做到吗?有什么不足?

每个研读者都有自己的理解,如此一来,就会有不同的注释和翻译,只要忠实地记录下来,那么就完成了"自己注译经典文本"这一步工作。

第四步:参读注译。

选取历代名家的注解本,通过比较诸家对经典原文的注释、翻译、解读的不同之处来理解不同时期学者的问题意识、学术路径和思想差异。本文选取朱熹《四书章句集注》②、杨伯峻《论语译注》③、钱穆《论语新解》④、孙钦善《论语注译》⑤、李零《丧家狗:我读〈论语〉》⑥五位学者的解读本来参照(选取版本的范围,当然可以根据研读者的自身条件和目的而不同,此处只是做一个示范)。此一步骤也可以分为以下三个方面。

第一个方面:比照阅读众家的注释文字,通过比较文字的不同,领略各自作者的关注差异,从而迅速确定理解文本的角度。

(1)"子"的不同注释。

朱熹《四书章句集注》:不注。

杨伯峻《论语译注》:《论语》"子曰"的"子"都是指孔子而言。

钱穆《论语新解》:或说"子,男子之通称。"或说"五等爵名。"春秋以后,执政之卿亦称子,其后匹夫为学者所宗亦称子,孔子、墨子是也。或说"孔

---

① 为了节约篇幅,有些关键字词的翻译不在这里展开,如本章的"时""习""愠",尤其是"君子",读者如果有兴趣,可以自己进行对读。
② [宋] 朱熹. 四书章句集注 [M]. 北京:中华书局,2011. 以下引文俱引自该书第49-50页,不再单独注出。
③ 杨伯峻. 论语译注 [M]. 北京:中华书局,1960. 以下引文俱引自该书第1-2页,不再单独注出。
④ 钱穆. 论语新解 [M]. 北京:九州出版社,2011. 以下引文俱引自该书第1-4页,不再单独注出。
⑤ 孙钦善. 论语注译 [M]. 南京:凤凰出版社,2011. 以下引文俱引自该书第1-2页,不再单独注出。
⑥ 李零. 丧家狗:我读《论语》[M]. 太原:山西人民出版社,2007. 以下引文俱引自该书第51-54页,不再单独注出。

子为鲁司寇,其门人称之曰子。称子不成辞则曰夫子"。《论语》中孔子弟子唯有子、曾子二人称子,闵子、冉子单称子仅一见。

孙钦善《论语注译》:古时男子的尊称。《论语》中的"子曰"皆用来称孔子,等于说先生。

李零《丧家狗:我读〈论语〉》:"子曰",是孔子说。《论语》全书的"子曰"都是孔子说。古代子书,是以"子"指称老师。如《孙子》十三篇,每篇开头多作"孙子曰";《墨子》的《尚贤》等十篇,每篇开头也作"子墨子曰"。这样的"子"是对老师的尊称。研究《论语》,我们要知道中国最早怎么称呼老师,以及学生称孔子为"子",这个"子"是什么意思。"子"本来是对贵族子弟的称呼。西周时期,贵族子弟多被称为"小子",就连王,在神祖面前也自称"小子"。春秋时期,人们以"夫子"或"子"称呼卿大夫,即当时的贵族官僚。"夫子"是第三人称,相当于"他老人家"。"子"是第二人称,相当于"您老人家"。"夫子"也可简称为"子"。"夫子"和"子"都是尊称。孔子当过鲁大夫,时间很短,只有三年,但他的学生是用这个头衔称他们的老师的。这里的"子"是"夫子"的省略。古代最初只有一门学问,即做官的学问,长官就是老师,这叫官师之学。孔子强调,读书要做官,这不是他的发明,而是官师之学的传统。"诸子"的"子"来源于官师,称呼老师和称呼首长是一样的。

(2)"学"的不同注释。

朱熹《四书章句集注》:学之为言效也。人性皆善,而觉有先后,后觉者必效先觉之所为,乃可以明善而复其初也。

杨伯峻《论语译注》:不注。

钱穆《论语新解》:学,诵,习义。凡诵读练习皆是学。旧说:"学,觉也,效也,后觉习效先觉之所谓谓之学。"然社会文化日兴,文字使用日盛,后觉习效先觉,不能不诵读先觉之著述,则二义仍相通。

孙钦善《论语注译》:不注。

李零《丧家狗:我读〈论语〉》:不注。

这五个版本的关键字词注释,作为研读者,如何理解不同的注释文字,理解其不同的阐释角度,乃至于思想分析?究竟哪一个注释文字更适合当下的解读,或者有助于当下的解读?需要研读者准确理解注释者的学术立场和阐释原则。这十分有助于研读者在短期内了解学术思想的变迁和儒家文化的内在丰富性。

比如，怎么来注解"子"，简单化处理，"子"就是指孔子，但要说"子"就是孔子，会带来很多麻烦，《论语》中还有有子、曾子，更重要的还有"南子"，那个"子"还指一个女的，所以"《论语》'子曰'的'子'都是指孔子"，这个"子"注解就比较完备、比较准确，不多一个字，也不能少一个字。如何完整、准确、严谨地注释经典文字，是一个读懂经典很重要的方面。在过去，这门学问叫训诂，杨伯峻先生使用的训诂方法是义项法；孙钦善先生的注释，既有魏晋注释家的继承，也有对杨伯峻先生注释的吸收，更有对孔子敬意的表达，应该说是后来学者对历代注释的全面吸收；李零先生的注释则考证文字多而思路清晰，也颇有见地。

再来看"学"的注释。前引这五个注释，选择哪个？为什么朱熹和钱穆对"学"注释内容甚多，而杨伯峻、孙钦善、李零对"学"都没有注释，是因为"学"太简单而不需要注释，还是太复杂而无法注释？那么，我们就要从译文来看了，也就是第四步的第二个方面，比照不同注释家的译文。

朱熹《四书章句集注》：无译文。

杨伯峻《论语译注》——孔子说："学了，然后按一定的时间去实习它，不也高兴吗？有志同道合的人从远处来，不也快乐吗？人家不了解我，我却不怨恨，不也是君子吗？"

钱穆《论语新解》——先生说："学能时时反复习之，我心不很觉欣畅吗？有许多朋友从远而来，我心不更感快乐吗？别人不知道我，我心不存些微怫郁不欢之意，不真是一位修养有成德的君子吗？"

孙钦善《论语注译》——孔子说："学了以后而又按时复习，不也是很高兴的吗？有朋友从远方来相会，不也是很快乐的吗？人家不了解自己而自己又不恼火，不也是君子吗？"

李零《丧家狗：我读〈论语〉》：无译文。

朱熹《四书章句集注》没有译文，杨伯峻《论语译注》译文是"孔子说：学了，然后……"钱穆《论语新解》翻译为"先生说：学能……"他把"而"翻译成"能"。孙钦善《论语注译》翻译为"孔子说：学了以后而又……"李零《丧家狗：我读〈论语〉》没有译文。杨伯峻先生、钱穆先生和孙钦善先生的译文都没有对"学"直接翻译，有的直接保留了这个"学"字，有了在"学"后加了一个"了"字，甚至加了一个逗号。

"学"怎么翻译？没法翻译！这涉及对中华传统文化的深度理解。

为什么没法翻译？在现在的汉语词汇里找不出一个词对应它。所以，钱穆先生、杨伯峻先生和孙钦善先生干脆不翻译了，翻译了就是不准确的，还不如不翻译。这就如同"仁""礼乐""孝"等中华文化的核心词汇，无法找到对应的、有效的西方英语单词。

将不同注释文本做比较后，就能看出哪一位注释作者偏重文献，哪一位注释者偏重理学，哪一位注释者偏重儒学的当代融合发展，哪一位注释者是实学立场。比如朱熹先生的理学阐释，钱穆先生的海外新儒家立场，杨伯峻先生严谨的实学立场，孙钦善先生的综合诸家择善而从，李零先生的文献梳理。

第三个方面：不同注释家的章旨辨析。

朱熹《四书章句集注》：此为书之首篇，故所记多务本之意，乃入道之门、积德之基、学者之先务也。

杨伯峻《论语译注》：无。

钱穆《论语新解》：本章乃叙述一理想学者之毕生经历，实亦孔子毕生为学之自述。学而时习，乃初学事，孔子十五志学以后当之。有朋远来，则中年成学后事，孔子三十而立后当之。苟非学邃行尊，达于最高境界，不宜轻言人不我知，孔子五十知命后当之。学者惟当牢守学而时习之一境，斯可有远方朋来之乐。最后一境，本非学者所望。学求深造日进，至于人不能知，乃属无可奈何。圣人深造之已极，自知弥深，自信弥笃，乃曰："知我者其天乎"，然非浅学所当骤企也。

孔子一生重在教，孔子之教重在学。孔子之教人以学，重在学为人之道。本篇各章，多务本之义，乃学者之先务，故《论语》编者列之全书之首。又以本章列本篇之首，实有深意。学者循此为学，时时反验之于己心，可以自考其学之虚实浅深，而其进不能自已矣。

学者读《论语》，当知反求诸己之义。如读此章，若不切实学而时习，宁知不亦悦乎之真义？孔子之学，皆由真修实践来。无此真修实践，即无由明其义蕴。本章学字，乃兼所学之事与为学之功言。孔门论学，范围虽广，然必兼心地修养与人格完成之两义。学者诚能如此章所言，自始即可有逢源之妙，而终身率循，亦不能尽所蕴之深。此圣人之言所以为上下一致，终始一辙也。

孔子距今已逾二千五百年，今之为学，自不能尽同于孔子之时。然即在于今日，仍有时习，仍有朋来，仍有人不能知之一境。学者内心，仍亦有悦、有乐、有愠、不愠之辨。即再逾两千五百年，亦当如是。故知孔子之所启示，乃属一种通义，不受时限，通于古今，而义无不然，故为可贵。读者不可不知。

孙钦善《论语注译》：无。

李零《丧家狗：我读〈论语〉》：这一章好像研究生入学，导师给他们训话，主要是讲学习的快乐。第一乐是个人的快乐，你们来到我的门下，听我传道，按时复习，乐在其中。第二乐是和同学在一起，你们不光自己学，还不断有人慕名而来，成为你们的同学，弦歌一堂，岂不快哉？第三乐是师门以外，别人不了解，千万别生气，因为你学习的目标，是成为君子，学习是为自己学，别人不知道，照样是君子，你有君子的快乐、内心的快乐，不也很好吗？孔子好学，把学习当快乐，认为求知的快乐比求知本身还重要（《雍也》）。这几句话，共同点是快乐。"说"即悦，是愉悦，"乐"是快乐，"不愠"也还是愉悦或快乐。《论语》以此为第一章，很好。

通过比较众家的章旨辨析，可以加深对此章的背景和思想的理解。

第五步：完善译注。

在完成上面两步之后，依照第四步的参照，修正自注的注释、译文和章旨内容，形成自己认为相对准确、相对合理的注释和译文，重新做一遍注释、翻译和章旨辨析工作。

第六步：讲解经典。

经过注译文字、参读诸家注译、重新完善自己的注译，无论是对字词句的理解还是章旨的辨析，都有了一个扎实的基础，不再是感性的意见性理解，在此基础上，可以通过自我复述大意或者讲解文本内容，巩固和加深对文本的理解。

第七步：践习经典。

儒家经典是讲究经世致用或者说是用来修身致用的，不是为了纯粹知识的积累，当在较为全面地理解文本之后，就可以把这句经典的精神或原则带入日常行为中去。比如，在传统文化课上开展《论语》研读，如果把"子曰"的"子"翻译成"先生"，那么后辈对先贤的敬意一下子就显现出来了，比译作"孔子说"要好。这个称谓也反映了态度、立场、价值取向。当我们习惯了"先生说"，那就是在课堂上的行为落实。"学"要综合来考虑，不是仅指知识的学习，还有内在人格境界的提升，那我们就会对"学"有一个全面的理解。

四、经典教育模式的意义

当今社会，教育越来越普及，知识生产越来越丰富，科学技术快速发展，但无论如何，人性的养育、品性的提升、人格的完善并不能随着知识和技术的发展而自动完成，必须借助文化的传承和发展，才有可能营造一个人人向善、向上的育人氛围，而这离不开传统文化的代代传承，在解决这一问题上，上述研读儒家经典课堂教学范式具有极其强烈的时代意义。

1. 实现了儒家经典研读者从精英人群到大众读者的转变。

传统社会，由于特定的社会环境，形成了支撑儒家经典研读的国家制度，尤其是科举制的发展和成熟，使儒家经典的研读局限于少数的读书人，也就是士人，但当今是国民教育时代，要实现中华优秀传统文化贯穿国民教育体系始终的任务，需要建立新的研读范式，以满足大众读者对儒家经典系统、深入、细致研读的精神生活需要。

2. 实现了价值引领的教育功能。

这一研读儒家经典课堂教学范式，化解了儒家经典传承中的灌输式学习、碎片化学习、标准答案式学习方式，研读者通过对历时性的经典内容注释的了解，在理解不同时代、不同区域、不同立场的注释者的阐释后，就可以在经典阐释的丰富内容中，通过比较异同、排比范围、推理概念乃至深度思考，实现对研读者自身的共时性思维训练和价值达成。如此一来，既保证了经典传承中解读的时效性，又保证了经典传承中内容的系统性和丰富性，还在批判性研读中训练了研读者的思维。

3. 实现儒家经典传承的教师本位到学生本位的教学转换。

这一研读儒家经典课堂教学范式，充分尊重研读者的认知主体地位，不是让注释者完全主导研读者的学习过程，而是在协助研读者完善自身知识结构的过程中实现学习。

虽然上述研读经典课堂教学范式是以儒家经典为主来构建的，但并不局限于儒家经典。楼宇烈先生倡导中国人读好"三玄四书五经"，[1]读完这些儒家和道家的基本典籍，就是读懂了中国文化的根源性典籍，就能对中华传统文化的精神、思想有基本的把握。楼宇烈先生认为，中华民族的经典虽然数量繁多，但是统之有序，众多的经典之间是"述而不作，理念相通"的。"三玄四书五经"代表了众多经典的内在一致性的。

---

[1] 楼宇烈. 中国的品格 [M]. 成都：四川人民出版社，2015：67-87. "三玄"是指《老子》《庄子》《周易》，"四书"是指《大学》《论语》《孟子》《中庸》，"五经"是指《周易》《礼记》《尚书》《诗经》《春秋左传》，《大学》和《中庸》都是从《礼记》中抽出来的，本来各是一篇文章，《周易》是重复的，所以读九本书即可对中国文化的根源性的典籍有所了解。

第九章

中华经典教材体系构建

面向中小学生的经典教材的编写，既要吸收西方分科设课教学的教材编写经验，讲求可传授性和趣味性，尊重青少年的认知心理发展序列，化整为零地进行教学，又要继承和发展中华民族儒家经典教材的编写特色，整体传授，训练思维，确立价值。邬志辉指出："自近代以来中国百余年的教育现代化探索，基本上是在政治动荡的背景下进行的。这一特殊的历史背景使中国教育现代化的演进无法遵循教育内在的发展逻辑与连续性，而表现为与政治的同步性。中国教育现代化的发展线索与命题先后经历了超越传统教育、教育西化、教育中国化和教育现代化的演进。"[1] 事实上，教育中国化和教育现代化都离不开传统教育，尤其是对经典教育的有效传承与持续发展。

第一节 经典教材与中国教育

一、教材概说

在汉语词汇中，教材又称为课本，它是依据课程标准编制的、系统反映学科内容的教学用书。教材是课程标准的具体化，它不同于一般的书籍，通常按学年或学期分册，划分单元或章节。它主要是由目录、课文、习题、实验、图表、注释和附录等部分构成，课文是教材的主体。与之相关的还有教程、学科等概念。教程是指专门学科的课程；学科在唐宋时期是指科举考试的学业科目，也是指按照学问的性质而划分的门类、学校教学的科目、军事训练或体育训练中的各种知识性的科目（区别于"术科"）。

据刘继和研究，第一类教材指"教学材料"，包括教科书、教学辅助图书资料等具有文本意义的教学材料和课件、唱片等教学材料；第二类教材指

---

[1] 邬志辉. 中国百年教育现代化演进的线索与命题 [J]. 中国地质大学学报（社会科学版），2002（4）：45-49.

学科知识体系；第三类教材即学科课程内容。不过，课程内容不同于教材，因为课程内容由学科的基本概念、法则、理论、方法及价值观念等构成，是由专家精选出来的，并由国家课程标准确定下来，教师的主要任务是让学生准确理解和掌握这些内容，形成特定的价值观和行为方式；而教材正是为学生正确、有效地理解和掌握这些科学概念、方法和价值观所提供的直接学习对象、事实、现象、过程等，教师往往要对教材加以重新选择、加工改造、组织或解释等。教材与课程内容的关系是手段与目标的关系；教材也不同于教具，前者提供的是文本信息，后者则是呈现和表达文本信息的物质。教材概念可分为四个层次：第一类，作为素材的教材，通常指教师指导学生学习的一切素材、材料或手段；第二类，作为教学材料的教材，是指师生在教学活动中所使用的一切拥有特定教育价值的教学材料或工具；第三类，作为教科书的教材，仅指在教学活动中须臾不能缺少的、师生共同使用的教科书或课本；第四类，作为理解课程内容媒介的教材，是学生直接的学习对象，是理解课程内容并达成课程目标的媒介，它表现为蕴藏丰富教育价值和文化价值的具体、直观、生动的事实、现象或过程。在教学中，第四类教材既是学生的学习对象，也左右着学生对科学概念等课程内容的理解和掌握。在连接学生生活和科学生活的无数环节与措施中，只有优质的教材才是最便捷、最有效的桥梁。正因如此，这个层面意义上的"教材"概念才称为原本含义上的教材概念，这里暂且称为"真教材"。①

据夏纪梅研究，教材是教师的手中之宝，不仅把它当作教学用材，更重要的是把它用成学生的学材，当成自己发展和研究的用材。教材本身是有限的，但教师对教材的个性化使用、工具价值性使用、开发性使用、创造性使用、研究性使用则有无限的空间和价值。所谓"学材"，是依据教育学"刺激—反应"的基本原理，把教材用作语言习得和交际行动的"刺激物"。教师在使用这样的教材时，不宜再采用讲授型的单向灌输教学方法。教材要想使用得当，自然需要使用者对其进行必要的研究。教师要能够把教材当好学材，首先要把教材当研材，从中研习和把握相应的教育理念和教学方法。事实和经验证明，教师在使用并研究教材的过程中所产生的教学相长和教研相益会成为互为因果的"流程链"，这就是我们所追求的教师专业发展和自主发展的最大效益。② 于世华认为，教师与教材的对话是整个教学的基础。教

---

① 刘继和."教材"概念的解析及其重建[J]. 全球教育展望，2005，34（2）：47-50，23.
② 夏纪梅. 教材、学材、用材、研材——教师专业发展的宝贵资源[J]. 外语界，2008（1）：29-32.

材作为一种范例，期待教师明白教材的技巧，并对教材进行再改编、再创造。教材资源必须通过教学主体的交往互动才能充分挖掘。教师与教材对话的本质在于使教材在特定情境中的适合性最大化。教师与教材对话的结果是形成一个师生互动的方案，它表现为"生活表达—生活反思—生活践行"三种课堂样态，并分别对应着人性的"超越性—交互性—实践性"①。

二、中国教育学与中华经典教材

1. 建设中的中国教育学

叶澜认为，"作为一门近代学科的教育学，是与20世纪同时降临到中国的。说其是'降临'而不是'诞生'，只因为教育学是由国外'引进'，并非国内自生"，而"引进"的直接需要产生于19世纪末和20世纪初中国师范教育的创办和发展。教育学的发展从一开始就与师范教育结下了不解之缘。中国教育学发展百年，教育学在百年中出现多次的"整体式转向"或"推倒（或抛弃）重来式"的"发展"，几乎循着基本相同的路线：中断历史——重新启动——简单模仿（或演绎）——初级综合——建立体系。向外"引进"成为教育学发展的主流传统，立足本国的教育研究量少而未成主流。20世纪中国教育学既受意识形态的控制，又追逐着国外教育学说的变化，还受着学科性质认识停留于应用的自我局限，依附于交叉学科中的其他学科，扮演着"随从"的角色。②

一大批中国教育学学者正在探索中国教育学的构建，叶澜作为典型代表人物，其呼吁道：教育学在新世纪发展的方向不应再是以西方为本做前提的"中国化"，而是要创建"中国教育学"。这里的"中国"，其内涵不只是指教育学要从本国的文化传统中找到自己的根并开发其当代价值，也不只是指教育学要以本国的教育实践和教育问题作为发展教育理论之不可或缺之源，更是指中国学者应为教育学发展做出世界性的贡献。对叶澜而言，这一回归与突破不仅需要明白西方文化的传统与发展走向，更需要对中国文化传统相对于西方而言的独特、对中华民族的民族性形成、对中国人精神世界的影响等有一个深度的认识。③叶澜三十余年致力于从"教育学中国化"到"建立中国教育学"的事业，在理论研究和实践双向互动的基础上，将中国哲学、文化传统融入对"教育"这一教育学基本概念的内涵构建，提出"教天地人事，

---

① 于世华. 论教师与教材对话 [J]. 中国教育学刊，2007（4）：76–78.
② 叶澜. 中国教育学发展世纪问题的审视 [J]. 教育研究，2004（7）：3–17.
③ 叶澜. "生命·实践"教育学派——在回归与突破中生成 [J]. 教育学报，2013（5）：3–23.

育生命自觉"的中国式表达。教育对于个体生命的最高价值，在于培育生命之自觉。建立中国的教育学，是中国文化在教育学研究领域的追求。从文化传统中寻求教育的根基命脉，构建教育学的中国话语体系，是当代中国教育学发展面临的重大问题。

其实，当代读经教育的推动者王财贵也是从反思近代教育理论和实践开始寻求读经在人文教育方面的合理性、适切性的。"近代的教育观念，大体是以美国20世纪初年的实用主义为主导，也可以说是以'儿童中心本位'为主。其施教理论的大要是：第一，教材的选编要按照类化原则，也就是教材要依儿童的理解能力，按部就班，由浅到深，由易到难，他能懂的内容才教给他。第二，教育的目标是遵循实用原则，也就是他生活中需要的才教给他。第三，教学方法要注意兴趣原则，也就是要顺应儿童的兴趣，有兴趣才学得好。如果依照这三原则去推论，是不可以教儿童读经的。""但从整个教育的理念看，（这三个原则）其实是很片面而值得商榷的。首先，以类化原则说，要求教材依深浅的顺序，以适合理解力，这只是应用在'科学知识技能'的学习才完全必要，而人类的学习，不只是科学知识技能。占很重要一面的是有关精神性的、文化性的、人格性的陶冶培养，是否也必定要遵守'理解而后学'的原则？是不是所有理解都得像理解数学那样才算理解？这些都是一直被含混的问题。其次，所谓实用，有当前儿童期马上可使用的东西，也有他将来成长后所需的东西，要不要一起照顾？儿童能不能学他现在用不到的东西？需不需要学他将来才用得着的东西？这在当前教育理论中是尚未深切讨论的问题。最后，所谓兴趣，是可以用各种方式培养的，是否一定要熟悉才有兴趣？是否对不了解的东西就没有兴趣？这种问题应该由实验来判断才对。"反思总是针对现实问题的，虽然读经运动在后期发展中出现了各种问题，但是其对近代从西方引进的近乎翻版的欧美、苏联教育学进行中国立场的思考是值得肯定的。"现今社会上校园中问题青年、问题学生愈来愈多……这是文化教养的问题！文化教养之出问题，其来已久，病怎么来就要怎么去。有人天真地以为社会乱到一个程度，就会'物极必反'地自我纠正，这是把天地的自然变化误想成文化也会如此。天地可以自然循环，但文化是人自己走出来的。坏，是人的自我破坏；好，也需要人的自我培植。社会必须重植文化之根！而植文化之根的最简易可行之策即是教儿童读经，使他及早受文化的浸润。这种工作，虽然不一定能立竿见影，却是一个有忧患意识的知识分子、一个谋国以忠的政治家所应慧眼洞见的远谋！"①

2. 中国教育学与传统经典文化的内在联系

叶澜指出，做"中国教育学"，必然要回到中国独有的文化传统，用中国话语方式去建构和表达教育学的基本概念、原理、命题。在她看来，"教天地人事育生命自觉"具有内核、智慧和境界三层结构：内核以自强修己为本，行治国达人之用；智慧以启蒙善导之慧，成仁人志士之德；境界以"天地人事"之教，涵"生命自觉"之育。教育必须通过对人生活其中的外部世界之知识、经验和文化传统的教学，达成培养人之"生命自觉"，使每个受过教育的人最终成为能把握自己命运的人，因有生命自觉而实现自由人生之人，这是教育最根本的追求。中国哲学传统常把自然称为"天地"，把社会之事称为"人事"，天地与人事的关系落到个体层面，即人在世界中"如何生存"的问题，在教育领域则进一步深化为"如何培养作为生命主体的个人调节生命和运转命运"的问题。

"天地人事"是教育的内容，"生命自觉"则是教育的目的，教育实际上是由教"天地人事"到育"生命自觉"的过程。"生命自觉"是指个体对自己生命的存在状态觉知、成长目标清晰、理想人格确立和追求矢志不渝。"生命自觉"是贯穿人生命始终的，是自人出生、有生命于人世间后，从有意识到有自我意识，再到有自我生命发展意识与目标的逐渐生成过程，也就是"自明、自得、自立、自强、自持、自勉、自由、自在"。它包含着人在价值取向和道德意义上的自我清晰，发展的自我选择、自我负责和自我完善，包括人对自己的特长与不足、目前的发展状态、可能的发展目标与前景、人生未来理想的构建与策略选择，以及有方向地、坚持不懈地践行与实现等方面。当今教育对青少年"生命自觉"的培养，是在教"天地人事"的过程中实现的。"天地"涉及自然科学领域，"人事"关系到社会科学领域，"教天地人事"也就是在用中国的话语、以古今相通的方式来表达当今还需要学习自然科学和社会科学。青少年在成长过程中，在学校中的学习生活和校外生活中各方面遭遇的内容，用"天地人事"来概称。两类生活聚合到每个孩子的生命成长与心灵体验之中，逐渐转化形成他们个人的知识与能力、内心世界和人格、外在的行为处事方式和生存方式。

西方学校制度和课程体系的引入，弥补了中国文化教育传统中缺乏学科分类的不足，但要注意的是，也带来了学科的育人价值被淡化，甚至被遗忘

---

① 王财贵.儿童读经之基本理论[J].少年儿童研究，2014（4）：6-9.

的风险。在古代经典中,"教"字重在表明施受关系;"育"字则强调人之性的内在涵养、化成。由教"天地人事"而达"生命自觉"之育,是一个含蕴、转化的过程。教育转化,一是指外在的类文化转化为个体内在的人格;二是指外在的师之教转化为弟子之学,其内在精神世界之充盈,直至生命自觉之形成。教师作为教育教学活动的主体之一,也是人类智慧的创造者,将知识化为手段,人成为目的。中国文化传统中有"综合思维、互通互化、时势运转"三种智慧思维。对教育的清晰认识和中国式表达,急需这样的智慧思维。儒家对学习强调思考、反省、践行、体悟,使所学转化成为自我精神世界的构成,将自己的人生信念躬身践行。

叶澜还指出,教育与文化传统之间的关系最为直接、密切。由于对我国文化教育传统实质与价值判断上存在偏差,对改变文化传统、吸收异文化策略上也存在偏差,要么把传统的力量当作主要是存在于典籍、制度中,似乎不再去读这些、教这些,传统文化的"顽劣"影响就可以消除了;要么是对西学的引进,重眼前,忽视了眼前与长远的关联;重运用,忽视了"体"与"用"的不可分的根本关联,误以为"用"可以不影响"体",忘记了儒家的力量就在于将"体"化为"用",因而也忽视了西学"用"中含"体",同一文化中不同"用"所内含的共有之"体"。正是对待一中一西双方策略上的双向偏差所形成的合力,助推了政治上、制度上否定古代文化教育传统之合力,助推了其在社会主流地位上的节节败退。我们传统的当代新生,不是复古。历史不必要,也永远不可能回转重来。文化传统的真正力量蕴藏在日常生活中、常识中、人类当前的生境中。传统的新生是通过对传统内在精华与独特的再认识,将其内在的生命力和价值再开启,且化到当今中国人的生存方式之中,化到当代中国文化教育的精神与实践中方能实现。所以,今天不能再简单追求"替代",而是要期望在"融通"和"优秀基因"传承基础上的当代创生。学校教育中要实现融通,最基本的就是通过深度开发不同学科教学的育人价值,使"教"与"育"在学科教学中真正得到融通,同时要使教育的融通渗透到学校师生的日常生活之中。为了改变现状,教师必须认识到,学科教学的育人价值不等于学科的德育价值,学科教学育人价值的开发也不只局限于学科内容的深度研发,还包括围绕着学科教学进行的教育活动过程,即课堂教学本身就是生活,这种生活蕴含着丰富的育人价值。

叶澜进而指出,中国话语体系下的教育学,不仅涉及中国的文化传统,还内含着中华文明中的哲学、医学等理论。特别需要对中国文化传统相对于西方而言的独特性、对中华民族的民族性形成、对中国人精神世界的影响有一个深度的认识。从了解中国的文化传统，到了解几百年来教育学的发展脉络，才能在理论上形成对中国的教育学的思考与研究。同时，理论研究者须深度研究中国的教育实践。要对中国教育实践有所了解，对其中的经验与问题及其产生的诸多原因有一个生态式把握。更重要的是，要使中国的文化传统在当代呈现新的活力。我们的文化传统是一种人间哲学、成人哲学，我们的教育学是成事成人的教育学。①

第二节　传承发展期三类教材

当前，现代教育通过构建一整套的学科化、分层化、标准化、可量化、适切化的中小学课程和教材，辅助班级课堂教学，就能高效传播知识和培训技能，在教育普及和培养职业人才方面效果显著，经典教育着重于内在精神构建，如采用课堂教学模式，难以标准化、学科化、量化等，两者之间存在一定的不适切性，所以，通过课堂教学实现经典传承的大众化、可量化的效率追求，与文化传承的个性化、不可量化的质量提升之间，一直存在着很难化解的矛盾，这是当前完善中华经典教育尤其是课程建设和教材编写的核心难点，需要在教材内容选取、内容建构方面始终关注这一内在的深刻矛盾。

一、一百年前的经典课

1902 年至 1904 年，晚清政府仿照日本近代学制制定了《奏定学堂章程》《钦定学堂章程》。在《奏定学堂章程》中，跟经典课紧密相关的有三门课：修身课、读经讲经课、国文课。这是国家层面进行教育学制变革之际经典课程在近现代发展的最初蓝图。具体内容见表 9-1 至表 9-3②。虽然后来的《钦定学堂章程》对此有很大的调整，但通过这三张表格，可以了解到最初的经典课程设置的宏大和细致。

---

① 叶澜，罗雯瑶，庞庆举. 中国文化传统与教育学中国话语体系的建设——叶澜教授专访 [J]. 苏州大学学报（教育科学版），2019（3）：83-91.
② 朱有瓛主编. 中国近代学制史料（第二辑上）[Z]. 上海：华东师范大学出版社，1987：222，220，376.

表 9-1 奏定学堂章程初等小学堂必修科课程

学年科目	第一学年	每星期教授时长	第二学年	每星期教授时长	第三学年	每星期教授时刻	第四学年	每星期教授时长
修身	道德要义	二	道德要义	二	道德要义、国民教育要义	二	道德要义、国民教育要义	二
读经讲经					《孝经》《论语》分讲解、诵读、默写、回讲四项	五	《论语》分讲解、诵读、默写、回讲四项	五
国文	识字、单句及短文读法、习字	十四	识字、通用短文读法、联字、习字	十四	识字、通用短文读法、联字造句、习字	十五	识字、通用短文读法、联字造句、作文、习字	十五
算术	数目之名、实物计算、二十以下之数法、书法、加减乘除	四	百以下之数法、书法、加减乘除	四	通常之加减乘除	五	简易小数及诸等数	五
体操	游戏	四	游戏、徒手体操	四	游戏、徒手体操	三	游戏、徒手体操	三
图画			绘简易物体		绘简易物体		绘简易物体	
手工	简易手工		简易手工		简易手工		简易手工	
乐歌	单音唱歌		单音唱歌		单音唱歌		单音唱歌	
合计		二十四		二十四		三十		三十

表 9-2 奏定学堂章程高等小学堂必修科课程

学年科目	第一学年	每星期授课时长	第二学年	每星期授课时长	第三学年	每星期授课时长	第四学年	每星期授课时长
修身	道德要义	二	道德要义	二	国民教育要义	二	国民教育要义	二
读经讲经	《大学》《中庸》《孟子》	十一	《孟子》《诗经》	十一	《诗经》《礼记》节本	十一	《礼记》节本	十
国文	通用文字读法、作文、习字	八	通用文字读法、作文、习字	八	通用文字读法、作文、习字	八	通用文字读法、作文、习字	八
算术	整数、小数诸等数之加减乘除	四	诸等数之加减乘除，求积分数之加减乘除，诸等数及分数之应用问题	四	分数之加减乘除，百分数利息珠算加减乘除	四	比例、珠算、簿记	五
历史	中国历史之大要	二	续前学年	二	续前学年	二	续前学年	二
地理	中国历史之大要	二	续前学年	二	外国历史之大要	二	续前学年	二
格致	动物、植物、矿物及自然现象	二	续前学年	二	理化气象及生理卫生之大要	二	续前学年	二
图画	简易形体	二	简易形体	二	各种形体	二	各种形体或简易几何画	二
体操	普通体操、游戏、兵式体操	三	普通体操、游戏、兵式体操	三	普通体操、游戏、兵式体操	三	普通体操、游戏、兵式体操	三
手工	简易细工		简易细工		简易细工		简易细工	
乐歌	单音唱歌		单音唱歌		单音唱歌		单音唱歌	
农业					农业大要		农业大要	
商业					商业大要		商业大要	
合计		三十六		三十六		三十六		三十六

表 9-3　奏定学堂章程中学堂必修科课程

第一年		第二年		第三年		第四年	
修身	2	修身	2	修身	2	修身	2
读经	3	读经	3	读经	3	读经	3
算学	6	算学	6	算学	6	算学	6
辞章	3	辞章	3	辞章	3	辞章	3
中外史学	3	中外史学	3	中外史学	3	中外史学	3
中外地理	3	中外地理	3	中外地理	3	中外地理	3
外国文	9	外国文	9	外国文	9	外国文	9
图画	2	图画	2	图画	2	图画	2
博物	2	博物	2	博物	2	博物	2
物理	2	物理	2	物理	2	物理	
化学		化学		化学	3	化学	3
体操	2	体操	2	体操	2	体操	2
共计	37		37		38		38

根据毕苑研究，20世纪初清政府颁布的《钦定学堂章程》和《奏定学堂章程》中，深刻体现了学习日本的结果和不废经书的宗旨。修身要求以古人之嘉言懿行培养儿童约束平和之规矩，摘讲朱子《小学》、刘忠介《人谱》和各种图说、诗歌。所读所讲之经则定为《孝经》《四书》和《礼记》节本。高等小学堂修身要讲"四书"要义，读经讲经定为《诗经》《书经》《易经》和《仪礼》一篇。中学堂的修身摘讲陈宏谋五种遗规:《养正遗规》《训俗遗规》《教女遗规》《从政遗规》和《在官法戒录》，以及有益风化之古诗歌。读经讲经要读《春秋左传》和《周礼》。中国文字和文学主要是识字并讲解经史子集中的平易雅训之文，而修身科比之经书较为简单易懂，易被儿童吸收，所以渐渐承担起了道德引导的历史重任。有关读经的教本在道德教育方面开始向修身教育体例靠拢。经学教育的内容只能在知识体系的规范转型过程中改变自身存在的形式。修身教科书实际上是以经书为本，讲授人伦道理。"修身"科目的出现，为经学教育带来规范化、普及化的好处。但是，修身科这种道德教育和价值观念教育的新形式使得"读经讲经"面临了一丝尴尬。在一些售卖新式教科书的书局中，也开始出现"经学教科书"这样的新事物。比如，乐群书局出售《孝经课本》《节读分课经书》以及它的配套教本《节读分课经书教案》；文明书局出版《经训修身教科书》，可说是经学教育以修身为容身之地的典型；南洋官书局出版《孝经便蒙课本》和《绘图四书便蒙课本》，这些都表明孝的教育是修身教科书刚出现时的重要教育内容。清末

收藏于涵芬楼的经训教科书就有 17 种 59 册之多。而晚清各种发行新式教科书机构的书目中,"修身"类不仅包括以"修身教科书""修身教授书"命名的新教本,也包括一些传统经学教育的内容。例如,中国图书公司的《大字四书》、南洋官书局的《节本礼记》、千顷堂出售的《绘图礼记节本》,以蒙学教育为主要出版方向的彪蒙书室出版发行的教科书《四书白话解》《四书新体读本》《绘图大学新体课本》《绘图孝经新体课本》《绘图中庸新体课本》《绘图论语新体课本》《绘图孟子新体课本》《图画四书白话释》《初级普通经学读本》等,这种改良形式说明了经学教育主动投向"修身"教育的羽翼之下。到 1906 年学部设立编译图书局之时,"编书课"下面按照奏定学堂章程设置了 8 个股,"经学修身"为一股。经学教育在晚清确实有了形式上的变化,试图以教科书这种新结构承载经学教育的知识体系,并已经表现出制度融合的趋势。在民国,最重要的知识转型就是前述经学教育的废除和国语教育的兴起。首先,体现在教科书的语言问题上。经学教育的废除不可能一纸政令便一蹴而就,在没有消弭净尽的经学教育和国语文教育之间,存在着知识史的冲突。只有新的语言和知识体系才能最终强有力地摧毁经学教育系统的堡垒。民初中小学教育废除读经的法令,还有对经学教育的总宗旨,都说明一方面经学教育的意识形态作用在淡化,同时作为一种知识体系的经学教育也在分解,这两种趋势使得经学教育越来越失去其生存根基,一步步远离时代文化中心。其次,体现在新文化与国语教科书的问题上。学术转型和现代学术体系建立所形成的分科系统,造成了知识体系的重组。对于文化传承影响极大的语文教科书在知识体系上越来越远离经学教育体系,换句话说,经学体系在强大的知识重组过程中,一方面其价值意义被淡化消解;另一方面其部分内容作为新知识建构的一种成分继续传承。这一部分就是转折时代经学教育的生长空间。同时,作为旧价值经学教育也不可能轻易退却,所以,关于价值观的纠葛从晚清到整个民国期间都在进行,也就是对于经学教育的争论。经学教育在近代的纷争真实地反映了知识与价值分离的历史变迁。一方面,经学的知识内涵被纳入以历史、国文等学科为主的近代知识体系中;另一方面,它的价值意义则以消解、变形的状态存在。或许这也是近代知识体系建立时期的特点和尴尬。课程与教学的变化真切地反映出传统文化传播体系的崩溃和新教育模式的形成。修身科目与经学教育的并立在一定程度上消解了经学教育的独尊地位,而语文教育的浪潮又在知识系统内部分解了经学教育的知识结构。近代教育就这样告别了传统,走出了传统经学教育所支撑的知识体系，展现出新的发展路径。①

二、转型阶段的三类课程

就中华经典教育开展的时间阶段来说，20世纪上半叶，可能都是中国教育的大变革、大深化时期，也是经典教育的转型阶段，也就是从一个非学科化、非课程化的阶段到逐步的专门化、课程化的阶段。正如胡晓明在《读经：启蒙还是蒙昧？——来自民间的声音》一书中提出"转型时代的人文危机"一样。当前读经的实质是回应转型时代，守护文化和文明的基本价值。为此，在当下学科化教学的大背景下，选择什么作为教学的内容，必须考虑到文化发展的内在要求、当下社会的文化精神需求以及课堂教学的优劣势。从这点出发，将中华优秀传统文化的内容归纳为三种类型，即积累型经典课程、常识型经典课程和体验型经典课程。②

1. 积累型经典课程的内容选择

自1995年政协"九老"提倡古典学校以来，经典阅读活动大大增加，让青少年熟读中华民族的经典篇目，已经成为当下社会的基本共识之一。近年来涌现出一批经典教育教法的探索者，陈琴的"背诵十万字，读破百部书，能写千万言"的"经典素读"教学，就是这一积累型课程的典型之一。其早期理论和实践都体现在《经典即人生：文字是修正灵魂的良药》③一书中。

经典素读教学法，选择本民族以及人类历史上所公认的经典读本为教材，尽量剔除源自教师本人之"望文生义"的诠释，只作适当的字面对译，目的在于把经典文本以反复诵读的方式烂熟于心，通过反复诵读获得积淀经典的童子功，以求他日的厚积薄发之效。经典素读的核心价值在于积淀，不在近期的考核。经典素读的基本操作方法：大经典，同并进。放声读，能成诵。重记忆，轻讲解。诵新篇，常温故。总的指导思想：先厚积，先输入；后薄发，后输出。六年学习整体规划目标：背诵十万字，读破百部书，能写千万言。

经典素读教学法是把小学六年里的语文学习分为三个阶段，对六年里每个学年的学习内容重新量化。总目标是，在不影响现行教材的使用和不增加学生课余负担的前提下，一、二年级识字量到达2000字以上，每天阅读500

---

① 毕苑.经学教育的淡出与近代知识体系的转移：以修身和国语教科书为中心的分析[J].人文杂志，2007（2）：141-149.
② 北京师范大学任翔教授认为："了解中华文化知识、把握中华民族精神、践行知行合一理念是中国传统文化教育的目标。据此目标，围绕传统文化教育内容，遵循青少年认知规律和教育教学规律，按照一体化、分学段、有序推进的原则，把中华文化知识教育、中华民族精神教育、中华文化养成教育贯穿于启蒙教育、初等教育、中等教育、高等教育的全过程。"[任翔.传统文化教育的目标与内容初探[J].中国教育学刊，2019（1）：58-63.]将传统文化基本内容分成知识教育、精神教育和养成教育，与本书有相通之处。
③ 陈琴.经典即人生：文字是修正灵魂的良药[M].北京：中华书局，2011.

字左右，两年的阅读量在 20 万字以上；三、四年级再识字 1500 个以上，每天阅读 3000 字左右，两年阅读量在 100 万字以上，读书笔记 7 万字以上；五、六年级每天阅读 6000 字左右，两年阅读量在 200 万字以上，读书笔记为 10 万字左右。经过实际量化，每个孩子每天坚持背诵 100 字左右的文段，一学年除去节假日，每个孩子按在校日为 180 天计算，六年就可背诵 10 万余字的文章。

经典素读首先要从本民族的经典读起。参考前人的做法，低年级段是识字的黄金阶段，蒙学读本可选《三字经》《百家姓》《千字文》《弟子规》《声律启蒙》《千家诗》《唐诗三百首》等，借此才能上窥千古之物象，远视先民之遗风，是对现行教材的绝好补充，韵文和诗词让孩子容易记诵。中年级段，选择背诵《大学》《中庸》《论语》《老子》和大量的古诗词。这几本经典行文很优美，节奏感好，只要引导得法，没有多大难度。高年级段，除了继续背诵大量的古诗词外，还要选择背诵《孟子》《古文观止》《史记》中的精彩篇章。外国的优秀经典读本也应适当介入。常规的学科教材也是"素读"的好选本。其次是经典读素的课时安排。在处理好语文教材的教学以及化解学生的考试压力之后，开展晨读 20 分钟，每周 4 天，让学生扎扎实实地去读，养成一种习惯。中低年级段，每周语文课有两节课是诵读课，高年级段是一节课，作业是每晚诵读 10 分钟到 20 分钟。再次是课程内容的设计。一年级上学期：《弟子规》《小学对课》选背及 50 首唐诗。一年级下学期：选背《三字经》《千字文》《小学对课》、50 首唐诗、10 篇散文。二年级上学期：《大学》《小学对课》散文选背及唐诗和词曲 50 首。二年级下学期：《中庸》《声律启蒙》散文选背及词曲 50 首。三年级上学期：《论语》《声律启蒙》散文选背及词曲 50 首。三年级下学期：《孟子》散文及诗词 30 首。四年级上学期：《孟子》散文及诗词 30 首。四年级下学期：《庄子》散文及诗词 30 首。五年级上学期：《老子》《诗经》30 首、散文选背。五年级下学期：《古文观止》选背和《诗经》50 首、散文选背。六年级上学期：《现代美文素读》《名言格言素读》、诗词 50 首。六年级下学期：100 首诗词、100 句名言警句、20 篇散文。最后是经典素读的读练法。求略懂，求量变，求熟记，求自悟。教学法是朗读和吟诵。陈琴说："那种以教鞭威吓为手段的枯燥乏味的模式已经证明不可行。就我的授课经验而言，运用多媒体和现代记忆方法，对古代的经典训练课堂进行改良，效果显著。实际上，传统的经典训练方式如果经过现代技术——也就是一点小技巧的改良，是完全可以让学生乐于接受的。比如，诗词教学可以运用'唱诗'法,像《论语》《孟子》等文言,可以运用'剧本'结构法,像《声律启蒙》《千字文》等韵文,依其节奏,设置为'快板'法、'小组接力'法,等等。班级开展活泼多样的诵读活动,可以令'素读'做到'素'而不闷,'素'而有趣。"

2. 常识型经典课程的内容选择

在传统语文教育中,按照张志公的研究成果,从宋代以来就形成一个有效的四阶段学习过程:识字教育、常识教育、读经教育、写作教育。其中,两万多字的《幼学琼林》就是承担常识教育功能的一本有效教材,它是古代青少年教育的一本"简明百科全书",从人文到社会到自然,从生命到生活到生产知识,都有涉及,使得古人的常识学习效果有"秀才不出门,能知天下事"的赞誉。近代以来,中国教育基本上是向西方学习的不断深化过程,导致的结果就是民族历史的虚无、经典文化传播的中断、礼仪等生活常识的丢失,以至于我们当代的青少年对民族历史上曾经的典章制度一无所知,对琴棋书画、武术、太极、中医中药等基本常识缺乏了解,对传统礼仪等生活常识缺乏必要的训练。当下,《十万个为什么》等科学常识普及读物取代了《幼学琼林》等,而《中华上下五千年》部分地起到了普及历史常识的功能,近十年来在幼儿园、小学传播广泛的《弟子规》部分地起到了普及社会生活常识的功能,但是历史常识、文化常识、社会常识的内容非常丰富,有效甄别、总结并开展常识化教育,就很有必要。目前,北京地区正在推动《京剧》进课堂,一些地区开展了剪纸手工、书法、绘画、古琴等校本课程的开发,但是相对于丰富的文化常识,这些校本课程和教材都很碎片化、不系统。除了通过编写课外文化常识读本外,还要系统开展社会生活常识、历史常识、文化常识的课程和教材建设,进一步整合资源、系统设计、精心编撰。

3. 体验型经典课程的内容选择

"体验主义"是源于美国的哲学视角,积极吸收了近几十年来认知科学所取得的经验性研究成果,突破过往在哲学领域内对身体的忽视,在整个人的思维和行为的问题上,反而突出身体的中心作用。据张涛研究,"体验主义"是一种以第二代认知科学的经验性研究成果为依据逐步形成发展的崭新的哲学视角。根据该成果,人心是不同于电子计算机的,它主要是通过意象图示、隐喻、换喻、原型等多样的"想象力结构"进行隐喻扩张,而这种隐喻扩张又不能以计算还原的方式进行解释。根据这一理论的基本观点,隐喻是人的整个思维和行为的核心机制,人的一切经验都具有身体的、物理的根据,即我们的所有经验都是从人直接的身体活动出发，通过意象图示、隐喻等想象力结构，以非还原的方式，从身体的、物理的层面隐喻地扩张到精神的、抽象的层面，同时，这种隐喻扩张到精神的、抽象的层面的经验又反过来受到身体的、物理的层面经验的强烈制约。这种体验主义理论在哲学研究领域，提出以下基本观点：心在本质上是身体化的，思维大部分是无意识的，抽象概念大体上是隐喻的。在此基础上提出体验主义的思想观点：人的经验和认识具有想象力的结构，大部分概念在本性上是隐喻的，人的经验由身体、物理和精神、抽象两个层面的经验来构成，人心在本质上是身体化的。体验主义的哲学思想，"首先，在人的经验、认识和理解上，体验主义提出'想象力结构'的基本观点；其次，在概念的结构化上，体验主义提出'隐喻的概念'的主要观点；再次，在人的经验结构上，体验主义提出'两个层次经验'的重要观点；最后，在心身关系上，体验主义提出'身体化的心'的核心观点"。所以，张涛认为"体验主义是一种开放的、发展的体系，而不是一个封闭的、终结的体系"；"不断开启以更加符合与认知科学的经验性发现相一致的、新的'身的哲学'的方式对于哲学理论进行扩张性探讨的可能性"；"拒绝绝对主义和客观主义，同时，又是不倾斜于相对主义和主观主义的，即能够消除二者对立的第三的哲学视角"。总之，这种体验主义以"身的复权"作为重要的哲学议题，在整个人的思维和行为的问题上，突出身体的中心作用，尤其通过对人的"身体化的经验"结构进行全面而恰当的解释，为传统哲学理论的本性探讨，乃至经验地诠释传统哲学理论提供方法论依据和途径。从哲学方法论的意义上看，这种体验主义作为一种能够消除客观主义和相对主义二分法对立的第三种观点，是"动摇同时解放"我们哲学见解的哲学理论。①

张涛利用体验主义理论对朱熹的"理一分殊"展开了研究，得出"从体验主义观点看，朱熹的'理一分殊'说是由'月亮''窝窟（容器）''杓碗（容器）''木根''绳索''统体异用''异体异用'等多重隐喻精致化的复合型隐喻，这表明，朱熹所谓'理一分殊'只是一个没有客观性、确定性的抽象观念而已。这进一步表明，宇宙间其实并不存在'理一分殊'的运作，通过'理一分殊'呈现的理对宇宙现象界的参与和主宰作用亦是一种理论假象。"②体验主义可以说与传统教育的"诚敬涵养"很相似，特别重视身心的体悟和所得，中华民族就是一个善于观察自然和自身的民族，《周易》就是我们先人在长

---

① 张涛. 体验主义哲学理论初探[J]. 延边大学学报（社会科学版），2012，45（6）：31-37.
② 张涛. 认知转向视域下朱熹"理一分殊"说的隐喻结构[J]. 齐鲁学刊，2021（3）：5-15.

期的生产、生活中体悟到的天地人合作共生之道，象数思维既需要长期的观察，又需要综合体悟；孔子的"因材施教""愤启悱发""举一反三"等教学方法，曾子的"日省吾身"，孟子的"自得"，朱子的"读书法"等，可以说都是体验主义的践行。台湾地区 60 多年高中传统经典教学的经验总结为"通其训诂，掌握精义，触类旁通，融入生活"16 个字，也是体验主义的例证。

徐梓认为，在国学经典教育中开展体验教育既有必要，也有可能，因为体验教育能真正确立学生学习的主体地位，与教学的本意高度契合，能引发学生的学习兴趣，能使学生把知识理解得深和记得牢。"体验教育是把学生作为学习的主体，亲自参与或置身某种情景或场合，以任何可用感官作为媒介，用全部的心智去感受、关注、欣赏、评价某一事件、人物、环境、思想和情感等，从而获得某种知识、技能、情感，或加深对原有知识、技能、情感的认识，进而影响其态度和价值观的活动。"此外，他还列举其在编写《历史》教材时的具体做法，在《春秋战国时期的文化》一课中，我们有"想一想"：假如世界遗产委员会在将都江堰列入世界遗产名录之前，想听听你的意见，你会怎样向世界遗产委员会推荐都江堰呢？又有"问题探究"：你现在是在距今 2280 年的楚国的汨罗江边，你很幸运地遇到了遭流放的、很不幸运的屈原，你会对他说些什么呢？在《丝绸之路的开辟》一课中，"问题探究"是这样的：想象一下，你是张骞第一次出使西域后、回到长安时的唯一随从，又跟随张骞第二次出使西域。向老师和同学介绍一下，两次出使西域，你经历了怎样的苦与乐？两次出使有什么不同？在整个中国古代史的最后一课，还设计了一个"出使英国"的活动课：第一，向乾隆皇帝提交一份出使英国的"申请书"；第二，提交一份赠送英王礼物的礼单；第三，你想了解英国哪些方面的情况？第四，出使英国之前，撰写向英王介绍我国悠久历史文化和当时国家情况的一份报告；第五，觐见英王是行传统的三跪九叩之礼，还是单腿跪拜并且亲吻英王的手背？第六，在回国的船上，请撰写一个访问报告，告诉乾隆皇帝应该学习英国的哪些东西，而清朝的哪些方面需要进行改革。在这些课程和模块中，内容是具体的历史文化知识，用的则是体验式教育的方式方法。"我们完全可以说，在传统文化教育中实施体验教育，或者说以体验的方式方法开展传统文化教育，不仅十分必要，而且绝对可能。"①

---

① 徐梓. 中华优秀传统文化教育十五讲[M]. 北京：北京师范大学出版社，2018：91-96.

三、转型期传统经典文化课程的问题与探索

在经过调研和分析后,李群、李凯、牛瑞雪、王荣珍等认为当下传统文化课程内容选择存在不当。第一,范围狭隘。在不少传统文化的教育实践中,课程内容过于狭隘。主要表现在:把蒙学读物等同于传统文化;把厚黑学、成功术等同于传统文化;把心灵鸡汤等同于传统文化。第二,艰深晦涩。不加诠释地诵读艰深晦涩的经典文献,成为很多学校推广传统文化的做法,"书读百遍,其义自见"的说法的确存在,但这样的做法是有局限性的,并不是只要"书读百遍"就能把所有书读懂。如果把这样的做法当成推广传统文化教育的唯一途径,则不可取。不加诠释地记诵,不仅容易造成科学性错误,更违反教学规律。一方面,古代文献浩如烟海,版本众多,在流传过程中很容易产生讹误,历代的误读不在少数。另一方面,阅读经典必须考虑学生的接受能力。① 他们还发现,从现阶段北京中小学传统文化课程的实施情况来看,存在教学目标大而无当、对课程价值疏于考虑、堆砌资料不求甚解等问题。在缺乏专门的教学时间、教师专业素养受限、学生兴趣不高等问题难以在短期内得到根本解决的前提下,目标制定具体化、问题探究深入化、观照当代现实化和继承发展创新化,是提升传统文化课程教育教学效果的有效策略。传统文化教育不需要求大求全,只要教育教学活动设计得当,就会激发学生的学习兴趣,而这一切的核心,其实是传统文化教育中思维方式的问题。如果教师选择某一传统文化主题,能够从"是什么""为什么""怎么样"三个层面去引导学生进行探究和研讨,在这一过程中培养其辨识"精华"和"糟粕"的能力,让学生从中感受我国古代知识分子对国计、民生、个人等问题全面而深入的思考,以及结合当时社会的特殊情况做出的艰难抉择,那么,这对于学生体认和思考我国当代社会的复杂发展状况及面临的复杂矛盾,所起到的启发作用自不待言。②

对此,徐梓提出内容选择的三条原则:一是代表了人类文明的发展方向,体现出教育的宗旨和追求;二是非常准确地把握特定学习领域最基本、最核心、最具有迁移价值的主体;三是与学习者生活的关联。③ 如果传统经典教育的完善,不能对传统与现代的对立等问题有所启迪,不能对未来生活有所优化,那么,经典文化的传播效果是极其堪忧的,而这正是体验型课程需要

---

① 李群,李凯,牛瑞雪."人文化成":中华优秀传统文化课程建设的反思与实践[J].教育科学研究,2019(6):48-52.
② 李群,王荣珍.取"一瓢"饮探"三千"味:传统文化教育的"可为"与"应为"[J].中小学管理,2017(4):39-41.
③ 徐梓.中华优秀传统文化教育十五讲[M].北京:北京师范大学出版社,2018:134-135.

解决的最主要问题。对于欧美近代教育发展而言，尽管世俗教育发展迅猛，但教会教育并没有消失。所以近代教育开始时，张之洞先生就说，"中国之经学，即西方之宗教"，提出中体西用观。康有为创立孔教会，乃至白话文与文言文之争、科学与玄学之争、东西方文明之争，甚至到20世纪80年代的蓝色文明与黄色文明之争，都是对中华文化继承的内在必要性的探究。然而，一切文化的要道，乃至文明的优秀成果，如果不能被生命体验并带入日常生活中，那么，再绚烂的文化最终也只能进入博物馆供人瞻仰而已。让青少年对传统文化义理，如仁义礼智信、忠孝廉毅和等有切身的感受，就成为当下完善中华优秀传统文化教育的最主要工作了。比如，吟诵古诗文就是一种很好的符合体验型课程的教学手段之一，吟诵可以将个性化体验与文化的情感认同高度统一起来，起到以文化滋润人生的目的。研学活动，比如凭吊古人、实地游历山川等，也是体验型课程的应有之义。不过，目前体验型课程的内容设置、方式方法、评价手段还有待进一步开发。

于春海、杨昊认为，"完善中华优秀传统文化教育是解决现代社会精神迷失，道德失范的一剂良药；是在文化多元化背景下增强中华民族文化认同的必要举措；是践行社会主义核心价值观、实现民族复兴中国梦的动力源泉。中华优秀传统文化教育的主要内容应包括自强不息的民族精神、修齐治平的家国情怀、崇德向善的道德追求和内圣外王的人格理想"[1]。从思想内容来说，上述目标、内容和路径是合适的；然而从实践层面来说，"从教育实践出发考察纷繁复杂的传统文化，并非所有的传统文化都适合成为教育内容。""从教育内容的呈现形式出发，按照工具性、知识性、技能性、实践性四类教育内容的呈现形式，传统文化教育的内容体系包含以文字为载体的传统经典，作为知识形式存在的传统生活与社会常识，与人类的创作、制作有关的传统技艺，以个人行为为载体的传统道德等四大类内容。这几类传统文化内容从不同方面承担了传统文化教育的不同使命，构成了传统文化教育的基本内容体系。"传统文化内容浩繁，一是受学校教育资源限制；二是受学生的学习心理制约，所以"传统文化固然有不少优秀的、经典的、重要的内容，但是在教育实践中，所谓的'优秀'与'重要'的标准应该让位于'合适'。"[2]

关于传统文化教材如何组织，王立刚也提出了较为具体的设想，可以作为经典教材构建的有益参照。"传统文化不同于传统文化教育，实现从传统

---

[1] 于春海，杨昊. 中华优秀传统文化教育的主要内容与体系构建[J]. 重庆社会科学，2014（10）：67-75.
[2] 王立刚. 论传统文化教育的内容体系[J]. 当代教育与文化，2017，9（1）：10-16.

文化到传统文化教育转变的核心概念是课程设计或者课程组织。基于教育实践的视角，传统文化教育内容的组织可以分为横向组织和纵向组织两个方面。在横向组织上，可以按照一定的标准对传统文字、传统艺术、传统工艺等传统知识与文化进行筛选，形成适合的内容模块；在纵向组织上，可以按照学生的年龄特点，对传统文化教育内容进行排列，形成具有阶段性的教育内容。""从理论上来说，传统文化教育必然可以成为一门专门的课程，因为传统文化本身有独立的逻辑和体系，既有知识性的内容，也有工具性的内容，还有技能性的内容。正因如此，传统文化教育不是'传统文化主义'教育，不是'传统文化精神'教育，传统文化教育要实现的目标也不可能通过其他学科的'体现'或者'渗透'就能完成，更不可能仅仅通过简单组织几次能够体现传统文化精神的课外活动就能完成。""具体来说，传统文化课程设计可能主要包括三个步骤，第一步是对所有的传统文化内容进行梳理和分类，尽管这些内容是不能穷尽的，但是为了教育教学的需要，必须进行初步的梳理，形成传统文化的分类体系；第二步，按照教育的需要筛选出适合不同年龄阶段、不同特点儿童需要的传统文化内容，形成适合教育的传统文化内容；第三步，将适合教育的传统文化教育内容按照学校教育或者其他教育形式的需要进行组织，形成适合具体教育实践需要的传统文化教育内容。"①

第三节　体验型经典教材的外部因素

　　当前中华经典教材比较繁杂，显得有点混乱，其原因之一就是在转型期间三类教材的存在，各有其存在的理由，但其区别是显著的。本书主要集中到体验型教材的模块构建，具体的教材编写结构不在本书研究的范围内。积累型经典教材因其受时效性影响大，常识型经典教材因其重在长期的积累，故都不在讨论之列。

一、刚性支撑

　　文化生成是需要条件的，那就是生成这种文化的民族能在历史的发展中维持民族的安全和独立，历史上很多民族曾经创造了极高的文明，或者被异族吞灭，或者神秘消失、被替换或者被中断，民族传统文化没有得到有效传

---

① 王立刚. 论中小学传统文化教育的内容与课程组织[J]. 教师教育论坛，2017，30（8）：9-13.

承和发展。中华文明是古代四大文明古国之一，也是世界上极少数能传承发展到今天的古老文明体和文化形态，实属难得。

近代以来，中华文明也受到外敌入侵，国家独立和民族生存都受到威胁，中华文化更是处在风雨飘摇之中。"整体地观察近代中国思维方式的演变，我们时时会为一种强烈的诉求所感染和驱动，这就是由'强''自强'和'富强'等构筑起来的最强力的'集体意识形态，或者'集体信念'，它十分之普遍而又十分被信奉持守,使我们有充分的根据将这称之为'自强意结'或者'自我强大的信念'"[1]。反观近代以来的历次传统经典文化"热"，往往都是中华民族政治、经济、军事稍稍发展良好之时，文化的复兴立即成为社会或者教育的热点。1929 年世界经济大危机爆发以来，中华民族经济有较大发展，中华传统文化复兴的讨论立即成为热点，科学与玄学之争、读经论争、文白之争等成为学术教育界讨论的热点；20 世纪六七十年代，中国台湾地区经济发展之后，经典教育在台湾地区就大面积推广起来；20 世纪八九十年代，新加坡推行的《儒家伦理》教材也是经济快速发展之后为防止"西化"的思想教育回应。

当然，经典教育的开展离不开政治的独立发展。中华人民共和国成立后，因为要构建新的政治、经济、文化形态，"破四旧""儒法斗争""批林批孔"运动等都是这一现象的反映，传统经典文化受到彻底的批判和清除。改革开放以来，传统经典文化又逐步得到传承，即使 1989 年前后，虽然全盘西化很时尚，但中华传统文化的热潮已经在部分高校、科研机构悄然兴起；1995 年以来，伴随着 2001 年中国加入世界贸易组织，2008 年北京奥运会成功举办，中国经济、科技、军事快速发展，社会面貌也发生了巨大的变化，中华民族经典文化的热潮随之兴起，并持续至今。2012 年中华优秀传统文化教育成为重要的国策之一，2014 年以后，随着国家和地方政府的传统文化教育政策不断推出、传统文化教育实践的进一步发展和完善，中华经典教育实施的刚性支撑得到了较好的保证。

二、柔性支撑

中国学术思想本身有其源流，但近代以来，受到欧美学术思想影响，中国传统的四部之学过渡到七科之学，在随后的一百多年里，传统学术思想被

---

[1] 王中江.近代中国思维方式演变的趋势（增订版）[M].北京：中国人民大学出版社，2018：364-365.

细致切分，分入大学的不同学科中去，有些仅仅作为学科资料呈现，如同一棵大树被分成几段，被打成碎料，作为其他学科之树的生长养料。如果要复兴传统文化的合理成分，必须按照这棵大树的本来生机梳理出其生理机制和生命体态。

1. 学术研究的突破

随着社会历史环境的转变，无疑为细致、深入、系统地开展中华经典的学术研究和传承发展提供了有利条件。就目前学界的研究热点、研究成果而言，对于过去经、史、子、集四部知识分类如何转换为传统文化尤其是经典教育的课程内容，则存在以下阻碍，需要创新突破。

（1）中国文化话语主导权的转向。当代中国学术话语、文化话语深受西方话语体系的影响，虽然当下的中国学界已认识到西方学术话语体系在分析中国历史和社会现实时的不恰当，但具有中国特色的人文社会学科还未得到有效整体构建，导致话语权不足，二者不能相互正向影响。主导话语权不足，话语主导权没有转变，中华优秀传统文化内在的、具有活力的思想文化资源就得不到有效挖掘。这是阻碍中华优秀传统文化课程体系构建的重要因素之一，亟须创新突破。

（2）跨学科融合研究尚未有效开展。目前，关于传统文化的传承、发展和研究主要由文学、历史、哲学、语言文字等学科承担，但这些学科的教研人员对教育学、心理学、传播学、管理学、社会学了解甚少，以致一套传统文化教材，从事文学、历史、哲学的学者认为其传统文化内容不够深入系统，而教育学者则认为其不符合教育学的要求。

（3）传统文化课程体系内容选定的系统性和科学性亟待提升。传统文化课程体系的内容选定要有适切性，所选择的课程内容，既要符合传统文化自身内容的完整性，又要符合学习者年龄梯度的有序性。传统文化课程内容选择要求选材考察全面、选取结果简约、内容设计合理。课程内容要从随机的碎片化转换到规范的系统化。当然，这离不开跨学科的深度合作和系统研究。因此，传统文化课程内容所兼有的序列性、系统性特征，需要具有一定深度和广度的学术专题研究来支撑。如对儒家思想特别是对孔子思想的理解，"仁"是一个跳不过去的概念，如何将"仁"的历史发展内涵和思想意义有效纳入教学是传统文化教学的难点之一。由于课时限制，在课堂上讲授仁学，不可能面面俱到，必须分层次讲解其内涵，清晰梳理其内涵之间的差异，这就离不开学者对"仁"的系统学术研究和当代应用阐发。在这一点上，陈来的《仁学本体论》、牟钟鉴的《新仁学构想》等著作为解决这一难题提供了很好的学术研究成果，可资借鉴。但是，对于"义、礼、智、信、孝、悌、廉、毅、耻"等传统核心观念的研究，还需深入。

2. 重大问题的系统研究

中国文化本位是什么？中华传统文化的基本特质是什么？中国传统文化的基本内容是什么？中华传统文化的核心理念的内涵是什么？中国传统文化的方法论是什么？这些都是传统文化尤其是经典课程化建设的基础性重大问题。

关于中华传统文化的核心理念，最为重要的就是"道""阴阳"二气、"天地人"三才、"元亨利贞"四德、"木火土金水"五行等中华传统文化的核心理念，特别是阴阳五行的学术梳理。顾颉刚说："五行，是中国人的思想律，是中国人对于宇宙系统的信仰。"①"汉代人的思想的骨干，是阴阳五行。无论在宗教上，在政治上，在学术上，没有不用这套方式的。"②侯外庐说："如果不理解阴阳五行学派的世界观、知识论和逻辑学，则对于自汉以下的儒家哲学，也不能够有充分理解。"③齐思和说："吾国学术思想，受五行说之支配最深。"④庞朴说："一般都承认，'五四'以前的中国固有文化，是以阴阳五行作为骨架的。阴阳消长、五行生克，弥漫于意识的各个领域，深嵌到生活的一切方面。如果不明白阴阳五行图式，几乎就无法理解中国的文化体系。"⑤阴阳五行是"中国文化的骨架"，五行拥有"作为中华文化框架的特殊地位"。英国学者李约瑟说，阴阳是"古代中国人能够构想的最终原理"，"五行说的影响之大，传播之广，使它遍见于中国古代及中古的一切科学和原始科学领域"。⑥

可是如此重要的思想观念，由于其弥散在传统文化的方方面面，虽然历代中国学者也都有所涉及，但是真正进行深入研究的并不多，加上西方科学实证思想的冲击，阴阳思想还可以与辩证唯物主义思想相通，但五行思想基本被打入神秘主义的冷宫，受到近现代以来思想界的鄙视和抛弃。然而，如果把五行思想从中华传统文化中剥离，那么中华传统文化就只剩下一些道德说教和历史记忆而已。随着当代学者对五行思想的集中研究，加上地下出土了很重要的古代文献，相信在不久的将来，阴阳五行思想会获得一种更加合理、更加清晰的学术梳理和学术表达。

---

① 顾颉刚. 五德终始说下的政治和历史 [J]. 清华大学学报（自然科学版），1930（1）：71-268.
② 顾颉刚. 秦汉的方士与儒生 [M]. 上海：上海古籍出版社，2005：1.
③ 侯外庐. 中国思想通史（第一卷）[M]. 北京：人民出版社，1957：646.
④ 齐思和. 中国史探究 [M]. 北京：中华书局，1981：193.
⑤ 庞朴. 阴阳五行探源 [J]. 中国社会科学，1984（03）：75-98.
⑥ [英] 李约瑟. 中国科学史·第二卷·科学思想史 [M]. 何兆武，译：北京：科学出版社，上海：上海古籍出版社，1990：254.

关于中国传统文化的方法论问题，随着研究的深入发展和地下文物典籍的出土，学者们对其认识也越来越清晰。如龚建平等认为，近代中国哲学，主要视哲学为解释世界之学，谈方法常侧重认知方法与思维方式，以及思想论辩、论证和表述方式等。由此，人们认为中国哲学方法是综合的、天人合一的、注重直觉体验而非形式逻辑等。这种认识有合理的一面，但若仅限于此，则容易陷于认识误区。毫无疑问，儒家哲学本质上是重视"行"即实践的，注重实践乃儒家哲学根本特点。因而，儒家哲学方法是关于"行"的方法，而非思考或求知的方法。当然，儒家之"行"，与马克思所说的实践，内容上有很大的不同：一个主张改变客观世界，另一个主张改变行为方式并以此改变社会和构建人文世界。前者着眼于现实地改变世界，故首先重视认识世界；后者将重心落到"行"的前提及如此"行"的可能后果等问题上。这样，后者不是说明世界"是什么"或解释"为什么"，而是直面人是什么并试图架构生活世界，突出"应该是什么"的问题。即使同样涉及主体性问题，前者更关注的是现实地改变世界的主体性问题，后者则突出价值和道德主体性问题。因而，前者落脚在世界和主体本质是什么的问题上，后者落脚在人与世界应该是什么的问题上。儒家哲学方法，原则上是构造生活的方法。近代，特别是中华人民共和国成立以来，儒家哲学研究方法上的另一个误区是受传统西方哲学影响而忽视了儒家哲学的价值和道德属性，将儒家哲学看作客观化、科学化追求，将传统哲学关心的心灵问题转化为事实问题，将境界问题转变为外在客观的自然事实，结果是避己之长而扬己之短。近代以来，包括新儒家在内，对传统的礼所论甚少，更有甚者，仅视其为令人厌恶的等级，而否定了客观秩序存在的必要，儒学遂成为不能落实的空洞"境界"。这样一来，在自然界和客观真理面前的"人人平等"，实质上是将人消解为自然人的平等，而自然人是无所谓平等的。相反，传统儒家所主张的道德和价值的统一则具体表现为不是对自然世界的安排，而是对人心灵的安顿。"知己而后知人"，只有对自己有深切体认时，社会的秩序才能清晰和确立。人是身心的统一体，却在社会关系上表现为"心"与"心"的内在关系，而非身和身的外在关系。这样，以我心度他心的"反躬""絜矩之道"等成为儒家哲学的重要方法。如果忽视其重要性，则上述方法均失去其积极意义。对儒家哲学方法理解上还有一个误区，是将其理解为理想状态下思维的自我清理及对现实的思想清算。在西方哲学中，哲学是反思之学，是对思之思，并不直接涉及现实，更不干预现实；但在儒家哲学中，思想中心是如何"行"及行之根据等问题,具有强烈的干预和建构现实的指向。前者表现为对现实的批判和怀疑,故注重思维的纯洁性、严密性,它往往求助于逻辑分析。后者因强调入世性质使建构现实的主体精神的情感与意志等得到加强,而淡化了哲学思维的理想性、纯洁性。因此,它对现实不是拒绝与批判,而是思想情感与意志的介入,即所谓"实用理性"。以上误区,导致现代儒家哲学在西方哲学强势的影响下,将原本主要属于"行"的问题简化为思想或理论问题,将道德和价值问题当作客观事实问题,将建构现实变为批判现实。总体来看,这无疑是放弃了儒家立场。①

第四节 体验型经典教材的内部因素

一、一以贯之地读懂汉字与养成汉字思维

汉字是中华文化的基因,是中华文化的基石,是中华经典的符号呈现。汉字是中国传统文化的组成部分,积淀着中国文化的结晶,中国文化也靠着汉字的记录流传久远。语言学家罗常培说,民族过去的文化和未来的文化都要靠语言文字来流传。"它(汉字)是中华文化流传和发展的载体,自身的结构中又保存着很多中华文化的信息。""汉字是表意文字,它不但记录文化,在它的构形中,也蕴含了很多历代的文化信息。汉字历经数千年的发展,它是中华文化绵延不息的见证者,可以和历史记载相印证。""汉字深刻地反映出古人的生产文化,它把古人如何谋生,如何顺应自然、征服自然的过程充分地展现出来。""在汉字的构形和符号系统中……还有古人丰富的精神文化……通过汉字观察文化,如同乘坐一叶小舟,在文献描述不到的地方,它可以去印证。特别是古老的观念世界和思维方法,在汉字的细致考察中,可以看到一些难得而又真切的事实。"②

周淑敏指出,从汉字的形成,既能看到当时社会的文化现象、文化观念的影响,又透过研究分析汉字,根据汉字造字的方式和内涵,可以管窥中国文化的特征。我们可以从诸多汉字现象,如汉字的造字、构词,汉字词义的形成和演变,汉字的结构特点,汉字的形体组成中,基本找到中国文化形成与发展的理据。这种理据不是逻辑关系意义上的理据,而是意识文化取向、

---

① 龚建平,宁新昌.儒家哲学中"知己"与"絜矩之道"的方法论意义[J].孔子研究,2010(2):4-12.
② 王宁.汉字与中华文化十讲[M].北京:生活·读书·新知三联书店,2018:90-101.

制度文化取向、民族心理文化取向、社会习俗文化取向以及思维方式等文化取向的阐释,它具有鲜明的民族性与历史时代性。①

1. 汉字与中国文化的深层关联

叶澜指出,中华民族古典传统中与众不同的一个具有如基因般重要又十分鲜明且体现本性的特质,就是文化与自然的深度且难以分割的内在缠绕乃至化合。它首先表现在中国文字汉字之中。汉字的创造过程又逐步完成了由图式象形转化为笔画表形,通过构字的结构规定,将自然中存在的世界转化为具有对应性和相对固定的文字符号式表达。在语言向文字的转化上,汉字走出了独一无二的路径,体现了中华民族在文字创制中抽象思维不离情境的综合特性。汉字深刻地体现了华夏民族依赖周遭世界上可感知的自然之事与物来认识世界并凝聚成抽象但依然能在阅读者头脑中唤起具体形象、情境和经验感受的,从具象到抽象转化自如的创造力。大自然是汉字的根与魂,"近取诸身,远取诸物";形是汉字的体,"以形表意""形声相益";魂体相符,根深叶茂;约定成规、灵活衍生;这是汉字强大生命力的所在与表现。汉字还能唤起阅读者对自然的生动表象和感受,具有在读书的同时产生激活、沟通大脑两半球的独特功能。汉字是促进中国人思维能力发展、形成民族思维方式乃至文化基因的独特资源。多元综合、系统生成,是汉字自身创制过程依据的基本逻辑。此外,在汉字系统形成的过程中,书写规则也逐渐得到完善:从单个字的笔顺架构到成文的竖行直写、从右到左地排列等,用一系列结构将看似单个孤立、由点线组成的图式文字整合到复杂、丰富且有序的篇章书写规则之中。在组建形式系统的意义上,也充分显示了中华民族的智慧,成为滋养世世代代中国人思维发展的无声却又无处不在、无穷无尽的宝库。汉字,确实是中华天地滋生的瑰宝。②

2. 汉字与汉字思维

葛兆光指出,汉字是世界上除使用人数不多的纳西族文字外,唯一通行而且有相当多人在用的以象形文字为基础的文字,使用汉字使得使用者有一些习惯,是使用其他文字的人所没有的。中国人很早就根据汉字的特点发展出一套套很有趣的东西。比如讲人去世,有的人叫"薨",有的人叫"崩",有的人叫"卒",在用字中就能暗示出某种意思来,所以古代写历史就有"春秋笔法",汉字里面暗含很多伦理和政治的意味。在经典的理解上,比如《大学》

---

① 周淑敏.汉字与中国传统文化 [J].北京联合大学学报,1999,13(4):22-30.
② 叶澜.溯源开来:寻回现代教育丢失的自然之维——《回归突破:"生命·实践"教育学论纲》续研究之二(上编·其一)[J].教育发展研究,2018(2):1-13.

的"大学之道"是"在新民"还是"在亲民",仅仅一个字的区别,引来了意义分歧的解释,也导致了两种理解和观念,甚至引出了不同的思想流派。所以,孔子说"名与器"就是涉及名分的词和国家祭祀用的器,是不可以轻易借给别人的,因为这种名词是一种规定性,不能乱来,这和古代贵族社会什么身份的人用什么器皿是一样的,这背后是整个社会秩序的基础。单个的、独立的汉字有很多衍生的意味,用汉字的人在字面写法上就可以表达各种各样复杂的意义。胡适曾经写过一篇文章叫《名教》,什么是名教?就是崇拜名词的宗教。汉字和思维之间产生的这种密切关系,对中国文化影响非常大。①在另外一篇文章中,葛兆光又指出,真正的中国文化的"第一个特点",是汉字的阅读、书写和通过汉字思维。以象形为基础的文字基本在生活中消失了,只有汉字仍然和它最初的象形性、原初性保持着直接的联系。汉字有的是象形的,如日、月、木、水、火、手、口、刀等,这个在古代中国叫作"文",用著名学者章太炎的说法,这就是最基本的汉字单位"初文"。这是古人通过图像直接描绘他所看到的事物。但是,这些字不够,就加上会意,就是在一些象形的文字上,加上一些标志意义的符号。比如:刀口上加上一点,就是"刃";爪放在树上,就是"采";牛被关在圈里面,就是"牢"。会意还是不够用,就加上声音,成为形声字,比如"江、河、松、柏"等。基础的汉字主要是这三类,当然六书有六种,但主要的是这三类。大家可以看到这三类汉字,基础都是形。因此,用汉字来说话、思考、阅读、书写,就会带来很多特征,可能会有一些重感觉重联想但语法相对简单的特点。中国人对于"文"和"字",有一种自然的感受和联想。古代的"人"字,一看就是人,如果这个人嘴巴朝天,就是"兄",兄原本不是兄弟的"兄",是庆祝的"祝",人的口朝天是向天"祝"和"咒"的意思。人的嘴巴朝前,又是什么?是哈欠的"欠"。这个嘴巴如果掉到后面呢?就是既然的"既",这是吃完了不吃了,所以是"既",即"已经结束了"的意思。汉字都非常有意思,它形成了中国文化很多特点。简单地说,汉字的使用带来了书法的发达、诗歌声律的发展,比如对偶、平仄等,这些都是单音节的汉字才有的。在古代中国,汉字这种以象形为基础的文字,历史上没有中断,延续到现在,它对我们的思维、阅读和书写都有很大的影响,甚至影响到了东亚,形成了所谓的"汉字文化圈"。②

侯博君指出,汉字作为"中华民族文化的根""中国文化的肌理骨干",

---

① 葛兆光. "中国的"文化[J]. 金融博览, 2014(9): 18-19.
② 葛兆光. 什么才是"中国的"文化[J]. 决策探索(下半月), 2015(9): 24-27.

在源头之时就已是中国思维文化的直接映载者与建构者之一，其所运载的"汉字思维"内核也在最初之时就已开始承载并建构着中国的思维文化。"汉字思维是以汉字为依托与最终表达呈现的实体。在生成与回归的过程中，也是汉字思维的直接呈现与表达。在这个过程中，从象出发，回归于象。在创造中以转变，在生成中以超越。在这个无形的非线性超越的回归过程中，以象思维为相对中心点出发，并延至以其出发或反向回归或相互关联的意象思维、直觉思维、整体思维等后来前人所总结并归纳出来的中国典型的思维文化特质。""汉字思维实际上可以看作以象思维为中心原点出发，以主体先前体验式介入。这种祖先群体的先前主体性介入，也是在最原始的状态下，逐步发生了主体投射的过程，而这个过程也是群体以主体性的类属性进行了先前诱发活动与主导过程，所以这也在无形中呈现着人本主义的特质。"①

张东荪曾指出中西思维方式的差异基于中西语言文字的差异：由于"中国的字是象形文字，因此中国人注重于观象。因象而取名"。中国独特的语言文字"其影响于思想上则必导致不但没有本体论，并且还是偏于现象论"，"所以《周易》也罢，《老子》也罢，都是注重于讲 Becoming 而不注重于讲 Being"；由于"中国哲学根本上就不是追求'最后的实在'"，"中国人因不重视实在与现象之分别，所以不会发展为认识论"，因此，"严格说来，中国只有'实践哲学'而无纯粹哲学，换言之，中国可算是没有形而上学"。由此造成的中西思维方式的根本性差异是，"西方人的哲学总是直问一物的背后；而中国人则只讲一个象与其他象之间的互相关系。例如一阳一阴一阖一辟。总之，西方人是直穿入的，而中国人是横牵连的……中国人的思想以为有象以及象与象之间有相关的变化就够了"。②

关于汉字的思维形成，孟华认为，纳西文代表了写实性、临摹性表达方式，而甲骨文代表了写意性表达方式。原始汉字的象形性思维具有缺少叙事性和再符号化的特征。写意性强的象形符号我们称为意象性原则，即符号形体与描摹的原型之间存在既像又不像的言此意彼的关系，用公式可写为"A 犹如 B"；而临摹性的象形符号用公式可写为"A 是 B"，即追求图画形象与对象之间的同构性。"A 犹如 B"的操作方式可进一步表述为建立 A 与 B 之间的类比关系，借助一个已知（A）求未知（B）。甲骨文"大"像一个正面人体形象而不是人体的逼真临摹，甲骨文就是用人们熟悉的人的形体图像（已

---

① 侯博君. 试论中国思维文化的原点：汉字思维 [J]. 汉字文化, 2020（5）：161-165.
② 张东荪. 知识与文化 [M]. 上海：商务印书馆.1946：100-101, 161-164, 184, 185, 189, 190.

知)来表示"人"这个观念(未知)。象形字内部的生成也是一个非线性的言此意彼的二合过程：由字元到派生字、从已知到未知的意义往复运动。也就是说，字元是已知，通过变形、增加、变序、对比等手法变化而成的字形是未知，二者构成了相似或相关的类比性互文关系，因此我们必须站在两个对比项互文性的角度了解其中一项的意义。在汉字象形字那里，一个图像和另一个图像之间的互文关系是意义产生的重要途径。正如许多哲学家所指出的那样，象形字的图像性与梦符号的思维机制是一致的。梦的语言即"象"，本质上是言此意彼的。汉字与拉丁字母在思维方式上的区别就是"A犹如B"和"A是B"。[①]

3. 识读汉字，读懂汉字，训练思维，激活经典

张之洞在《书目答问》中说过："由小学入经学者，其经学可信；由经学入史学者，其史学可信；由经学、史学入理学者，其理学可信；以经学、史学兼辞章者，其辞章有用；以经学、小学兼经济者，其经济成就远大。"[②] 此处的"小学"是特定称谓，特指研究儒家经典，解释其字面意义、阐明其蕴含义理。"小学"是我国的传统学问，包含文字、训诂、音韵三部分，是研究中国古代语言文字的学问。从传统语文教育的优良传统来说，集中识字也是自南宋以来800多年的实际教学过程中总结出来的。"识字教育是传统语文教育的一个重点。在这方面，前人用的功夫特别大，积累的经验也比较多。很突出的一个做法是在儿童入学前后用比较短的一段时间（一年左右）集中地教儿童认识一批字——2000字左右。清人王筠说：'蒙养之时，识字为先，不必遽读书。先取象形、指事之纯体教之。'（王筠著《教童子法》）"[③]

在当今的小学汉字教学中，在许艳丽看来，集中识字和字理识字都与传统汉字教育息息相关。集中识字直接承继了传统蒙学识字教育的经验，旨在通过一、二年级快速大量识字，使学生尽早做到能大量阅读，来解决识汉字和学汉语的矛盾。基本做法是：一、二年级四册教材每册都分为几个部分，在每部分中先归类识字，再读若干篇文章。"识字—阅读"不断循环编排。在归类识字中，基本字带字是最主要的识字方法。其主要依据就是汉字中占有很大比例的形声字的规律，以字形为中心组织识字。由于带出的形声字具有声旁表音、形旁表义的特点，且大多成串地学习，因此便于掌握。由于字串中有一个共同部件（基本字），所以有利于识字过程的迁移。由于带出生

---

① 孟华.汉字是如何思维的[J].诗探索，2004（Z1）：52-65.
② [清] 张之洞.书目答问补正·附二[M].范希曾补正.北京：中华书局，2018：286.
③ 张志公.传统语文教育教材论暨蒙学书目和书影[M].北京：中华书局，2013：11.

字的基本字大多是熟语，在识字时学生可以利用已有的知识经验，以已经掌握的基本字为支点，因此能够化难为易。采取集中识字的方法，大多学生能在两年内识字2000个以上；而字理识字是20世纪90年代初由湖南省岳阳市教育科学研究所贾国均提出的。字理是指汉字的构字依据和组成规律。字理识字是依据汉字的构字规律，运用汉字形音义的关系进行识字教学的方法，即通过对汉字造字法的分析（象形、指事、会意、形声等），运用直观、联想等手段来揭示和解析字理，使学生牢固建立字的形音义之间的联系，启发学生展开想象和联想，把学习汉字这件苦差事变得生动有趣，为小学生打开了一个个新奇的世界。字理识字的大体程序是读准字音，解析字理，认识字形，指导书写。可采用的方法有图示法、点拨法、联想法、演示法、歌谣法、猜谜法①。张轶西认为，字形是汉字的灵魂，汉字形体结构的本身承载着无比丰富的文化信息。教师自觉地运用传统文化知识和汉字构造的规律指导学生识字，可以使学生在识字的同时了解祖国文化，做到既知其然，又知其所以然，使教学活动更加生动活泼，从而激发学生学习汉字的兴趣。他还指出，现代小学一年级的看图识字局限性很大，不利于学生认知能力的训练。传统的"形训"可以培养学生的认知能力，有利于启发学生的思维，再加上计算机动画配合汉字故事或童话的方式对学生进行形象教学，效果会更好，并提出比葫芦画瓢，"画"中见义；留心字"眼"，细察知意；整合部首，启发联想；由形得义，由声得音等教学实验方法。②

不识字，就无法传承文明，而不懂文字，就无法理解经典。不懂汉字，就是不懂文字源流，不懂造字原理、用字方法，无法掌握汉语表达规律，就更别去谈文化，而文化里面蕴含着我们民族的认识规律——思维方式、情感认同、价值取向。关于"天"字，王宁先生从汉字与中华文化的关系角度，分析如下：

"天"的甲骨文、金文、小篆
"大"的甲骨文、金文、小篆

在汉字的构形中，体现出天人合一的文化观念。《说文解字》："天，颠也。至高无上，从一大。"至高无上的"天"，古人用什么样的字形来表示呢？在甲骨文中，"天"的上面画出大的脑袋，金文沿袭了甲骨文形体，小篆线条化后，

---

① 许艳丽. 几种汉语识字教学方法的比较 [J]. 沧州师范专科学校学报，2003（2）：64-66.
② 张轶西. 传统的回归——形训在小学识字教育中的活用 [J]. 教学研究，2004（5）：434-437.

写作一横。王国维在《观堂集林·释天》中说："古文天字本象人形本谓人颜顶，故象人形。……所以独坟其首者，正特著其所象之处也。"此可见，"天"是自然的至高顶点，头是人体的至高顶点，故"天"的造字取象于头。在汉语中，人的额头称"天庭"，人的顶骨称为"天灵盖"，亦可见在古人心目中，自然的顶端与人的头顶是同义的。在甲骨文中，"天"和"大"的构意是一样的，都取象于正面的人形。《说文解字》："大，天大、地大，人亦大，故大象人形。"这体现出自然的"天"的人格化和人文世界的自然化。

在"天"的构意中，反映出中国古代天人合一的自然观。在汉语中，"天"不仅是指我们头顶的天空，它还有表示自然的含义。天赋、天性、天分，都是人的自然本性；天险、天灾、天生、天籁、天火、天敌、天险、天堑，都是自然的产物，与人为的一切相应对。因此，天人合一的观念中，实际上蕴含了古人对人与自然的关系的思索。首先，人的修养和教育，是要遵循人性的自然规律的。《礼记·中庸》说："天命之谓性，率性之谓道，修道之谓教。"所谓"天命"，不是什么神秘的东西，而是人天生的东西，即人的自然本性。教育依人性的规律施行，教育的功能是发扬人性中本有的、善的一面。其次，人的行为要接受自然规律的制约。所谓"天网恢恢，疏而不漏"。人做坏事，会受到自然规律的惩罚。还有"人算不如天算""人无回天之力"，说的都是人与自然的关系，人是可以改造自然的，但不能和自然相敌对：人为的一切或可改变，而自然的规律是难以逃脱的。

天人合一的思想也发展出古人崇尚自然的审美观。《牡丹亭》中有一句名言："一生爱好是天然"，中国的国画、古乐、诗词、书法，一切艺术都是崇尚天然的，不喜欢刻意地雕琢，反对造作，把"自然天成"当作最高的审美标准。人们崇敬天然，推崇大自然的品德。《礼记》说："天不爱其道，地不爱其宝，人不爱其情。"这里的"爱"是"隐藏"的意思，天地是最真实的，它们不会隐藏自己的规律和资源。孔子也说过："天何言哉？四时行焉，百物生焉，天何言哉？"上天从不夸耀自己的功德，但四季运转不息，万物茁壮成长，这都是自然的馈赠。自然不夸张、不显露、不做假，真实展露，毫无隐瞒，这就是中国古人最看重的"诚"！这是中国文化原生态的审美观，也是中国道德和艺术的底气所在。①

在上面的文字分析中，王宁先生从字形演变中理解古人的自然观、审美观，并进一步推测出人生的学习观和伦理观，清晰可接受，所以，如果教师

---

① 王宁.汉字与中华文化十讲[M].北京：生活·读书·新知三联书店，2018：101-102.

能从文字源流、构字之理、用字之法来理解中华文化，会对我们解读经典、开展经典教学非常有用，而且课一定能讲得生动、风趣、有味道。正如王宁先生所说："学习汉字不能只靠记忆，要从感性走向理性，使汉字教育和语言结合，和文化结合，和读书结合，和审美结合，并把古今沟通起来，让字变得不再枯燥、不再无趣。要做到这些，就需要我们了解汉字的知识、明白汉字的道理，逐渐懂得汉字。懂汉字才能更好地学习汉字和教别人汉字，才会爱汉字并有写好汉字的兴趣。有了这样的素养，我们的孩子就不会再去戏谑汉字，他们会为把汉字写得歪歪扭扭而懊丧。对汉字有了亲和感，人文的气息就能油然而生，因为无处不在的汉字，就使你会想到历史，想到社会，想到全球，我们的人生就会增加更多的色彩和乐趣"①。

二、以"二十四节气"构建经典教材的时间框架

1. 二十四节气的基本内容

古人对一年四季中天象、气候、物候、农事、时令等方面的反复观察总结，掌握了时间变化规律，以此指导生产和生活，这些完善起来的知识就构成中国人特有的时间知识体系和社会实践——二十四节气，成为中国优秀传统文化的典型代表之一，在2016年被入世界非物质文化遗产。②这个知识体系将天文与农学紧密结合，在国际气象学界，有"中国的第五大发明"的美誉。二十四节气在传统民众生产、生活中极其重要，具有实用性、节点性与生活化等特点。其不仅是一种历法体系或者说时间制度，更是一个包含有丰富民俗事象的民俗系统。在今天，除了强调其"节点性"与"非日常性"，还要突出其"神圣性"。③

在传统历法中，二十四节气分为十二节气（节）与十二中气（气），每月由一"节"与一"气"区分，"节"为月之始，"气"的最后一日为月之终。十二节气：将每年冬至到次年冬至的一回归年时间平分为十二等分，称为中气。再将两个中气的间隔等分，称为节气。此为二十四节气的来源，而这种节气的制定法称为平气法。④现代天文学认为，太阳从黄经零度起沿黄经每运行15°所经历的时日称为"一个节气"，每年运行360°，共经历二十四个节气，每月两个。每月第一个节气为"节气"，即立春、惊蛰、清明、立夏、

---

① 王宁. 汉字与中华文化十讲 [M]. 北京：生活·读书·新知三联书店，2018：257-258.
② 付娟. 二十四节气研究综述 [J]. 古今农业，2018（1）：91-108.
③ 王加华. 节点性与生活化：作为民俗系统的二十四节气 [J]. 文化遗产，2017（2）：15-21.
④ 怀超玺. 浅谈中国古代历法之二十四节气 [J]. 中国新技术新产品，2009（9）：254-255.

芒种、小暑、立秋、白露、寒露、立冬、大雪和小寒；每月的第二个节气为"中气"，即雨水、春分、谷雨、小满、夏至、大暑、处暑、秋分、霜降、小雪、冬至和大寒。"节气"和"中气"交替出现，各历时15天。现在人们已经把"节气"和"中气"统称为"节气"。二十四节气反映了太阳的周年运动，所以节气在现行的公历中日期基本固定，上半年在6日、12日，下半年在8日、23日，前后相差1～2天。立春："立"是"开始"的意思，立春就是春天的开始。雨水：降雨开始，雨量渐增。惊蛰："蛰"是藏的意思，惊蛰是指春雷乍动。惊醒了蛰伏在土中冬眠的动物。春分："分"是平分的意思，春分表示昼夜平分。清明：天气晴朗，草木繁茂。谷雨：雨生百谷，雨量充足而及时，谷类作物能茁壮成长。立夏：夏季的开始。小满：其含义是夏熟作物的籽粒开始灌浆饱满，但还未成熟，只是小满，还未大满。芒种：麦类等有芒作物成熟。夏至：炎热的夏天来临，"至"作"极"解，指当天的夏季日影最长，并开始炎热。小暑："暑"是"炎热"的意思，小暑就是气候开始炎热。大暑：一年中最热的时候。立秋：秋季的开始。处暑："处"是终止、躲藏的意思，处暑是表示炎热的夏天的结束。白露：天气转凉，露凝而白。秋分：昼夜平分。寒露：露水以寒，将要结冰。霜降：天气渐冷，开始有霜。立冬：冬季的开始。小雪：开始下雪。大雪：降雪量增加，地面可能积雪。冬至：寒冷的冬天来临。小寒：气候开始变冷。大寒：一年中最冷的时候①。现存二十四节气的名称来自以下因素的考虑：其一，记录四时的变换，包括立春、春分、立夏、夏至、立秋、秋分、立冬、冬至八个节气；其二，记录温度的变化，包括小暑、大暑、处暑、小寒、大寒五个节气；其三，反映气象特征的，包括雨水、谷雨、白露、寒露、霜降、小雪、大雪七个节气；其四，反映物候特征的，包括惊蛰、清明、小满、芒种四个节气。节气与节日是有联系而又有区别的。节日，指在生产、生活中形成的具有特定文化内涵和相应活动的固定日期。节日与节气在应用空间和文化结构方面既有区别，又有联系。节气的文化渊源和文化应用主要集中在哲学、农耕、社会等领域，表现为时空观、人生观、风俗观的自然衔接和服务生产实践的方向。节日的内涵空间包括信仰、仪式、语言、征物、饮食、艺术等基本领域，形成了"节信""节事""节语""节物""节食"和"节艺"并存同在的构形态，使节日具有固定而周圆的呈现方式和多路传承的文化张力。②

---

① 陈霖. 从八卦太极图看二十四节气养生[J]. 中国医药导报, 2010 (3): 100-102.
② 陶思炎. 节气与节日的文化结构[J]. 民族艺术, 2018 (2): 37-40.

2. 二十四节气的流传与传承

二十四节气不仅流传到东亚各地保存至今，在当代的华人社区也发挥着作用。二十四节气随着历法于公元552年传入日本，已有近一千五百年的历史，因而早已渗透进日本各个领域，成为日本文化不可分割的一部分。其中，有的被列入国家法定假日，更多的则在民间节日（节气）中得以传承实践。从日本的经验来看，国家层面的立法、民间层面的践行、媒体与商业宣传的推动，特别是传统文化教育实践，对二十四节气的保护与传承起到了极为重要的作用。① 二十四节气的形成，与国人对自然时序的理解有关。中国人习惯在流转中理解世界、理解时间。最寒冷的时期，看到阳气发生所带来的温暖的气息，在近似绝望的环境中营造希望的心境。传统时间制度与观念，代表一种文化归属。马来西亚华人的"二十四节令鼓"的发明，就是他们意识到二十四节气作为华人族群的文化标志意义，以及由此产生的文化认同的精神价值。二十四节气在今天的农事活动与养生方面仍然发挥着持续的生活服务价值。②

二十四节气作为中国的独有文化，具有超越时间的特性，以节气歌的形式在民众中流传，至今仍然发挥着积极的指导作用。二十四节气作为一种中国独有的文化，其产生的客观基础与黄河流域处于四季分明的中纬度地区有关；其产生的主观背景与中国古代社会悠久的农耕历史、发达的农学思想、和谐的文化理念相关；其产生的技术条件与古代中国发达的天文知识有关；其产生的制度因素与秦汉以来的郡县制度与重农政策密切相关。二十四节气是中国文化和谐模式的产物，不同于西欧以征服和控制自然为目的的工业文明。因此，二十四节气仍然具有重要的文化意义与现实价值，它作为中国文化的一个核心名片，体现了与自然和谐发展的宗旨，有利于让世界更多地了解中国。通过传承二十四节气，让生活在都市的人们能够了解乡村；时时刻刻提醒人们，城市不能离开乡村，让都市的人们能够望得见青山，看得见绿水，记得住乡愁，亲近自然③。二十四节气作为时间经验框架，是一种抽象的形式，具体的生产、生活经验构成了二十四节气文化丰富多彩的内容，内容与形式的自由结合产生了既有普遍性又有地方性的二十四节气知识。二十四节气内容与形式之间的自由结合关系，使其传播有着超空间性，传承具有超时间性。二十四节气作为一种知识，歌谣、谚语是其主要的存在形态与传承方式。在当代社会，各种传统的节气歌作为文化遗产已经得到或者应该得到

---

① 毕雪飞. 二十四节气在日本的传播与实践应用 [J]. 文化遗产，2017（2）：31-40.
② 萧放. 传承二十四节气的价值与意义 [J]. 民间文化论坛，2017（1）：5.
③ 徐旺生. "二十四节气"在中国产生的原因及现实意义 [J]. 中原文化研究，2017（4）：95-101.

保护，但更为重要的是，出现了大量新编节气歌。这说明二十四节气作为时间经验框架在现代社会仍然有着实用功能，而且歌谣、谚语仍然是其主要存在形态。二十四节气作为"时间知识体系"在现代社会中还有一定的实用功能：一是可以继续为各种种植、养殖业提供时间节点依据，二是可以为日常生活中的养生保健确立时间节点。新编节气歌其实是民众在现代社会变迁过程中，不断调适与外在环境的关系，在与自然和历史的互动过程中，对传统二十四节气文化的再创造是对二十四节气"非遗"的活态传承。①

3. 二十四节气的社会传播与教育传承

潘光旦说："一个文化的问题，究其极，也就是一个民族的问题，以至于一个人口的问题。一个民族发展文化、累积文化及文化发展的某种途径，累积到相当程度，他就会发生选择作用，转而影响民族的性格、人口的品质，包括继续创制文化的能力在内。"②"人类每一代创造的文化不能依靠体内遗传由下一代获得，它通过包括象征符号在内的整个文化环境，从上一代传递到下一代。教育的文化功能，究其目的不仅是认识价值，而在发展价值，培养价值形成力；不仅是传递文化，而在于形成文化创造力。"③二十四节气，随着大众认识的提高，近年来，不断引起出版界和教育界的关注。作为文化传播的重要媒介，绘本逐渐成为儿童阅读的热门方式，绘本中的思想观念、价值取向，对儿童的道德观、价值观影响深远。以二十四节气为内容的绘本，可使儿童了解我国民族的发展史、奋斗史，树立正确的价值观和道德观；弘扬勤劳勇敢的民族精神；理解符号化的历史传统；了解中华传统文学之美；树立天人合一的朴素的自然观。④

在教育界，教师可以在美术教学活动中，通过二十四节气的自然变化、民俗活动、节气故事传说、节气诗词引入美术教学活动中，学生通过对二十四节气的了解掌握美术知识，也可以通过美术知识学习二十四节气，丰富学生的文化知识修养内涵，提高学生对自然美、形式美的认识。⑤二十四节气延伸出丰富的文化内容，如文学、科学、健康、艺术等，这些文化对幼儿审美情趣、审美感受能力、文化品格和科学态度等方面的培养都具有重要的意义。⑥叶澜说："农历的创制和形成过程是把自然当作观察、记录并以自身体验而形成觉知的对象，进而抽象为把握大自然周期性变化规律的过程。

---

① 季中扬. 从节气歌谣、谚语看二十四节气的活态传承 [J]. 南京师大学报（社科版），2018（2）：54-59.
② 潘乃谷. 潘光旦释"位育" [J]. 西北民族研究，2000（1）：3-15.
③ 刁培萼. 教育文化学 [M]. 南京：江苏教育出版社，1992：83.
④ 展瑞祥. 儿童绘本与传统文化教育——以二十四节气为例 [J]. 基础教育研究，2017（7）：47-49.
⑤ 欧阳婷. 二十四节气引入小学美术教学活动中的可行性研究 [D]. 重庆：重庆师范大学，2016.
⑥ 王荣荣. 二十四节气融入幼儿园课程的行动研究 [D]. 重庆：西南大学，2011.

农历是中华民族对可观察的天体运行和可体验的气候变换，以综合的方式作长期研究的智慧结晶，是中华民族最早形成的以对时间命名、编序的方式关于天象、气候与物候的学问。它是中华民族文明早期认识自然的杰出成果，是中华文明为人类文明所作贡献中最有价值的构成之一。""农历具体、直接规定计算时间的标准，标准的形成是先民对时空关系及其运行规律的认识结果，是中国古老时空观的集中表现。这是认识大自然中抽象层次最高的问题，我们的祖先用他们的智慧交出了自己的答案。时间是无形无声、无影无踪之物，如何让时间变得可见、可记、可判？在这里发生了思维方式的重要转折，不是苦思冥想'时间'究竟是什么、长得怎么样，而是寻找与时间同时存在却在发生移动的空间参照物。地面之物显然不行。人在地面上，看不出高山、田野的移动；作物只是生长，动物按自己的需要移动，都不与有规则的时间变化同步。剩下唯有天上的太阳、月亮和星星，这些空间中璀璨的天体之物的移动，既可视、可见、可记载，又有循环往复的规律。'天'这一空间就这样成为先民认识时间的参照物，'天空'一词是否因此而具有了空间的哲学意义？天空中发生的变化则成为重要的认识对象和为时间立法的最早参照物。时空相关的意识也由此而生"。①

二十四节气，属于中国特有的超时间的民族传统文化，也因为其具有的客观的自然科学特征，而在当下得到很好的传承和传播，成为中华民族构建共有的文化认同和价值归属的知识凭借，在中华经典教育课程和教材建设中，应该作为教材编写的最具有特色和客观的课程框架，比如叫"四季课程"，春夏秋冬可以将过去的、当下的、未来的生产与生活贯通起来。

第五节 体验型经典教材的内容选择

一、模块一：传承中医中药文化，体味自然健康生活

1. 中医药文化的再认识

中医是文遗系统中最具代表性的技能之一，因为中医本质上就是中华文化的直接应用。正如叶澜所指出的，独一无二的古中医学把人体看作小宇宙，既集天地精华于一身，又与天地万物能相通；把人作为独特的自然，以对象

---

① 叶澜. 终身教育视界：当代中国社会教育力的聚通与提升 [J]. 中国教育科学，2016（3）：41-67，40，199.

的方式开展观察、研究;以养身、防病和治病即人类自身的生命健康作为医学的目的;以自然界的各种自然物加工为药材,呈现以外界自然养治人体内部自然的独特的人与自然之关系形态。古中医学是我国最早形成的一门关于人体生命的学问,还包括几千年来医师世家代际相继、师徒传授而积累的治病救人的丰富经验与文本,加上一套古代医学话语系统,成为同类西方学科最难以取代和融入其内的一门学科。叶澜特别指出,在一定意义上古中医学是"最中国"之学,是一把打开中华文明宝库的钥匙,而教育学与中医学有很多相似之处。①

培养小学生形成正确的生命观已经越来越成为中国教育学者乃至社会大众的共识,而将中医药文化融入小学生生命教育就具有重要的教育和社会意义。为了此项工作的有效开展,不同地区的学者通过网络问卷和线下问卷的形式,对中医进课堂进教材进行了问卷分析研究,在中小学生感兴趣的中医文化中,中医养生食疗的受欢迎程度最高,传统武术、中医人文与中医美容等排列靠前。从养生食疗切入更容易被大部分小学生所接受。女生相对于男生更容易对养生食疗和中医药美容感兴趣,男生对传统武术的接受度高于女生。大部分小学生都接受通过社会实践、开设专门课程以及观看影片视频等学习这门课程。②也有学者采用随机抽样问卷调查法,选择南宁市(青秀区、西乡塘区、江南区)三所中学、三所小学在校生作为研究对象开展问卷调查。调查结果显示:大多数学生对中医药文化进行过了解,但也有一部分学生不愿意接触或了解中医药文化;青少年了解中医药文化的途径主要为电视节目、网络资料。目前,青少年对中医药文化的认知度远远达不到继承文化的要求,但青少年乐于接受中医传统保健知识。研究认为,在青少年中进行中医药知识的普及势在必行。③

2. 中医药教学实践

中医药文化在北京、上海、广州等地中小学都有较好的课堂实践,其经验值得总结和完善。在北京,人大附中从课程入手来探索中医药文化进校园之路,开设中医药常规课程和实践活动课程。在中医药必修课程上,人大附中初中部开设"中医保健操""中医名家史概述""中医典故探析"等课程,高中部开设"中医基础理论与中国传统文化"课程,每周一课时。2016年,

---

① 叶澜. 溯源开来:寻回现代教育丢失的自然之维——《回归突破:"生命·实践"教育学论纲》续研究之二(上编·其二)[J]. 教育发展研究,2018(3):26-37.
② 寿崟,翁峥铭,田宇捷,等. 中医药文化融入小学生生命教育设想的调研[J]. 中国中医药现代远程教育,2021,19(12):1-5.
③ 何贵新,秦伟彬,林琳,等. 关于南宁市中小学生对中医药文化认知现状与需求的调查[J]. 大众科技,2018,20(10):108-110.

人大附中以校本选修课的形式推出了中医课程"中医基础与保健常识",每学期10次课,每次课授课时间90分钟。该课程主要涉及中医基础理论、中医望闻问切的诊法、中医推拿按摩、中医饮食疗法、中医养生操学习等内容。①在上海,威海路第三小学开设的"健康饮食"校本课程,教案素材来源于《本草纲目》,旨在向小学生普及身边植物、食物知识,教他们从小学习如何吃得营养,吃得健康。饮食教育是一门介于教育学、饮食学、医学、营养学之间的边缘学科,目前中小学饮食教育研究在全国还处于空白阶段。让学生掌握有关"健康饮食""医学常识"的基本知识和方法,并学会如何去科学饮食,养成良好的饮食习惯十分重要。同时,"健康饮食"校本课程有助于培养学生对饮食学、中医理论、营养学、医学的兴趣和情感。②在浙江,城南中学以中医文化建设为切入点,倡导"仁、和、精、诚"的学校核心价值观,把传统医学中诊断疾病的基本方法灵活地运用到学校日常教学管理之中,借鉴"治未病"思想提升德育教育。学校建立"望闻问切"课堂诊断模式,聚焦"中医理论育人"生态课堂,构建"中医文化"特色课程。2009年以来,全校师生共开展了60多项中医药文化小课题探究活动;打造了"校园本草纲目""我与中医零距离"等精品课程;创建了"城南中医文化"班级论坛、网上百草园和"城南中医药文化"数字博物馆③。在广州,流溪中学秉承中医药文化的"天人合一"整体观、"阴阳学说"思想、"恒动变化,动静相召"变易思维,以及"辩证论治"的诊疗观理念,通过多种体验活动,积极拓宽中医药文化教育渠道,不仅提高了学生对中医药文化的认同感,更激发了学生的创新意识。④

在中医药课题研究上,2011年,北京市青少年科技创新学院与北京市中医研究所联合开展"雏鹰计划——中医药文化资源课程化开发及转化"课题研究。课题组结合不同年龄段学生特征,组织学校开发合适的课程。例如,小学课程方面,北京史家小学以儿童常见的感冒、咳嗽、消化系统疾病为主,选择了六个易取、好用的穴位,如合谷穴、大椎穴、足三里穴、内关穴、迎香穴和太阳穴,要组织学生了解这些穴位。同时,学校发动学生设计心目中的健康娃娃形象并汇编成《健康娃娃》一书。还有,北京小学根据季节和节气,结合本草来探索"四季课程"的开发;和平里第四小学根据校园本草构建了"本草四季花卉"校本课程体系;北京师范大学亚太实验学校根据学校的桑

---

① 翟小宁. 人大附中中医药文化课程实施策略[J]. 创新人才教育, 2017(1): 42-44.
② 钱钰. 《本草纲目》走进小学课堂上海小学生上起中医课[J]. 基础教育, 2007(11): 52-53.
③ 严申虎. 砥砺前行筑就中医文化育人之路——浙江省上虞市城南中学特色办学简介[J]. 教学与管理, 2012(4): 13-15.
④ 邱榕基. 中医药文化育人新路径——广州市流溪中学中医药文化进课堂的思考与实践[J]. 中小学德育, 2020(6): 25-27.

树资源编绘了绘本《在桑树下》。初中课程方面，北京市第四中学以人文教育为特长，在初中部开设了"药如人生"综合研究类选修课程。该课程以中药为载体，从日常生活中与人们联系紧密的中药入手，向学生讲述中医药的传统文化和基础知识。高中课程方面，北京市门头沟区大峪中学结合当地丰富的中草药资源优势开设"山谷课程"，为此设计了"道地药材"的主题课程。课题组总结经验，创作了《中医药文化与我们的健康（少儿版）》一书。该书中的中医药内容由中医专家确定、文字内容由教育团队把关、漫画由专业团队设计，将深奥的中医药文化以生动活泼的方式展示给中小学生。整体内容以孩子的生活为主线、以中医药文化内容为隐线贯穿起来，通过图画形式展现一个个故事，易于学生理解。例如，书中通过讲述与生活相关的事件"做有意义""吃有讲究""睡有学问"等，连接生活的时间点，如早晨的眼保健操、中午的吃饭、晚上的睡觉等，体现中医药学的理论及其对中小学生健康的指导。①

在中医药地方课程建设方面，2008 年，北京市依托北京中医药大学教师团队率先在全国编写了第一本小学版《中医药文化知识普及读本》，2012 年全面启动了"中医文化进校园"工作。北京市中医药管理局局长屠志涛撰文，要把北京打造成全国中医药文化中心、科技创新中心和国际交往中心。搞好中医药文化建设不光是有中医专家就可以，关键是要形成浓厚的中医药文化，尤其是青少年学生要了解、认同中医药文化；并进行了三规范——课程规范、教材建设规范和教师培训规范，搭建了三个平台——校内课程、校外实践和家庭影响。②继北京之后，天津版的《中小学中医药文化知识读本》由天津中医药大学、天津师范大学等单位的专家团队共同编写，通过讲故事引导中小学生学习中医药文化。另外，还有浙江的《中医药与健康》、江西的《小学生学中医药》《初中生学中医药》、江苏的《中医药就在你身边》等教材。2020 年 4 月，中国中医药出版社组织全国中医药、基础教育知名专家，由国医大师王琦、孙光荣担任主编，合作编写了《全国中小学中医药文化知识读本》（以下简称《中医药读本》），分小学、中学两种，在全国公开发行。③根据浙江省教育厅办公室印发的《浙江省 2017 学年中小学教学用书目录》显示，《中医药与健康》被纳入省级通用的地方课程教材，在小学五年级使用，属

---

① 李萍. 中医药文化进校园的实践和模式 [J]. 创新人才教育, 2017 (1)：38-41.
② 屠志涛. 中医药文化建设是推进中医药文化进校园的重点 [J]. 创新人才教育, 2017 (2)：41-42.
③ 王红娟，王乙，李磊. 论中医药文化进校园课程内容建设——以《全国中小学中医药文化知识读本》为例 [J]. 吉林省教育学院学报, 2020, (12)：115-118.

于小学生基础教育拓展性课程体系的一部分。《中医药与健康》分上、下两册，共36课时，基本每周一课，内容涉及中医基础、保健、运动、饮食、情绪、针灸和推拿的特色疗法等。浙江省教育厅工作人员表示，教材编写是为了弘扬传统文化，主要由中医药管理局牵头。面对中医晦涩难懂学生该如何应对的质疑，该工作人员称，课程为辅修，也不会进行考试或考核，且已对教材内容进行了审核，不存在不恰当的内容。①

有学者提出了小学中医药文化启蒙教育的课程建设策略和教学策略。第一，"融入"策略和"拓展"策略是小学中医药文化启蒙教育课程建设的主要策略。小学中医药文化启蒙教育中部分内容以"融入"策略渗透进现有小学课程中，而难以渗透的中医药文化核心内容则通过"拓展"策略开发专题课程。第二，"体验学习"策略和"任务导向"策略是小学中医药文化启蒙教育的主要教学策略。"体验学习"策略以具身认知理论为指导，强调学习过程中的具身性。"任务导向"策略，则基于项目式学习指向真实存在的中医药文化问题，强调学生完成任务的"做中学"与"学中做"，从而提高学生运用知识分析问题和解决问题的能力。②

在中医药教材编写方面，随着全国范围内开展中医药进校园进课堂的实践，社会各界也在探索如何在融合出版形势下使中医文化教材兼具教学需求和趣味性，实现中医药教学效率最大化。有学者提出纸质教材、线上课程资源和线下实践基地三位一体的课程体系结构，以此体现中医药教材体系完整、内容及难度适宜、兼容性强、实践性强的特点。③

3. 中医教材在争议中前行

2017年秋季学期，浙江省五年级小学生要开中医课引起了热议，家长赞成与反对皆有。反对的理由是中医课程晦涩难懂，五年级学生接受不了，急救、性教育课程才是急需开设的课程。赞成者认为，五年级开设中医课程并不是异想天开、不切实际，而是完全可行的。④教育工作者指出，中医是传统文化中的灿烂瑰宝。轻易地否认中医，是不负责任的态度。在中小学生的生命与健康教育中，融入中医理论，为中小学生开阔视野，增加学生的中医知识理论，帮他们养成良好的运动和预防疾病习惯，有百益而无一害。浙江省编写中医药教材，将中医知识融会贯通于教材中，讲述中医理论与生活的联系，

---

① 浙江省：小学将开设中医药课程 [J]. 当代教育家，2017（8）：9.
② 何怡萱. 小学中医药文化启蒙教育实施策略研究 [D]. 南京：南京师范大学，2021.
③ 汪立亮. 中医文化进课堂进教材融合出版的可行性分析与探索 [J]. 科技与出版，2020（2）：116-120.
④ 浙江省五年级小学生开中医课引热议 [J]. 课堂内外创新作文（高中版），2017（11）：62.

容易被学生接受、吸收，这是一种值得肯定的尝试。作为数千年沉淀的医学传统文化，有必要继承。中医教材进校园、入课堂，让学生了解、学习中医理论和知识，是正确的做法，教育部门不必投鼠忌器。中医教材进行校园的大方向不错，有点争议又何妨，我们期待着它在争议中前行。①

更有学者指出，从鲁迅直斥"中医不过是一种有意或无意的骗子"，到郭沫若坦言"我一直到死绝不会麻烦中国郎中的"，再到方舟子指陈"中医是伪科学"，有关中医真伪的争论从未停歇。缺乏专业教师，是横亘在中小学中医药教育面前的一道难题。中小学开展中医教育是一个长期的过程，不可能一蹴而就，也不可能短时间内就见成效。各地各校在开设、实施该门课程时，要厘清科学与传统的辩证关系，注重理论与实践相结合，让中小学中医药课程充分发挥其独特而重要的作用。②

也有学者给出了诚恳的建议，提出了中肯的意见。站在升学考试的立场，中小学生学习中医属于无用之举，但教育本不应局限于分数，更应当担负起传承文明和引导学生身心健康成长等重任。"中医文化进校园"大有裨益，首先，是为了让学生们通过科学认知更好地理解健康，教给他们中医药基本知识和技能，让他们学会在与天地共和、四时同序中健康成长，以心理和情志统率身体四肢，以养生来强体，学会在身心的和谐及人与社会的和谐中健康成长；其次，对于弘扬传统文化、培养孩子们的中国情怀和文化自信，具有重大意义。③

二、模块二：贯彻礼乐文化教育，学会待人接物

礼乐教化曾在中国台湾地区有过较为成功的普及。台湾地区的"中华文化复兴运动推行委员会"，在1968年5月、1970年10月，先后颁布了96条《国民生活须知》与79条《国民礼仪范例》，并通过台湾地区的各级分支机构、社会部门做了大量的推广、宣传工作。两者以中国传统儒家礼仪作为行为规范标准，对台湾地区人民的衣、食、住、行、言等生活各方面细节做了相当详尽的规定，将国学教育渗透到民众的日常生活之中。④

1. 礼乐教化的源流和内涵

贺更粹指出，礼乐是一个具有深厚文化传统和涵摄人的一生且无所不包

---

① 黄齐超. 中医教材进课堂，不妨在争议中前行 [J]. 甘肃教育，2017（18）：6.
② 武志伟. 小学开中医课：在实践中前行 [J]. 广西教育，2017（44）：29-30.
③ 浙江省：小学将开设中医药课程 [J]. 当代教育家，2017（8）：9.
④ 吴丽仙. 国学教育传统的理性固守——以台湾地区为中心 [J]. 教育评论，2008，（6）：119-122.

的弥散性的人文体系;教化是一个人文历程;礼乐教化就是一种以礼乐为仪式与表征的,在润物无声的情况下,向民众传达蕴于礼乐之中的义理精神的化成天下的人文活动。礼乐密不可分,犹如天与地的关系一般。礼是行为规范,是价值体系,也是制度,是一个完整的"文化"体系。古代之乐不同于今日之乐。在我国古代,乐是一种包括音乐在内的集诗、歌、舞于一体的人文文化,所谓"诗言其志也,歌咏其声也,舞动其容也","德音之谓乐"。教化具有"止邪于未形"的作用,具有"使人日徙善远罪而不自知"的安上治民之功效。礼乐教化作为先秦社会孕育出的一种伦理化的化成天下的人文活动,其思想原则就是由个人道德修养开始的修身、齐家、治国、平天下。礼乐教化的价值意义主要就是人间的、伦理的、政治的化成天下的人文活动。①盛邦和指出,就礼的内容和作用来说,中国礼文化包括礼义、礼节、礼仪三个主要方面。礼义是礼文化的精神统率与核心意义,要实现礼又需要做到的行为的节制与规范,而礼仪则是礼的行为表达与仪式表现。"礼义"的"人本"与"大同"体现中国礼文化的核心意义;"礼节"就是中国礼文化的"节律"功能;"礼仪"是中国礼文化的"表达"与"仪式"。其中,"节"就是节制、节律、调节。礼文化将礼与节组成专用概念,表示"节制明礼"的意思,阐述儒家的"节律"文化。儒家论"节律"有三个目的:求义、立仁、修身。儒家论"节律"有三途:知耻、慎独、循法。凡宗教都有三个特征:教义、戒律、仪式。礼文化不是宗教,但起到了宗教的作用,可谓"准宗教",也具有类似宗教的三个特征:礼义(义)、礼节(律)、礼仪(仪)。从社会学的意义上说,宗教的一大特点在于它是民族的内在精神体现,总对民族的价值设定、行为规制起指导作用。②彭兆荣认为,"礼仪"与国家大事、生命礼仪、饮食为本息息相关。"关于礼的起源,大致有以下几种不同的观点:其一,人情说。以荀子、司马迁、李安宅等为代表。其二,祭祀说。以许慎、王国维、郭沫若、何炳棣、王梦鸥等为代表。其三,礼仪说。以杨宽、李泽厚、杨志刚为代表。其四,交往说。以杨向奎为代表。其五,风俗说。以刘师培、吕思勉、何联奎等为代表。其六,饮食分配说。以杨英杰为代表。"③

2. 中西礼仪的差异

中西礼仪的差异是客观存在的,彭兆荣指出,礼仪是一个民族在特定的

---

① 贺更粹. "礼乐教化"考[J]. 现代大学教育, 2010 (4): 83-86, 113.
② 盛邦和.《礼记》与中国礼文化[J]. 江苏社会科学, 2009 (1): 204-208.
③ 彭兆荣. "礼"之体与"仪"之用——中国与世界的仪式人类学对话[J]. 云南民族大学学报(哲学社会科学版), 2013, 30 (6): 5-9.
吴爱宁. 中西礼仪文化差异探析[J]. 理论导刊, 2007 (8): 43-45.

历史条件和地理环境中发展和承袭下来的礼节文明规范，是一种文化形态的象征和体现。中西方文化在称谓与称呼、见面、宴客、女士优先五个方面表现出不同的礼仪形态。不同民族的思维方式和价值观念差异是中西礼仪差异的文化根源。用"和而不同"的态度来对待中西礼仪文化差异，承认和尊重差异，探寻礼仪文化的互通性，有助于增强对文化差异的敏感性和对他文化的适应力，从而提高交际效率。①

关于中英传统礼仪原则的差别，英国著名学者在合作原则的基础上，提出了六条礼仪准则。（1）得体准则。减少表达有损他人的观点。尽量少让别人吃亏，尽量多使别人得益。（2）慷慨准则。减少表达利己的观点。尽量少使自己得益，尽量多让自己吃亏。（3）赞誉准则。减少表达对他人的贬损。尽量少贬损别人，尽量多赞誉别人。（4）谦逊准则。减少对自己的表扬。尽量少赞誉自己；尽量多贬低自己。（5）一致准则。减少自己与别人在观点上的不一致。尽量减少双方的分歧，尽量增加双方的一致。（6）同情准则。减少自己与他人在感情上的对立。尽量减少双方的反感，尽量增加双方的同情。北京外国语大学教授顾曰国指出，讲汉语的人，由于中国的历史文化特点而具有自己的礼貌原则。中国人的礼貌原则有五条。（1）贬己尊人准则，即指谓自己或与自己相关的事物要"贬"，要"谦"，指谓听者或与听者相关的事物时要"抬"，要"尊"。（2）称呼准则，即用适切的称呼语主动与对方打招呼。（3）文雅准则，即选用雅语、禁用秽语；多用委婉、少用直言。（4）求同准则，即说、听者在诸多方面力求和谐一致，尽量满足对方的要求。（5）德言行准则，即在行为动机上，尽量减少他人付出的代价，尽量增大对他人的益处。在言辞上，尽量夸大自己得到的好处，尽量缩小自己付出的代价。②

3. 礼仪教育的重要性

礼学研究专家彭林指出，传统文化的可贵，在于经世致用，能解决社会问题。中华自古就有礼仪之邦的美誉，礼是按照道德理性制定的行为规范，关乎日常的举手投足、待人接物，礼的核心理念是"敬"，即为他人着想，这是任何时代都不会过时的精神。③文化有"道"与"术"两个层面。道是理念，是文化的内核、本质；术是形式、方法。两者同属文化的一部分，而道承载的是价值观体系，关乎世道人心。抽去道，文化将成为没有生命的空壳。需要进入所有学校的是"道"，重心是德行教育，其支撑点则是礼仪教

---

① 彭兆荣."礼"之体与"仪"之用——中国与世界的仪式人类学对话 [J]. 云南民族大学学报（哲学社会科学版），2013，30（6）：5-9.
② 陈欣.传统礼仪与中英文化差异 [J]. 江西社会科学，2005（12）：128-130.
③ 彭林.中华本位文化的重建与认同 [J]. 人民论坛，2019（36）：134-135.

育、人格教育、担当教育和经典教育。戏曲、武术等进校园，很有必要，但不必进入所有学校。小学生以礼仪教育为主。礼仪是文明民族的标志，任何一个民族，但凡其文化发展到一定程度，都会出现属于自己民族的礼仪。中华礼仪彰显了我们民族的友善、和谐与典雅，更是久享盛誉。但是，近代以来，传统文化被抹黑，礼仪传承被中断，很多人不知礼为何物。如今出境旅游的中国人越来越多，毋庸讳言，世界各国对中国游客少有正面评价，中华民族的形象受到严重损害。在国内更是如此，不愿排队，大声说话，随地吐痰、扔废弃物等不文明行为随处可见，大家普遍抱怨国人素质差。问题出在民众身上，根源是在现行教育制度，从小学到大学缺少礼仪教育。在中国传统文化中，修身进德、知书达礼，是求学的首要任务，无人可以例外。《大学》说："自天子以至于庶人，壹是皆以修身为本。"若要成为一名合格的社会成员，就要坐有坐相，站有站相，自律自爱，彬彬有礼等，都是修身的主课，并且是在儿童教育中完成的。从现在起，在全国所有小学中开展礼仪教育，三年五载之后，学生的气象、社会风气乃至中华的民族形象，一定会焕然一新。①

　　刘琴、田穗指出，礼仪文明缺失、礼仪被赋予功利化色彩及礼仪在教育中的缺位，是不可回避的现实问题。我国自"文革"动乱以来，礼仪教育一度被中断，国家在改革开放的进程中，偏于重视和强调公民的道德教育和法制教育，却漠视了礼仪教育。从教育领域来看，一直以来所推行的道德教育仅仅趋于知识和认知层面，注重道德教育的理论化而非实践化。因而，在具体实施教育的过程中，关于道德文明的大道理灌输得多，而可操作性的礼仪规范内容讲得少，以致大多数学生不知如何将社会普遍提倡的道德要求转化为具体的个人行为规范，使得我国近年来的学校道德教育效果不尽如人意。"礼仪修身"是一种有效的教育方式，倡导全民以"礼仪"修身，礼仪是以传递道德价值为目的，切合人们的利益需要，通过潜移默化、循序渐进的自我行为规范，使其得到灵魂净化乃至道德提升，从而实现由"他律"转化为"自律"，更能达到事半功倍的效果。礼仪是以道德本身所具有的足够理性力量及人文精神，使人们受到感化，从而诚实守信、遵纪守法，自觉按照全局利益、大局利益和社会长远利益来调整自己的行为，从而达到由内至外地提升其个人素养、凝聚人心、塑造群体形象的目的，以利于"和谐"社会的构建。② 也有学者呼吁开创儿童礼仪教育的新路径：循序渐进，对儿童进行时

---

① 彭林. 传统文化进校园的重心与支点[J]. 智库时代, 2017（4）: 31-32.
② 杨丹. 中华传统礼仪与构建和谐社会之关系辨析[J]. 武汉大学学报（哲学社会科学版），2013, 66（3）: 105-108. 刘琴, 田穗. 儿童礼仪教育的文化之根与传统经典借鉴[J]. 中国教育学刊, 2017（8）: 94-97.

段性礼仪教育；环境育人，让儿童在自发参与中陶冶情操；以身示教，让儿童在潜移默化中树立品行；学以致用，让儿童在礼仪实践中知行合一；与时俱进，在道德传承中创新礼仪教育资源。①

4. 学校礼仪教育资源与转化

有学者发现，在中国传统礼仪教育资源中，以《礼记》《童蒙须知》《白鹿洞书院揭示》《弟子职》四本中国传统儒家著作为文献分析的依据，通过对著作中关于礼仪教育内容和方法的分析，认为中国传统礼仪教育有四个特点：礼仪教育与学生日常生活实践相结合，礼仪教育中渗透道德教育和情感教育，礼仪教育按照学生年龄和性别特点循序渐进，礼仪教育以乐教辅之。对于他国的礼仪教育资源，则筛选了英国、美国、日本和新加坡四国的礼仪教育进行分析，提炼出四国不同的礼仪教育特点：英国的礼仪教育集中体现在绅士教育的理论与实践中，美国的礼仪教育渗透在公民教育中，日本以道德教育为核心在课程中渗透礼仪教育，新加坡以法纪和规范约束为手段进行礼仪教育。中国当前的礼仪教育应借鉴传统的和他国的经验，发扬中华民族"仁"与"孝"的传统美德，根据学生的身心发展阶段特征施教，并将礼仪教育与生活实践结合起来。通过课程渗透道德和基本的礼仪，开展普及道德的社会性运动。礼仪教育与规范、法纪相结合，增强学生的权利意识和公民道德意识。②

于丽萍指出，当前我国公民礼仪教育是缺失的，体现为教育内容的零散化、教育方法的简单化、教育途径的孤立化。因此，必须加强礼仪文化的教育设计，从教育内容、形式、方法、渠道各个方面形成完善的体系。中国传统礼仪文化的创造性转化主要有以下三条路径：一是功能及其实现方式的转化。礼仪文化政治功能被弱化，更多的是作为个人形象塑造的需要所采取的一种提升手段，还有娱乐功能、经济功能、管理功能、艺术功能等。礼仪文化渗透到各行各业，并与之紧密结合，形成体育比赛礼仪文化、学校礼仪文化、军队礼仪文化、警察礼仪文化、外交礼仪文化、商务礼仪文化、社交礼仪文化、餐饮礼仪文化等。二是主体及其相互关系的转化。礼仪文化的主体由统治阶级为主向社会大众为主转换，突出表现为礼仪规范的形成从统治阶级修订完善，转变为由民间自发研究实践。三是内容与形式的转化。这是最重要，也是最复杂的转换。现代礼仪文化渗透到社会生活的方方面面，更加细致，更

---

① 刘琴，田穗. 儿童礼仪教育的文化之根与传统经典借鉴 [J]. 中国教育学刊，2017（08）：94-97.
② 张吟年. 礼仪教育的资源与启示 [D]. 上海：华东师范大学，2010.

加丰富多彩，形式灵活方便，富有人性化和情感化。对传统礼仪文化进行体系重新建构，其中主要构建以下四类礼仪文化伦理关系：公民与国家的关系；企事业单位等正式组织中成员之间的关系；家族成员之间的关系；公共社交中的各种人际关系。①

5. 礼仪教育的内容和方式方法

于丽萍指出，文明礼仪教育是一种特殊的手段，可塑造学生的自身形象，是学生社会化过程不可或缺的重要部分。2001年中共中央《公民道德建设实施纲要》明确指出明礼是基本的道德规范。对国民进行礼仪文化教育主要侧重以下六个方面。

（1）和谐教育。礼仪文化就是一种和谐文化，礼仪的目标是为了社会的和谐。让学生懂得和谐的重要性，教会他们如何与人、与社会、与自然和谐相处，是实现社会主义和谐社会基础工程的基础。处理好竞争与和谐的关系，尤其是在竞争中要懂得尊重对手、公平竞争，遵守竞争秩序和竞争规则，最大限度地发挥每个人的潜能。这才是和谐的要义。

（2）秩序教育。礼仪讲的是一种秩序、一种规矩，有礼才有序，有规矩才能成方圆，有序有规矩社会才能安宁。要教育青年学生和广大公民具有强烈的秩序意识和规矩意识。公民要自觉遵守社会公共秩序。特别是近年来，家庭汽车迅速普及，行车礼仪非常重要。当前社会不断发展，许多新的问题不断出现，就需要我们不断构筑新的秩序，如网络虚拟世界生活礼仪。秩序教育是一个动态的过程，要紧跟时代发展的步伐，不断更新礼仪文化教育的内容。

（3）合作教育。大学生的成才观应该包括既会做人也会做事。真正的人才是靠长期的知识、道德、思想、文化修养形成的。合作精神是现代大学生成长过程中必须具有的一种素质和能力，而合作的关键是沟通，沟通离不开礼仪。加强合作教育，就是要告诉青年学生如何与他人融洽相处、如何遵守社会分工，在互敬互爱、互相促进、互相学习的基础上共同奋斗，实现共同的目标价值。

（4）尊重教育。在我国传统礼仪中，"敬"是礼仪教育的核心。因此，尊重教育是礼仪教育的核心内容之一，作为子女要懂得尊重、孝敬长辈，作为学生要懂得尊敬老师，作为工作人员要懂得尊敬领导，朋友之间、同事之间也要互相尊重。要获得别人的尊重，首先要学会尊重别人。尊重是一个人立

---

① 于丽萍. 中国传统礼仪文化的当代价值及其实现机制研究[D]. 济南：山东大学，2016.

足世界的基本礼仪。开展尊重教育,主要是让人们准确理解平等与尊重的关系。平等是人的基本权利。敬老养老,并不需要放弃平等,而是一种维系人类发展的、最基本的人类情感。在尊重教育中,孝文化应该作为一个核心不断加强。

(5)诚信教育。诚信教育是礼仪教育的基础。说话做事要讲诚信,要信守承诺,培养诚实品格,培养诚信习惯,尤其要防止各种考试作弊、学术造假等行为。为人诚信才能真正实现良好沟通和真诚合作,才能传播良好形象,达成相互尊重。所以诚信教育也是现代社会必须高度重视的一项教育内容。

(6)形象教育。礼仪是一个国家和民族的社会风貌、道德水准、文明程度、文化特色以及公民素质的重要标志,加强青年学生的形象教育也是礼仪教育的重要内容,形象教育主要包括衣着、举止、语言、行为的文明礼节教育。个人礼仪形象主要体现在形、神、雅、美四个方面。形就是要注意外形的塑造,包括身材、发型、站、坐、行、手势等动作是否符合礼仪规范;神则体现为个人的精神气质,微笑、倾听是否具有亲和力;雅体现为外形服饰搭配、着装规范等方面是否清新典雅;美则体现在整体形象是否和谐统一。

礼仪文化教育一般分为三个阶段:学习阶段、内省阶段、躬行阶段。礼仪文化教育应该遵循三项基本原则:感化原则、激励原则、因材施教原则。礼仪文化教育既有传统的常用方法,也有其独特的教育方法。讲授法、言传身教法、操作竞赛法、实际训练法、案例分析法、视频教学法。①

韦维提出,要坚持礼仪教学与德育教育、专业教育、就业教育相结合,课堂教学与日常行为规范教育、礼仪常规教学和礼仪比赛、常规礼仪教学和礼仪服务相结合,礼仪教学要注意"以动为教"。

(1)引导教学法。引导教学的具体方法是提出典范,引导学生观察和思考,并进行模仿学习,以达到预期教学目的。教学研究实例之一在形成优雅的风度和高尚气质的礼仪教学中,用周恩来总理、撒切尔夫人等伟人的风度和气质为典范进行教学,要求学生对自己心仪的一位伟人或名人进行观察和思考、学习,并写出书面体验。结果学生完成得较好,同学们开始注重个人的优雅风度和高尚气质的养成。

(2)对比教学法。通过不同事物的对比和同一事物不同时间的对比,加深学生对礼仪作用的认识,并激发其学习礼仪的积极性。教学研究实例之一对学生讲授个人礼仪,在谈吐举止的讲授与训练之前和之后分别安排一次学生的一分钟即时演讲,并引导学生对两次演讲进行对比评论,使同学们既看

---

① 于丽萍. 中国传统礼仪文化的当代价值及其实现机制研究[D]. 济南:山东大学,2016.

到了自己学习礼仪后的进步,也意识到自己的不足,从而在以后的学习和活动中加强礼仪素质的养成。

(3)案例讨论法。通过案例讨论使学生分清是非,掌握礼仪的"度"。在行为美的教学中,列举各种各样的行为,让学生讨论哪些行为美哪些行为不美。人际交往中的情感和距离等都有"度"的问题,这些"度"可通过"热情的尴尬"和"电梯里的目光"等案例进行讨论,让学生把握好礼仪的"度"。

(4)行为训练法。礼仪课程的仪态教学,基本上采用行为训练法,如站姿、坐姿、走姿、鞠躬礼、握手礼、指引礼、举手致意礼等。教学的基本步骤:教师示范→教师讲解要领,要有口令→学生训练,包含分解训练、连贯训练、流水作业训练等→教师点评。为使仪态更美、更有韵律,行为训练最好配上节奏明快的轻音乐。

(5)情景模拟法。情景模拟法主要用于礼节和仪式的教学,通过教学不但使学生掌握一般人际交往的基本礼节和仪式,还能将礼仪基本知识和基本礼仪动作融会贯通到相应的生活情节和专业情节中。可采用情景模拟教学的礼仪内容很多,如谈判与签约仪式、庆典与剪彩仪式、邀约与应约、拜访与迎访、办公室礼仪等。教学的基本步骤:教师讲解项目的程序和基本要求→学生以组为单位人做准备,分派角色、道具进行、场地布置、排练等→模拟表演→教师、学生进行交流、评议。

(6)现场实习法。让学生自己组织一次活动,进行实习,如一次舞会、一次生日晚会、一次报告会等。也可以创造机会让学生参加学校和有关社会活动,使学生将所学到的礼仪知识和技能在实践中得到检验、完善与深化。

(7)专题VCD播放教学法。通过专题播放VCD,进行形象的、直观性的礼仪教学,使学生更规范、更系统地掌握礼仪知识和技能。①

三、核心模块:核心经典的系列化研读

1. 经典选择和读懂经典

就经典教育而言,从历史来看,晚清新政教育改革中,试图将《孝经》和"四书五经"纳入教育体系中;民国初期,出现过废除读经和短暂恢复读经课程的运动,但1916年以后,不再安排学习整本的经典,多是选文。20世纪二三十年代,民国政府对民间私塾、书院读经课程的禁令不断,说明制度上已经没有读经文献的存在,但民间教育机构还是在开展经典文献的教学。抗

---

① 韦维.礼仪课程教学问题初探[J].中国林业教育,2002(5):46-47.

战时期，国民党为了激励抗战精神，大力提倡诵读《大学》《中庸》。1949年后，中国台湾地区在高中开发了以"四书"为基本内容框架的《中国文化基本教材》，是一个具有成功经验的经典教育案例。就目前的中国大陆地区而言，比如以《弟子规》为代表的蒙学热潮，以《论语》为主的读经热潮。2008年教育部《国家中长期教育改革和发展规划纲要》向社会公开征求意见，有许多学者针对教育体制改革提出意见，提出在中小学课程中增加传统文化内容，"四书"应该进中学课堂，这方面以郭齐勇为代表。他的问题意识就是当时中小学语文课本的文言文内容占比较低，缺少代表中国文化基本精神的经典内容，人文精神教育和价值教育较少涉及。[1]2014年中华书局将台湾地区的《中华文化基本教材》改编引入大陆地区，在全国150多所中学开展教学实验，"四书"教学成为大陆初高中学习的一个热潮。

开展经典研读，必须对经典有所精选。关于选择核心经典的原则，潘涌提出："全球化时代的国人需要尊重作为民族文化根基的'经典'，但衡量典范性、权威性和原创性皆备的文化'经典'无疑应该依据共识度很高并经得起时间考验的普遍标准。这种标准的核心内涵不外乎'尽善尽美''文质彬彬'。第一，其内容应该蕴含着先贤们贯通千古的、普适的人性人情和敦厚笃实、精湛深挚的思想观念，由此给后人以情操的陶冶、智慧的启迪和道德的洗礼；第二，其形式应该洋溢着语用主体的心脉律动和沛然生气，释放出鲜活明丽、历久弥新的审美感染力，从而对学子的表达力乃至表现力产生直接的示范和借鉴价值。"[2] 楼宇烈倡导中国人读好"三玄四书五经"[3]，认为读懂了中国文化的根源性典籍，就能对中华传统文化的精神、思想有基本的把握。楼宇烈认为，中华民族的经典虽然数量繁多，但是统之有序，众多的经典之间是"述而不作，理念相通"的。"三玄四书五经"是代表了众多经典的内在一致性的。"三玄"是指《老子》《庄子》《周易》，"四书"是指《大学》《论语》《孟子》《中庸》，"五经"是指《周易》《礼记》《尚书》《诗经》《春秋左传》。《大学》和《中庸》都是从《礼记》中抽出来的，本来各是一篇文章，《周易》是重复的，所以读九本书就可以。笔者认为，根据经典教育要解决民族思维方式训练、价值取向确立和人生意义构建的三大任务，从未来经典开展的需要来看，除加强文字和语言训练，以及各类必要的支撑知识如中医药文化、礼仪文化外，就"成人"教育而言，《周易》与《四书》应该成为中华经典教育最重要的两类

---

[1] 颜峻. 当代读经风潮的反思 [J]. 全球教育展望，2016（9）：85-91.
[2] 潘涌. 祛蔽当前"读经热"：表达为本——由"读经热"引发的对古今母语教育的建设性反思 [J]. 教育研究，2015（1）：136-142.
[3] 楼宇烈. 中国的品格 [M]. 成都：四川人民出版社，2015：67-87.

文献文本系统，前者为经典教育提供符号系统，后者为经典教育提供思维训练。"四书"从个体生命觉醒的角度，对中国人的生命、生活和生产应该如何给予了全方位的指导，符合现代性对人的基本要求；激活《周易》里蕴含的思维方式，才能理解历史长河中对中华民族生命、生活、生产产生根本性影响的思维因素，才能找到所有文化现象背后的精神真谛。

2.《四书》课程的理论和实践

《四书章句集注》，简称《四书》，是《大学章句》《论语集注》《孟子集注》《中庸章句》的合称，朱熹说先读《大学》，次读《论语》《孟子》，最后读《中庸》。但四本书的形成先后，应该是先《论语》，其次《大学》，再次《中庸》，最后是《孟子》。在当代，有学者比较了《四书》教育与现代教育的差异：《四书》以"孝"开篇，现代教育以识字为任务；《四书》以"知"为基础，现代教育以尊重个性为基础；《四书》以反省自己为进步条件，现代教育以表扬、奖励为激发进步的手段；《四书》以求学问为目的，现代教育以学知识为目的；《四书》教育目的在"得"，现代教育口号是"德为先"。① 有学者认为文科大学生没有必要研读"四书五经"，只要掌握一些相关知识便足够了，且"四书五经"不是优质的传统文化资源，它只具有历史价值，② 文科大学生都没有必要读《四书》，那中小学生似乎就更没有必要。但是也有学者强烈呼吁《四书》应该进中学课堂，比如郭齐勇等人。所以我们必须追问：为什么中小学经典课程中要开设《四书》研读呢？

（1）《四书》具有经典课程的先天优势

古时童子在经过识字启蒙教育环节后，为何就能顺利学习《四书》？当今中小学生读《四书》的可能性又何在？杜成宪等学者通过从识字量、知识点、课程设置三个方面进行探究发现：童子在读完"三百千"后便基本克服了学习《四书》的文字障碍，"三百千"与《四书》知识点的重合在30处以上，两个轮次的《四书》课程设置分别规定了以克服文字障碍为主和以理解思想旨趣为主的分层课程目标，这就为古时童子识字启蒙后断学习《四书》创造了条件。当今中小学生并不完全具备古时童子学习《四书》时的条件。经比对《义务教育语文课程标准》与"三百千"的识字量，发现在第二学段（3～4年级）结束时，小学生的识字量超过了"三百千"的识字量，鉴于小学生相关知识准备得不足，如要读《四书》似乎在第三学段（5～6年级）为宜，

---

① 汪福仙.简议《四书》经典与现代教育的差异[J].文教资料，2015（9）：9-12.
② 张鸿.不应将"四书五经"列为大学生通识教育必修课——从是否应当设置"国学一级学科"的教育行政政策之争谈起[J].历史教学（下半月刊），2010（9）：66-70.

顺序也以《大学》《论语》《孟子》《中庸》为宜。从识字量的角度来看，当今的小学生在四年级时所掌握的单字量显著高于古时童子学毕"三百千"时的识字量，应当基本可以胜任阅读《四书》。如果考虑到知识阅历方面的因素，迟一些，到第三学段即五、六年级时，学生就更加具备阅读乃至理解《四书》的能力了。如果认为需要让孩子读《四书》，在这个学段开始学习或许是比较合适的安排。上述比对结果也显示，四个学段的识字量与《四书》字种的重合率，除第一学段是《大学》最高，《中庸》其次，从第二学段起，则变为《中庸》最高，《大学》其次，之后各学段都是依次为《论语》《孟子》，与《四书》与"三百千"的重合率的次序基本相同，同样支持了历史上理学家对《四书》课程学习顺序的设计。从第二学段结束时学生所掌握的识字量来看，似乎阅读《中庸》的障碍最小，但由于其内涵抽象且深奥，依旧将其置于最后学习更为合适。所以，当今中小学生按照《大学》《论语》《孟子》《中庸》这样的学习次序学习《四书》仍是更加合理的。①

（2）近代学者成才的案例验证

作为个案研究，廖其发详细考察了胡适、郭沫若少年时期的读书活动，指出胡适正式诵读的第六到第九部书依次是《论语》《孟子》《大学》与《中庸》等。读"四书"时用的是朱熹的《四书章句集注》，皆连朱熹的注文一并诵读。"四书"是儒家的基本经典，蕴含了儒家思想的核心内容，在中国思想史上具有非常重要的地位。朱熹的《四书章句集注》是朱熹积三十多年的精力完成的一部力作，既是一部很好的解说"四书"的经典著作，在其注中也体现了朱熹自己的一些核心思想。因此，胡适读《四书章句集注》，对把握"四书"的所有内容及朱熹的核心思想有重要意义。根据郭沫若谈读书的文献记载，证明他在家塾中白天读经的课程是读"四书""五经"。至于是如何读"四书""五经"，未见到他的详细记载。郭沫若说他熟读了这些书，并且初步读懂了其中的内容，实际上是达到了认识其中的文字，对其篇章能够成诵，并且初步理解其内容的水平。这对于大量增加其识字量，提高其阅读水平，理解其中的思想内容，感受其中的诗歌、散文等文体的韵律、写法，增加其各方面的知识特别是历史知识有重要帮助。十二三周岁是我国现行学制小学毕业到初中一年级的年龄。在这个年龄段，胡适、郭沫若在家庭和家塾中学习了内容非常丰富、难度很高且对其终身发展极具价值的课程，这启示我们：进一步挖掘和发挥儿童巨大的身心发展潜能是未来中国教育改革需要努力的

---
① 杜成宪，阴崔雪，孙鹏鹏.童子凭什么读"四书"？——古代《小学》终，至'四书'"的课程设计探由[J].全球教育展望，2018，47（10）：77-89.

方向，充分发挥父母等亲人在儿童启蒙教育中的作用，充分发挥家庭、家族的办学潜力，较早地对儿童进行文化启蒙教育是完全可行的，儿童早期的集中识字有重要作用，儿童尽早多诵读诗词、古代散文及经典著作有重要价值，引导儿童多读课外书刊有重要意义，学生只有在大量读背优秀诗文和多练习讲话的基础上才能写好作文。①

（3）中国台湾地区以《四书》为主要内容的《中华文化基本教材》的有益探索

台湾学者在谈到经典学习时说："台湾过去的高中生，必然都经过了《中华文化基本教材》（其前身是《中国文化基本教材》）的洗礼。""这个教材实施的目的，是使学生能够了解中华文化的精义以及立国的根本，从中学习待人处世的基本原则。""求学的历程中被勉强研读《四书》是很多人的梦魇，但《四书》中确实充满人生哲理，实践哲学，深刻领会，必定能为修身养性带来莫大的帮助——《四书》所指导的是一种生存的方式，一种生活的哲学。"进而指出《中华文化基本教材》的编辑特色：架构完整，内容翔实；单元主轴，引导学习；分类清晰，便于阅读；研读指导，提纲挈领；事例举隅，兼论古今；问题讨论，启引思想；补充说明，丰富备课。《中华文化基本教材》实施的对象是高中学生，高中生对于博大精深的中华文化当然不可能完全了解，但孔孟思想是中华文化的根本，本教材即在此根本上，借由教师系统解说，让学生了解中华文化的精义与待人处世的道理，必当使学生终身受益。依据教学目标、教学内容和学生的禀赋，在《中华文化基本教材》的教学上，除了教师的口述传授外，希望能够启发学生学习的兴趣以及自我实践的能力。《中华文化基本教材》教法简单且容易执行，其中尤以"笃行"最为重要，"格物致知""知行合一"则是体现《四书》内涵的重要指标。②

（4）国内学者的强烈呼吁

2008年郭齐勇撰文《"四书"应该进中学课堂》，认为"四书"不仅保存了儒家先哲的思想和智慧，也体现出早期儒学的嬗递轨迹。它蕴含了儒家思想的核心内容，也是儒学认识论和方法论的集中体现。在中国思想史上产生过深远的影响，但是到了宋代以后，"四书"被与科举考试牢牢绑在一起，"四书"中的一些观念也被封建统治者变成控制社会思想的意识形态。今天，卸下历史给予"四书"的种种负累，回到"四书"的原典，我们仍然可以从中

---

① 廖其发.论胡适、郭沫若十二三周岁前所学课程及启示[J].教育与教学研究，2018，（3）：1-13+125.
② 徐小燕，孙剑秋.为人处世之经典宝库——从《中华文化基本教材》的编写谈起[C]//两岸文化深耕与融合——第五届两岸文化发展论坛文集，2017：240-250.

汲取古人的智慧，用它来营养我们的思想。"培养一个对社会、国家、民族有用的栋梁之材，不管他将来做什么事业，根子要扎正，特别是做人的教育，人文的教育，道德的教育应视为根本。这正是'四书'进中学课堂的重要理由。"① 并撰文分享其在武汉大学开设两门"四书"课程的经验。② 对于郭齐勇的建议，有人表达反对意见，但获得更多的是支持。"他建议将'四书'作为国民教育的基本内容。我完全赞同。将'四书'作为国民教育的基本内容，这是避免中国传统文化'博物馆化'的需要。"③ 也有人认为"四书"是对当代公务员进行价值观训练的经典教材。④ 当代教育学者刘良华就推崇唐文治的课程设计："小学应以诵念'四书'为主，初中巩固'四书'，同时初涉'六经'简选本，使诵念和讲解适当结合。高中'四书''六经'之外，应兼及庄老诸子。都是简读、选读，并不复杂，也无须花太多的时间……主要是经典的熏习，且以不影响其他学科和现代知识的吸取为条件。"⑤

（5）《四书》为主的课程在大陆中学不断推进

2013年9月，两岸高中中华传统文化教育交流研讨会广州专场在华师附中举行，内容以儒家经典"四书"为主。其中试点学校深圳科学中学的副校长赵爱军介绍，新引进教材共计选入《论语》168章、《孟子》50章、《大学》4章以及《中庸》4章。上海有三所高中成为该教材的试点学校，其中复旦附中语文特级教师黄玉峰称，他早在1997年就开始"四书"教育，且教学效果良好。

（6）大学通识教育的核心经典读本

高校对大学生进行"四书"教育呈现两个主流并行的态势：一种是培养国学专门人才的专业教育；另一种我们也称之为大学通识教育。2005年，中国人民大学成立了中华人民共和国成立后国内高校首个国学院。高校培养国学专门人才的专业教育主要包括开设国学专业，成立国学系或国学院，其教学内容必须包含"四书"原著的学习研究。2005年，中山大学甘阳在北京主持召开了数十所大学参加的"中国大学的人文教育"会议，以此为起点，"四书"成为大学通识教育的核心课程。以成都大学为例，2009年秋季学期，该校开设了"国学经典导论"课，教材前两章分别是孔子与《论语》、孟子与《孟子》；实践教学形式多样：组织课堂讨论、辩论演讲、省市博物馆参观等。⑥ 2011年，

---

① 郭齐勇. "四书"应该进中学课堂[N]. 光明日报, 2008-04-14（12）.
② 郭齐勇. 我开的两类"四书"课程——作为通识教育与作为专业训练的国学经典课[J]. 中国大学教学, 2012（9）: 15-18.
③ 陈文新. "四书"进中学课堂确有必要[J]. 成才之路, 2008（25）: 90.
④ 任民.《四书》: 公务员价值观训练的经典教材[J]. 传奇. 传记文学选刊（理论研究）, 2012（1）: 84-85.
⑤ 刘良华. 关于读经教育的建议[J]. 上海教育科研, 2016（10）: 1.
⑥ 郑昭艳. 近年来《四书》研究与教育述评[J]. 亚太教育, 2016（7）: 282.

中山大学人文高等研究院和清华大学国学研究院在广州联合举办"两岸三地高校《四书》教学研讨会",探讨作为通识教育的四书教学在当今的大学人文教育体系中所面临的现实与挑战。会议上就"单书教学还是'四书'合教""通识、博雅还是德育""'四书'会不会成为国民教育科目"等问题进行了热烈的探讨和交流。①

3. 作为经典教材的《周易》

王新春认为,《周易》包括古经与《易传》两个有机组成部分。古经为一诞生于西周时期的卜筮之书,蕴含着"人的发现"的时代主题。《易传》则对卜筮进行了创造性的哲学转化,充分揭示了人在天地人物相融为一的整个世界中的主体性地位,令古经"人的发现"的意蕴得到了空前的最高哲学层面上的丰富、深化与升华,从而确立起易学天人之学的哲学品格,也凸显出宗教巫术的非理性信仰向理性的转化过程。②

(1)《周易》内蕴含丰富的教育思想

比较早重视挖掘《周易》教育思想的学者当推黄寿祺,他指出,自来论述孔子教育思想的人,多取材于《论语》,对《易传》中所含有的孔子教育思想则较少有人注意。这大概和许多人不承认《易传》为孔子所作有关。《易传》中所明引的孔子言论,集中见于《系辞上传》者七条,《系辞下传》者十一条,散见于《系辞上下传》者共七条,见于《乾·文言》者六条,共三十一条。从上述分析可以看出,研究孔子教育思想,应当同样重视《易传》与《论语》。③

其实,《周易》是将人的生命与天地人之道整体挂钩,周易之道最终是为人的生命服务的。"《周易》将整个宇宙视为一个有机的生命体,在阴阳交互作用中这一生命体一直处于'生生不息'的状态。这一宇宙生成论将分别表征天地的乾坤两卦作为创生世界万物的基元,而人则是天地人三才中的重要一员。《易传》的这一思想突出了人的主体性地位。而人若要充分发挥其主体性地位,则需要以'诚'为媒介,通过'进德修业''继善成性'来实现人与天的德性的合一,同时又要'与时偕行',实现人与天的自然的合一。前者被后世的儒家所继承与发扬,而后者则为后世道教、中医学等所借鉴。"④

生命的成长本身就是教育的最主要内容,所以,柯小刚根据《周易》深挖其教育思想是值得关注的。"与《旧约·创世纪》的创造—宰制模式相比,

---

① 李纯一. 四书究竟应该怎么教 [N]. 文汇报, 2011-12-12(011).
② 王新春. 卜筮与《周易》[J]. 周易研究, 2003(6):26-35.
③ 黄寿祺. 从《易传》看孔子的教育思想(节选)[J]. 齐鲁学刊, 1984(6):42-45.
④ 张文智. 试论《周易》中的生命哲学 [J]. 周易研究, 2007(3):63-72.

《易经》体现了一种孕育—教化模式的万物创生图景,这从根本上决定了中国教育思想的本源是立足于生命成长的关切。从乾坤与诸卦及万物的教化关系、乾坤的自我教育历程及其"成己成物"的功用、《易经》与《论语》《中庸》《老子》教育思想之间的相互发明等方面,都可以发现《易经》对于中国教育思想的本源性奠基意义。""'发现中国教育的文化逻辑',可以说是当代教育基本理论研究的时代任务。在这个时代任务中,通过《易经》去发现中国教育思想的本源,成为不可或缺的重要步骤,因为《易经》不仅是中国经典和中国文化逻辑的开端,而且是富有教育思想内核的原点。"柯小刚认为,"《易经》作为教育思想"是说《易经》根本上就是一部教育学的经典。这不是从教育科学的意义上说的,而是在更加根本的层面上说的,根本到万物创生模式的程度。《易经》之为"教育创世纪"而非"造物创世纪",首先体现在乾坤与万物的关系上。乾坤是开端,但并不是乾坤创造万物,而是万物"资"于乾坤乃得出生。乾、坤、屯、蒙四卦分别对应天、地、君、师的取象。屯蒙二卦作为物之始生的开端,是一个教育的开端,或者说是乾坤"孕育—教化"万物的开端。绝对超越者的造物是一次性完成的行动,其中并不含有教育学和功夫论的意涵;而乾坤生物却是一个持续的孕育、生养和教化成长的过程。两者的区别,正如制作器物和生养孩子的区别。制作器物是一次性完成的行动,完成之后即可交付使用;生养孩子却意味着从怀孕到生产到育婴到幼教以至日后漫长的教育成长过程。实际上,整部《易经》都可以理解为家庭及其教化关系的展开。乾坤生诸卦是对天地生万物的构拟取象,而且是在一种教育的关系中构拟这一过程。天地之有是自然而有,万物之生是自然而生。万物自然是天地所生,只不过这个"生"并非创造和宰制的生,而是"物各付物""成己成物"的生。所以,乾坤并非超越于万物和诸卦之上的造物主,而是与万物并列的大物大象,以及与诸卦并列在《易》中的起首之卦。乾、坤、咸是在《序卦传》中没有直接提及卦名的三个卦,也是三个不说"受之以某卦"的卦。这也许是因为,乾、坤是授卦之卦,而不是所受之卦;咸是所以受之卦,而不是所受之卦。这三个卦在《序卦传》中的特殊地位蕴含着深刻的教育学意义:乾坤二卦与诸卦的授受关系,正是教学关系的直接表现。犹如乾、坤是授卦之卦,教师也是教育活动中的授业者(如日常语言所谓"授课"),学生则是受业者(所谓"受教")。而且,在真正的教育中发生的事情,并不是像物品授受那样把知识灌输给学生,而是如咸卦所示,是通过相感而"有":"有万物然后有男女,有男女然后有夫妇"。灌输是对象性的物化给予,"有"

则是自然发生的油然而有。学生在明白一个公式的瞬间,正是这样一种油然而有,仿佛那些知识本来就是在自己心中固有的东西,只不过是在这一瞬间才在老师的启发之下发现了它。柏拉图所谓"学习回忆说"(《美诺篇》),孟子所谓"非由外铄我也,我固有之也"(《孟子·告子上》),说的都是这个道理。

柯小刚特别强调乾坤二卦与诸卦之间的授受关系,本质上是一种教育关系。首先,乾六爻、坤六爻的逐步展开,体现了乾、坤各自的自我教育。其次,在六十二卦中的每一个爻,都可以看到乾、坤对于不同事物的不同情势的因材施教、因时施教。生命教育的关键在于知时,而知时之智的养成主要通过临界的经验来获得,在《易经》里就是忧患和穷通的教育。《易》之穷通经验蕴含了中国古典教育思想的基本原理。教育所为何事?首先并不在知识点的传授(益),而在于一种开放的、总是能自我归零(损)和重新开始的学习能力和学习型主体的培养。《易经》每一个卦的穷通变化都在提醒我们,生命教育的本质不是教学生学到什么东西,而是培养学生学习的能力、开放的能力、探索和创造的能力。生命不是被造物,而是创造者,这正是《易经》作为"孕育—教化模式"的万物创生原理与《旧约》"创造—宰制模式"的区别。生命如果被理解为被造物,那么教育的内容自然也容易被理解为固定的被造物;而如果生命被理解为创造者,那么教育的目的就不再是知识的灌输,而是生命创造潜能的开发和自觉。"用九""用六"意味着:乾坤犹如教师,并不是创造者和宰制者,而是化育者和帮助者。在这样的"教育创世纪"宇宙论中,乾坤并不是宰制性的本体,而是内在于事物之中并发挥教育的作用。乾坤二卦的《大象传》提出了基本纲领:"天行健,君子以自强不息";"地势坤,君子以厚德载物"。这两句话可视为中国教育哲学的大纲。所谓教育,无非是"成己成物"之事。乾以自强而成己以及物,坤以厚德成物而自返。非自强不能载物,非载物不能自强;非成己不能成物,非成物不能成己。所谓"乾坤并建",两者本来是一件事情。乾坤是万物所生之父母,也是诸卦效法的教师。而且,这个教师不是外在于被教育者的教师,而是内在于其中的教师。①

(2)《周易》蕴含的象数思维

张其成从中医文化的角度提出,《内经》与《周易》都是采用了"象数思维方式",因"象数"的"数"实质上也是一种特殊的"象",因此"象数思维方式"实质上就是"象"思维方式。"象"思维方式的特点是:以取象(包括运数)为思维方法,以阴阳"卦象"为思维出发点和思维模型,以具有转

---

① 柯小刚.孕育教化与生命成长——通过《易经》发现中国教育思想的本源[J].教育研究,2020,41(4):46-51.

换性能的"象数""义理"两种信息系统为思维的形式和内涵，以外延界限模糊的"象"（或称"类"）概念对指谓对象及其发展趋势做动态的、整体的把握和综合的、多值的判断。以《周易》为代表的取象思维方法，就是在思维过程中以"象"为工具，以认识、领悟、模拟客体为目的的方法。取"象"是为了归类或类比，它的理论基础是视世界万物为有机的整体。"象"思维方式是和"象"思维模型分不开的。"象"实际上就是一种思维"模型"。所谓"模型"，是人们按照某种特定的目的而对认识对象所做的一种简化的描述，用物质或思维的形式对原型进行模拟所形成的特定样态，模型可以分为物质模型与思维模型两大类。《周易》"象"模型是一种思维模型，而不是物质模型。①

张其成重点强调，易学象数思维方式是中华传统思维方式的元点和代表，具有重整体和合、轻个体分析的整体性特征，重功能关系、轻形体结构的功能性特征，重感性形象、轻抽象本质的形象性特征，重循环变易、轻创新求异的变易性特征。这种思维方式决定了中华传统文化的面貌、特性和走向，决定了中华民族特有的价值观念、行为方式、审美意识及风俗习惯。易学象数思维对中华文化的影响是深层次的，也是复杂的。如何整饬、修正象数思维的偏差，是中华文化"现代化"面临的一个重要课题。②

王树人指出，撇开阴阳爻的起源不谈，作为既成的阴阳，特别是由阴阳爻所构成的卦象和爻象，它们之所以在预测中能起到根本的引导或指向作用，似乎是在于它们在思维中具有灵活多样的象征意义。这种灵活多样的象征性在《周易》中是明显的。《周易》思维特征中最核心的特征就是《周易》的卦象与爻象，其本身及其象征乃是动态之象。整体直观虽然包括用眼看，但并不限于用眼看。而是通过看，能够进一步产生与整体沟通的体悟。就是说，整体直观包括看与通过看而体悟这样两个统一的环节。这种看又通过看而体悟能达到与整体沟通从而把握整体的观点，在很长一段时间里，使人们感到神秘，特别是从科学思维理性的立场来看，更是难于理解。但是，近些年来，由于"全息现象"及其规律的揭示，这种借着对个别现象的直观和体悟能够把握整体的观点，似乎也开始解除其神秘性，能从科学上得到某些解释了。③

象寓形象、现象、表象、征象、图像之意，由此引申为天象、地象、拟象、卦象等诸多内涵。甲骨文以"长鼻巨齿为其特征"；《说文解字》曰："象，南越大兽，长鼻牙。"这是理解象思维的关键。此种描述表明：象思维以把

---
① 张其成."象"模型：易医会通的交点——兼论中医学的本质及其未来发展 [J].周易研究，2002（2）：71-80.
② 张其成.象数思维方式的特征及其影响 [J].安徽教育学院学报，2001（1）：1-5.
③ 王树人，喻柏林.《周易》的"象思维"及其现代意义 [J].周易研究，1998（1）：1-8.

握事物现象的典型特征为基本思维要素，同时要考虑地域性差异，亦即在不同的环境、不同的条件下，"立象以尽意"会有所差异。象思维首要是重在"察象"。《周易·系辞下》曰："象者，像也。"强调"立象"先求其形似，但又不拘泥于"形与象"。此"象"，可有象有形，也可无象无形。有象有形者，取自然之形；无象无形者，取自然之理。表现虽异，实则殊途同归。象思维有其路径，依着一定的程序与步骤层层递进，有序进行。始则借助于外在物象，求得内在的意义；最终又不执着、不拘泥于具体的物象甚至跳出"象"的本身，去探寻并获得真正的事理精髓。"圣人立象以尽意"是象思维的目的。有些事理只可心领神会，不可言传身教。此"意"指普遍的看法、观点或规律，具有主观"意向性"，因而具有"主观性""随意性"与"开放性"，不等同于特定之显现形式。"立象"后必有所"忘"，然后才有所"得"。"立象"，先求其形似，"尽意"时求其神似，最终达到"形与神俱"，"得意忘形""得神忘象"终至"大象无形"，这是象思维的最高境界。"以象为素，以素为候，以候为证，据证言病，病证结合，方证相应"的临床诊疗路径与模式，其核心与根本仍然是象思维。从"象"开端贯穿一体，体现了差异性竞争。从思维的角度理解，表达了这样一个过程：人以六根（眼、耳、鼻、舌、身、意）感知事物的"色、声、香、味、触、法"，此为察象；以象为素，见素抱朴，外观其象，内察其质，此为立象；察象、立象，寻找规律，立象以尽意，此为意象；参悟、证悟意象以明理悟道，此为法象。①

（3）《周易》与人格养成教育

《周易》具有极为深刻的积极人格心理学思想，集中体现在对君子人格素养的概括及其形成途径的探讨。在《周易》中，君子的人格素养主要有仁爱、正义、知礼、知几、自强、谨慎、谦虚、诚信、持之以恒、勇敢。君子人格素养的形成途径以"感应万物"为前提，以"反身修己"为根本。具体的培养方法有进行心性修养，坚持知识学习，加强情绪管理，磨砺坚强意志，养成良好习惯。《周易》强调"自我决定"的重要性与积极心理学的主张不谋而合；它将君子人格的形成置于"天人合一"框架之下的主张具有中国传统的文化特色，对本土的积极人格教育有一定的启发和借鉴作用。长久以来，中国教育的关注点：知识技能的教育与道德教育两个方面。从德育实践来看，目前普遍存在的问题是学生缺乏道德自修的动力，教育者苦口婆心，学生却不感兴趣，教师的价值引导无法转化为学生的道德自主构建。如何促使学生

---

① 王永炎，于智敏. 象思维的路径[J]. 天津中医药，2011，28（1）：1-4.

进行道德的自主构建？从道德发生学的角度来看，只有当人从内心体验到某种价值，产生认同、敬畏、信任的情感，或产生拒绝、厌恶、羞愧的情感时，才谈得上道德学习和道德教育的实存性，因此"培养积极人格"不失为一条可以探索的路，也就是说，道德教育可以从积极人格教育开始。关注真、善、美辨识能力的培养。《周易》认为"天地絪缊，生生不已"，只有对天道和地道加以适度把握方可获得"生"的真谛，因此对天地万物规律的体察能力是形成积极人格的重要前提。如何拥有这种能力？在《周易》看来，关键在于"感""应"二字，所谓"感"即"类天下万物之情"；所谓"应"即异类排斥、同类相从，去除自身与天相异者，设法与天同声同体（叶岗，2004）。实质上这种"感""应"能力即是对真、善、美的辨识能力。重视内在动机的作用。《周易》认为积极人格素养形成的根本途径是"反身修己"。持有积极人格的整体养成观、《周易》在论述积极人格培养途径时有两个显著的"整体观"：一是没有出现偏废一方（单独强调某种品质的培养）的现象，而是兼顾整体；二是强调与环境相一致的人格体现。①

第六节　体验型经典课程与教材体系表

　　构建中华经典课程和教材体系，既是20世纪90年代读经思潮的总结与提升，也是完成从经典诵读到经典教育的成功转换，更是构建中华优秀传统文化传承与发展体系的重要部分。然而，要构建贯穿中小学的中华经典课程和教材体系，其面临的困难之多、阻力之大，是当前教育发展的客观现实，不容回避。

　　一百多年的中华民族近现代教育史，无论从海内外华人文化教育区域，还是港澳台地区和大陆地区的传统文化教育起起落落来看，都与中华民族的伟大复兴和中华文明的延续息息相关，是中华近现代文化发展的重要组成部分。今天，中国政治、经济、军事、科技和社会、生态发展都取得了长足的进步和快速的发展，中华文化也到了必须加快传承和发展的历史关键时刻，这一切都为探索构建中华经典课程和教材体系提供了历史经验、现实基础和未来需要。为此，以表格形式总结本书的文献梳理、实践总结和理论探讨，希望为经典课程和教材建设提供一份初步的解决方案见表9-4、表9-5。

---

① 黄雨田，汪凤炎.《周易》论君子的人格素养及其形成途径 [J]. 心理学探新，2013，33（2）：99-104.

表9-4 现阶段中华经典课程和教材体系总览

科目类型	目的	对象	内容	载体	方法	课时	评价
积累型	弥补传统中断，传承民族经典	3—12岁	古诗文和经典选读	校本教材或读本	朗诵、吟诵	校本课时或课外自学	熟读
常识型	了解基本常识，理解生活中的传统文化	10—18岁	生活常识，历史知识和文化常识	以课外读物为主，校本教材为辅	以阅读为主，主题文化课为辅	以课外阅读时间为主，少量课内时间	了解、熟悉和认可
体验型	训练思维方式，引领价值取向，助力人格养成	12—18岁	节气、礼仪、中医药、文字、经典研读	地方教材或校本教材	体验式教学法	地方课时或校本课时	生命体证或验证

表9-5 中华经典体验型课程和教材体系建构

年级阶段课程设计	阶段目标	内容选择	教材形式
小学低年段	读懂中华文化核心汉字，构建生命时间感受；接受学校基本礼仪训练，掌握生活基本礼仪；养成健康生活和学习习惯	核心汉字，比如"天""地""人""火""土""金""水""道""德"等；二十四节气组成的四季课程；学校基本礼仪；中医药基本常识	读本、校本教材、主题学习资料等
小学高年段	读懂中华文化重要汉字，体验生命时间价值；强化健康生活和学习习惯；诵读"四书"经典选段，了解儒家文化的基本主张	"仁""义""礼""智""信""忠""孝""毅""和""廉"等重要汉字；生活礼仪知识和能力；中医药健康与养生；《四书诵读本》	主题学习资料、校本教材或地方教材
初中年段	读懂中华核心概念字词；熟悉和掌握中华日常礼仪；预防疾病，健康生活；初步研读"四书"，掌握《周易》基本知识；初步了解中华思维方式，确立基本的价值取向	"阴阳""五行""人卦""君子小人""本末"等核心词汇；中华日常礼仪知识和能力；"四书"主题；《周易》常识和入门	校本教材或地方教材
高中年段	全面研读"四书"；"周易"选读；训练民族思维方式，建立正确的价值取向；确立充实的人生意义世界	"四书"研读；《周易》选读；在研读上述经典的过程中，将中外经典的同类主题内容融入相应的课程中去，比如《诗经》《春秋》《老子》《庄子》《理想国》等	校本选修教材或地方教材

参考文献

一、图书专著

1. 黄寿祺，张善文．周易译注（新修订本）[M]．上海：上海古籍出版社，2021．
2. [宋]朱熹．四书章句集注（精）[M]．北京：中华书局，2011．
3. 璩鑫圭，童富勇．中国近代学制史料汇编·教育思想[Z]．上海：上海教育出版社，1997．
4. 璩鑫圭，唐炎良．中国近代学制史料汇编·学制演变[Z]．上海：上海教育出版社，2007．
5. 高平叔．蔡元培全集[M]．北京：中华书局，1984．
6. 朱自清．经典常谈[M]．钱伯城．上海：上海古籍出版社，1999．
7. 黄力生．读经问题[M]．台北：中国政治书刊出版合作社，1953．
8. 张志公．传统语文教育教材论暨蒙学书目和书影[M]．北京：中华书局，2013．
9. 李弘祺．学以为己：传统中国的教育[M]．上海：华东师范大学出版社，2017．
10. [美]内尔·诺丁斯．培养有道德的人[M]．汪菊，译．北京：教育科学出版社，2017．
11. [美]爱德华·希尔斯．论传统[M]．傅铿，吕华，译．上海：上海人民出版社，2014．
12. 叶澜．回归突破："生命·实践"教育学论纲[M]．上海：华东师范大学出版社，2018．
13. 牟钟鉴．新仁学构想——爱的追寻[M]．北京：人民出版社，2013．
14. 许倬云．中国文化的发展过程[M]．北京：中华书局，2017．
15. 郭齐勇．中国思想的创造性转化[M]．上海：上海教育出版社，2018．
16. 陈来．中华文明的核心价值观：国学流变与传统价值观[M]．北京：生活·读书·新知三联书店，2015．
17. 徐兴无．龙凤呈祥：中国文化的特征、结构和精神[M]．南京：江苏人民出版社，2017．
18. 徐梓．中华优秀传统文化教育十五讲[M]．北京：北京师范大学出版社，2018．
19. 胡晓明．读经：启蒙还是蒙昧？——来自民间的声音[M]．上海：华东师范大学出版社，2006．
20. 龚鹏程．读经有什么用：现代七十二位名家论学生读经之是与非[M]．上海：上海人民出版社，2008．

二、期刊论文

1. 吴康宁. 教育究竟是什么——教育与社会的关系再审思 [J]. 教育研究，2016，37（8）：4-12.
2. 李吉芳，陈新宇. 论"教育是什么"与"什么是教育"[J]. 现代教育科学，2011（2）：5-7.
3. 朱小蔓. 育德是教育的灵魂 动情是德育的关键 [J]. 教育研究，2000（4）：7-8.
4. 马戎. 中华文明的基本特质 [J]. 学术月刊，2018，50（1）：151-161.
5. 李宗桂. 试论中国优秀传统文化的内涵 [J]. 学术研究，2013（11）：35-39.
6. 冯天瑜. 中国文化：生态与特质 [J]. 中国文化研究，1994（3）：16-22+4.
7. 陈洪捷. 国学的困境与前景——关于国学学科地位的讨论 [J]. 大学教育科学，2015（2）：4-8.
8. 任继愈. 论儒教的形成 [J]. 中国社会科学，1980（1）：61-74.
9. 钟启泉，姜美玲. 新课程背景下教学改革的价值取向及路径 [J]. 教育研究，2004（8）：32-36.
10. 檀传宝. 教育是人类价值生命的中介——论价值与教育中的价值问题 [J]. 教育研究，2000（3）：14-20.
11. 鲁洁. 走向世界历史的人——论人的转型与教育 [J]. 教育研究，1999（11）：3-10.
12. 翟学伟. 中国人的价值取向：类型、转型及其问题 [J]. 南京大学学报（哲学•人文科学•社会科学版），1999（4）：118-126.
13. 陈向明. 对通识教育有关概念的辨析 [J]. 高等教育研究，2006（3）：64-68.
14. 石中英. 人文世界、人文知识与人文教育 [J]. 教育理论与实践，2001（6）：12-14，24.
15. 杨叔子. 现代大学与人文教育 [J]. 高等教育研究，1999（4）：4-9.
16. 柯小刚. 反思启蒙，反对蒙昧："发蒙"与读经教育 [J]. 上海教育科研，2016（9）：5-10，19.
17. 赵法生. 轮回与超越：儒家经典教育的百年之变 [J]. 齐鲁学刊，2018（3）：33-35.
18. 董云川，周宏. 经典教育三题 [J]. 湖南师范大学教育科学学报，2014，13（2）：9-11.
19. 顾之川. 中小学经典教育的现状与思考 [J]. 新疆教育学院学报，2010，26（1）：49-54.
20. 刘晓峰. 二十四节气的形成过程 [J]. 文化遗产，2017（2）：1-7，157.
21. 陈霖. 从八卦太极图看二十四节气养生 [J]. 中国医药导报，2010，7（3）：100-102.
22. 黄寿祺. 从《易传》看孔子的教育思想（节选）[J]. 齐鲁学刊，1984（6）：42-45.
23. 柯小刚. 孕育教化与生命成长——通过《易经》发现中国教育思想的本源 [J]. 教育研究，2020，41（4）：46-51.
24. 张其成. 象数思维方式的特征及其影响 [J]. 安徽教育学院学报，2001（1）：1-5.
25. 王树人，喻柏林.《周易》的"象思维"及其现代意义 [J]. 周易研究，1998（1）：1-8.

26. 梁秉赋. 新加坡的《儒家伦理》教材[J]. 国际儒学（中英文），2021，1（2）：95-104，166.

27. 谢远笋. 台湾高中传统文化教育述论——以《中国文化基本教材》为例[J]. 福建师范大学学报（哲学社会科学版），2018（2）：128-136，153.

28. 刘琴，田穗. 儿童礼仪教育的文化之根与传统经典借鉴[J]. 中国教育学刊，2017（8）：94-97.

29. 陈卫平. "国学热"与当代学校传统文化教育的缺失[J]. 学术界，2007（6）：107-113.

30. 杜成宪，阴崔雪，孙鹏鹏. 童子凭什么读"四书"？——古代"《小学》终，至'四书'"的课程设计探由[J]. 全球教育展望，2018，47（10）：77-89.

31. 李纯一. 四书究竟应该怎么教[N]. 文汇报，2011-12-12（011）.

32. 盛邦和. 《礼记》与中国礼文化[J]. 江苏社会科学，2009（1）：204-208.

33. 洪明. 读经论争的百年回眸[J]. 北京师范大学教育学报，2012（1）：3-12.

三、学位论文

1. 王立刚. 传统文化教育的历史发展与时代使命[D]. 北京：北京师范大学，2018.

2. 郑国岱. 晚清民国四书学研究[D]. 桂林：广西师范大学，2015.

3. 胡虹丽. 坚守与创新：百年中小学文言诗文教学研究[D]. 长沙：湖南师范大学，2010.

4. 夏永庚. 四书"仁智双彰"的课程哲学思想研究[D]. 上海：华东师范大学，2013.

5. 于丽萍. 中国传统礼仪文化的当代价值及其实现机制研究[D]. 济南：山东大学，2016.

跋：行者无疆

黄玉峰

（复旦大学附中五浦汇实验学校校长，语文特级教师）

2019年5月2日，我正在复旦大学光华楼前的一座雕像下留影，接到了安顺兄的微信，要我为他的新书作跋。那座雕像题为"驴背诗思"。一人一驴，驴子踽踽而行，老者坐在驴背上默默深思。

我喜欢这个塑像，创作者深谙中华美学精神。中国文人偏爱的坐骑，不是骏马，不是壮牛，而是低回含蓄的毛驴。钱锺书说："驴子仿佛是诗人特有的坐骑。"贾岛在驴背上"推敲"，杜甫"骑驴三十载"，东坡"路长人困蹇驴嘶"，陆游"细雨骑驴入剑门"。中华文明中有多少传世佳作，都是在驴背颠簸中苦吟而成！诗人所以爱骑驴，一是取其诚笃敦厚，平民本色；二是取其坚忍耐久，锲而不舍。它最适合长途跋涉，一路行，一路思，一路写。

唐人郑綮说："诗思唯有在灞桥风雪中驴子上才有。安坐屋中哪能得之！"一言道破秘密——有价值的哲思，诞生在旅途颠簸中。这种旅行，不是奢侈的游山玩水，而往往是为追求理想而忙碌奔波。孔子有一句名言："君子无终食之间违仁，造次必于是，颠沛必于是。"（《论语·里仁》）我猜想，这诗一般的哲言定然是在旅途中诞生的。

在我心中，安顺和光华楼前的这位驴背哲人就颇有几分神似。

我与安顺相识在2013年，其时，恰好是中华书局经典教育研究中心改编中国台湾地区《中华文化基本教材》并试着在全国开展教学实验的紧张时刻。安顺作为负责人，正在为传播传统文化而奔走。他邀我到京都做一个关于在复旦附中开展传统文化教育的讲座。他肯定了我从20世纪90年代初开始探索的"整本书阅读""文化行走"以及"研读经典"的教学探索模式。

2015年，我于古稀之年，出任公助民办学校校长，提出"人生教育，君子养成"的理念。很多朋友劝我不要背上这个沉重的十字架，可安顺力挺，并默默关心支持！我召开的几次"君子养成大会"，他都主动参与，每次都在大会上侃侃而谈。致广大，尽精微，语惊四座。

只要有机会来上海，他总会绕道来看我。每次见面，又总是"席不暇暖"，匆匆离去。他在路途中忙碌着，有做不完的事：编写读本，组织会议，参加书市，培训讲师，开发资源，推动传统文化进校园……多方联系、安排、统筹。他办事极细致，不管有多少烦琐的事务，他都井然有序，了然于心。他的足迹遍布于大江南北、穷山边鄙。四十刚出头的人，看去已似知命之年。看着他的花白的头发、黝黑的脸庞和风尘仆仆的样子，我常常想到"墨子"。

安顺之所以能如此，是因为在种种琐碎具体的事务背后有一份"大事业"感召着他。倘若胸中没有一点情怀和信仰的支撑，是做不到的。行知先生说："人生天地间，各自有禀赋；为一大事来，做一大事去。"（《知行诗歌集·自勉并勉同志》，上海儿童书局1935年版）一个人能找到自己愿意为之奉献的"大事"，是幸运的。几多艰辛牺牲，便无足道矣。

20世纪80年代，有一首影响甚广的诗《中国，我的钥匙丢了》，写出了在社会剧变的背景下，不止一代人灵魂的伤痕与精神的迷茫。四十年来，我们这片土地有了翻天覆地的变化，我们在努力改善生活、发展经济的同时，也始终没有忘了继续寻找自己的文化传统，如同一个孩子在拼命寻找自己不小心丢失的"钥匙"，又仿佛一棵大树在努力把根脉伸向土地深处甘甜的泉源。

这就是安顺与许许多多的仁人志士所投身的"大事"：匡扶道统，恢廓斯文。重新建立几十年来被破毁的民族精神和民族自信。一个民族的精神世界，只有得到了来自过去的滋养，才可能开出绚丽的未来之花。

我总觉得，在安顺的身上有一种布道者的精神。观中华历史，凡布道者，都有一股"傻"劲。孔子为布道，在陈绝粮，危在旦夕的时候，尚且"弦歌不辍"。孟子为布道，千方百计让道理变得浅近，为让学生容易理解接受，打比方、讲故事，"揠苗助长""五十步笑百步""一傅众咻"……不惜成为"段子手"的先驱。东坡为布道，即使被贬天涯，仍念念不忘办学兴教。每当听到当地孩子响起读书声，就高兴到浑忘了自身遭受的困境与不公……

像安顺这样的布道者，继承的正是他们的精神。为教育事业乐而忘忧，便是孔子的精神；为教育方法的改良孜孜不倦，便是孟子的精神；走到哪里，就把教育的火种播撒到哪里，便是东坡的精神。

我们在微信上交流，常常讨论中国教育如何回归正道，如何养成君子，谈到现实中具体的种种不如意处，亦难免叹惋，但末了，安顺总会坚定地说："我看好中国的发展，今天的全面复兴势不可当，教育也绝不可能是例外"。

这样的话，仿佛出自一个赤子，拳拳之心，溢于屏幕之外。

平心而论，看好中国教育未来的话，我也听许多人说过，但安顺说的远比其他人更让我感到可信。因为他亲自走遍这辽阔的土地，亲眼见证又亲身参与了不同地域的教育发展的实况。他的旅程为他的言语增加了底气。这本《中华经典教育三十年》便是诸多地区的基础教育在传统文化的普及上的智慧凝聚，也是安顺这一路艰辛旅途的见证。

安顺的这部书稿以中华经典的课程化、常识化和体验化为焦点，由他十多年来的所见、所闻、所思系统梳理而得，有相关概念的理解、教育思潮的梳理、实践经验的总结，有政策解读，有经典教学的目标设定，特别是中华经典课程和教材体系的初步构建，应该说，这部书稿，尽管不见得很成熟，但它的确是一部关于经典课程和教材的历史、现实与未来的用心总结之作。

安顺的旅行脚步不会停止，我们的寻根之旅也不会停止。这条路或许未必总是安顺，但一定会有光明的未来。

后 记

各民族进入文明之后,就生活在其民族文化之中,无所逃遁。文化以其经验总结与智慧提炼,间接地优化人类生存能力,提升人类认知水平,激发人类创造能力,成了民族之人的生命、生活、生产的"先在"。人与文化的存在,犹如鱼离不开水,虽然绝大多数鱼,终其一生也不必感知水的存在、思考水为何物,甚至想象不到离开水何以自存。我们每个人离不开文化,正犹如鱼离不开水。人有强大的、持续的、深刻的反省能力,所以人要反思文化、传承文化、发展文化,也就如鱼的"幸福"需要水源的保护、净化和扩充一样。

当然,不同民族的文化可以迁移融入,也可以保存活化,更可能在发源地中断消亡。世界上没有一种文化是固定在一个区域的,也没有一种文化是万世一系而一成不变的,它需要传播,需要接纳,需要承续,文化因人而存在,也因人而消亡,夫子说"人能弘道,非道弘人",大意就是如此。特别是其中的经典文化,更需要一个民族的自知、自觉和自信,需要人的主体性积极维护。不过,民族传统经典文化不只是用来祭奠的,而是用来滋润生命的,通过生命实践创造美好生活。文化引领我们向善,引领我们向前看,引领我们在黑暗中看到光明。

本书文字稿的完成,历时五载(2017—2022年),但最初的种子在二十年前毕业论文时就已经种下。第一,感谢导师胡伟希先生当年对我学位论文选题选择的"放纵",感谢当年莅临论文答辩会的欧阳哲生、葛兆光、彭林、刘晓峰诸位先生对我论文选题价值的初步肯定;第二,感谢中华书局的李岩、徐俊、顾青等前辈和于丹教授,让我参与了《于丹论语心得》系列图书的营销工作,使我在与海内外大量读者的三四年交往中,亲身体验到作为经典的《论语》所蕴藏的巨大力量;第三,感谢中华书局经典教育推广中心(后改名为中华书局经典教育研究中心)全体同事的倾力支持和紧密合作,十年艰辛探索,其中的甘苦,只有你我知道;第四,感谢海内外师友们对我的包容和支持,包括钱逊、楼宇烈、牟钟鉴、余敦康、董金裕、郭文斌、黄玉峰、屈哨兵、王财贵、陶继新、李山、徐勇、程方平、吴安春、于建福、从春侠、容宏、孟庆瑜、易理玉、彭鹏、柳恩铭、吴颍慧、周信、陈琴、洪伟、谢庆、徐海元、许凤英、张拥军、李国鹏、林美娟等师友们；第五，最要感谢的是我的家人们，他们是我坚持下来的恒定后方和力量源泉；第六，感谢深圳大学饶宗颐文化研究院给了我三年宝贵的读书研究的时间，特别是纳入饶宗颐文化研究院青年学者出版计划，给予了有力支持；第七，更要感谢广州大学以屈哨兵书记为首的科研团队对我的厚爱和支持。在此，也要说声抱歉，在本书稿正文中提到的诸多专家学者姓名后面没有加"先生""教授"等称谓，完全是出于行文简洁的需要，敬请谅解。

我本愚钝，只是阴差阳错，在历史的大潮流中，居然也找到了自己想说的话题，做了一点积累和梳理乃至展望。当然，本书因为思考不周、视野不开，不足之处在所难免，希望将来有机会修订完善。

2019 年 5 月 2 日初稿于北京房山区修德谷
2022 年 4 月 9 日修改于深圳市福田区深康村